Themenwelten im Tourismus

Marktstrukturen –
Marketing-Management – Trends

von

Univ.-Prof. Dr. Albrecht Steinecke

Oldenbourg Verlag München

Bibliografische Information der Deutschen Nationalbibliothek

Die Deutsche Nationalbibliothek verzeichnet diese Publikation in der Deutschen Nationalbibliografie; detaillierte bibliografische Daten sind im Internet über <http://dnb.d-nb.de> abrufbar.

© 2009 Oldenbourg Wissenschaftsverlag GmbH
Rosenheimer Straße 145, D-81671 München
Telefon: (089) 45051-0
oldenbourg.de

Lektorat: Wirtschafts- und Sozialwissenschaften, wiso@oldenbourg.de
Herstellung: Anna Grosser
Coverentwurf: Kochan & Partner, München
Cover-Illustration: Hyde & Hyde, München
Gedruckt auf säure- und chlorfreiem Papier
Gesamtherstellung: Druckhaus „Thomas Müntzer" GmbH, Bad Langensalza

ISBN 978-3-486-58558-2

Vorwort

> „Um das Rhinozeros zu sehen, beschloss ich auszugehen."
>
> Christian Fürchtegott Gellert (1715-1769)

> „Indem ich dem Gemeinen einen hohen Sinn, dem Gewöhnlichen ein geheimnisvolles Ansehen, dem Bekannten die Würde des Unbekannten, dem Endlichen einen unendlichen Schein gebe, so romantisiere ich es."
>
> Novalis (1772–1801)

Einzigartige Spektakel zu sehen und große Gefühle zu erleben - diese Bedürfnisse scheinen die Menschen zumindest seit dem 18. Jahrhundert zu haben. Was das Rhinozeros im 18. Jahrhundert für Christian Fürchtegott Gellert war, das sind heute Eisbärenbabys wie „Knut" oder „Flocke" in den Zoologischen Gärten Berlin bzw. Nürnberg, und den unendlichen Schein der Romantik würde Novalis allabendlich in den Wasserspielen vor dem Themenhotel „Bellagio" in Las Vegas finden.

Worin besteht dann der Unterschied? Im Gegensatz zu früheren Zeiten wird unser Wunsch nach Abwechslung, Vergnügen, Unterhaltung und Spannung gegenwärtig nicht mehr gelegentlich von fahrenden Schaustellern und einsamen Poeten bedient, sondern hat sich längst zu einer unerschöpflichen Ressource entwickelt, die von der boomenden Freizeit-, Tourismus- und Konsumgüterindustrie kommerziell konsequent genutzt wird.

Wer sind die Akteure in diesem Markt? Welche Inszenierungstechniken nutzen sie, um außergewöhnliche Emotionen zu schaffen? Welches ökonomische Kalkül steckt dahinter? Wie werden die Erfahrungen historischer Kunstwelten bei der Konzeption aktueller Themenwelten genutzt? Wie reagieren die Konsumenten auf diese neuartigen Mixed-Use-Center? Um die Beantwortung dieser Fragen geht es in dem vorliegenden Band, der sich vorrangig an Studenten, Tourismuspraktiker, Planer und Dozenten wendet.

Warum beschäftigt sich ein Hochschullehrer, der als Kind nie Micky Maus-Hefte lesen durfte und auch nicht besonders gerne Achterbahn fährt, überhaupt mit diesen Fragen? In den letzten zwei Jahrzehnten habe ich viele öffentliche Auftraggeber in Tourismusfragen beraten - von Ministerien über Landkreise bis hin zu Städten und Gemeinden. Bei der Suche nach Best-Practice-Beispielen aus dem Freizeit- und Unterhaltungssektor, an denen sich die touristischen Akteure orientieren konnten, bin ich immer wieder auf die kommerziellen Themen-, Erlebnis- und Konsumwelten gestoßen.

Die großen Besucherzahlen und die hohen Wiederholerraten sind deutliche Belege für die Marktorientierung und die Akzeptanz dieser Einrichtungen. Es erweist sich also als sinnvoll, die Konstruktionsprinzipien und Erfolgsfaktoren der Themenwelten zu analysieren, um sie dann auch für den Marktauftritt öffentlicher Anbieter nutzen zu können. Diese Grundidee wird inzwischen von zahlreichen Kulturein-richtungen, Orten und Tourismusdestinationen umgesetzt. Weltweit lässt sich deshalb eine zunehmende Thematisierung des Raumes beobachten - von themati-sierten Stadtquartieren und Siedlungen über die Markenbildung touristischer Ziel-gebiete bis hin zu Themenrouten, Events und Kampagnen.

Es ist also eine analytische, aufklärende und praxisorientierte Zielsetzung, die diesem Studienbuch zugrunde liegt. Angesichts der großen Vielfalt unterschiedli-cher Themenwelten musste natürlich eine Auswahl getroffen werden; die Darstel-lung konzentriert sich auf Themenwelten,
- die eine besonders lange Tradition aufweisen (Freizeit- und Themenparks),
- in denen die Themen besonders perfekt inszeniert werden (Themenhotels),
- die auf eine besonders große Akzeptanz stoßen (Urban Entertainment Center),
- die auf innovativen Konzepten basieren (Markenerlebniswelten),
- die sich als öffentliche Attraktionen am Vorbild kommerzieller Themenwelten orientieren (Zoologische Gärten).

Bei meinen Arbeiten an diesem Band bin ich von mehreren Mitarbeitern/innen meines Lehrstuhls für Wirtschafts- und Fremdenverkehrsgeographie an der Uni-versität Paderborn unterstützt worden, denen ich an dieser Stelle herzlich danken möchte:

- *Irmgard Saxowski* hat in bewährter Weise die gründliche Korrektur der Text-entwürfe vorgenommen.

- *Peter Blank* ist es wieder gelungen, aus meinen dilettantischen Entwürfen mit Geduld und Kreativität professionelle Graphiken zu erstellen.

- Von *Julia Fischer, Bettina Lauer* und *Miriam Wederz* bin ich zuverlässig bei den aufwändigen Literatur- und Datenrecherchen unterstützt worden.

- *Dr. Jörg Beineke* war in fachlicher und organisatorischer Hinsicht ein wichtiger Mitarbeiter; außerdem hat er sich mit außergewöhnlichem Engagement und gro-ßer Sorgfalt um die Endredaktion des Manuskripts gekümmert.

Außerdem möchte ich dem Lektorat des Oldenbourg-Verlages, speziell *Dr. Jürgen Schechler*, für die vertrauensvolle und kompetente Zusammenarbeit danken.

Mein größter Dank gilt aber (wieder einmal) meiner Frau Renate, die auch dieses Buchprojekt geduldig und kritisch begleitet - und vor allem emotional abgesichert hat. Ohne sie wäre dieser Band nicht entstanden.

Paderborn, im Herbst 2008   Albrecht Steinecke

Inhaltsverzeichnis

Abbildungsverzeichnis

Tabellenverzeichnis

1 Themenwelten: Inszenierungstechniken - Erfolgsfaktoren - Kritik

> „Von Sydney über Bethlehem bis zum Times
> Square: Die Wiederverwertung von Klischees
> erfolgt mit Überschall-Geschwindigkeit. (…)
> Noch die kleinste Einsicht über das in unserer
> Zeit banalisierte Elend wird durch das frei-
> gebige Nähren der prächtigsten Illusionen ruhig
> gestellt."
>
> Philipp Roth: Das sterbende Tier (2003)

> „Die Inszenierungen der Gegenwart sind nicht
> lügnerisch, sondern spielerisch; sie täuschen
> nicht, sondern wollen gestalten; sie sind eine
> unserer Kultur eigentümliche Form von Wirk-
> lichkeit."
>
> SCHULZE (1999, S. 11)

Das „Disneyland Resort" in Paris, die „Autostadt" in Wolfsburg oder die „Mall of the Emirates" in Dubai - diese Themenwelten sind nur einige spektakuläre Beispiele für zahlreiche *erlebnisorientierte Konsumeinrichtungen*, die in den letzten Jahrzehnten weltweit entstanden sind.

Das Spektrum dieser neuartigen Angebote ist nahezu unüberschaubar - es reicht von Freizeit- und Themenparks über Musical-Center und Themenhotels bis hin zu Urban Entertainment Centern und Indoor-Sportanlagen. Trotz dieser großen Vielfalt lassen sich einige *gemeinsame Merkmale* sowie *unterschiedliche Typen* von Themenwelten abgrenzen (→ 1.1).

Zu den charakteristischen Elementen zählt die durchgängige Thematisierung des Angebots. Dabei wird ein *Repertoire von Themen* genutzt, die den Besuchern bereits aus den Medien vertraut sind. Die Umsetzung des jeweiligen Themas findet mit Hilfe vielfältiger *Techniken der Inszenierung* statt, die aus der Welt des Theaters und Films, aber auch aus Kunstwelten früherer Zeiten stammen (→ 1.2).

Für den Boom der Themenwelten sind zum einen *veränderte gesellschaftliche und wirtschaftliche Rahmenbedingungen* verantwortlich (speziell neue Werthaltungen und eine generelle Marktsättigung); zum anderen basiert der Erfolg aber auch auf *innovativen Betriebskonzepten*, bei denen die Markenbildung und die Emotionalisierung des Konsums eine zentrale Rolle spielen (→ 1.3).

Die *Reaktionen der Öffentlichkeit* auf diese Großprojekte sind zwiespältig: Einerseits handelt es sich um populäre Attraktionen mit großen Besucherzahlen, andererseits kritisieren Umweltschützer die negativen Effekte (Flächenverbrauch, Verkehrsaufkommen etc.). Da es sich bei den Themenwelten um Massenphänomene der Alltags- und Konsumkultur handelt, sind sie in zunehmendem Maße zum *Forschungsobjekt verschiedener Wissenschaftsdisziplinen* geworden (→ 1.4).

1.1   Merkmale und Typen von Themenwelten

> „If this is fantasy, how impoverished are our
> dreams."
>   HUXTABLE (1996, S. 368)

> „No one can escape the entertainment market
> these days."
>   HERWIG/HOLZHERR (2006, S. 24)

Seit den 1980er-Jahren sind weltweit zahlreiche kommerzielle Freizeit- und Tourismuseinrichtungen entstanden, deren erfolgreicher Marktauftritt vor allem auf *zwei Unternehmensstrategien* basiert:

- Zum einen handelt es sich jeweils um *großflächige, multifunktionale Anlagen*, in denen zahlreiche Einzelangebote aus Konsum, Freizeit, Kultur, Sport etc. miteinander verknüpft werden. Wie bei einem Büfett können sich die Konsumenten eine individuelle Mischung nach ihren aktuellen Bedürfnissen zusammenstellen.

- Zum anderen werden die Produkte und Dienstleistungen in diesen Einrichtungen mit einem emotionalen Zusatznutzen angereichert (Unterhaltung, Vergnügen etc.). Dazu findet eine *erlebnisorientierte Inszenierung von Themen* statt, bei der architektonische, theatralische, künstlerische und technische Mittel zum Einsatz kommen.

Eine exakte Begriffsbestimmung dieser neuartigen Erlebnis- und Konsumwelten erweist sich als schwierig: Aufgrund ihrer zahlreichen *Angebotskombinationen und Betriebskonzepte* lassen sie sich nicht exakt voneinander abgrenzen. Darüber hinaus wird der Markt dieser Einrichtungen durch eine *extreme Dynamik* charakterisiert und bringt ständig neue Attraktionen hervor; aus diesem Grund können Definitionen und Klassifikationen nur einen vorläufigen Charakter haben.[1]

1.1.1   Merkmale von Themenwelten

Ob Themenhotel, Urban Entertainment Center oder Markenerlebniswelt - unabhängig von der jeweiligen Bezeichnung und dem spezifischen Angebotsprofil handelt es sich bei den Erlebnis- und Konsumwelten um *Mixed-Use-Center*, die nicht eindeutig einem Freizeit-, Handels- oder Dienstleistungsbereich zuzuordnen sind (wie das bei monofunktionalen Einrichtungen der Fall ist). Ihr Angebot setzt sich vielmehr puzzleartig aus *unterschiedlichen Bausteinen* zusammen - z. B.

---

[1] vgl. FRANCK/PETZOLD/WENZEL (1997, S. 176-181), HATZFELD (1997), KAGELMANN (1998, S. 62-77), BAUMGARTNER (1999b), KIPP (2001), AGRICOLA (2002, S. 174), STEINECKE (2002b, S. 3; 2007a, S. 127-129), MASCHKE (2003, S. 20-23) und BRITTNER (2007, S. 418) zu Synopsen unterschiedlicher Typen von Freizeit- und Tourismusgroßprojekten

Geschäfte und Restaurants, Kinos und Ausstellungen, Hotels und Fahrgeschäfte (*rides*). Generell lassen sich die Angebote folgenden *Branchen* zuordnen (vgl. STEINECKE 2002b, S. 2):

- Einzelhandel,
- Gastronomie,
- Freizeitindustrie,
- Kultur,
- Sport,
- Hotellerie.

Wie in einem Baukastensystem werden dabei zumeist standardisierte Einzelangebote[2] zu einem *neuen, komplexen Gesamtangebot* montiert, das häufig unter einem Dachthema auf dem Markt positioniert und intern in Form einzelner Themenbereiche („Welten") gegliedert wird (vgl. Abb. 1). Der Angebots-Mix basiert auf einem *differenzierten betrieblichen Konzept*, dessen zentrales Ziel es ist, den Umsatz der Einrichtung zu optimieren. Freizeit- und Kulturangebote dienen vor allem dazu, die Aufenthaltsdauer der Besucher zu verlängern und damit die Konsumtätigkeit zu erhöhen.

Neben der Multifunktionalität gehört die *Erlebnisorientierung* zu den zentralen Merkmalen dieser Einrichtungen. Zu diesem Zweck betreiben die Mixed-Use-Center ein professionelles „Stimmungsmanagement" (HATZFELD 1997, S. 299): Durch Kulissenarchitektur, Musik, Geräusche und Gerüche, aber auch durch Beleuchtungseffekte und Animation wird eine *emotional aufgeladene Atmosphäre* geschaffen, die aus Sicht der Besucher *vier Dimensionen des Erlebens* aufweist (vgl. GORONZY 2003, S. 226-228; 2007, S. 156):[3]

- *exploratives Erleben* (Erkunden, Ausprobieren, Neugierigsein),
- *biotisches Erleben* (Aktivierung aller Sinne),
- *soziale Erlebnisse* (gemeinsame Aktivitäten mit der Familie, mit Freunden etc.),
- *emotionale Erlebnisse* (Vergnügen, Entspannung).

Die Konsumenten können kurzfristig in diese *thematisierten, abgeschlossenen und stimmigen Erlebniswelten* eintauchen, die in krassem Gegensatz zur fragmentierten und widersprüchlichen Alltagswelt stehen (vgl. KAGELMANN 1998, S. 79).

---

[2] Aufgrund hoher Investitionen bzw. Mieten finden sich in den Themenwelten - speziell in den Urban Entertainment Centern - vor allem Filialbetriebe national und international agierender Konzerne (*global player*).

[3] VESTER (2004, S. 11; 2004a, S. 213-219) definiert das Erlebnis als Prozess, der aus mehreren Elementen besteht: *Erlebnisdimensionen* (kognitive, affektive, lokomotorische bzw. behaviroale), *Erlebnismodi* (aktiv, passiv) sowie *Erlebnisbereiche* (Erkenntnis, Sittlichkeit, ästhetische Erfahrung).

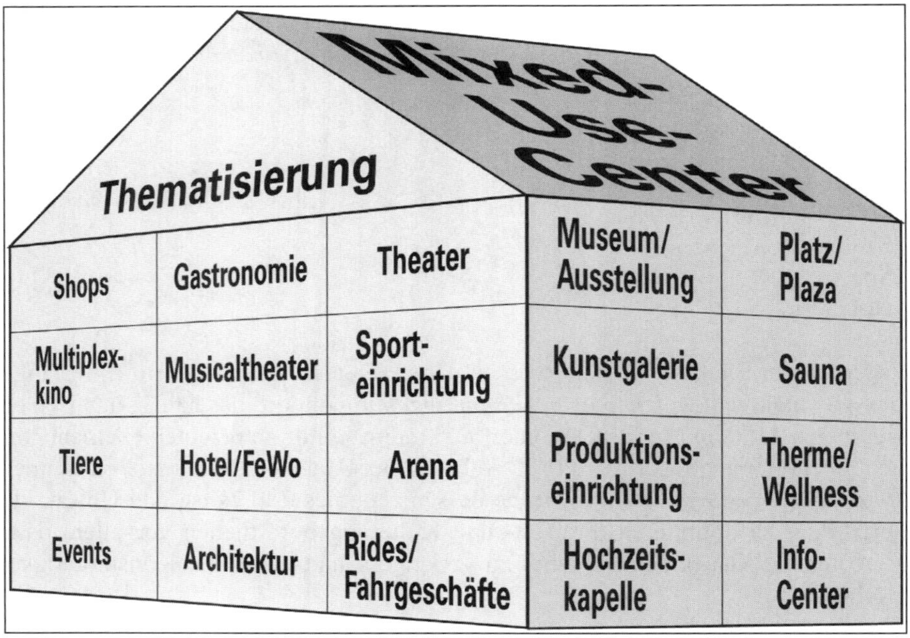

Shops	Gastronomie	Theater	Museum/ Ausstellung	Platz/ Plaza
Multiplex-kino	Musicaltheater	Sport-einrichtung	Kunstgalerie	Sauna
Tiere	Hotel/FeWo	Arena	Produktions-einrichtung	Therme/ Wellness
Events	Architektur	Rides/ Fahrgeschäfte	Hochzeits-kapelle	Info-Center

Abb. 1: Bei den Themenwelten handelt es sich um Mixed-Use-Center - also um multifunktionale Einrichtungen, deren Angebot sich aus unterschiedlichen Bausteinen zusammensetzt. Ihr spezifisches Profil erhalten sie durch Schwerpunktsetzung in einem dieser Angebotsbereiche, der jedoch immer mit anderen, häufig branchenfremden Leistungen verknüpft wird (Quelle: Eigene Darstellung nach Angaben in STEINECKE 2002b, S. 3).

Die ökonomische Zielsetzung der Themenwelten (als privatwirtschaftliche Einrichtungen) und ihre funktionale Ausrichtung spiegeln sich in *charakteristischen baulichen Merkmalen* wider; dazu zählen u. a. (vgl. RIEDER 1998, S. 26):

- eine *plakative architektonische Gestaltung* (mit klischeeartigen Zeichen und Symbolen),
- eine *äußere Kompaktheit* (mit deutlicher Abgrenzung zur Umgebung),[4]
- eine *innere Scheindifferenzierung* (durch Gliederung in einzelne Themenbereiche),
- eine *masterplanartige Struktur* (zur gezielten Lenkung der Besucher),[5]

---

[4] MÜLLER/HENNINGS (1998, S. 11) sehen in der Abgeschlossenheit der Einrichtungen einen wesentlichen Unterschied zu früheren europäischen Kunstwelten, die durch eine Dialektik von Innen- und Außenraum gekennzeichnet waren (z. B. innerstädtische Passagen mit transparenten Dächern).

[5] MITRAŠINOVIĆ (2006, S. 127-142) unterscheidet drei typische Grundstrukturen von Themenwelten: *„magic wand pattern"* (mit einer zentral gelegenen Hauptattraktion), *„loop pattern"* (mit einem symmetrischen, geschwungenen Wegesystem) und *„grid pattern"* (mit einem schachbrettartigen Grundriss).

- ein *permanenter gestalterischer Stil- und Typologiebruch* (trotz gleich bleibender Funktion).

Über ihre infrastrukturelle Ausstattung hinaus fungieren die Themenwelten als *Bühnen für Musik- und Kultur-Events*, aber auch *für Marketing-Aktionen der Konsumgüterbranche.* Diese Festivalisierung sorgt für eine gleichbleibend große Attraktivität und für eine mittelfristige Bindung der Kunden an die Einrichtungen; der Erfolg dieser Strategie spiegelt sich in hohen Anteilen von Wiederholungsbesuchern wider.

Durch den Eintritt der Themenwelten in den Freizeit- und Tourismusmarkt hat sich die *Wettbewerbssituation für die traditionellen Ausflugs- und Kurzurlaubsreiseziele* in den 1990er-Jahren erheblich verschärft: Zum einen fungieren die Mixed-Use-Center als *neue Konkurrenten*, die aufgrund ihrer großen Popularität Kunden aus anderen Einrichtungen abziehen. Zum anderen setzen sie hinsichtlich Multioptionalität, Erlebnischarakter und Kundenorientierung *hohe Standards*, an denen sich auch öffentliche Freizeiteinrichtungen (Museen, Zoologische Gärten, Parks etc.) zu orientieren haben, wenn sie konkurrenzfähig bleiben wollen.

1.1.2   Typen von Themenwelten

Trotz ihres multifunktionalen Charakters erhalten die Themenwelten ihr spezifisches Profil durch die *Schwerpunktsetzung in einem Angebotsbereich*: Die Mehrzahl dieser Einrichtungen wird von den Konsumenten aufgesucht, um dort zunächst eine bestimmte Aktivität auszuüben - z. B. Einkaufen zu gehen, Tiere zu beobachten, Technik zu erleben, Baden zu gehen etc. (vgl. Tab. 1).[6]

Aktivitäts-schwerpunkt	*Einrichtungs-typ*	*Typische Angebotselemente*
Sich vergnügen (→ 2.1)	Freizeitpark	Fahrgeschäfte (*rides*) + Shows + Gastronomie + Einzelhandelsgeschäfte + Events (+ zunehmend auch Hotels)
	Themenpark	
	Filmpark	
(Kurz-)Urlaub verbringen (→ 2.2)	Themenhotel	groß dimensionierte Hotel-, Bungalow- bzw. Clubanlage + thematisch gestaltete Badelandschaft + Gastronomie + Einzelhandel + Sporteinrichtungen + Events
	Ferienpark	
	Resorthotel/-anlage	
Essen gehen (→ 2.2)	Themen-restaurant	thematisch gestaltetes Restaurant (Küche, Kulissen, Effekte) + Animation + Merchandising-Shop

---

[6] Ausnahmen stellen die Freizeit- und Themenparks dar, die aus generellen Vergnügungs- und Unterhaltungsmotiven besucht werden, und die Urban Entertainment Center, die aus mehreren gleichrangigen Bausteinen bestehen (Shops, Restaurants, Unterhaltungseinrichtungen).

Einkaufen gehen (→ 2.3)	Urban Entertainment Center	großflächiges Shopping Center + thematisierte Gastronomie + Freizeit-/Kulturangebote + Events
Geschichte/ Kultur erleben	Geschichts-erlebniswelt/ -park	multimediale Präsentation von Geschichte bzw. Kultur (*Hands-on*-Prinzip) + Gastronomie + Einzelhandel
Technik erleben	Science Center/ Wissen-schaftspark	Multimediale Präsentation von Geschichte bzw. Kultur (*Hands-on*-Prinzip) + Gastronomie + Einzelhandel
Baden gehen	Spaß- und Erlebnisbad / Thermen-anlage / Wasserpark	Badeanlage mit mehreren Wasserattraktionen (Becken, Rutschen, Wellenanlagen, Saunaanlagen etc.) + Solarien + Gastronomie + Dienstleistungen (Massage, Kurse etc.)
Sport treiben	Indoor-skianlage / Indoor-sportanlage	Skipiste, Kletterwand bzw. andere Sporteinrichtung + Gastronomie + Einzelhandel + Events + Dienstleitungen (Kurse)
Veranstaltungen besuchen	Arena	witterungsunabhängige Großveranstaltungsanlage (über 10.000 Sitzplätze) + Gastronomie + Dienstleistungen
Musik erleben	Musical-Center	Musical-Aufführung (als Sit-Down bzw. En-suite-Produktion) + Gastronomie + Einzelhandel + Events
Ins Kino gehen	Multiplex-Kino / IMAX-Kino	Kinozentrum mit mehreren Leinwänden + Gastronomie + Events (IMAX-Kinos mit großer Leinwand und speziellen Filmen)
Sich über die Herstellung von Produkten informieren (→ 2.4)	Marken-erlebnis-welten	multimediale Präsentation einer Marke bzw. eines Produkts + Museum + Kino + Einzelhandel + Events
Tiere/Pflanzen betrachten (→ 2.5)	Zoo / Aquarium / Botanische / Indoor-erlebniswelt	thematische Präsentation von Tieren bzw. Pflanzen durch Gliederung der Anlage in „Welten" + thematisch gestaltete Gehege bzw. Becken (Architektur) + Gastronomie + Einzelhandel

Tab. 1: Die Themenwelten werden von den Kunden aufgesucht, um dort zunächst eine bestimmte Aktivität auszuüben - z. B. einzukaufen, zu baden oder Tiere zu beobachten. Dieser Kernnutzen wird durch weitere Angebote um einen Zusatznutzen ergänzt; dabei handelt es sich vorwiegend um freizeitbezogene Dienstleistungen und Produkte (Quelle: Gekürzte Zusammenstellung nach Angaben in STEINECKE *2006, S. 267-269).*[7]

---

[7] Die Typen von Themenwelten, die in der Tabelle grau markiert sind, werden in diesem Studienbuch exemplarisch dargestellt. Inhaltliche Schwerpunkte sind dabei jeweils die historische Entwicklung, die aktuelle Marktstruktur, das Marketing-Management sowie die internationalen Trends und Perspektiven (→ 2.1-2.5).

Dieser *Kernnutzen* wird durch zusätzliche Angebote aus anderen, häufig branchen-fremden Bereichen um einen *Zusatznutzen* ergänzt; dabei handelt es sich vorwie-gend um freizeitbezogene Dienstleistungen und Produkte. Dadurch entsteht ein multifunktionales „*Tainment*-Angebot" (Infotainment, Shopotainment, Edutain-ment, Eatertainment etc.), das den multioptionalen Konsum- und Freizeitbedürf-nissen der Konsumenten entspricht (vgl. PROBST 2000, S. 110; KUNZMANN 2002, S. 150-161).

Merkmale und Typen von Themenwelten: Fazit

- Typische Angebotsmerkmale der Themenwelten sind *Multifunktionalität, The-matisierung* und *Erlebnisorientierung*. Mit Hilfe zahlreicher Inszenierungstech-niken werden stimmungsvolle und unterhaltsame „Welten" geschaffen.
- Es ist schwierig, den *Begriff „Themenwelten"* exakt zu definieren, da sich diese Einrichtungen an der Schnittstelle von Konsum, Unterhaltung, Kultur, Sport etc. positionieren; damit können sie aber keiner Branche klar zugeordnet werden. Außerdem weist der Markt weltweit eine große Dynamik auf; ständig entstehen neue Betriebstypen.
- Themenwelten setzen sich aus unterschiedlichen (zumeist standardisierten) Ele-menten zusammen, die in einem *Baukastensystem* jeweils zu einem innovativen Angebot montiert werden - von Geschäften und Restaurants über Kinos und Mu-seen bis hin zu Fahrgeschäften und Hotels. Außerdem fungieren die Einrichtun-gen regelmäßig als *Bühnen für Events*.
- Trotz ihrer Multifunktionalität weisen die Themenwelten einen *Angebots-schwerpunkt* aus; dieser Kernnutzen (Restaurant- oder Kinobesuch, Shopping etc.) wird jeweils um einen branchenfremden Zusatznutzen ergänzt (*Tainment-Angebot*).
- Durch die Kombination von Kern- und Zusatznutzen ergeben sich unterschiedli-che *Typen von Themenwelten*, die aber jeweils auf denselben Konstruktionsprin-zipien basieren.
- In diesem *Studienbuch* werden folgende Typen exemplarisch dargestellt: The-menparks, Themenhotels und -restaurants, Urban Entertainment Center, Mar-kenerlebniswelten und Zoologische Gärten.

1.2   Themenrepertoire und Inszenierungstechniken von Themenwelten

> „Moderation is a fatal thing. Nothing succeeds like excess."
>
> Oscar Wilde

> „Great art never tells you to have a nice day."
>
> MARLING (1997a, S. 83)

Generell handelt es sich bei Themenwelten um Freizeit- und Tourismuseinrichtungen, die als *außeralltägliche Gegenwelten* fungieren. Den Besuchern wird dabei die Illusion vermittelt, sich - wie in einem Traum oder bei einem Kinobesuch - für einige Stunden in einem anderen Land oder in einer anderen Zeit aufzuhalten. Um ein breites Publikum ansprechen zu können, müssen die Themen bereits *hinlänglich bekannt* sein - z. B. durch Märchen, Romane, Spielfilme, TV-Serien etc. Außerdem müssen sie bei den Konsumenten starke Emotionen wie Neugier, Staunen, Sehnsucht etc. auslösen (→ 1.2.1).

Die Themenwelten nehmen diese positiven Grunddispositionen auf und verstärken sie durch den Einsatz *vielfältiger Techniken der Inszenierung*; deren Bandbreite reicht von der Architektur und Gestaltung der Innenräume über Musik- und Lichteffekte bis hin zur Animation und Simulation.[8] Auf diese Weise entstehen komplexe, stimmige „Welten", die den Besuchern aufregende, rührende bzw. unterhaltende Erlebnisse vermitteln (→ 1.2.2).

1.2.1   Themenrepertoire von Themenwelten

Der Blick auf die Themenwelten der Gegenwart zeigt, dass nur wenige Inhalte diese beiden Bedingungen erfüllen - eine internationale Popularität und eine dauerhafte Attraktivität. Vielmehr erweist sich das *Repertoire an Themen* als relativ begrenzt; zum *Standardkanon* zählen u. a. (vgl. GOTTDIENER 2001, S. 176-181):[9]

- *Die exotische Ferne:* Seit dem Ende des Zweiten Weltkriegs hat der internationale Tourismus einen Boom erlebt, an dem inzwischen nahezu alle Länder als Zielgebiete partizipieren. Obwohl es keine weißen Flecken mehr auf der touristi-

---

[8] Unter einer Inszenierung wird die „marktorientierte Umsetzung eines tourismusrelevanten Themas mit unterschiedlichen Einrichtungen, Akteuren, Partnern und Medien auf der Grundlage einer klaren Handlungsanweisung" (STEINECKE 1997, S. 8) verstanden (vgl. BRITTNER 1999 zu den Phasen der strategischen Planung einer Inszenierung).

[9] KAGELMANN (1998, S. 87) schätzt, dass es ca. zwei Dutzend Themen gibt, die über eine hohe emotionale Qualität verfügen.

schen Landkarte gibt, kann sich nur ein kleiner Teil der Bevölkerung in den Industrieländern eine Fernreise leisten.[10] Vor diesem Hintergrund sind z. B. die Karibik, der Orient bzw. der Ferne Osten zu Symbolen der Exotik und zu „Traumzielen" geworden. Bei Menschen bestehen bildhafte Vorstellungen dieser imaginären Räume, die in einzelnen „Welten" der Themenparks, aber speziell auch in Themenhotels inszeniert werden - z. B. im „Treasure Island" und im „Mandalay" in Las Vegas, im „Port Royal" im „Heide-Park" in Soltau oder im „Ling Bao" im „Phantasialand" in Brühl (→ 2.2.1).

- *Der Wilde Westen:* Der medial vermittelte Mythos von der Eroberung des amerikanischen Westens basiert auf einer unüberschaubaren Zahl von Protagonisten und Produkten. Von Karl May und Winnetou über John Wayne und Clint Eastwood bis hin zu „Bonanza" und „Der Schuh des Manitu" - alle haben dazu beigetragen, dass „this thoroughly macho motif refuses to die" (GOTTDIENER 2001, S. 178). In den Themenwelten wird es in vielfältiger Weise umgesetzt - als „Wild-West-Show" mit Stuntmen (vgl. Abb. 2), in Themenbereichen wie dem „Frontierland" der „Disney"-Themenparks und in Themenhotels wie dem „Cheyenne" oder dem „Santa Fe" im „Disneyland Resort Paris" (→ 2.1.4).

- *Die klassische Zivilisation:* Ägypten, Rom und das Mittelalter - mit diesen Perioden der Menschheitsgeschichte werden eindrucksvolle Bauten, großartige kulturelle Leistungen und tragische Schicksale verbunden. Zahlreiche Themenhotels greifen auf die ferne Vergangenheit zurück, indem sie historische Gebäude und Akteure als Versatzstücke zum *storytelling* nutzen - z. B. Pyramiden und Pharaonen („Luxor" in Las Vegas), Arenen und Gladiatoren („Caesars Palace" in Las Vegas) bzw. Burgen und Ritter („Castillo Alcazar" im „Europa-Park" in Rust; vgl. Abb. 3; → 2.2.1).

- *Die urbane Kultur:* Die zunehmende Filialisierung des Einzelhandels, die austauschbare (post)moderne Architektur und eine unzureichende Stadtplanung haben dazu geführt, dass zahlreiche Städte ihre ursprünglichen urbanen Qualitäten verloren haben. In den Themenwelten wird die städtische Kultur auf zweierlei Weise inszeniert - zum einen durch den *Nachbau historischer Gebäude*, bei denen es sich um weltweit bekannte Landmarken handelt (z. B. Skyline von New York, Eiffelturm in Paris; → 2.2.1). Zum anderen findet aber auch eine *Inszenierung von Urbanität* statt. So bezieht sich das Konzept der Urban Entertainment Center auf eine idealtypische Form der Stadt am Ende des 19. Jahrhunderts - mit Brunnen, Plätzen, Gassen etc. und einer abwechslungsreichen, historisierenden Architektur. Aufgrund ihrer perfekt simulierten Urbanität fungieren diese Einrichtungen zunehmend als neue soziale Treffpunkte und als Bühnen der Selbstdarstellung (→ 2.3.3).

---

[10] Im Jahre 2008 handelte es sich nur bei 6,0 % aller Urlaubsreisen, die von der bundesdeutschen Bevölkerung unternommen wurden, um interkontinentale Fernreisen (vgl. F.U.R. 2008, S. 3).

Abb. 2: Zum Standardrepertoire von Themenwelten gehört der Wilde Westen, der durch zahllose Hollywood-Filme, TV-Serien und Trivialromane zu einem festen Bestandteil des kollektiven globalen Gedächtnisses geworden ist. In Attraktionen und Shows wird den Besuchern die Illusion vermittelt, ein Teil dieses Mythos zu werden - z. B. in der „Buffalo Bill's Wild West Show" im „Disneyland Resort Paris".[11]

- *Die Zukunft der Menschheit:* Der technologische Fortschritt und die Eroberung des Weltalls, aber auch die Entwicklung städtebaulicher Visionen waren vor allem in den 1960er- und 1970er-Jahren als Themen populär. Vorreiter war Walt Disney, der - neben dem Themenbereich „Tomorrowland" im „Magic Kingdom" - auch das Konzept für eine Stadt der Zukunft entwickelte: EPCOT (Experimental Prototype Community of Tomorrow; → 3.1.3). In Deutschland wird das Raumfahrt-Thema u. a. im „Europa-Park" in Rust mit der Achterbahn „Mir" inszeniert. In neueren Konzepten spielen Zukunftsthemen keine Rolle mehr; stattdessen rücken archaische, magische und mythische Themen in den Vordergrund. Damit ist „der Zweifel an den Auswüchsen der Forschung (...) auch im Vergnügungspark eingetroffen."[12]

---

[11] Der Name ist eine historische Referenz an die großen Tournee-Shows, die der Bisonjäger William Frederick „Buffalo Bill" Cody am Ende des 19. Jahrhunderts organisierte - zunächst in den USA und später auch in Europa (vgl. en.wikipedia.org/wiki/Buffalo_Bill vom 08. August 2007; → 2.1.1).

[12] vgl. BARTL, A. (2002): Der Spaßfaktor Mythos. - In: FAZ, 17. Oktober

Abb. 3: Das Mittelalter ist eine Periode der Menschheitsgeschichte, mit der eindrucksvolle Bauten, großartige kulturelle Leistungen und tragische Schicksale verbunden werden. International greifen zahlreiche Themenwelten auf diese emotional besetzte Vergangenheit zurück, indem sie historische Gebäude als Versatzstücke zum storytelling nutzen - z. B. der „Europa-Park" in Rust mit dem spanischen Themenhotel „Castillo Alcazar".

- *Die traditionellen Tourismusdestinationen:* Innerhalb der historischen Entwicklung des Tourismus sind unterschiedliche Destinationen wie *seaside resorts*, Kurorte, Sommerfrischen etc. entstanden (vgl. STEINECKE 2006, S. 144-149, 204-206). Sie verfügen jeweils über ein typisches Set an Freizeiteinrichtungen wie Piers, Promenaden, Aussichtspunkte etc. und über charakteristische ästhetische Qualitäten (z. B. die Bäderarchitektur an der Ostsee). In mehreren Themenwelten findet ein Rückbezug auf diese Vorbilder statt: Im Themenhotel „Bellagio" in Las Vegas wurde z. B. eine kleine Stadt am Comer See nachgebaut, der „Newport Bay Club" im „Disneyland Resort Paris" erinnert an die Seebäder im Nordosten der USA und das Themenhotel „El Andaluz" im „Europa-Park" in Rust ähnelt einem spanischen Parador.

Traditionell basierte die Attraktivität der Themenwelten auf dem Kontrast zwischen dem Thema und dem Standort. Angesichts einer fragmentierten baulichen und sozialen Realität finden sich aber zunehmend auch Themenwelten, in denen *der historische regionale Charakter an Originalstandorten* inszeniert wird:[13]

---

[13] HANNIGAN (1998, S. 183-186) spricht bei derartigen Projekten von einer „reconstructed ethnicity".

Abb. 4: Traditionell basiert die Attraktivität vieler Themenwelten auf dem Kontrast zwischen dem Standort und dem Thema - wie bei dem Nachbau des Markusplatzes in Las Vegas, Macao oder der Türkei. Zunehmend gibt es aber auch landestypische Themenhotels, in denen die Kultur vergangener Zeiten an den authentischen Schauplätzen inszeniert wird - z. B. die koloniale Safari-Atmosphäre des 19. Jahrhunderts im „Gorah Elephant Camp" (Südafrika).

- In *Österreich* zählen z. B. die „Bauerndörfer" und das „Almdorf Seinerzeit" zu derartigen landestypischen Themenhotels. In mehreren *arabischen Ländern* (Dubai, Oman) gibt es neue Resorthotels zu den Themen „Orient" und „Wüste". Eine koloniale Safari-Atmosphäre wird in mehreren Private Game Logdes inszeniert, die in jüngerer Zeit im *südlichen Afrika* entstanden sind (vgl. Abb. 4; → 2.2.5).

- Im Jahr 2007 wurde im *britischen Chatham* die historische Themenwelt „Dickens World" eröffnet. Im Leben und Werk des Schriftstellers Charles Dickens (1812-1870) hat diese Stadt - neben dem benachbarten Rochester - eine wichtige Rolle gespielt. Die Besucher können sich auf eine Zeitreise in das viktorianische England begeben, das mit einem Investitionsaufwand von 62 Mio. Pfund Sterling in einer großen Halle nachgebaut wurde. Zu den Attraktionen gehören Indoor-*rides*, *audio-animatronics* und Schauspieler, die Figuren aus den Romanen des Erfolgsautors darstellen.[14]

---

[14] vgl. THOMAS, G. (2007): Der Rattenfänger von Chatham. - In: FAZ, 23. Juni

1.2.2   Inszenierungstechniken von Themenwelten

Die Themenwelten verfolgen das zentrale Ziel, die Besucher temporär in eine illusionäre Gegenwelt zu versetzen - in eine andere Zeit oder in einen anderen Raum. Der Zustand einer perfekten Illusion lässt sich nur dadurch erreichen, dass alle *menschlichen Sinneswahrnehmungen* zielgerichtet und aufeinander abgestimmt beeinflusst werden: das Sehen, das Hören, das Fühlen, das Riechen und das Schmecken.[15] Um dieses Aufgabenspektrum zu erfüllen, können die Themenwelten auf einen Handwerkskasten an Inszenierungstechniken zurückgreifen; dazu gehören u. a. (vgl. Abb. 5):

- Architektur,
- Gartenarchitektur,
- Interieur/Dekoration,
- Musik/Geräusche,
- Lichteffekte,
- Animation,
- Technik/Simulation.

Diese Inszenierungstechniken stammen zum einen aus der *Welt des Theaters und der Medien (Film, TV)*. Zum anderen liegen aber auch *Erfahrungen aus Kunstwelten früherer Zeiten* vor, denn seit dem 17. Jahrhundert gibt es unterschiedliche Formen von dauerhaften räumlichen Inszenierungen. Das Spektrum dieser historischen Vorbilder reicht von den französischen Barockgärten und den englischen Landschaftsparks über die Weltausstellungen bis hin zu den Modebädern und Panoramen am Ende des 19. Jahrhunderts (vgl. BRITTNER 2002a, S. 71-88; STEINECKE 2002b, S. 4-5).[16]

---

[15] Geruchseffekte werden kaum eingesetzt, da bislang die technischen Möglichkeiten beschränkt sind, dauerhaft unterschiedliche Gerüche auf engem Raum zu erzeugen (vgl. STORP [1999] zu den Perspektiven). Eine der wenigen Ausnahmen ist z. B. „The Trench Experience" im „Imperial War Museum" in London: In dieser Multimedia-Attraktion wird den Besuchern die Atmosphäre eines Schützengrabens im Ersten Weltkrieg nicht nur durch Lichteffekte und Geräusche vermittelt, sondern auch durch den Geruch von Erde, Blut, Schweiß etc. (vgl. www.london.iwm.org.uk/server/show/ConWebDoc.1471 vom 03. September 2008). Auch im „Mercedes-Benz-Museum" in Stuttgart wird ein *scent-controller* eingesetzt ($\rightarrow$ 2.4.4).

[16] Die Panoramen zählten in Großstädten wie Berlin, Paris und London zu den besonders populären Unterhaltungseinrichtungen. Es handelte sich um Rotunden, deren Innenwand mit einem durchgängigen, monumentalen Wandgemälde gestaltet wurde. Zu den bevorzugten Sujets gehörten Ansichten von Städten und Landschaften sowie berühmte Schlachten. Die Besucher konnten das Bild von einer Plattform im Zentrum des Gebäudes aus betrachten (vgl. COMMENT 2000). Ähnliche Einrichtungen finden sich gegenwärtig in mehreren Themenparks und Markenerlebniswelten in Form von 360°-Kinos.

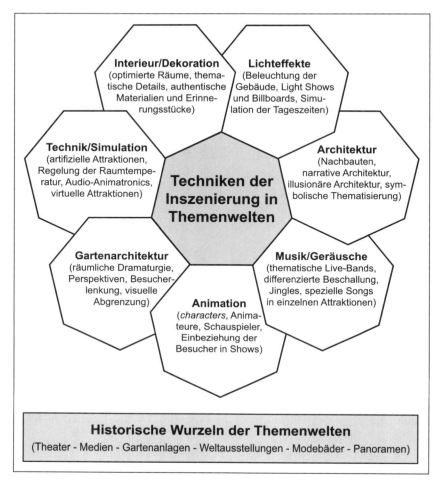

Abb. 5: Um den Besuchern eine perfekte Illusion zu vermitteln, greifen die Themenwelten auf ein breites Spektrum an Inszenierungstechniken zurück, die zum einen aus der Welt des Theaters und der Medien stammen. Zum anderen nutzen sie Erfahrungen aus Kunstwelten früherer Zeiten, denn seit dem 17. Jahrhundert gibt es unterschiedlichen Formen von dauerhaften räumlichen Inszenierungen (Parkanlagen, Weltausstellungen etc.).

Architektur

Themenwelten verwenden die Architektur, um den Besuchern ihr spezifisches Thema deutlich und eindrucksvoll zu signalisieren.[17] Das Spektrum der unterschiedlichen Architekturstile umfasst dabei u. a.:

---

[17] Spektakuläre Gebäude werden nicht nur von Themenwelten, sondern zunehmend auch von Städten dazu genutzt, ein ästhetisches Alleinstellungsmerkmal zu schaffen - eine „unique aesthetic proposition" (GRÖTSCH 2006, S. 280). Als Beispiele sind u. a. das Ho-

- *Nachbauten berühmter historischer Gebäude*: Die Rekonstruktion des venezianischen Markusplatzes in der Wüste von Nevada („Venetian", Las Vegas), an der türkischen Mittelmeerküste („Venezia Palace Resort", Aksa) oder im chinesischen Macao („Venetian Macao Resort") - diese Inszenierungsstrategie löst bei den Gästen zugleich Wiedererkennungs-, Überraschungs- und Bewunderungseffekte aus (→ 2.2.1). Einerseits handelt es sich um *international bekannte Landmarken*, die den Besuchern hinlänglich vertraut sind; andererseits werden sie aber zu einer besonderen Attraktion, da sie - teilweise maßstabsgerecht, teilweise verkleinert - an *anderen Standorten* errichtet werden. Schließlich symbolisieren sie die Prinzipien der Machbarkeit, Perfektion und Beherrschung der Natur, die zu den Grundelementen aller Themenwelten zählen. Historische Vorbilder derartiger Nachbauten finden sich auf den *Weltausstellungen*, die seit Mitte des 19. Jahrhunderts zunächst in Europa und später auch auf anderen Kontinenten stattfanden (vgl. Abb. 6). Unter dem Leitbild eines internationalen zivilisatorischen Fortschritts stand zunächst die Präsentation neuer technischer Produkte im Vordergrund - von der Nähmaschine über die Schreibmaschine bis hin zu Glühbirnen und Aspirintabletten. Doch bald wurden in den Weltausstellungen auch *exotische Themenwelten* errichtet - z. B. der ägyptische Tempel von Edfu (Paris 1867), eine originalgetreue Straße aus Kairo (Paris 1889) oder ein kongolesisches Dorf samt seinen Bewohnern (Antwerpen 1894).[18]

- *Narrative Architektur*: Mit Hilfe der Architektur erzählen die Themenwelten aber auch Geschichten; dabei verwenden sie überwiegend simple und naive Gestaltungselemente. So ist z. B. das Themenhotel „*Excalibur*" in Las Vegas als Ritterburg errichtet worden. Die überdimensionierten bunten Türme und Mauern scheinen aus dem Kinderbaukasten eines Riesen zu stammen. Dieses erzählerische Konzept basiert auf dem „*Larger-than-life*"-Prinzip, das auch in anderen Themenwelten zum Einsatz kommt. Als weithin sichtbare Symbole des „*Walt Disney World Swan and Dolphin Resort*" in Florida fungieren Schwan-Figuren, bei denen es sich um vielfach vergrößerte Nachbildungen der barocken Schwäne des italienischen Bildhauers Giovanni Lorenzo Bernini in Rom handelt (vgl. JENCKS 1992, S. 112; GRAVES 1992, S. 96). Ungewöhnlich groß und geheimnisvoll ist auch der Eingang in die „*Swarovski-Kristallwelten*" in Wattens bei Innsbruck. Die Besucher betreten die Markenerlebniswelt durch den grasbewachsenen und wasserspeienden Kopf eines Riesen mit leuchtenden Glasaugen, der die ausgestellten Kristallschätze zu bewachen scheint (vgl. HELLER 1996).[19]

---

tel „Burj Al Arab" in Dubai, das „Guggenheim Museum" in Bilbao und die geplante „Elbphilharmonie" in Hamburg zu nennen (vgl. STEINECKE 2008, S. 193-194).

[18] Die Weltausstellungen entwickelten sich frühzeitig zu populären touristischen Attraktionen. Speziell die Ausstellungen in Paris verzeichneten Besucherrekorde: 15 Mio. Besucher im Jahr 1867, 32 Mio. Gäste im Jahr 1889 und über 50 Mio. Besucher im Jahr 1900 (vgl. 150 Jahre Faszination Weltausstellung 1998, S. 44).

[19] vgl. JANSON (2004) zur kritischen Auseinandersetzung mit der narrativen, szenografischen Architektur

*Abb. 6: Zu den historischen Vorbildern der aktuellen Themenwelten zählen u. a. die Welt-
ausstellungen, die seit Mitte des 19. Jahrhunderts in Europa und später auch auf anderen
Kontinenten stattfanden. So erinnert die gläserne Dachkonstruktion der „Mall of the Emirates" in Dubai (V. A. E.) an die innovative Technik, die erstmals beim Bau des „Crystal
Palace" im Rahmen der Weltausstellung in London (1851) zum Einsatz kam.*

- *Illusionäre Architektur:* Zu den klassischen Inszenierungstechniken gehören
  Theater- und Filmkulissen. Walt Disney hat dieses Instrument z. B. bei der Gestaltung der *„Main Street"* in seinen Themenparks eingesetzt. Die Gebäude
  wurden geringfügig verkleinert, um der Straße einen gemütlichen Charakter zu
  geben. Während die Erdgeschosse für Shops, Restaurants etc. genutzt werden,
  handelt es sich bei den oberen Etagen um Kulissen (→ 2.1.4). Diese Form der
  illusionären Architektur wurde bereits in den *englischen Landschaftsparks des
  19. Jahrhunderts* verwendet. Die damalige Naturbegeisterung ging einher mit
  einer Vorliebe für das einfache Landleben, aber auch mit einer Flucht in Geschichte und Exotik. So wurden die Parks mit *Stimmungserregern möbliert* -
  z. B. ägyptischen Pyramiden, griechischen Tempeln und gotischen Ruinen, die
  häufig nur als Kulissenarchitektur gestaltet wurden.[20] So handelte es sich z. B.

---

[20] Ein beliebtes Gestaltungselement waren auch künstliche Grotten und Felsformationen
(vgl. SCHEGK/SIMA 2007, S. 38-39).

bei dem *Schloss auf der Pfaueninsel im Wannsee bei Berlin* um eine Holzkonstruktion, die mit einem aufgemalten Mauerwerk versehen wurde.[21]

- *Symbolische Thematisierung:* In den Themenwelten des 21. Jahrhunderts tritt die narrative und illusionäre Architektur immer mehr in den Hintergrund. Stattdessen gewinnt die *Ikonenarchitek*tur bzw. *signature architecture* eine zunehmende Bedeutung. Dieser Trend lässt sich zum einen bei den Hotelneubauten in Las Vegas beobachten, die in einer reduzierten, modernen Formensprache errichtet werden (z. B. „Wynn Las Vegas", „Echelon" etc.). Zum anderen haben die großen *global player* für ihre Markenerlebniswelten eine neuartige *corporate architecture* entwickelt, in der zentrale unternehmerische Werte wie Qualität, Umweltbewusstsein etc. durch spektakuläre, symbolische Bauten kommuniziert werden - z. B. in der „Autostadt" des VW-Konzerns in Wolfsburg oder in der „BMW-Welt" in München (→ 2.4.4, 3.1.1).

Gartenarchitektur

Bei den Themenwelten handelt es sich überwiegend um *weitläufige Einrichtungen mit zahlreichen Gebäuden, Attraktionen und Freiflächen.* Um diese Anlagen übersichtlich zu gliedern, die Besucher zu lenken und die illusionäre Wirkung zu verstärken, greifen die Themenwelten auf Instrumente zurück, die seit dem 17. Jahrhundert bei der *Konzeption von Gärten und Parks* entwickelt worden sind:

- *Räumliche Dramaturgie und Besucherlenkung:* Der Weg, den Besucher durch eine Themenwelt machen, wird generell dramaturgisch gestaltet. Es gibt eine spektakuläre Eingangssituation, eine zentrale Erschließungsachse sowie seitliche Wege und Gassen, die in die einzelnen Themenbereiche führen. Dieses Grundschema basiert häufig auf *Prinzipien der barocken Gartenplanung des 17. und 18. Jahrhunderts.* Diese „Gärten der Intelligenz" - z. B. Vaux-le-Vicomte und Versailles - waren eindrucksvolle Symbole einer vollkommenen Beherrschung der Natur. Sie wurden durch ein regelmäßiges Wegesystem mit Plätzen und Sichtachsen an das Schloss als Sitz des absolutistischen Herrschers angebunden. Zum Inventar der Gärten gehörten geometrische Beete und Rasenstücke, niedrige Hecken, Wasserbecken, Labyrinthe und Statuen (vgl. BRIX 1998, S. 160-165; BAY/BOLTON 2000, S. 13-65).[22] Diese Grundelemente wurden vielfach bei der Planung von Themenwelten aufgenommen.

---

[21] Das Gebäude wurde Ende des 18. Jahrhunderts vom Hofzimmermeister Johannes Gottlieb Brendel im Stil einer Burgruine errichtet (vgl. de.wikipedia.org/wiki/Schloss_ Pfaueninsel vom 29. August 2008).

[22] Die Tradition des Labyrinths reicht bis in die Antike zurück; bereits um 350-325 v. Chr. wurde es auf den Münzen der Stadt Knossos (Kreta) als Symbol für den Mythos des Minotaurus verwendet. In den letzten Jahren haben Labyrinthe eine Renaissance erlebt: Neben neuen Gartenanlagen gibt es auch temporäre Irrgartensysteme aus Bierkisten und in Maisfeldern (vgl. HOHMUTH 2003).

Abb. 7: In zahlreichen Themenwelten des 21. Jahrhunderts werden Grundelemente baro-
cker Gartenanlagen zitiert - z. B. Sichtachsen mit einem Point de vue, geometrische Plätze,
Labyrinthe. Im Außengelände der „Swarovski-Kristallwelten" (Wattens bei Innsbruck) hat
der österreichische Künstler André Heller seine Hand in Form eines Labyrinthes nachge-
bildet.

So wird z. B. das „Magic Kingdom" der „Disney"-Themenparks durch die zentral verlaufende „Main Street" gegliedert; diese *Sichtachse* verläuft direkt auf das
Dornröschenschloss zu, das als *Point de vue* fungiert - also als Orientierungspunkt für die Besucher (vgl. Abb. 28; → 2.1.4). Auch durch das Gelände der
„Autostadt" in Wolfsburg verläuft eine diagonale *Sichtachse*, mit der eine Verbindung zwischen der Innenstadt und dem Schloss Wolfsburg hergestellt wird
(vgl. Abb. 54; → 2.4.5). Im Außengelände der „Swarovski-Kristallwelten" in
Wattens bei Innsbruck hat der österreichische Künstler André Heller seine Hand
in Form eines *Labyrinths* nachgebildet (vgl. Die Zaubergärten des André Heller
1998; Abb. 7).

- *Schaffung von Perspektiven und visuelle Abgrenzung*: Um perfekte Illusionen
schaffen zu können, müssen Themenwelten die individuelle Wahrnehmung der
Besucher steuern. Die entsprechenden Instrumente wurden bereits in den *engli-*
schen Landschaftsparks des 19. Jahrhunderts entwickelt. Diese „Gärten der
Freiheit" entstanden vor dem Hintergrund eines epochalen sozialen Wandels, der
durch die Industrialisierung und den Kolonialhandel ausgelöst wurde und mit
dem eine politische Liberalisierung einherging. Vor diesem zeitgeschichtlichen
Hintergrund geriet die unberührte Natur zu einem Freiheitssymbol. Die neuen
„Gärten der Freiheit" hatten deshalb einen natürlich erscheinenden Charakter,
der allerdings perfekt kalkuliert war (vgl. BUTLAR 1998, S. 175-183; LAUTER-
BACH 2004, S. 18-19). Mit Hilfe von Solitärbäumen, Baumstreifen, Wiesen etc.

und eines geschlungenen Wegesystems wurden neuartige Perspektiven geschaffen - bis hin zur *Nachbildung von Gemälden*.[23] Diese Inszenierungstechnik wird gegenwärtig vor allem von den Zoologischen Gärten und Tierparks genutzt. Breite Hecken- und Buschpflanzungen dienen dazu, den Gehegezaun zu verdecken. Durch einzelne *Sichtfenster* wird der Blick der Besucher auf die Tiere gelenkt - z. B. im „Wildpark Langenberg" in der Schweiz. Der „Erlebniszoo Hannover" und der „Zoo Blijdorp" grenzen auf diese Weise ihr Gelände gegenüber der Umgebung visuell ab (vgl. RADDER 1997, S. 45; → 2.5.3, 2.5.4).

Interieur/Dekoration

Die Vermittlung von Illusionen beschränkt sich in den Themenwelten jedoch nicht auf die Architektur der Gebäude und die Gestaltung der Außenanlagen; eine besondere Aufmerksamkeit wird auch auf die *Dekoration der Innenräume* gelegt; zu den Inszenierungstechniken zählen u. a.:

- *Thematische Details und optimierte Räume:* Generell wird das jeweilige Thema in vielen Bereichen aufgenommen und in zahlreichen Details umgesetzt. Dieses Spektrum reicht z. B. im spanischen Themenhotel „El Andaluz" im „Europa-Park" in Rust von den Türschildern über die Weihwasserschale neben dem Eingang und den Fliesen mit mediterranen Motiven bis zu Wandmalereien und zur Kleidung der Kellner in den Restaurants (vgl. Abb. 8). Auf diese Weise entstehen *optimierte Orte*, in denen die (angeblich) typischen Merkmale einer Region oder eines Landes kombiniert werden - und zwar in einer klischeehaften, verdichteten Form, die der fragmentierten Realität nicht entspricht. Auch für diese Inszenierungstechnik gibt es historische Vorbilder - die *Modebäder des Fin de Siècle*. Damals suchte das aufstrebende Großbürgertum nach exklusiven Bühnen, auf denen es den neu erworbenen Reichtum und den wachsenden politischen Einfluss zur Schau stellen konnte. Da sich die Industriellen, Kaufleute und Bankiers am Lebensstil des Adels orientierten, reisten sie in Kurorte wie Baden-Baden, Wiesbaden, Karlsbad etc. (vgl. FUHS 2002). Zu den typischen Merkmalen dieser gesellschaftlichen Treffpunkte zählten luxuriöse Palasthotels, Spielbanken und Festsäle; sie wurden mit Hilfe von Kulissen, Gemälden, Pflanzen und Mobiliar in *thematische Innenwelten* verwandelt.[24] So wies z. B. das Konversationshaus in Baden-Baden einen orientalischen Dekorationsstil auf, der den wirklichen Orient jener Zeit bei weitem übertraf. Während seines Besuches in Baden-Baden war Sultan Abdul-Medjid derart beeindruckt, dass er die europäi-

---

[23] Auf der Pfaueninsel bei Berlin, die seit 1824 von Peter Josef Lenné im Stil eines englischen Landschaftsparks gestaltet wurde, findet sich z. B. eine dichte Uferbepflanzung, die nur an wenigen Stellen einen - bewusst gesteuerten Blick - auf den Wannsee zulässt (vgl. WEBER 1972, S. 58-59).

[24] vgl. SCHMITT (1982) zur Architektur der Palasthotels

*Abb. 8: Auch in den Innenräumen setzen die Themenwelten ihr jeweiliges Thema in zahl-
reichen Details um. Dieses Spektrum reicht z. B. im spanischen Themenhotel „El Andaluz"
im „Europa-Park" in Rust von den Türschildern über die Weihwasserschale neben dem
Eingang und den Fliesen mit mediterranen Motiven bis zu Wandmalereien und zur Kleidung der Kellner in den Restaurants.*

schen Architekten beauftragte, Teile seines Palastes in Istanbul in diesem neo-
orientalischen Stil zu gestalten (vgl. STEINHAUSER 1974, S. 115).

- *Authentische Materialien und Erinnerungsstücke:* Der illusionäre Charakter der
Gebäude und Räume wird häufig noch dadurch verstärkt, dass beim Bau authentische Materialien verwendet werden und traditionelle Handwerkstechniken zum
Einsatz kommen. Für das *Themenhotel „Ling Bao"* im „Phantasialand" in Brühl
wurden z. B. speziell gebrannte Dachziegel und wertvolle Hölzer aus China nach
Deutschland transportiert. Vor Ort waren mehr als 100 chinesische Facharbeiter
mehrere Monate damit beschäftigt, das Hotel in einem traditionellen Stil zu errichten.[25] Das *„Muju-Resort" (Südkorea)* verfügt über ein „Tiroler Dorf", dessen Konzeption von einem österreichischen Planungsbüro stammt. Viele Bautei-
le für das Hotel „Tirol", die „Edelweißstube" und andere Gebäude wurden dazu

---

[25] Gegenwärtig gilt das Gebäude als „größtes zusammenhängendes chinesisches Bauwerk
außerhalb der Volksrepublik" (vgl. Chinesische Baukunst mitten in Europa. - In: Fliesen
und Platten, [2006] 2, S. 38).

speziell aus Österreich importiert (Türen, Fenster, Schindeln etc.).[26] Bei der Neubebauung des Potsdamer Platzes in Berlin wurde der „Kaisersaal" als historisches Versatzstück in das *„Sony Center"* integriert; er befand sich ursprünglich im „Grand Hotel Esplanade", das im Rahmen der Bauarbeiten abgerissen wurde. Aus Sicht der Themenwelten hat diese *neu geschaffene Authentizität* zwei Funktionen: Zum einen dient sie dazu, eine perfekte Illusion von Historie, Exotik etc. zu schaffen; zum anderen wird den Besuchern auf symbolische Weise ein hoher Grad an Professionalität und Kundenorientierung vermittelt. Obwohl die Gäste realisieren, dass es sich um eine bewusst konstruierte Form von Authentizität handelt, nehmen sie diese beiden Botschaften positiv wahr: Einerseits werden ihre nostalgischen Sehnsüchte optimal erfüllt und andererseits goutieren sie die hohen Qualitätsstandards der Themenwelt.[27]

Musik/Geräusche

Bayerische Blasmusik, spanische Gitarrenklänge oder französische Chansons - mit jedem Land wird unmittelbar ein typischer Musikstil assoziiert; er zählt zu den zentralen Bestandteilen der nationalen bzw. regionalen Kultur. Die Themenwelten greifen auf dieses *bekannte Repertoire an traditioneller E- und U-Musik* zurück, um ihren illusionären Eindruck zu verstärken. Im Sinne eines *branding* verwenden sie außerdem eigene Kompositionen für einzelne Themenbereiche:

- *Thematische Live-Bands und differenzierte Beschallung*: Zu den Klassikern der Thematisierung gehört der *Auftritt von Live-Bands*, die in Restaurants bzw. „Welten" landestypische Stücke intonieren - von mexikanischen Mariachi-Gruppen („Cucucuru") über italienische Volksweisen („Funiculi Funicula") bis hin zu irischen Trinkliedern („Whiskey in the jar"). Darüber hinaus wird in den Anlagen aber auch eine *differenzierte Form der Beschallung* eingesetzt. In den Gängen der „Mall of America" läuft z. B. eine dezente Hintergrundmusik (*Muzak*); gleichzeitig ertönt im Indoor-Freizeitpark das Geräusch zirpender Grillen. Darüber hinaus können die einzelnen Shops in diesem Urban Entertainment Center ihr Musikprogramm nach eigenen Wünschen gestalten (→ 2.3.3).

- *Jingles* und *spezielle Songs in einzelnen Attraktionen*: Einprägsame, kurze Melodien bzw. Tonfolgen (Jingles) werden gegenwärtig in zahlreichen Konsumbereichen verwendet (Hörfunk, Werbung, Shopping Center etc.). Auch die Themenwelten verwenden derartige akustische Erkennungsmerkmale; darüber hinaus werden in den einzelnen „Welten" spezielle Songs abgespielt. In den *„Disney"*-Themenparks gibt es z. B. Kompositionen zu den Attraktionen „Pirates of

---

[26] PRUGGER, I. (1996): Die Korea-Saga. - In: Saison Tirol, 48/4, S. 13; www.muju-resort.com vom 27. Juli 2007

[27] Nach Einschätzung von VESTER (1996, S. 63) ist dieses „ironische Spiel mit der Authentizität (...) ein postmodernes Charakteristikum" (vgl. auch ZINGANEL 2005, S. 116-117).

the Caribbean", „Haunted House" etc. und zum zentralen Event - der „Main Street Electrical Parade".[28] Für die *„Swarovski-Kristallwelten"* entwarf Brion Eno, der Mitbegründer der Pop-Gruppe „Roxy-Musik", eine Rauminstallation aus Licht, Video, Diaprojektion, Objekten und Musik. Die ruhige, fließende Klang- und Lichtumgebung soll die Besucher zum Innehalten und Meditieren anregen.

Lichteffekte

Bereits in den französischen Barockgärten wurden zu besonderen Anlässen nächtliche Illuminationen mit Fackeln und Kerzen veranstaltet; im 19. Jahrhundert erstrahlten die großen Freizeit- und Vergnügungsparks auf Coney Island (bei New York) im Schein von mehr als 1,3 Mio. elektrischen Glühlampen. Derartige eindrucksvolle Lichteffekte finden sich auch in den aktuellen Themenwelten:

- *Spektakuläre Beleuchtung der Gebäude, light shows und billboards*: Zum Synomym einer Lichterstadt ist *Las Vegas* mit seinen überdimensionierten Neon-Schildern und Werbetafeln geworden; sie verwandeln den Las Vegas Boulevard (*strip*) allabendlich in ein grell-buntes Lichtermeer (→ 2.2.4). In Downtown Las Vegas laufen auf der riesigen Kuppel der überdachten *„Fremont Street Experience"*, die über mehr als 2,1 Mio. LED-Lampen verfügt, nach Einbruch der Dunkelheit große *light shows* in 12,5 Mio. Farben ab.[29]

- *Simulation der Tageszeiten:* In den geschlossenen Innenbereichen der Themenwelten werden Lichteffekte auch dazu benutzt, das Zeitgefühl der Besucher zu beeinflussen. In den Kasino-/Themenhotels „Caesars Palace" und „Venetian" in Las Vegas sind z. B. die Decken einiger Räume im Stil einer bayerischen Lüftl-Malerei gestaltet worden. Der blau-weiße Hintergrund dient als Projektionsfläche für unterschiedliche Beleuchtungen, mit denen die *Tageszeiten* in rascher Abfolge simuliert werden - vom Sonnenaufgang über die Dämmerung bis hin zum Sternenhimmel. Auf diese Weise verlieren die Gäste jeglichen Raum- und Zeitbezug; sie werden zu einem längeren Aufenthalt und damit zu höheren Ausgaben animiert.

Animation

Bei der Animation der Besucher greifen die Themenwelten vor allem auf Erfahrungen aus der Welt des Theaters zurück. Durch den Einsatz von *characters*, Schauspielern und Animateuren, aber auch durch die Einbeziehung des Publikums können emotional aufgeladene Situationen geschaffen werden:

---

[28] vgl. www.wdisneyw.co.uk/sounds.html vom 01. September 2008
[29] vgl. de.wikipedia.org/wiki/Fremont_Street_Experience vom 01. September 2008

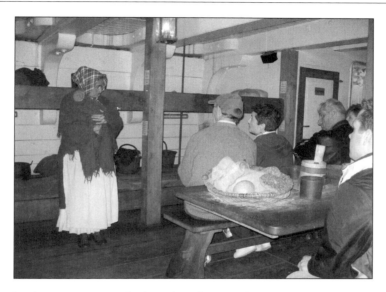

Abb. 9: Zu den Animationstechniken der Themenwelten gehört auch der Einsatz von Schauspielern. Im „Dunbrody Famine Ship" - einem Heritage Center in New Ross (Republik Irland) - treten z. B. unterschiedliche Akteure auf, die in dramatischer Weise die Lebensbedingungen an Bord der Auswandererschiffe im 19. Jahrhundert schildern.

- *Auftritt von characters und Schauspielern*: Vorbild für die Schaffung von *characters* war Walt Disney, der die zweidimensionalen Figuren seiner Zeichentrickfilme im „Magic Kingdom" als dreidimensionale Puppen auftreten ließ. Die Besucher können sich mit *Mickey Mouse, Goofy, Donald Duck etc.* photographieren lassen. Außerdem geben die *characters* - also fiktive Mediengestalten - mit einer markenartigen Unterschrift sogar Autogramme.[30] In den Themenhotels der Parks sind spezielle *character breakfasts* buchbar, bei denen die Figuren zur Freude der Kinder als Gäste auftreten. Einige *Heritage Center* setzen Schauspieler ein, um den Gästen persönliche, authentisch erscheinende Informationen zu vermitteln. So erinnert z. B. das „Dunbrody Famine Ship" in New Ross (Irland) an die Emigration der Iren, die durch die Hungersnöte im 19. Jahrhundert ausgelöst wurde. Im Rahmen der Führung schildern kostümierte Akteure auf anschauliche Weise die harten Lebensbedingungen während der Überfahrt nach Nordamerika (vgl. Abb. 9).

- *Animation und Einbeziehung der Besucher in Shows*: Zum Personal vieler Themenwelten gehören auch Gaukler, Jongleure und Artisten, die zur Unterhaltung der Besucher auftreten. Im Marine-Park „*SeaWorld*" in Florida wird die Wartezeit auf die spektakuläre „Shamu-Show" z. B. dadurch verkürzt, dass Pantomimen auftreten und die Besucher imitieren, die auf der Suche nach einem Sitzplatz sind. Im „*Ravensburger Spieleland*" in Meckenbeuren (einer Markener-

---

[30] So signiert z. B. „Mary Poppins" mit einem Schriftzug, der in einem Regenschirm endet.

lebniswelt des weltbekannten Produzenten von Spielen) erhalten die Gäste von den Animateuren in den einzelnen Themenbereichen spielerische Anregungen (vgl. LUX/SCHMID 2001). Speziell in Filmparks wie den *„Universal Studios"* in Florida werden die Besucher in die Shows einbezogen, indem sie z. B. auf Originalsets an der Produktion von Film- und TV-Sequenzen mitwirken können.[31] Ungewöhnliche Formen der Animation gab es bereits im 19. Jahrhundert: Der preußische König Friedrich Wilhelm III. wollte auf der *Pfaueninsel bei Berlin* eine exotische Atmosphäre inszenieren; neben Kängurus, Bären und Lamas lebten dort deshalb auch fremdartig erscheinende Menschen - u. a. ein Riese, zwei Liliputaner, ein Schwarzafrikaner und ein Südseeinsulaner (vgl. BÖRSCH-SUPAN 1978, S. 10-11).[32]

Technik/Simulation

Innovative Formen der Technik werden seit dem 17. Jahrhundert von den Themenwelten genutzt. So verfügte z. B. der *Schlosspark von Versailles* über ein aufwändiges System von Kanälen, Viadukten und Pumpwerken, um die 1.400 Brunnen und Fontänen betreiben zu können (vgl. BRIX 1998, S. 168-169; MAZZONI 2005, S. 117-118; Abb. 10). Erste Ansätze von virtuellen Reisen gab es im Jahr 1900 auf der *Weltausstellung in Paris*. In einem „Maréorama" konnten die Besucher eine simulierte Seereise von Villefranche nach Konstantinopel unternehmen (einschließlich salzigem Meerwind und Schiffsbewegungen). Außerdem wurden Ballonaufstiege und Fahrten in der Transsibirischen Eisenbahn von Moskau nach Wladiwostok mit Hilfe von Bildprojektoren inszeniert (vgl. TESCHLER 1998a, S. 36-37). Gegenwärtig kommen *mehrere Simulationstechniken* zum Einsatz, bei denen teilweise auch traditionelle Themen zitiert werden:

- *Spektakuläre artifizielle Attraktionen*: Zu den konzeptionellen Leitbildern der Themenwelten gehören die Beherrschung und die Reproduktion der Natur. Dieser Anspruch spiegelt sich in der großen Popularität inszenierter *Vulkanausbrüche* wider. Derartige Spektakel finden z. B. regelmäßig vor dem Themen-/Kasinohotel „Mirage" in Las Vegas und im japanischen Erlebnisbad „Seagaia Ocean Dome" statt; ein rauchender Vulkan ist auch das Markenzeichen des japanischen Themenparks „Tokyo DisneySea" (vgl. SCHOCH 1998, S. 69). Diese Idee stammt ursprünglich aus Deutschland: So gab es bereits im 18. Jahrhundert im *Gartenreich Dessau-Wörlitz (Sachsen-Anhalt)* den Nachbau eines Vulkans.

---

[31] vgl. www.universalorlando.com/germany/usf_map.html vom 02. September 2008

[32] Der württembergische Herzog Carl Eugen ließ im 18. Jahrhundert auf Gut Hohenheim bei Stuttgart ein „Englisches Dorf" aus Kulissen errichten. Beim Besuch des russischen Großfürstenpaares im Jahr 1782 mussten 2.000 Untertanen als Statisten in diesem Dorf leben; drei Wochen lang spielten sie Wirtsleute, Bauern, Häftlinge etc. (vgl. STEMSHORN 2000a, S. 14-18).

Abb. 10: Bereits in den Kunstwelten des 17. Jahrhunderts kamen innovative Formen der Technik zum Einsatz. So gab es im Schlosspark von Versailles 1.400 Brunnen und Fontänen, die mit Hilfe eines aufwändigen Systems von Kanälen, Viadukten und Pumpen betrieben wurden. Im Rahmen von „Grandes Eaux Spectacles" werden diese Wasserspiele (z. B. der Neptun-Brunnen) gegenwärtig an den Sommerwochenenden vorgeführt; dazu ertönen zeitgenössische Instrumental- und Vokalkompositionen.

Zu besonderen Anlässen fanden Ausbrüche statt, die mit Feuer, Rauch und bunten Glassteinen - als glühender Lavastrom - imitiert wurden (vgl. HOLMES 2001, S. 108; TRAUZETTEL 2001, S. 62-63).[33] Zu den aktuellen Attraktionen gehören auch *großflächige Wasserorgeln*, bei denen die Bewegungen der Fontänen im Einklang mit Lichteffekten und Melodien erfolgen - z. B. vor dem Themenhotel „Bellagio" in Las Vegas oder vor der „Mall of the Emirates" in Dubai.

- *Audio-animatronics*: Wie viele Innovationen in Themenwelten geht auch diese Technik auf den Erfindungsgeist von Walt Disney zurück. Bereits in den 1960er-Jahren entwickelte er mechanische Puppen, die singen und sprechen konnten; ihre Bewegungen wurden durch pneumatische Pumpen, elektrische Impulse etc. gesteuert.[34] Um diese Attraktionen zu kreieren, entwickelte er das

---

[33] Mit diesen Vulkanausbrüchen war vorrangig eine pädagogische Absicht verbunden. Der Landesherr, Leopold III. Friedrich Franz von Anhalt-Dessau (1740-1817), wollte seine Untertanen an den Erfahrungen teilhaben lassen, die er bei seinen Reisen durch Italien gemacht hatte - u. a. zum Vesuv. Seit 2005 wird der Vulkan von Wörlitz wieder im Rahmen von Events aktiviert (vgl. KIPPHOFF, P. [2005]: Der Vulkan der Vernunft. - In: Die Zeit - Feuilleton, Mai, S. 22).

[34] Seit 1961 handelt es sich bei dem Begriff „audio-animatronics" um einen rechtlich geschützten Markennamen (vgl. en.wikipedia.org/wiki/Audio-Animatronics vom 02. Sep-

spezielle Berufsbild des „imageneers". Der Begriff setzt sich aus „imagination" (Vorstellungskraft) und „engineer" (Ingenieur) zusammen. So werden die Experten bezeichnet, die sowohl über technische Kenntnisse als auch über künstlerische Fähigkeiten verfügen müssen. Als erstes *audio-animatronic* gilt eine riesige Krake, die in dem Film „20.000 Meiles unter dem Meer" mitwirkte. Inzwischen werden computergesteuerte *audio-animatronics* weltweit in allen Themenbereichen der „Disney"-Parks eingesetzt - vom „Country Bear Jamboree" über den „Enchanted Tiki Room" bis hin zur „Hall of the Presidents".

- *Künstliche Wetterereignisse und Regelung der Raumtemperatur*: Zeitgemäße Technik wird in den Themenwelten auch genutzt, um eine angenehme bzw. aufregende Atmosphäre zu kreieren. So herrscht z. B. in der *„West Edmonton Mall"* in Kanada - unabhängig von sommerlicher Hitze oder winterlicher Kälte - ständig eine Temperatur von 22° Celsius, bei der sich die Besucher wohl fühlen. Damit steigt ihre Verweildauer und auch ihre Konsumbereitschaft (→ 2.3.3). Zu einem ungewöhnlichen Erlebnis wird hingegen ein Aufenthalt in den Themenrestaurants *„Rainforest Café"*, in denen regelmäßig Gewitter mit Blitzen, Donner und Sprühregen inszeniert werden. Historisches Vorbild war dabei das *„Haus Vaterland"* am Potsdamer Platz in Berlin, das seine Gäste bereits in den 1920er-Jahren auf der „Rheinterrasse" mit derartigen Effekten beeindruckte (→ 2.2.2).

- *Virtuelle Attraktionen*: Neue High-Tech-Attraktionen spielen vor allem in den Markenerlebniswelten der internationalen Medienkonzerne eine herausragende Rolle. So verfügt z. B. das High-Tech-Unterhaltungszentrum *„Metreon"* in San Francisco über mehrere interaktive Spielstationen, Simulatoren etc. (→ 2.3.1). Im *„Sony Wonder Technology Lab"* in New York können die Besucher innovative Technologien selbst ausprobieren - von der Tonmischung über die Arbeit mit Digitalvideokameras bis hin zur Robotik. Als Einstieg in das Laboratorium wurde eine aufwändige Show produziert, die aktuelle und innovative Formen der Informations- und Datenverarbeitung miteinander kombiniert (vgl. TURNER 1994).

Die Besucher temporär in eine illusionäre Welt zu versetzen - dieses zentrale Ziel erreichen die Themenwelten, indem sie die Vielzahl unterschiedlicher Inszenierungstechniken *miteinander kombinieren* und *genau aufeinander* abstimmen. Nur auf diese Weise ist es möglich, wirkungsvolle „Erlebnisketten" (KAGELMANN 1998, S. 80) zu produzieren und gefährliche Illusionsbrüche zu vermeiden, die dazu führen können, dass die Erwartungen der Gäste enttäuscht werden (vgl. BURGHOFF/KRESTA 1995, S. 74-75).

---

tember 2008; www.entertainment.howstuffworks.com/animatronic.htm vom 02. September 2008).

Themenrepertoire und Inszenierungstechniken von Themenwelten: Fazit

- Die Themenwelten greifen generell auf einen *begrenzten Kanon an populären Themen* zurück - die exotische Ferne, der Wilde Westen, die klassische Zivilisation (Geschichte), die urbane Kultur, die Zukunft der Menschheit, die traditionellen Tourismusdestinationen.
- Die Attraktivität der Themenwelten basiert zumeist auf dem *Kontrast zwischen dem Thema und dem Standort*. Erst in jüngerer Zeit finden sich auch Themenwelten, in denen landestypische (historische) Themen an Originalschauplätzen inszeniert werden.
- Um die Besucher temporär in eine *illusionäre, außeralltägliche Gegenwelt* zu versetzen, nutzen die Themenwelten zahlreiche Inszenierungstechniken aus der Welt des Theaters und Medien, aber auch Erfahrungen früherer Kunstwelten.
- Die *historischen Wurzeln der gegenwärtigen Themenwelten* reichen zurück bis in das 17. Jahrhundert; dazu zählen u. a. französische Barockgärten, englische Landschaftsparks, Weltausstellungen, Modebäder des Fin de Siècle sowie Panoramen.
- Zu den *typischen Techniken der Inszenierung*, die in Themenwelten zum Einsatz kommen, gehören die Architektur, die Gartenarchitektur, das Interieur und die Dekoration, Musik- und Lichteffekte, unterschiedliche Formen der Animation sowie Simulationen.
- Um Illusionsbrüche zu vermeiden, werden diese Techniken *miteinander kombiniert* und *genau aufeinander* abgestimmt; auf diese Weise entstehen emotional aufgeladene Situationen, wirkungsvolle Erlebnisstränge und perfekte illusionäre „Welten".

1.3 Erfolgsfaktoren von Themenwelten

> „All of our audiences have seen too much.
> They are blasé, and, frankly, not much
> impresses them."
>
> ROUSE (2000)

> „Die Abstimmung findet mit den Füßen statt.
> Filmkulissen weisen mehr Besucher auf als
> echte Ruinen."
>
> OPASCHOWSKI (1998, S. 33)

Seit den 1990er-Jahren konnten Themenwelten einen weltweiten Boom verzeichnen; gegenwärtig gehören sie nicht nur zu den *typischen Freizeitattraktionen von touristischen Zielgebieten*, sondern haben sich als *eigenständige Tourismusdestinationen* etabliert:

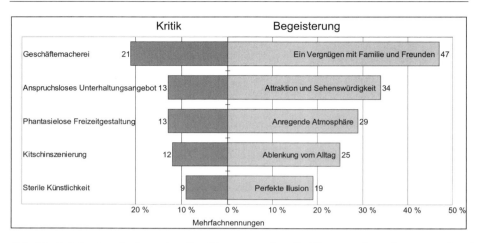

Abb. 11: Bei der bundesdeutschen Bevölkerung stoßen die Themenwelten überwiegend auf eine große Akzeptanz. Mit ihren Unterhaltungsangeboten und ihrer perfekten Inszenierung bieten sie eine gelungene Ablenkung vom Alltag. Die Kritik an diesen Einrichtungen fällt hingegen deutlich geringer aus (Quelle: Eigene Darstellung nach Angaben in OPASCHOWS-KI *1998, S. 32).*

- So gibt es *weltweit* ca. 15.000 Freizeit- und Themenparks, die jährlich mehr als 600 Mio. Besucher verzeichnen. Speziell die osteuropäischen, asiatischen und arabischen Länder verfügen über hohe Wachstumspotenziale (→ 2.1.5).

- In *Deutschland* finden sich ca. 50 größere Freizeit- und Themenparks mit einem überregionalen Einzugsbereich, die jährlich 20-22 Mio. Gäste verzeichnen. Durch den Bau eigener Themenhotels fungieren die Parks zunehmend als Ziele von Kurzurlaubsreisen.

- Ein hohes Besucheraufkommen ist auch in den *einkaufsorientierten Urban Entertainment Centern* zu beobachten. Im „CentrO" in Oberhausen - dem Vorreiter und Marktführer - werden jährlich ca. 23 Mio. Gäste gezählt (→ 2.3.5).

- Mit den Markenerlebniswelten international agierender Konzerne sind *neuartige Besucherattraktionen* entstanden, die sich ebenfalls zu populären Attraktionen entwickelt haben. So kommen z. B. 2 Mio. Gäste/Jahr in die „Autostadt" in Wolfsburg (→ 2.4).

Die hohen Besucherzahlen sind deutliche Belege für die *große Akzeptanz* der Themenwelten bei den Konsumenten. „Mehr Begeisterung als Kritik" - zu dieser Einschätzung kommt OPASCHOWSKI (1998, S. 32; Abb. 11) in einer Untersuchung zur Einstellung der bundesdeutschen Bevölkerung zu Erlebniswelten:

- 47 % der Befragten assoziieren ein Vergnügen mit Familie und Freunden,
- 34 % halten diese Einrichtungen für Attraktionen und Sehenswürdigkeiten,

- 29 % loben die anregende Atmosphäre,
- 25 % finden hier Ablenkung vom Alltag,
- 19 % sind von der perfekten Illusion begeistert.

In deutlich geringerem Maß wird von den Konsumenten hingegen *Kritik* an diesen Einrichtungen geäußert.

Worauf basiert die große Popularität der Themenwelten? Um diese Frage zu beantworten, ist zunächst ein kurzer Blick auf den *gesellschaftlichen Wandel* notwendig, der den Boom dieser Einrichtungen in den letzten Jahrzehnten ausgelöst hat (→ 1.3.1). Im Folgenden sollen die *Erfolgsfaktoren der Themenwelten* anhand des „Mindscapes"-Modells erläutert werden (→ 1.3.2).

1.3.1 Die Erlebnis-Gesellschaft: Neue Werthaltungen und optimierte Orte

Seit den 1980er-Jahren war in Deutschland, aber auch in anderen westlichen Dienstleistungsgesellschaften (USA, Großbritannien etc.) ein *grundsätzlicher Wandel des gesellschaftlichen Wertesystems* festzustellen.[35] Traditionelle, außenorientierte Wertvorstellungen wie Leistung, Ordnung, Pflichtgefühl, Disziplin, Pünktlichkeit etc. haben erheblich an Bedeutung verloren. Stattdessen sind neue, innenorientierte Werthaltungen entstanden, bei denen die persönliche Entfaltung im Mittelpunkt steht; dazu zählen u. a. (vgl. HENNINGS 2000, S. 56):[36]

- *idealistische, gesellschaftskritische Werte* (Partizipation, Gleichbehandlung, Emanzipation, Autonomie des Individuums etc.),
- *hedonistische Werte* (Abwechslung, Unterhaltung, Genuss, Verwirklichung emotionaler Bedürfnisse etc.),
- *individualistische Werte* (Selbstverwirklichung, Kreativität, Eigenständigkeit, Spontaneität, Ungebundenheit etc.).

Dieser Wertewandel erfolgte im Kontext *gravierender ökonomischer und sozialer Veränderungen*, zu denen u. a. die Tertiärisierung der Wirtschaft, das steigende Bildungsniveau, eine zunehmende Erwerbstätigkeit der Frauen, ein höheres Einkommensniveau und eine wachsende Freizeit gehörten (vgl. HENNINGS 2000, S. 56-57).

Gleichzeitig zeichneten sich im Konsum- und Dienstleistungsbereich *deutliche Sättigungstendenzen* ab. Aus den *Verkäufermärkten* der 1960er- und 1970er-Jahre mit einem knappen Angebot und einer großen Nachfrage waren *Käufermärkte*

---

[35] vgl. QUACK (2001, S. 20) zu einer Zusammenstellung empirischer Erhebungen zu diesem Thema

[36] vgl. REUBER/WOLKERSDORFER (2006, S. 237-242) zu einer empirischen Untersuchung über Einstellungen und Werthaltungen der Bevölkerung im Ruhrgebiet

geworden. Es gab von allem viel zu viel - zu viele Restaurants, Hotels, Shopping Center etc. Aus Sicht der Konsumenten mussten die Angebote nun über einen *emotionalen oder praktischen Zusatznutzen* verfügen, um sich - im Sinne eines Alleinstellungsmerkmals (*unique selling proposition*) - von anderen Produkten und Serviceleistungen zu unterscheiden. Darüber hinaus erwarteten die Nachfrager eine breite Angebotspalette, aus der sie spontan nach ihren persönlichen Bedürfnissen auswählen konnten (vgl. BOSSHART 1996, S. 7-8).

Vor dem Hintergrund dieser wachsenden Ansprüche der Nachfrager und ihres Erlebnishungers entstand eine neue *„Mehr-Kultur"* (STEINECKE 2000a, S. 17), in der alle Waren und Einrichtungen mehr bieten müssen als ihren Kernnutzen: Uhren sollen auch noch Temperatur, Luftdruck etc. anzeigen und Mobiltelefone als Kameras, Navigationsgeräte etc. fungieren. Museen müssen auch über Restaurants, Shops etc. verfügen und Shopping Center über Unterhaltungsangebote.[37]

Zum ubiquitären Schlagwort dieser „Mehr-Kultur" geriet der *Erlebnis-Begriff*, der von zahlreichen Unternehmen genutzt wurde, um das eigene Angebot vom Sortiment der Konkurrenten abzugrenzen - vom Erlebniseinkauf über die Erlebniskneipe bis hin zur Erlebnisarkade (vgl. BACHLEITNER 2004; KEUL 2004). Er fand auch Einzug in die wissenschaftliche und öffentliche Diskussion, wo er als Leitbegriff dazu diente, die *zentrale Werthaltung der Gesellschaft in den 1980er-Jahren* zu charakterisieren.[38] Mit ihrem Hedonismus und Individualismus wies sie deutliche Unterschiede zu früheren Phasen der bundesdeutschen Nachkriegsgeschichte auf; dazu zählen u. a. (vgl. QUACK 2001, S. 21-22; Abb. 12):

- die *„Überlebens-Gesellschaft"* (Ende der 1940er- bis Mitte der 1950er-Jahre),
- die *„Wirtschaftswunder-Gesellschaft"* (Mitte der 1950er- bis Ende der 1960er-Jahre),
- die *„postmaterielle Gesellschaft"* (Ende der 1960er- bis Anfang der 1980er-Jahre),
- die *„Erlebnis-Gesellschaft"* (seit Mitte der 1980er-Jahre).

Aus Sicht der Nachfrager trugen die zahlreichen Konsummöglichkeiten und der Erlebnischarakter vieler Produkte einerseits zu einer *Steigerung der Lebensqualität* bei. Da die materiellen Grundbedürfnisse befriedigt waren, ging es nun darum, das Leben zu genießen und sich zu verwöhnen zu lassen (vgl. OPASCHOWSKI 1998, S. 14; F.A.Z.-Institut 2003, S. 8).

---

[37] Diese „Mehr-Kultur" spiegelt sich auch gegenwärtig in den Werbeslogans zahlreicher Unternehmen wider - z. B. „Rösti und mehr" („Maggi"-Kartoffelpulver), „Miles & More" (Vielfliegerprogramm der Lufthansa), „You rent a lot more than a car" („Europcar"-Autovermietung), „Samsung i900 Omnia - mehr als ein Telefon" (Mobiltelefonhersteller) bzw. „Brillux - mehr als Farben" (Lack- und Farbenproduzent).

[38] Als grundlegende Studien sind u. a. zu nennen: „Die Erlebnisgesellschaft" (SCHULZE 2000) und „The experience economy" (PINE/GILMORE 1999); vgl. WÖHLER (2004) zu einer kritischen Auseinandersetzung mit dem Begriff der Erlebnisgesellschaft.

ENDE 40ER BIS MITTE 50ER JAHRE: DIE ÜBERLEBENS-GESELLSCHAFT

dominierende Werte: Pflichterfüllung, Leistungsbereitschaft
Konsumausgaben: Lebensmittel und Bekleidung
Freizeit: Wiederherstellung der Arbeitsfähigkeit

MITTE 50ER BIS ENDE 60ER JAHRE: DIE WIRTSCHAFTSWUNDER-GESELLSCHAFT

dominierende Werte: Pflichterfüllung, Leistungsbereitschaft, Konformismus
Konsumausgaben: Befriedigung der Grundbedürfnisse
(Autos, Einrichtungsgegenstände etc.)
Freizeit: Wiederherstellung der Arbeitsfähigkeit, Ausflüge, Urlaub als Statussymbol

ENDE 60ER BIS ANFANG 80ER JAHRE: DIE POSTMATERIELLE GESELLSCHAFT

dominierende Werte: Emanzipation, Partizipation, Selbstverwirklichung, ökologisches Bewusstsein,
Genuss
Konsumausgaben: zunehmende Konzentration auf bisherige Luxusgüter
(Eigenheim, Zweiturlaub, Zweitwagen etc.)
Freizeit: Freizeit als eigentliche Lebenszeit: intensive und bewusste Nutzung

SEIT MITTE 80ER JAHRE: DIE ERLEBNIS-GESELLSCHAFT

dominierende Werte: Hedonismus, Neue Hierarchien, Erlebnis, Markenorientierung
Konsumausgaben: Luxusgüter, Markenartikel
Freizeit: Freizeit als eigentliche Lebenszeit: Suche nach Selbstverwirklichung
und -bestätigung (vor allem) außerhalb des Berufslebens (Nervenkitzel)

?

*Abb. 12: Für den Boom der Themenwelten ist u. a. ein grundsätzlicher Wandel des gesell-
schaftlichen Wertesystems verantwortlich. Seit Mitte der 1980er-Jahre haben traditionelle
Pflicht- und Leistungswerte an Bedeutung verloren; stattdessen dominieren hedonistische
und individualistische Einstellungen. Damit entstand eine neue Erlebnis-Gesellschaft, die
deutliche Unterschiede zu früheren Phasen der bundesdeutschen Nachkriegsgeschichte
aufweist (Quelle: Eigene Darstellung nach Angaben in QUACK 2001, S. 24).*

Andererseits nahm aber der *psychologische Druck auf die Konsumenten* zu: Angesichts des breiten, unübersichtlichen Angebots wuchs bei ihnen das Gefühl der
Verhaltensunsicherheit und der *Desorientierung*. Sie hatten ständig den Eindruck,

etwas Besonderes bzw. Spektakuläres verpassen zu können (vgl. OPASCHOWSKI 2000, S. 51).

In dieser Situation stieg der *Wunsch nach Markttransparenz, Produktsicherheit* und *Reduktion von Komplexität*. Aus diesem Grund war in den 1990er-Jahren eine *ausgeprägte Markenorientierung* zu beobachten, die nicht nur auf rationalen und ökonomischen Überlegungen basierte, sondern vor allem auch auf irrationalen Wünschen und Hoffnungen (vgl. EBELING 1994, S. 47). Für die Konsumenten übernehmen die Marken generell *mehrere Aufgaben*; sie dienen u. a. als Instrumente:

- eines *neuen Identitätsentwurfs* (Marken als Element zur Gestaltung des eigenen Lebensstils),
- einer *spontanen Gruppenbildung* (durch gemeinsam empfundene Affinitäten gegenüber Marken),
- einer *effizienten Bewältigung des Alltags* (Zeitersparnis durch bessere Orientierung),
- eines *emotionalen Bezugs* zur *Vergangenheit* (Marken als Mittel der Erinnerung an frühere Lebensphasen),
- einer *sicheren Zukunftsorientierung* (Marken als Bündnispartner zur Gestaltung künftiger Lebenssituationen).

Das ausgeprägte Markenbewusstsein, der Wunsch nach Multioptionalität und die große Erlebnisorientierung sind auch für den *Boom der Themenwelten* verantwortlich. Diese Einrichtungen entwickeln sich zu neuen *dritten Orten* zwischen Wohnung und Arbeitsplatz bzw. Schule und als „a venue where people, old and young, can congrate, commune" (GOSS 1993, S. 25).[39]

Während die traditionellen Stadtquartiere vielfältige bauliche und soziale Friktionen aufweisen, handelt es sich bei den Themenwelten um *optimierte Räume*, die den klischeeartigen Erwartungen der Besucher von einer freundlichen, friedlichen und gepflegten Atmosphäre entsprechen. Ihre Attraktivität basiert dabei - unabhängig vom jeweiligen Typ oder Thema der Einrichtung - auf ihrer Fähigkeit, sich als *Schauplätze populärer Mythen* zu inszenieren; dazu zählen u. a. (vgl. HOPKINS 1990, S. 13; STEINECKE 2002b, S. 5-6; Abb. 13):[40]

---

[39] Im deutschsprachigen Raum hat MIKUNDA (1992, 2002, 2005) differenzierte Konzepte für derartige „dritte Orte" erarbeitet.

[40] De facto handelt es sich bei diesen Mythen allerdings um Schimären, da das Konzept der Themenwelten ausschließlich auf einem ökonomischen Kalkül basiert. Die Prinzipien der Gleichheit, des Rollenspiels, des Reichtums und der Gemeinschaft gelten nicht für alle Bürger, sondern nur für zahlungskräftige Konsumenten. Nicht-konformen gesellschaftlichen Gruppen kann der Zutritt verweigert werden. Damit tragen die Themenwelten aber zur sozialräumlichen Segregation bei (→ 2.3.3; 3.1).

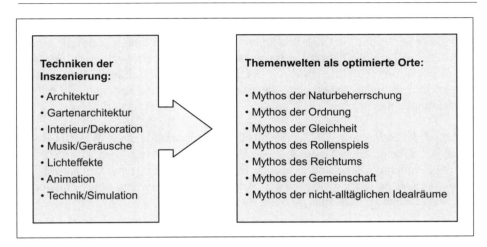

Techniken der Inszenierung:	Themenwelten als optimierte Orte:
• Architektur • Gartenarchitektur • Interieur/Dekoration • Musik/Geräusche • Lichteffekte • Animation • Technik/Simulation	• Mythos der Naturbeherrschung • Mythos der Ordnung • Mythos der Gleichheit • Mythos des Rollenspiels • Mythos des Reichtums • Mythos der Gemeinschaft • Mythos der nicht-alltäglichen Idealräume

Abb. 13: Unabhängig vom jeweiligen Typ oder Thema der Einrichtung basiert die Attraktivität der Themenwelten auf der Inszenierung populärer Mythen - bei denen es sich allerdings de facto um Trugbilder handelt (Quelle: Eigene Darstellung nach Angaben in HOPKINS 1990, S. 13; STEINECKE 2002b, S. 5-6).

- *Mythos der Naturbeherrschung*: Mit ihrer Inszenierung unterschiedlicher Themen an beliebigen Standorten sind diese Einrichtungen zu Symbolen einer vollkommenen Beherrschung der Natur geworden. Von der Raumtemperatur über die Tageszeiten bis hin zu Gewittern und Vulkanausbrüchen - alle Vorkommnisse können mit Hilfe einer aufwändigen Technik reproduziert werden.[41]

- *Mythos der Ordnung*: In einer globalisierten Welt, die für viele Menschen immer undurchschaubarer und unübersichtlicher wird, bieten die Themenwelten einen Gegenentwurf. Mit ihrer klaren internen Struktur und ihren überschaubaren baulichen Dimensionen erweisen sie sich als vertraute Orte, in denen sich die Besucher problemlos orientieren können.[42]

- *Mythos der Gleichheit*: Angesichts einer wachsenden sozialen Ungleichheit und Segmentierung wirken die Themenwelten wie traditionelle Marktplätze, die für jedermann zugänglich waren. In dieser offenen Situation scheint es auch keine gesellschaftlichen Unterschiede, Privilegien etc. mehr zu geben - alle Gäste sind einfach nur Konsumenten.

---

[41] Durch die technische Reproduktion wird die Natur zugleich beliebig und austauschbar. Themenwelten lösen damit - nach HASSE (1995, S. 167) - eine „Anästhesie von Naturwahrnehmung" aus: Sie verstärken die Entfremdung des Menschen von der eigenen Natur und verhindern eine ganzheitliche (auch körperliche) Naturerfahrung.

[42] Nach RONNEBERGER (1999, S. 61) bieten Themenwelten einen „Raum der sicheren Distanz vor unerwarteten Ereignissen und Situationen, die die erwünschte Atmosphäre in Frage stellen könnten."

- *Mythos des Rollenspiels*: Die Wirkung dieser Einrichtungen geht weit über die spielerische Vermittlung von Illusionen und Erlebnissen hinaus, denn die einzelnen Themenbereiche bieten den Besuchern auch die Möglichkeit einer „personal transformation" (HOPKINS 1990, S. 13). Hier können sie sich nach ihren eigenen Vorstellungen präsentieren, neue Identitäten entwerfen und dabei ungewöhnliche Erfahrungen machen.[43]

- *Mythos des Reichtums*: Die Themenwelten offerieren die ganze Welt als Reiseziel; sie scheint allen Menschen zur Verfügung zu stehen. Auf engem Raum können beliebte Städte und exotische Orte - von Venedig über die Karibik bis hin zum Orient - innerhalb weniger Stunden besucht werden, ohne aufwändige Reisen machen zu müssen (vgl. STEINER 1987).

- *Mythos der Gemeinschaft*: In einer Gesellschaft, die durch wachsende Anonymität und zunehmenden Individualismus charakterisiert wird, bieten Themenwelten den Besuchern die Möglichkeit, andere Menschen in einer angenehmen Atmosphäre zu treffen und sich als Teil einer neuartigen Form von Gemeinschaft zu empfinden.[44]

- *Mythos der nicht-alltäglichen Idealräume*: Themenwelten sind kontrollierte Räume, die - vor allem für die großstädtische Bevölkerung - eine stressfreie und unterhaltsame Alternative zu den traditionellen Innenstädten darstellen. In diesen Einrichtungen gibt es keine Schwierigkeiten bei der Parkplatzsuche und auch keine Sauberkeits- und Sicherheitsprobleme; die Besucher können sich bequem und risikolos in illusionäre Gegenwelten begeben.

Durch die Schaffung populärer Mythen und den Einsatz diverser Inszenierungstechniken ist es den Themenwelten seit den 1990er-Jahren gelungen, sich als *neue Orte des Konsums*, aber auch als *gesellschaftliche Treffpunkte und Bühnen* zu positionieren. Ihr Marktauftritt basiert dabei auf mehreren Erfolgsfaktoren, die im Folgenden anhand des Mindscapes-Modells erläutert werden.

---

[43] BACHLEITNER (1998, S. 55) betrachtet die Themenwelten (wie den Erlebnistourismus generell) als „Vehikel für die Steigerung von Selbsterfahrung". In ihnen spiegelt sich ein Wandel des Tourismus wider - weg vom passiven, regenerativen und hin zum aktiven, erlebnisorientierten Handeln.

[44] Angesichts der wachsenden Zahl von Ein-Personen-Haushalten und der zunehmenden Auflösung traditioneller Familienbeziehungen spricht GUGGENBERGER (2001, S. 38-39) von einem „Trend zur Singularisierung". Als Folge entsteht ein freier „Markt der Beziehungen", auf dem sich die Menschen nach eigenem Gutdünken *die* Kontakte aussuchen, die ihnen „die Sippe und der Zufall der Verwandtschaftschoreographie" vorenthalten.

1.3.2   Erfolgsfaktoren von Themenwelten: Das Mindscapes-Modell

Große Besucherzahlen sowie hohe Zufriedenheitswerte und Wiederbesuchsquoten sind deutliche Belege dafür, dass es sich bei den Themenwelten um marktgerechte und kundenorientierte Einrichtungen handelt. Ihr Erfolg basiert dabei auf dem Zusammenspiel mehrerer Faktoren, die im Folgenden kurz erläutert werden sollen (vgl. STEINECKE 2000a, S. 21-24; 2000c, S. 86-91; Abb. 14):[45]

- *Marken:* In den gesättigten Konsumgüter- und Freizeitmärkten gelingt es den Themenwelten, den Kunden ein klares und attraktives Profil zu signalisieren. Sie entwickeln sich damit einerseits zu eigenständigen Marken, die den Konsumenten Orientierung und Markttransparenz bieten, darüber hinaus aber auch eine starke emotionale Bindung an die Einrichtungen ermöglichen. Andererseits fungieren die Themenwelten (speziell die Markenerlebniswelten) als Plattformen für die Inszenierung von Markenprodukten.

- *Illusionen:* Nachdem die Phase des ausschließlichen Versorgungskonsums für breite Teile der Bevölkerung abgeschlossen ist, suchen die Kunden - in Verbindung mit der Einkaufssituation - nach neuen Erlebnissen und Erfahrungen. Dabei wollen sie sich für kurze Zeit in traumartigen, perfekten Gegenwelten bewegen, die ihren Lebensalltag überhöhen (vgl. OPASCHOWSKI 1997, S. 157).[46]

- *Normung*: Die Vielzahl der Konsum- und Dienstleistungsangebote wirkt beunruhigend und verwirrend auf die Verbraucher: Einerseits wollen sie nichts Wesentliches verpassen, andererseits suchen sie planbare Konsumsituationen mit klaren Standards. Themenwelten bieten ihnen klar strukturierte und zugleich multioptionale Konsummöglichkeiten.

- *Dramaturgie*: Die Gäste der Themenwelten sind auf der Suche nach dem Besonderen, dem Einmaligen und dem Ungewöhnlichen (*Once-in-a-lifetime*-Events). Um diese Erwartungen zu erfüllen, werden die Besuchserlebnisse dramaturgisch gesteuert: So dient z. B. der Wartebereich von Fahrgeschäften (*rides*) einer thematisch gestalteten *Einstimmung*. Während der anschließenden Fahrt findet ein *Spannungsaufbau* statt, der auch mit Angst und Schrecken verbunden sein kann. Den Abschluss bildet eine reizarme *Ausklangphase*, in der sich die Besucher entspannen können (vgl. FICHTNER 1997, S. 87).

---

[45] vgl. auch BATZ (2001) und PIKKEMAAT/PETERS/SCHOPPITSCH (2006) zu einer Zusammenstellung der Erfolgsfaktoren von Erlebniswelten

[46] Die Kreuzfahrt-Passagiere der Reederei „Royal Caribbean Cruises" werden z. B. auf der Insel Coco Cay abgesetzt, die vollständig den klischeehaften Erwartungen der Urlauber von einer Karibikinsel entspricht: Es gibt keine verfallenen Wellblechhütten, keine aufdringlichen Einheimischen und keinen Müll. Stattdessen werden die Besucher von freundlichen Souvenirverkäufern und Steel-Band-Musikern begrüßt, bei denen es sich um Angestellte des Unternehmens handelt (vgl. FAZ, 22. Februar 1996).

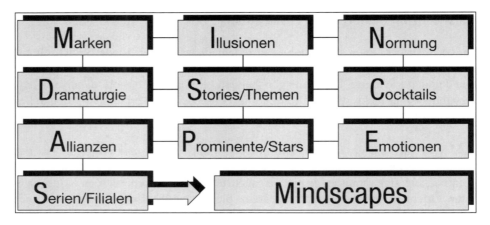

Abb. 14: Der Erfolg der Themenwelten basiert auf dem Zusammenwirken mehrerer Fakto-ren - vom Markencharakter über die Normung bis hin zur Standardisierung. Aus Sicht der Konsumenten entstehen dadurch neuartige Mindscapes. Im Gegensatz zu authentischen Landschaften handelt es sich um optimierte Orte - Gegenwelten zum Alltag, Treffpunkte für soziale Kommunikation und Bühnen der Selbstdarstellung (Quelle: Eigene Darstellung nach Angaben in STEINECKE 2000a, S. 23).

- *Stories/Themen:* Generell bestehen die Themenwelten häufig aus Kulissen, in denen mit dramaturgischen Mitteln Geschichten erzählt werden (vgl. GORONZY 2003, S. 224-225; 2006, S. 149-204). Besonders gute *storyteller* sind die The-menrestaurants mit ihren Geschichten von der Macht der Musik („Hard Rock Café") oder vom Glanz Hollywoods („Planet Hollywood"). Ein *storytelling* fin-det jedoch auch in *thematisierten Realkulissen* statt. Am neu bebauten Potsda-mer Platz in Berlin findet sich z. B. ein Nachbau des „Verkehrsturms" - der ers-ten deutschen Ampelanlage (vgl. Abb. 15). Das bauliche Zitat dient dazu, der austauschbaren modernen Hochhausbebauung eine sichtbare historische Dimen-sion zu verleihen und den Mythos der 1920er-Jahre heraufzubeschwören (vgl. MAKROPOULOS 2002, S. 115; RESCH/STEINERT 2002, S. 106-107).[47]

- *Cocktails:* Ein zentraler Bestandteil der „Mehr-Kultur" zu Beginn des 21. Jahr-hunderts ist der Wunsch, an einem Ort aus zahlreichen Optionen nach eigenem Geschmack auswählen zu können. Durch ihr Baustein-Prinzip entsprechen die Themenwelten diesen Konsumbedürfnissen.

---

[47] Nach Einschätzung von LEHRER (2003, S. 395) handelte es sich bei dieser Bewahrung ausgewählter Relikte um eine interessengeleitete „manipulation of history", da andere Teile der Geschichte ausgeblendet werden - z. B. die Zeit des Nationalsozialismus und der Deutschen Demokratischen Republik (vgl. auch KELLEHER [2004] zur selektiven Nutzung der Geschichte in Themenwelten und thematischen Stadtquartieren).

Abb. 15: Zu den Erfolgsfaktoren von Themenwelten zählt u. a. auch das Erzählen einzigartiger und ungewöhnlicher Geschichten (storytelling). Am neu bebauten Potsdamer Platz in Berlin wird z. B. der Mythos der 1920er-Jahre durch den Nachbau des „Verkehrsturms" heraufbeschworen. Mit Hilfe dieser ersten deutschen Ampelanlage wurde der innerstädtische Verkehr in der damals drittgrößten Stadt der Welt geregelt.

- *Allianzen*: Nachdem die klassischen Instrumente der Werbung zunehmend ineffektiv werden, suchen die Konsumgüterindustrie, aber auch die Tourismusbranche nach neuen Formen der Kommunikation mit den Kunden. Aufgrund der hohen Besucherzahlen, aber auch ihrer entspannten Freizeitatmosphäre stellen die Themenwelten ideale Partner für strategische Allianzen und zielgruppenspezifische PR-Aktionen dar (teilweise werden sogar einzelne Themenbereiche von den Herstellern von Markenprodukten gestaltet).[48]

- *Prominente*: Wichtige Motoren der Mediengesellschaft sind die Stars - und der Wunsch vieler Menschen, den Stars einmal nahe zu sein. Speziell die Themenrestaurants mit ihren Videoclips und Memorabilia-Sammlungen basieren auf

---

[48] Im „Legoland" in Günzburg können Kinder z. B. in der „Audi"-Fahrschule in TT-Modellen ihren ersten Führerschein machen; auf diese Weise wird eine frühe Form der Markenorientierung erzeugt (vgl. KRAUSS 2006, S. 6). Allerdings müssen derartige Allianzen in den thematischen Rahmen der Parks passen; sonst besteht die Gefahr, dass sie vom Publikum eher negativ wahrgenommen werden (vgl. FICHTNER 1997, S. 91).

diesem Prinzip (in den Restaurants der „Planet Hollywood"-Kette scheint man bei Sylvester Stallone, Demi Moore u. a. Gast zu sein). Andere Themenwelten nutzen den Kultcharakter von Stars vor allem bei der Durchführung von Events.[49]

- *Emotionen:* Mit der Inszenierung von Themen und Storys verfolgen die Unternehmen das Ziel, bei den Besuchern positive Gefühle zu erzeugen.[50] Derartig aufgeladene Konsumsituationen sind ein geeignetes Umfeld für Hochpreisprodukte und Spontankäufe; außerdem bieten sie die Möglichkeit, die Nachfrager intensiver und langfristiger an die Einrichtung zu binden (vgl. Abb. 16).

- *Serien/Filialen:* Bei vielen neuen Freizeit- und Konsumangeboten (Themenparks, Musicals, Themenrestaurants etc.) lässt sich ein Trend zur Filialisierung beobachten. Die Minimierung der unternehmerischen Entwicklungskosten und der Wunsch der Kunden nach Produktsicherheit sind die zentralen Steuerfaktoren dieser Entwicklung.

Der Erfolg der Themenwelten basiert also auf dem Zusammenwirken zahlreicher Faktoren - vom Markencharakter der Einrichtungen über die Dramaturgie und die Stories/Themen bis hin zur Standardisierung in Form von Filialen.[51] Durch die Integration dieser Bausteine entstehen aus Sicht der Konsumenten *neuartige Mindscapes:* Im Gegensatz zu authentischen Kulturlandschaften (*Landscapes*) werden darunter *optimierte Orte* verstanden - Traum- und Gegenwelten zum Alltag, Treffpunkte für zwanglose soziale Kommunikation und Schauplätze ungewöhnlicher Erlebnisse.

1.3.3   Erfolgslose Projekte: Beispiele und Ursachen

Obwohl sich die Mehrzahl der Themenwelten erfolgreich im Freizeit- und Tourismusmarkt positionieren konnte, gibt es auch eine Reihe von *erfolglosen bzw. gescheiterten Projekten;* dazu zählen u. a. folgende Einrichtungen:

---

[49] Auf den Homepages mehrerer deutscher Themenparks finden sich Informationen über prominente Besucher (vgl. www.europapark.de; www.phantasialand.de).

[50] In Themenwelten können generell auch negative Gefühle wie Schaudern, Furcht etc. bzw. soziale Probleme inszeniert werden. Das „Global Village & Discovery Center" (Georgia, USA) verfügt z. B. über Nachbauten von Elendsvierteln in Ländern der Dritten Welt. Mit dem Projekt will die Hilfsorganisation „Habitat for Humanity" für ihr weltweites Hausbau-Programm werben und freiwillige Helfer rekrutieren (vgl. Focus, [2003] 37, S. 224; www.habitat.org).

[51] Nach SWARBROOKE (2007, S. 207) stellt ein derartiges Set an Faktoren zwar eine notwendige, aber keine hinreichende Voraussetzung für den Erfolg von Themenwelten dar. Seiner Meinung nach müssen sie dazu außerdem über „something special, an intagible ‚magic' about them" verfügen.

Abb. 16: Ein zentraler Erfolgsfaktor der Themenwelten ist die emotionale Aufladung von Konsumsituationen. Speziell kommerzielle On-site-Photos in Kulissen (und teilweise auch in Kostümen) dienen dazu, Erinnerungen zu produzieren und zu lokalisieren - z. B. im „Sea Life Center" in Oberhausen.

- Der Badepark „*Tropical Island*" stellt die Nachnutzung einer Industrieruine im Land Brandenburg dar (vgl. Abb. 17). Ursprünglich war die größte freitragende Halle der Welt zur Produktion von Transport-Zeppelinen erbaut worden.[52] Nach dem Konkurs des Unternehmens „CargoLifter AG" wurde die Anlage mit einem Aufwand von mehr als 70 Mio. Euro in eine Indoorbadelandschaft mit Wasser-flächen, Palmen, Strand etc. umgebaut und im Dezember 2004 eröffnet. Die Planungen sahen vor, dass im ersten Jahr 1,5 Mio. Besucher und in den Folge-jahren 3,0 Mio. Besucher kommen sollten; stattdessen wurde in den ersten 14 Monaten nur eine Besucherzahl von 975.000 erreicht.[53]

- Im Themenpark „*Warner Bros. Movie World*" in Bottrop-Kirchhellen blieben die Besucherzahlen deutlich unter den Planungsansätzen, die 1,5 Mio. Gäste pro Jahr vorsahen. Damit konnten aber auch die Erwartungen an die Arbeitsmarktef-fekte nicht erfüllt werden, denn statt der ursprünglich versprochenen 900 Dauer-arbeitsplätze wurden nur 150 feste Stellen und 1.000 Saisonarbeitsplätze ge-schaffen.[54]

---

[52] Das Unternehmen verfügte über ein eigenes Besuchererlebniszentrum - die „CargoLifter World" (vgl. WOLF 2005, S. 111-134 zu einer umfassenden Besucheranalyse).
[53] vgl. ALLMAIER, M. (2004): Palmen fürs Volk. - In: Die Zeit, 16. Dezember, S. 73; An der Spree fängt die Südsee an. - In: FAZ, 17. Dezember 2004, S. 17; HOLZAPFEL, T. (2006): Die Landung der Außerirdischen. - In: FVW, 17. Februar, S. 27
[54] vgl. Der Spiegel, 26/1996; HOLZAPFEL, T. (2005): Ab in die Eiszeit. - In: FVW, 01. April, S. 25

Abb. 17: Nicht alle Themenwelten schreiben Erfolgsgeschichten. Der Badepark „Tropical Island" in Brandenburg konnte im ersten Betriebsjahr (2005) statt der erwarteten 1,5 Mio. nur 975.000 Gäste verzeichnen. Auch in den folgenden Jahren lag die Besucherzahl jeweils unter den prognostizierten Werten.

- Zu den gescheiterten Projekten gehört der *„Mystery Park"* in Interlaken (Schweiz), der auf eine Initiative des Bestsellerautors und Pseudowissenschaftlers Erich von Däniken zurückging. Nach dem Motto „Die Leute sollen das Staunen lernen" konnten die Besucher in sieben Themenpavillons die großen Mysterien der Welt kennen lernen (u. a. die riesigen Bodenzeichnungen in Peru, eine mexikanische Stufenpyramide und einen indischen Vimana-Tempel). Aufgrund geringer Nachfrage musste der Park im Jahr 2006 nach dreijähriger Betriebszeit Konkurs anmelden.[55]

- Ohne Erfolg waren auch zwei Markenerlebniswelten, die von großen Konzernen im Rahmen ihrer Kommunikationspolitik eingerichtet wurden. So eröffneten die „Rheinisch-Westfälischen Elektrizitätswerke" (RWE) anlässlich ihres 100-jährigen Firmenjubiläums in Essen die Themenwelt *„Meteorit"*. Das Konzept stammte von dem österreichischen Künstler André Heller, der u. a. auch die erfolgreichen „Swarovski-Kristallwelten" in Wattens bei Innsbruck entworfen hatte. Mit einem Investitionsvolumen von 17,5 Mio. Euro wurde ein Edutainment-Center zum Thema „Elektrizität" geschaffen, das u. a. mehrere Wunderkabinette und Energieräume umfasste. Bis zur Schließung im Jahr 2003 kamen nur 500.000 Besucher - zu wenig für einen wirtschaftlich erfolgreichen Betrieb der

---

[55] vgl. www.de.wikipedia.org/wiki/Mystery_Park vom 26. Juli 2007; „Weltwunder" in der Schweiz". - In: FAZ, 10. Dezember 1998; Mystery-Park. - In: Freizeit Leisure Professional, (2002) 4, S. 12-15

Einrichtung.[56] Ein ähnliches Schicksal hatte auch die Markenerlebniswelt *„Opel Live"*, in der den Besuchern am Opel-Produktionsstandort Rüsselsheim Informationen und Emotionen zum Thema „Auto" vermittelt werden sollten.[57]

- Zu den spektakulärsten Pleiten der Branche zählt das *„PlayCastle"* in Seefeld (Tirol), das im Jahr 1999 im Stil einer mittelalterlichen Burg errichtet wurde. Nach Aussage ihres Gründers war die Themenwelt „das größte Kindererlebnisschloß und ein Spielwarengeschäft der neuen Generation" (MORASCH 2000, S. 226). In Kooperation mit zahlreichen Unternehmen wurden unterschiedliche Bereiche gestaltet - vom Rittersaal über eine Piratenwelt bis hin zur weltweit ersten Indoor-Inline-Skate-Bahn. Die Besucherzahlen (140.000) lagen deutlich unter den prognostizierten Werten (300.000). Nach dem Konkurs im Jahr 2000 bemängelten Kritiker vor allem das große Engagement der öffentlichen Hand (Finanzierung von Parkplätzen, Straßen-/Bahnanschluss etc.), die unprofessionelle Planung und die nicht geklärte Nachnutzungsfrage.[58]

Ursachen für Misserfolge

Warum scheitern Themenwelten, obwohl inzwischen zahlreiche wissenschaftliche Untersuchungen und aktuelle Marktstudien, aber auch langjährige Erfahrungen aus vielen erfolgreichen Projekten vorliegen? SCHERRIEB (1999), RÖSCH (2003) und PENZ/RÖSCH (2004) konnten mehrere *Fehlerquellen bei der Planung und beim Betrieb* identifizieren:

- *Falsches Konzept:* Ein zentraler Faktor des Misserfolges ist die mangelnde Marktorientierung. Bei einigen Themenwelten (z. B. „Meteorit", „Mystery Park") standen nicht die Träume und Wünsche der Besucher im Mittelpunkt, sondern die Visionen und Ideen des Betreibers („Pharaonismus").

- *Unrealistische Prognosen zum Besucheraufkommen:* Häufig wird auch die Größe der Einzugsbereiche und damit der Umfang des Nachfragepotenzials überschätzt. Diese Werte werden durch mehrere Faktoren beeinflusst - z. B. die Attraktivität des Angebots, die Wetterverhältnisse, die Verkehrsmittelwahl, die Einzel- bzw. Gruppennutzung und die Konkurrenzsituation mit anderen Freizeiteinrichtungen (→ 2.1.2). Zu einer erheblichen Diskrepanz zwischen Prognose

---

[56] vgl. www.nolte-net.de/de/article/schweizer_bochum01_meteorit.html vom 26. Juli 2007; Meteorit im RWE-Park (1998); ECKART, E. (1998): André Hellers Traumwelt unter Tage. - In: Stern, 04. Juni; ROSSMANN, A. (1998): Jeder Knöpfchendrücker ein Künstler. Heller als tausend Sonnen: In Essen hat der Wiener Multimediakünstler „Meteorit" einschlagen lassen. - In: FAZ, 05. Juni

[57] vgl. Opel live. „Tag der offenen Tür" als Dauereinrichtung. - In: Amusement Technologie & Management, (1999) 2, S. 31-33

[58] vgl. www.landtag.noe.gruene.at/pr2000/301100erlebniswelt.html vom 26. Juli 2007

und tatsächlichem Besucheraufkommen kam es z. B. beim Badepark „Tropical Island" und beim Filmpark „Warner Bros. Movie World".

- *Unprofessionelle Thematisierung:* Jede erfolgreiche Themenwelt beruht auf einem durchgängigen *storytelling* und einer professionellen Dramaturgie (vgl. Batz 2001, S. 47). Illusionsbrüche und eine fehlende stimmige Linie führen zu Verunsicherung und Unzufriedenheit: So passte z. B. die Themenwelt „Karibik" in keiner Weise in das Gesamtkonzept des „PlayCastle" (vgl. Rösch 2003, S. 129).

- *Fehlende Attraktionspunkte für unterschiedliche Zielgruppen:* Jede Zielgruppe einer Themenwelt hat unterschiedliche Erwartungen: Kleine Kinder wollen Spielgeräte, Jugendliche sind an schrillen *rides* interessiert, Erwachsene möchten gepflegt Essen gehen und dabei ihre Kinder beim Spielen beobachten etc. Die entsprechenden Attraktionen müssen innerhalb der Einrichtung so platziert werden, dass es nicht zu Zielgruppenkonflikten kommt - wie es z. B. im „Play-Castle" der Fall war, wo Probleme zwischen Kindern und Jugendlichen, aber auch zwischen Familien und Jugendlichen auftraten.

- *Geringe Produkt- bzw. Dienstleistungsqualität und unangemessene Eintrittspreise:* Angesichts des Erlebnischarakters der Themenwelten akzeptieren die Besucher relativ hohe Eintrittspreise. Allerdings verbinden sie damit auch die Erwartung, einen außergewöhnlich schönen Tag zu verbringen. Dazu müssen Infrastruktur und Service stimmen. Als wichtige Ursachen für eine Unzufriedenheit erweisen sich deshalb nicht funktionierende Attraktionen, aber auch ein unmotiviertes oder schlecht geschultes Personal. Darüber hinaus kann ein starres Preissystem zu einem Rückgang der Besucherzahl führen (z. B. fehlende Reduktionen für Kinder, keine Anpassung an Nutzungsdauer).

- *Fehlende Zukunftsplanung:* Themenwelten sind Management-Immobilien, die eine ständige Marktanpassung vornehmen müssen. Damit stehen sie unter einem erheblichen Investitions- und Erweiterungsdruck. Neben ausreichenden finanziellen Ressourcen müssen sie über Reserveflächen für den Bau neuer Attraktionen verfügen. Zum Management gehört aber auch eine ständige Öffentlichkeitsarbeit und Werbung: So gelten z. B. die schlechten PR-Aktivitäten als wichtiger Grund für den Misserfolg des „PlayCastle", denn bereits kurz nach der Eröffnung waren die Mittel für Kommunikationsmaßnahmen aufgebraucht.

Erfolgsfaktoren von Themenwelten: Fazit

- Seit den 1990er-Jahren haben Themenwelten weltweit einen Boom erlebt. Gegenwärtig zählen sie nicht nur zu den *populären Freizeiteinrichtungen in touristischen Zielgebieten* (z. B. Wasserparks, Zoologische Gärten), sondern konnten sich auch zu *eigenständigen Tourismusdestinationen* entwickeln (z. B. Themenparks mit Hotels).

- Die große Beliebtheit der Themenwelten resultiert aus einem *grundsätzlichen Wandel des gesellschaftlichen Wertesystems* und des *Konsumverhaltens*, der seit den 1980er-Jahren stattgefunden hat. Angesichts eines breiten Wohlstands und gesättigter Märkte suchten die hedonistischen und verwöhnten Nachfrager nach neuen Erlebnissen, aber auch nach Markttransparenz und Produktsicherheit.
- Die Themenwelten bieten den Konsumenten optimierte Orte, in denen mehrere *moderne Mythen* inszeniert werden (Naturbeherrschung, Ordnung, Gleichheit, Rollenspiel, Reichtum, Gemeinschaft). Allerdings handelt es sich dabei um Trugbilder, da das Konzept dieser Einrichtungen ausschließlich auf einem ökonomischen Kalkül basiert.
- Die Erfolgsfaktoren der Themenwelten lassen sich vereinfacht in dem *Mindscapes-Modell* zusammenfassen. Durch die Integration zahlreicher Bausteine - von Marken über Illusionen bis hin zu Emotionen - entstehen neuartige, perfekt erscheinende Gegenwelten zum Alltag (im Gegensatz zu den authentischen, fragmentierten Reallandschaften).
- Nur wenige Themenwelten-Projekte sind bislang gescheitert. Wesentliche *Ursachen des Misserfolgs* sind dabei: falsches Konzept, unrealistische Prognosen zum Besucheraufkommen, unprofessionelle Thematisierung, fehlende Zielgruppenorientierung, geringe Produkt- und Dienstleistungsqualität sowie fehlende Zukunftsplanung.

1.4   Themenwelten als Gegenstand der Forschung und der öffentlichen Diskussion

> „Das eigene Ich spiegelt sich häufiger im Konsum als in der politischen Überzeugung. So wird, wie einer ausschaut, zur Weltanschauung."[59]
>
> „Die letzte noch mögliche Sünde ist die Langeweile."
> SCHULZE (1999, S. 39)

Mit ihren hohen Besucherzahlen und großen Popularität, aber auch mit ihrer eindrucksvollen Größe und Gestaltung handelt es sich bei den Themenwelten um *neuartige Massenphänomene der Alltags- und Konsumkultur*. Damit sind diese Einrichtungen in den letzten Jahrzehnten auf ein allgemeines Interesse gestoßen und haben eine breite Resonanz ausgelöst - sowohl in der *öffentlichen Diskussion* als auch in der *wissenschaftlichen Forschung*.

---

[59] GAMMELIN, C./HAMANN, G. (2007): Ware Politik. - In: Die Zeit, 16. August, S. 10

**1.4.1   Themenwelten als Gegenstand der Forschung:
             Disziplinen, Informationsquellen und Paradigmen**

Aufgrund ihres multifunktionalen, erlebnisorientierten Charakters sind die Themenwelten das *Forschungsobjekt mehrerer Wissenschaftsdisziplinen*. Hinsichtlich
der empirischen Analysemethoden und auch der Fragestellungen bestehen dabei
zahlreiche Überschneidungen; gleichzeitig haben die einzelnen Fächer aber auch
spezifische Arbeitsschwerpunkte entwickelt (vgl. Abb. 18):[60]

- *Ökonomie*: Marketing-Mix von Themenwelten und Attraktionspunkten (Pro-
  dukt-, Preis-, Kommunikations- und Vertriebspolitik), Management- und Füh-
  rungsmaßnahmen (Qualitätsmanagement, Emotionsmanagement, Zufriedenheitsanalysen), Bildung von Allianzen mit anderen Unternehmen, betriebswirtschaftliche Erfolgsfaktoren etc. (vgl. BIEGER/LAESSER 2003; WEIERMAIR/BRUNNER-
  SPERDIN 2006; PECHLANER/BIEGER/WEIERMAIR 2006; GÜNTHER 2006);

- *Psychologie:* empirische Erfassung und theoretische Einordnung der Besuchsmotive - z. B. Stressbewältigung, Abwechslung von Monotonie, Glücksempfin-
  dungen und *Flow*-Erlebnisse, *Sensation Seeking*, Sicherheitsbedürfnisse (vgl.
  ANFT 1993; KAGELMANN 2004, S. 173-174; BRUNNER-SPERDIN 2006; GRÖTSCH
  2006a);

- *Soziologie*: Besucherbefragungen, Zielgruppenanalysen (soziodemographische
  Merkmale, Erwartungen und Verhaltensweisen der Besucher), gesellschaftliche
  Akzeptanz und Funktion von Themenwelten; Konstruktion und Wahrnehmung
  nationaler Klischees, Identitäten etc. (vgl. ROMEIß-STRACKE 1996, 1999, 2000,
  2004; HENNIG 1997; VESTER 1997);

- *Geographie*: Standortbedingungen, Besucherstruktur und Einzugsbereiche dieser Einrichtungen, Themenwelten als Gegenstand des Schulunterrichts der Se-
  kundarstufe I/II etc. (vgl. FICHTNER/MICHNA 1987; BfLR 1994; FICHTNER 2000;
  BECKER 1984, 2000, 2000a; BRITTNER 2002a);[61]

- *Architektur*: Konzeption von Themenwelten (Struktur und Aufbau, landschafts-
  planerische Anlage etc.), Design der Gebäude, Gestaltung der Innenarchitektur
  durch Kulissen, Möblierung, optische, akustische und haptische Reize etc. (vgl.

---

[60] Die Zusammenstellung beschränkt sich auf die wichtigsten Disziplinen. Darüber hinaus
beschäftigen sich auch andere Fächer mit Themenwelten - u. a. die Volkskunde bzw.
Ethnologie (vgl. KAMMERHOFER-AGGERMANN/KEUL 1998; KÖCK 2004; SCHERREIKS
2005; WÖHLER 2005) und die Pädagogik (vgl. NAHRSTEDT u. a. 2002; FREERICKS u. a.
2005; FREERICKS/BRINKMANN 2006; REINHARDT 2007).

[61] Bei den Unterrichtseinheiten handelt es sich um analytische Beiträge mit zusätzlichen
Materialien und Aufgaben, die von den Schülern zu bearbeiten sind (vgl. u. a. MAR-
QUARDT 1993; THEIßEN 1993; POPP 1995; HEMMER 1998; VOSSEN 2001; BRITTNER 2002;
SCHNACKERS 2002; BRITTNER-WIDMANN/SCHRÖDER 2006).

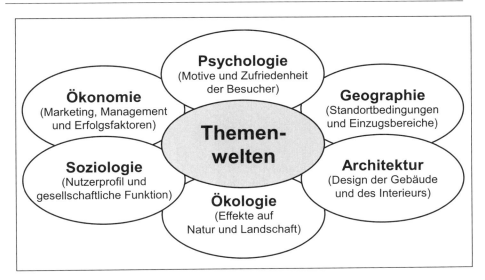

Abb. 18: Aufgrund ihres multifunktionalen, erlebnisorientierten Charakters sind die The-menwelten das Forschungsobjekt mehrerer Wissenschaftsdisziplinen. Hinsichtlich der empirischen Analysemethoden und auch der Fragestellungen lassen sich zwar einerseits Überschneidungen feststellen; andererseits haben die einzelnen Fächer aber auch spezifi-sche Arbeitsschwerpunkte entwickelt.

CERVER 1994, 1997; WYLSON/WYLSON 1994; DUNLOP 1996; KAPLAN 1997; BRAUER 2002; JASCHKE/ÖTSCH 2003; RIEDER 2004; SCHNEIDER 2006; KLING-MANN 2007);

- *Ökologie:* Wirkungen der Themenwelten auf die Natur durch Flächenverbrauch, Landschaftsschäden, Beeinträchtigung der Tier- und Pflanzenwelt, Luft- und Wasserverschmutzung etc. (vgl. MIELKE/SANDER/KOCH 1993; BMUNR 1995; BAUMGARTNER 1999; PILS o. J.; SPITTLER/REINDERS 2001).

Forschungsstand und Informationsquellen über Themenwelten

Im deutschsprachigen Raum sind seit Mitte der 1990er-Jahre zahlreiche *Sammel-bände* und *Aufsätze* erschienen, die einen umfassenden Überblick über den jewei-ligen Stand der Forschung und bisher realisierte Projekte vermitteln (vgl. u. a. TMA 1995, 1999; HATZFELD 1997; HENNINGS/MÜLLER 1998; SCHERRIEB 1998, 2000; RIEDER/BACHLEITNER/KAGELMANN 1998; Künstliche Ferien 1999; STEINE-CKE 2000, 2000b; ISENBERG 2002; MASCHKE 2003; KAGELMANN/FRIEDRICHS-SCHMIDT/SAUER 2004; IfMo 2004; FLITNER/LOSSAU 2005; WÖHLER 2005).[62]

---

[62] vgl. auch HENNINGS (2000b, S. 12-13) zu einer Darstellung der wissenschaftlichen Be-schäftigung mit Erlebnis- und Freizeitwelten in Nordrhein-Westfalen

Darüber hinaus stehen mehrere *aktuelle Informationsquellen über Themenwelten* zur Verfügung; dazu zählen u. a. folgende Fachzeitschriften, Informationsdienste und Bibliographien:

- Der monatliche *Branchendienst* des Unternehmens „Themata - Freizeit- und Erlebniswelten Services GmbH" (Potsdam) enthält aktuelle Daten zu Planungen, Projekten und Fakten der Freizeit- und Themenparkbranche (vgl. www.themata.com).

- Als *deutschsprachige Fachzeitschrift* ist „EuroAmusement Professional - Internationale Fachzeitschrift für die Führungskräfte der Freizeitwirtschaft" (Lichtenau) zu nennen. Sie erscheint jährlich sechs Mal; das Abonnement wird durch elektronische Newsletter ergänzt (vgl. www.eap-magazin.de; ISSN 1860-2061).

- Eine umfassende Zusammenstellung der vorliegenden Literatur zum Thema „Künstliche Erlebniswelten" enthält die *kommentierte Bibliographie* von KÖHLER (2007). Das Fraunhofer-Informationszentrum Raum und Bau (Stuttgart) hat eine *spezielle Bibliographie* zu Planungsaspekten von Freizeitparks herausgegeben (vgl. IRB 1995).

- Aktuelle Daten zu Besucherzahlen, Umsätzen etc. von Themenparks in den USA, aber auch in anderen Ländern werden regelmäßig von der *„International Association of Amusement Parks und Attractions"* (IAAPA) veröffentlicht (vgl. www.iaapa.org).

- Das *„Urban Land Institute"* (ULI) in Washington, D. C. und London publiziert mehrere Fachzeitschriften sowie Studien zu Fragen der Stadt- und Regionalentwicklung sowie zum Immobilienmarkt; darunter befinden sich auch Untersuchungen zu Themenwelten (vgl. www.uli.org).

Paradigmen der Forschung

Gegenwärtig liegt noch keine umfassende Theorie der Themenwelten vor. Allerdings sind von den einzelnen Fachdisziplinen mehrere *Forschungsparadigmen* entwickelt worden, die sich inhaltlich teilweise überschneiden, aber auch unverbunden nebeneinander stehen; dazu zählen u. a.:

- *McDonaldisierung der Gesellschaft*: Mitte der 1990er-Jahre entwickelte der amerikanische Soziologe Georg Ritzer das *Konzept der McDonaldisierung der Gesellschaft*. Seiner Meinung nach basiert der Erfolg der „McDonalds"-Schnellrestaurants auf vier grundlegenden Prinzipien der Rationalisierung: Effizienz, Berechenbarkeit, Vorhersagbarkeit und Kontrolle.[63] Er betrachtet den Fast-Food-Konzern als Prototyp eines kommerziell motivierten Rationalisierungsprozesses, der weltweit inzwischen viele Bereiche der Wirtschaft prägt. Vorrangig spiegelt er sich in der wachsenden Zahl von Ketten und Franchiseunternehmen in der Gastronomie und Hotellerie sowie im Einzelhandel wider (vgl. RITZER 2003, 2006).[64] Auch das *Konzept der Themenwelten* basiert auf einer konsequenten Rationalisierung: So bieten die Urban Entertainment Center - im Vergleich zu den traditionellen Innenstädten - den Konsumenten eine *effizientere Form*, einzukaufen und sich zu unterhalten. In den standardisierten Themenrestaurants ist die Produkt- und Dienstleistungsqualität *berechenbarer* und *vorhersagbarer* als in üblichen Gaststätten. Darüber hinaus unterliegen die Besucher, aber auch die Mitarbeiter von Themenparks und Urban Entertainment Centern einer *ständigen Kontrolle* (z. B. durch permanente Videoüberwachung, einen eigenen Sicherheitsdienst und genaue Verhaltensvorschriften). Schließlich verfolgen zahlreiche Unternehmen der Themenwelten-Branche eine *globale Filialisierungsstrategie*.

- *Postmoderne*: Als Reaktion auf den globalen politischen und gesellschaftlichen Wandel entstanden seit Anfang der 1980er-Jahre in Philosophie, Kultur und Wissenschaft neue Denkansätze, die sich kritisch mit den bis dahin gültigen *Erklärungsprinzipien der Moderne* auseinandersetzten (z. B. Gott, Vernunft, Subjekt, ideologische Theorien).[65] Sie lehnten einen universalen Wahrheitsanspruch von Religionen und Ideologien ab und bezweifelten die einheitliche Legitimation und die umfassenden Zielsetzungen politischer und gesellschaftlicher Systeme. Stattdessen plädierten sie für eine *Pluralität von Denk- und Handlungsmöglichkeiten* (so entwickelte z. B. die postmoderne Architektur keine eigene Formensprache, sondern nutzt bewusst und spielerisch Elemente vergangener Kunststile).[66] An den Themenwelten lassen sich mehrere *typische Merkmale der Postmoderne* aufzeigen - von der Entgrenzung unterschiedlicher Lebensbereiche (*de-differentiation*) über die Hyperrealität (optimierte Orte)[67] bis hin zu einem

---

[63] Die Rationalisierungstheorie wurde bereits Anfang des 20. Jahrhunderts von dem deutschen Nationalökonom und Soziologen Max Weber (1864-1920) entwickelt.

[64] vgl. STEINECKE/MAIER (1998, S. 162-164) und KIRCHBERG (2000; 2001) zu einer kritischen Diskussion dieser Überlegungen hinsichtlich ihrer Übertragung auf Freizeit und Tourismus, auf Museen bzw. auf städtische Räume

[65] Eine vergleichbare Diskussion fand in den Wirtschafts- und Sozialwissenschaften unter dem Begriff „Postfordismus" statt. Damit sind neue, individualisierte Produktions- und Gesellschaftsformen gemeint, die im Gegensatz zur Massenproduktion und zum Massenkonsum stehen. Auf diesen beiden Prinzipien basierte ursprünglich der Erfolg der Automobilwerke von Henry Ford (vgl. QUACK [2001], S. 141-145 zu einer kritischen Auseinandersetzung mit diesem Konzept).

[66] vgl. de.wikipedia.org/wiki/Postmoderne vom 01. Oktober 2008

[67] BELK (1996, S. 29) definiert den Begriff „Hyperrealität" als „sanitized version of reality, cleansed of strife, world problems, dirt, prejudice, exploitation, or other problems of everyday life."

pluralistischen Angebots-Mix (*pastiche*), der aus unterschiedlichen Stilen und Themen besteht (vgl. HENNIG 1997, S. 180; WILLIAMS 1998, S. 227).[68]

- *Disneyfizierung der Gesellschaft*: Während sich das Theorem der gesellschaftlichen McDonaldisierung vorrangig auf strukturelle Aspekte einer Rationalisierung des Produktions- und Vertriebsprozesses bezieht, basiert dieser Erklärungsansatz auf den *inhaltlichen Prinzipien der Inszenierung*, die Walt Disney in seinen Themenparks und in der thematischen Siedlung Celebration entwickelt hat (→ 2.1.4, 3.1.3). Dazu gehören die umfassende Kontrolle aller Sozialbeziehungen durch ein privatwirtschaftliches Unternehmen, die illusionäre Trennung von Produktion und Konsum sowie die Schaffung von scheinbar sauberen, geordneten und sicheren Lebensbereichen, in denen es keinen Schmutz, keine Kriminalität und keinen Sex gibt. Auf der Grundlage der Diskussion über die Postmoderne hat BRYMAN (1999, 2003) diesen Ansatz unter dem Begriff der *disneyization* weiterentwickelt. Darunter versteht er die zunehmende gesellschaftliche Bedeutung folgender Entwicklungen: der Thematisierung, der Entgrenzung der Konsumbereiche, das Merchandising von Markenprodukten sowie die *emotional labour* (damit sind die spezifischen Arbeitsbedingungen in Themenwelten gemeint, da die Beschäftigten die Aufgabe haben, ständig fröhlich, freundlich und hilfsbereit zu sein - unabhängig von ihren eigenen Gefühlen und Bedürfnissen).

- *Quasi-religiöser Charakter von Themenwelten*: In der Postmoderne haben Religionen, Ideologien und Parteiprogramme ihre ursprüngliche, sinnstiftende Bedeutung verloren. In zunehmendem Maße werden Markenprodukte von den Konsumenten als Symbole der persönlichen Orientierung, der Selbstdefinition und der Zugehörigkeit zu einer Gruppe genutzt. Vor diesem Hintergrund kann der Konsum für die Individuen *quasi-religiöse Funktionen* übernehmen - u. a. Identitätsstiftung, Handlungsführung, Kontingenzbewältigung, Sozialintegration, Kosmisierung und Weltdistanzierung (vgl. SCHILSON 1999; SELLMANN 1999). Da sich die Themenwelten zu populären Orten des Konsums entwickelt haben, werden sie häufig als *„Kathedralen der Freizeitgesellschaft"* (TMA 1995), als *„Kathedralen des 21. Jahrhunderts"* (OPASCHOWSKI 1998; 2000), *„cathedrals of consumption"* (RITZER 1998, S. 8) oder *„temples of consumerism"* (HERWIG/ HOLZHERR 2006, S. 133-134) bezeichnet. Dieser Vergleich beschränkt sich dabei nicht nur auf die gesellschaftliche Funktion der Themenwelten, sondern auch auf die *architektonische Gestaltung* und die *Übernahme quasi-religiöser Symbole und Rituale* (vgl. Abb. 19).[69]

---

[68] vgl. HOPFINGER (2004, S. 39-41; 2007, S. 14-16) zu methodologischen Konsequenzen für die geographische Freizeit- und Tourismusforschung

[69] SCHILSON (1999, S. 43) zählt neben der „Beständigkeit, Wiederholbarkeit und tendenziell lange[n] Dauer" auch die gemeinschaftliche Erfahrung (wie bei einer Kirchengemeinde) und die anspruchsvolle ästhetische Präsentation zu den ritualisierten Strukturmerkmalen von Erlebnisangeboten. Damit fungieren Themenwelten als Instrumente der All-

Abb. 19: Speziell in den Themenwelten der Konsumgüterkonzerne werden Marken quasi-religiös inszeniert. So gibt es z. B. im „Schokoladenmuseum" in Köln einen ewig fließenden Schokoladenbrunnen. Den geduldig wartenden Besuchern wird die Schokoladenprobe auf einer Waffel überreicht - wie den Gläubigen die Hostie während des Gottesdienstes.

Allerdings hat SCHULZE (1999, S. 89-90) darauf hingewiesen, dass dieser Vergleich zu kurz greift. Obwohl der Besuch einer katholischen Messe in einer Kathedrale - mit Weihrauchduft und Orgelmusik - sicherlich auch einen Erlebnischarakter hat, sind die religiösen Rituale jeweils in einen größeren, überpersönlichen Sinnzusammenhang eingebettet.

Die Darstellung ausgewählter Theorieansätze gibt zugleich Hinweise auf *gegenwärtige Forschungsdefizite* und *künftige Forschungsfelder;* dazu zählen u. a. (vgl. GÜNTHER 2006, S. 52-60; KAGELMANN 2007, S. 139-142):

- *erlebnispsychologische Analysen* (z. B. zur Abgrenzung von Erlebnissen und Emotionen bzw. Stimmungen),
- *motivationstheoretische Untersuchungen* (z. B. zu Kombinationsmöglichkeiten vorliegender Theorieteile wie Flowtheorie, Spieltheorie etc.),
- *handlungs- und erlebnisorientierte Modellbildung* (z. B. zu Einstellungen und Aktivitäten der Besucher),
- *empirische Überprüfung von Theorien gesellschaftlich-kultureller Entwicklungen* (z. B. Anwendbarkeit des McDonaldisierungs-Theorems in unterschiedlichen Themenwelten bzw. Branchen der Freizeit- und Kulturindustrie).

---

tagsbewältigung, die den Besuchern Stabilität, Gewissheit und Zuversicht vermitteln (vgl. auch ZEPP Jr. 1986; SCHILSON 2000, S. 79; BOLZ 2000, S. 96; KÜBLBÖCK 2006, S. 265); vgl. außerdem WAGNER (1999) zum sakralen Design von Themenwelten.

1.4.2   Öffentliche Kritik an Themenwelten: Künstlichkeit und Umweltbelastungen

Ungeachtet ihrer hohen Popularität in breiten Kreisen der Bevölkerung sind die Themenwelten auch Gegenstand der öffentlichen Kritik, die sich vorrangig auf zwei unterschiedliche Aspekte dieser Einrichtungen bezieht - und deshalb auch von unterschiedlichen Protagonisten bzw. Interessengruppen formuliert wird:

- *Intellektuelle Kulturkritiker* setzen sich vorrangig mit der Künstlichkeit und Banalität der Themenwelten auseinander.

- *Umweltschützer* verweisen auf die großen Belastungen der Umwelt und der Bevölkerung, die durch den Bau und Betrieb der Einrichtungen ausgelöst werden.

Kritik an den Themenwelten: Künstlichkeit

Von Intellektuellen und Politikern, aber auch von Journalisten wurden die Themenwelten speziell in den 1990er-Jahren überwiegend kritisch kommentiert. HENNIG (1997, S. 167-168; 1997a, S. 99-100) hat eine Reihe von aggressiven und nahezu hysterischen Äußerungen zusammengestellt:

- Von dem französischen Philosophen *Jean Baudrillard* wurden die Themenwelten mit Konzentrationslagern verglichen, da angeblich beide - auf unterschiedliche Art - der Vernichtung von Menschen dienen.

- Die Regisseurin *Ariane Mnouchkine* bezeichnete das „Disney Resort Paris" als ein „kulturelles Tschernobyl", der Politiker *Jean-Pierre Chevèment* sprach von „kollektiver Schizophrenie" und für den italienischen Schriftsteller Umberto Eco war der Themenpark eine „Allegorie der Konsumgesellschaft".[70]

- In den *bundesdeutschen Medien* - z. B. dem „Stern" oder „Die Zeit" - wurde der Besuch von Themenparks als „Urlaub auf der Intensivstation" dargestellt; die Einrichtungen seien „Hochtemperaturreaktoren", deren Aufgabe es sei, die vom Berufsalltag ausgebrannten Menschen wie nukleare Brennstäbe wiederaufzubereiten. Andere Tageszeitungen sagten voraus, dass die Gäste in naher Zukunft einer psychiatrischen Behandlung bedürften.

Diese „starke Antipathie gegenüber Feriengroßprojekten" (DOGTEROM/SIMON 1997, S. 119) basiert überwiegend auf einer *elitären Haltung gegenüber Massen-*

---

[70] vgl. WEIDERMANN, V. (1998): Europa-Park mit Spaßvogel: Umberto Eco sieht das Abendland bedroht. - In: FAZ, 18. November

vergnügungen und einem *unreflektierten Mythos des Authentischen.*[71] Den angeblich künstlichen Themenwelten wird das Idealbild einer angeblich unberührten Fremde gegenübergestellt, die es auf Reisen zu erkunden gilt (vgl. HELLER 1990, S. 160-162; ROMEIß-STRACKE 2003, S. 168-169). Diese konstruierte Gegenüberstellung basiert allerdings auf mehreren *Trugschlüssen*:[72]

- Letztlich weisen *alle Ausdrucksformen der Hoch- und Alltagskultur* einen künstlichen Charakter auf, durch den die Restriktionen der Natur überwunden werden; dabei hat speziell die Architektur eine dauerhafte, raumprägende Wirkung.

- Die Darstellung der unterschiedlichen Inszenierungstechniken hat deutlich gemacht, dass bereits in der *Vergangenheit* vielfältige Formen einer unterhaltungsorientierten, illusionären Gestaltung von Gartenanlagen, Gebäuden und Innenräumen entwickelt worden sind (vgl. Abb. 20; → 1.2.2).

- Einige Themenwelten (z. B. „Disneyland" in Anaheim) fungieren seit mehreren Jahrzehnten als erfolgreiche Freizeiteinrichtungen. Damit sind sie aber zu *festen, nahezu historischen Bestandteilen der Standortgemeinden* geworden; sie können kaum noch als künstliche Welten bezeichnet werden (vgl. KREISEL 2007, S. 81).

- Zahlreiche Themenwelten nutzen *authentische Materialien, historische Kulturrelikte bzw. Tiere,* um die Attraktivität ihres Angebots zu steigern (→ 3.1.1). Außerdem gibt es Einrichtungen, in denen die *autochthone Natur* (Pflanzen- und Tierwelt) rekonstruiert wird, die in der Vergangenheit durch eine intensive agrarische Nutzung verdrängt worden ist.[73]

- In den Realkulissen der Städte finden sich zunehmend *rekonstruierte Bauten*, die während des Zweiten Weltkriegs zerstört bzw. in der Nachkriegszeit abgerissen wurden - z. B. der Römer in Frankfurt am Main, die Frauenkirche in Dresden oder das Braunschweiger Schloss. Angesichts der Mischung aus historischen und neuen Baumaterialien erweist sich bei diesen Gebäuden eine Unterscheidung zwischen authentischen und künstlichen Elementen als hinfällig (vgl. WÖHLER 2000, S. 109; BRESINSKY 2005, S. 51-52).[74]

---

[71] vgl. VESTER (1993) und HÄUßLER (1997) zur Diskussion des Begriffs „Authentizität" in der kultur- und sozialwissenschaftlichen Tourismusforschung

[72] Am Beispiel des Städtetourismus belegt POTT (2007, S. 137-145), dass es sich bei allen touristischen Attraktionen um soziale Konstruktionen handelt. Die touristische Wahrnehmung wie auch die kommerzielle Vermarktung von Destinationen basieren immer auf den Prinzipien der Auswahl und der Reduktion (vgl. auch WÖHLER 2003, S. 248).

[73] Als Beispiele sind Resortanlagen zu nennen, die auf ihrem Gelände einheimische Tier- und Pflanzenarten wieder ansiedeln - z. B. „Frégate Island" (Seychellen), „Kings Canyon Resort" (Australien), „Coco Beach" (Mauritius) sowie diverse private Game Lodges in Südafrika.

[74] Nach einem Beschluss des Deutschen Bundestags soll auch das Stadtschloss Berlin wiederaufgebaut werden. Die Ruine des im Zweiten Weltkrieg stark beschädigten Ge-

Abb. 20: Von Intellektuellen wird vor allem die angebliche Künstlichkeit der Themenwelten kritisiert. Illusionär gestaltete Gebäude gehören jedoch seit mehr als 200 Jahren zum Fundus der europäischen Architekturgeschichte - z. B. die Magdalenenklause im Schlosspark Nymphenburg (München), die im Jahr 1725 als bewohnbare Ruine errichtet wurde.

Die Grenzen zwischen den angeblich künstlichen Themenwelten und der angeblich authentischen Realität sind also bereits in der Gegenwart nicht exakt zu ziehen. Für die Zukunft zeichnet sich sogar eine noch *stärkere Thematisierung des Raumes* ab, die zu einer weiteren Entgrenzung unterschiedlicher Lebensbereiche führen wird (→ 3.2).

Kritik an den Themenwelten: Belastungen der Umwelt und der Bevölkerung

Bei Umwelt- und Naturschützern stoßen die Themenwelten auf eine ähnlich heftige Kritik wie andere großflächige Einrichtungen (Logistik-Center, Kraftwerke etc.). Im Einzelnen werden dabei *folgende Umweltbelastungen* befürchtet, die mit dem Bau und Betrieb verbunden sind:[75]

---

bäudes wurde im Jahr 1950 gesprengt, da es sich - aus Sicht der DDR-Regierung - um ein Symbol des preußischen Junkertums handelte (vgl. de.wikipedia.org/wiki/Berliner_ Stadtschloss vom 07. Oktober 2008).

[75] vgl. SPITTLER/REINDERS (2001, S. 34) zu einer umfassenden Zusammenstellung des ökologischen, ökonomischen, sozialen, politischen und ästhetischen Wirkungsspektrums von touristischen Großbetriebsformen

- Zu den negativen Effekten der Themenwelten zählt vor allem der *große Flächenverbrauch*, dessen Ausmaß - z. B. bei Freizeit- und Themenparks - allerdings wesentlich vom jeweiligen Betriebskonzept abhängt. So beanspruchen die Safariparks besonders große Flächen, während Parks mit Fahrgeschäften und anderen Attraktionen die vorhandene Fläche intensiv nutzen. In Nordrhein-Westfalen reicht die Bandbreite des Flächenverbrauchs z. B. von 8 ha beim „Potts-Park" in Minden bis zu 80 ha beim „Panorama-Park" in Kirchhundem (vgl. TEMMEN/HATZFELD/EBERT 1993, S. 99). Bei diesen Flächenangaben ist allerdings der *hohe Anteil von gärtnerisch gestalteten Freiflächen* zu berücksichtigen. In den großflächigen Ferienparks liegt der Versiegelungsgrad zwischen 19 % und 64 %, und im „Disneyland Resort Paris" steht ein Drittel des Geländes unter Naturschutz (vgl. MARQUARDT 1993, S. 17; HORNY 2002, S. 203).[76]

- Als weiteres Problem ist das *große Verkehrsaufkommen* zu nennen, das durch die Dominanz des privaten Pkw als Reiseverkehrsmittel ausgelöst wird: Zusätzlicher Lärm, ein erhöhter Schadstoffausstoß sowie Wasser- und Bodenverunreinigungen sind die Folgen.[77] Außerdem kommt es zu Belastungen der Zufahrtswege, zu einem Durchgangsverkehr in den Nachbargemeinden, zu einem erhöhten Flächenbedarf für den ruhenden Verkehr (Parkplätze) und zu Verkehrsstaus. An den 30-50 Spitzentagen verzeichnete z. B. das „Phantasialand" in Brühl bereits in den 1990er-Jahren ca. 6.000 Pkw/Tag, die speziell während der vormittäglichen Anreisezeit Rückstaus auf den benachbarten Autobahnen auslösten (vgl. TEMMEN/HATZFELD/EBERT 1993, S. 98).[78]

Neben den ökologischen Belastungen können die Themenwelten in den Standortgemeinden und im Umland auch eine Reihe von *ökonomischen, soziopolitischen und soziokulturellen Wirkungen* auslösen (vgl. HORNY 2002, S. 203-211; BRITTNER 2007, S. 420-425; Tab. 2):[79]

- Die *Arbeitsmarkteffekte* sind vom Betriebskonzept und von der Größe der Einrichtung abhängig. In den Themenparks handelt es sich z. B. überwiegend um ungelernte oder nur niedrig qualifizierte Saison- und Teilzeitkräfte.

---

[76] Angesichts der landschaftsgärtnerischen Gestaltung von Themenwelten, aber auch der Vielzahl von landwirtschaftlichen Flächen, die nicht mehr benötigt werden, bewertet SCHERRIEB (2000, S. 46) die öffentliche Diskussion und die restriktive Genehmigungspraxis bei der Ausweisung von Erweiterungsgelände generell als „Flächenverbrauchshysterie".

[77] vgl. GRONAU (2002, S. 109-117) und KAGERMEIER (2002, S. 123-133) zu empirischen Untersuchungen über das Verkehrsverhalten der Besucher von Freizeitgroßeinrichtungen

[78] vgl. HATZFELD/TEMMEN (1993, S. 372-374), BECKMANN (2004, S. 218-220) und KAGERMEIER (2007, S. 266-271) zu Strategien und Maßnahmen des Verkehrsmanagements (z. B. Verkehrsvermeidung, Verkehrsverlagerung, Belastungsminimierung)

[79] vgl. LEDUNE (2000) zu einer Untersuchung der wirtschaftlichen Effekte eines Ferienparks am Beispiel des „Gran Dorado Hochsauerland"

	potenzielle positive Effekte von Themenwelten	*potenzielle negative Effekte von Themenwelten*
Ökonomische Wirkungen	Schaffung von Arbeitsplätzen	Einbußen der traditionellen Tourismusbetriebe
	Verringerung der Auspendlerrate	Abfluss der Gewinne an externe Kapitalgeber
	zusätzliche Kaufkraftströme (lokales Handwerk)	Mehrausgaben für Infrastruktur etc.
	zusätzliche Steuereinnahmen	Lohndumping durch schlecht bezahlte Saisonkräfte
	steigende Attraktivität für andere Wirtschaftsunternehmen	geringere Arbeitsmarkteffekte als prognostiziert
		höhere Lebenshaltungskosten
		hohes Betriebsrisiko
Soziopolitische Auswirkungen	Konversion brachliegender Flächen	Suburbanisierungsprozesse
	Ausbau des ÖPNV	zusätzlicher Freizeitverkehr
	neue Freizeitangebote für die örtliche Bevölkerung	Abhängigkeit von internationalen Großunternehmen
	Bindung und Kanalisierung der Touristen	Polarisierung der Bevölkerung
	günstige Betriebswohnungen für Mitarbeiter	
Soziokulturelle Auswirkungen	Integration und Förderung der lokalen Kultur	Entfremdung der Einheimischen von der vertrauten Umgebung
		Verlust lokaler kultureller Werte
		Reduzierung der Angebotsvielfalt
		Verlust der touristischen Identität
		Dienstleistungsverhältnis zwischen Touristen und Einheimischen
		Konflikt mit religiösen und sozialen Werten (durch Ladenöffnung am Sonntag)

Tab. 2: Neben ökologischen Belastungen können Themenwelten auch ökonomische sowie soziopolitische und -kulturelle Effekte auslösen. Um eine exakte Kosten-Nutzen-Bilanz zu erstellen, muss jeweils eine Einzelfall-Prüfung erfolgen (Quelle: Eigene Darstellung nach Angaben in BAUMGARTNER/REEH 2001, S. 25-53; SPITTLER/REINDERS 2001, S. 34).

Nur ca. 20 % sind hochqualifizierte Arbeitskräfte, die sich in der Regel nicht aus dem lokalen Arbeitsmarkt rekrutieren lassen (vgl. TEMMEN/HATZFELD/EBERT 1993, S. 100). Durch den zunehmenden Trend der größeren Parks zu einem ganzjährigen Betrieb nimmt allerdings die Zahl der ganzjährigen Arbeitsplätze zu: Der „Europa-Park" in Rust beschäftigte im Jahr 2002 2.200 Mitarbeiter in der Saison und 400 Mitarbeiter in den Wintermonaten (vgl. KREFT 2002).

- Durch Zulieferverflechtungen und Aufträge für Handwerksbetriebe und Dienstleistungsunternehmen in der Region lösen die Freizeitparks *Umsatzeffekte* und auch *Multiplikatoreffekte* aus (damit sind indirekte Wirkungen auf vor- und nachgelagerte Wirtschaftsstufen gemeint): Die Beschäftigten des Freizeitparks geben einen Teil ihres Einkommens in der Region aus und verursachen dadurch Umsätze in regionalen Betrieben, in denen wiederum Arbeitsplätze gesichert werden (vgl. KONRATH 2000, S. 114).

- Für die Gemeinden sind die *kommunalen Einnahmeeffekte* von untergeordneter Bedeutung, da das Gewerbesteuereinkommen im Vergleich zu den notwendigen Infrastrukturleistungen der Kommunen gering ist. Auch die Einnahmen aus der Vergnügungssteuer sind nicht besonders hoch, weil nur einzelne Teile von Themenparks vergnügungssteuerpflichtig sind (vgl. TEMMEN/HATZFELD/EBERT 1993, S. 100). Große Parks können allerdings die Ansiedlung von anderen Unternehmen auslösen (Hotels, Einzelhandelsgeschäfte, Banken etc.) und dadurch weitere Einnahmen für die Gemeinden ermöglichen.[80]

- Generell führt die Ansiedlung von Themenwelten zu einer *Steigerung der touristischen Nachfrage* - speziell durch den Tagesausflugsverkehr und die Kurzurlaubsreisen. So profitierte z. B. die örtliche Hotellerie in Stuttgart von dem Urban Entertainment Center „SI-Centrum", obwohl es im Jahr 1994 an einem peripheren Standort errichtet wurde. Die Übernachtungszahlen verzeichneten bis zum Jahr 2000 einen Zuwachs von 58 %; die Bettenauslastung stieg von 33,5 % auf 42 % (vgl. FRANCK/WENZEL 2001, S. 17).[81]

Trotz dieser überwiegend positiven wirtschaftlichen Effekte stoßen Pläne zur Ansiedlung bzw. Erweiterung von Themenwelten häufig auf den *Widerstand der betroffenen Bevölkerung in der Region*; es kommt zu Protesten, zur Bildung von Bürgerinitiativen und zu Gerichtsverfahren.

---

[80] vgl. HINZ (1987, S. 19) zu den wirtschaftlichen Wirkungen der „Walt Disney World" auf den Raum Orlando in Florida

[81] Neben einer Steigerung der touristischen Nachfrage löst die Ansiedlung von Themenwelten auch positive Imageeffekte aus. Immer mehr Städte nutzen diese Einrichtungen deshalb im Rahmen einer Profilierungsstrategie als „Leuchttürme der Neuzeit" (vgl. KOINEKE/WENZEL 2003, S. 104).

1.4.3   Konflikt- und Umweltmanagement bei der Konzeption und beim Betrieb von Themenwelten

Die Ansiedlungs- bzw. Ausbaupläne von Themenwelten lösen in der Bevölkerung der Standortgemeinden große Ängste aus, die zu *heftigen Konflikten in den Kommunen* führen.[82] Besonders umstritten war z. B. der *Bau des „Center Parcs Bispinger Heide" (Niedersachsen)*:

- In einer Gemeinde mit weniger als 2.000 Einwohnern sollte Mitte der 1980er-Jahre auf 86 ha ein Ferienpark mit 620 Bungalows und 3.600 Betten, einem 20 ha großen künstlichen See und einer 20.000 qm umfassenden „Parc Plaza" angelegt werden. Die betroffenen Anlieger sowie lokale Natur- und Umweltschützer gründeten eine *Bürgerinitiative*, um sich für den Erhalt der Landschaft und die Verhinderung des Projekts einzusetzen. Nach langwierigen rechtlichen Auseinandersetzungen wurde der Park acht Jahre nach Einleitung des Bauleitverfahrens in modifizierter Form eröffnet (vgl. ERMLICH 1989, S. 60; MÜLLER 1998, S. 184-186).

- In einer Zwischenbilanz der ökologischen und wirtschaftlichen Effekte des Ferienparks kamen EBERHARDT/LEHMBERG/LIEWALD (1998) zu dem Ergebnis, dass die bau- und betriebsbedingten Auswirkungen auf lokaler Ebene als tragbar einzuschätzen sind. Zugleich betrachteten sie aber die Auswirkungen auf die Gemeinde, die sich aus dem konfliktreichen Planungs- und Genehmigungsverfahren ergaben, als schwerwiegend und negativ.

Mit ähnlichen Auseinandersetzungen waren auch die Ansiedlungspläne des Unternehmens „Center Parcs" in *Dahlem (Nordrhein-Westfalen)* und *Köselitz (Sachsen-Anhalt)* verbunden (vgl. Abb. 21).[83] Zu den typischen *Ursachen dieser Konflikte* zählen vor allem (vgl. DOGTEROM/SIMON 1997, S. 119):

- die mangelhaften Verfahrens- und Entscheidungsstrukturen,
- die unzureichende Beteiligung der Öffentlichkeit,
- die strukturellen Probleme bei Behörden,
- eine defizitäre Daten- und Informationslage bei den Beteiligten.

---

[82] vgl. KEUL (1998) zur Diskussion über das (nicht realisierte) Projekt „Alpenwelt Mittersill" in Österreich

[83] Vergleichbare Erfahrungen machen gegenwärtig die Besitzer des „Phantasialand" in Brühl, dessen Fläche aus betriebswirtschaftlichen Gründen von 28 auf 58 Hektar vergrößert werden soll. Gegen diese Pläne protestiert die lokale Bürgerinitiative „50Tausend Bäume", in der sich ca. 200 Bürger engagieren. Aufgrund der Proteste und Einsprüche zieht sich das Genehmigungsverfahren bereits sieben Jahre hin; ein Ende ist nicht absehbar (vgl. Wenn aus dem Grasfrosch der Springfrosch wird. - In: FAZ, 26. August 2008).

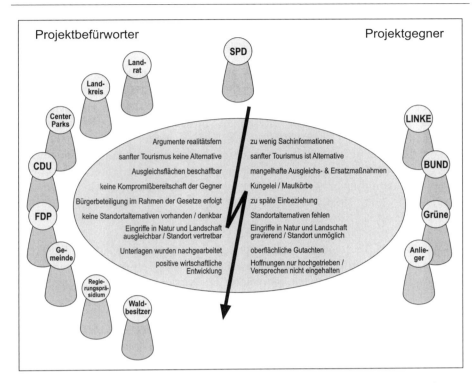

Abb. 21: Die Ansiedlungs- bzw. Erweiterungspläne großflächiger Freizeiteinrichtungen (z. B. des „Center Parcs" in Köselitz/Sachsen-Anhalt) lösen in den Standortgemeinden häufig heftige, emotional geprägte Konflikte aus. Verantwortlich sind vor allem die mangelhaften Verfahrens- und Entscheidungsstrukturen sowie eine unzureichende Information und Beteiligung der Öffentlichkeit (Quelle: Eigene Darstellung nach Angaben in VOSSEBÜRGER/WEBER 2000, S. 88).

Vor diesem Hintergrund plädieren VOSSEBÜRGER/WEBER (1998, S. 127-155) für ein *angemessenes Konfliktmanagement*, mit dessen Hilfe die Sichtweisen aller Beteiligten zu einem möglichst frühen Zeitpunkt berücksichtigt werden können. Ein wichtiges Instrument stellt dabei ein *„Runder Tisch Standortwahl"* (RTS) dar:

- Mit Unterstützung eines *externen Moderators* sollen in diesem Gremium die Vertreter aller Interessensgruppen eine einvernehmliche Empfehlung zur Standortwahl erarbeiten.[84]

- Voraussetzung für den Erfolg ist dabei allerdings der Verzicht auf Entweder-Oder-Lösungen, die eine künftige Spaltung der Gemeinde in Gewinner und Verlierer zur Folge haben. Stattdessen müssen *kompromisshafte Paket-Lösungen* angestrebt werden, bei denen z. B. der Landschaftsverbrauch und die Bodenver-

---

[84] vgl. KRÜGER (1995) zur Moderation als Verfahren der regionalen Tourismusplanung generell

siegelung in den Anlagen durch Ankauf von ökologischen Ausgleichsflächen kompensiert wird.

Eine bessere Kommunikation und eine stärkere Partizipation der Bevölkerung reichen allerdings nicht aus, um die *Gefährdungen für Raum, Landschaft und Wirtschaft* auszuschließen, die von den Themenwelten ausgehen können. Stadt-, Regional- und Landesplanung stehen deshalb vor dem Problem, den „Erlebniswert als regionalplanerische Größe" (RÖCK 1996, S. 383) stärker als bisher zu beachten und diese großflächigen Einrichtungen durch geeignete Maßnahmen angemessen zu integrieren - z. B. durch Bauleitplanung, Raumordnungsverfahren und Umweltverträglichkeitsprüfungen (vgl. TEMMEN/HATZFELD/EBERT 1993, S. 106-107; HATZFELD/TEMMEN 1994, S. 85-90; HATZFELD 1997, S. 305-307; RÖCK 1998, S. 130-132; HATZFELD 2001, S. 91-94).[85]

Als Reaktion auf die Integrationsforderungen von Planern und auf die Kritik von Umweltschützern werden seit den 1990er-Jahren in den Betriebskonzepten einiger Themenwelten auch *Umweltbelange* stärker berücksichtigt (vgl. FICHTNER 2000, S. 82; SCHELLHORN 2006, S. 36-38):

- Bereits in den Jahren 1993 und 1994 hat der *Ferienpark „Gran Dorado Heilbachsee" (Eifel)* ein umfassendes Umwelt-Umrüstungskonzept umgesetzt. Zu den Maßnahmen zählten u. a. die Beschäftigung einer Umweltbeauftragten sowie die Einführung von umweltfreundlichen Retail- und Food- & Beverage-Konzepten (vgl. Gran Dorado 1994). Durch dieses Bündel an Einzelmaßnahmen wurde eine deutliche *Verringerung der Umweltbelastungen* erreicht, die durch den Ferienpark ausgelöst werden (Reduzierung des Restmülls, Senkung des Wasser-, Strom- und Gasverbrauchs etc.).

- Aus Gründen des Umweltschutzes, aber auch aus Kostenüberlegungen wurde der Strom für das *„PlayCastle" in Seefeld (Tirol)* zu 80 % durch zwei eigene Blockheizkraftwerke erzeugt, die mit Erdgas arbeiteten; die Heizung des gesamten Gebäudes erfolgte mit Hilfe der Abwärme (vgl. BAUMGARTNER 1999a, S. 25).

- Durch den Einsatz moderner Hochleistungspumpen konnte der Stromverbrauch der Wildwasserbahnen im *„Europa-Park" in Rust* um 80 % verringert werden. Bei mehreren Fahrgeschäften wird die Bremsenergie mit Hilfe moderner Elektronik wieder in elektrische Energie umgewandelt und in das Stromnetz zurück-

---

[85] HENNINGS (2000b, S. 516) verweist darauf, dass mit der Ansiedlung von Erlebnis- und Konsumwelten auch die Fremdbestimmung des Raumes durch auswärtige Projektentwickler und internationale Investoren steigt. Allerdings kann seiner Meinung nach die „These von der lokalen Belastung und den externen Gewinnern" nur in Einzelfällen bestätigt werden.

gespeist. Ein Teil des jährlichen Strombedarfs kann durch Photovoltaikanlagen und ein eigenes Wasserkraftwerk gedeckt werden.[86]

Vor diesem Hintergrund kommen verschiedene Studien zu dem Ergebnis, dass es schwierig ist, *generelle Aussagen zu einer Kosten-Nutzen-Bilanz von Themenwelten* zu treffen (vgl. SPITTLER/REINDERS 2001, S. 33; HORNY 2002, S. 211). Stattdessen muss eine *Einzelfall-Prüfung* erfolgen: Eine exakte Prognose der ökonomischen und ökologischen Effekte kann nur formuliert werden, nachdem die jeweiligen Standortbedingungen und das Betriebskonzept der Einrichtung gründlich analysiert worden sind.[87]

Themenwelten als Gegenstand der Forschung und der öffentlichen Diskussion: Fazit

- Als neuartige Massenphänomene der Alltags- und Konsumkultur sind die Themenwelten das *Forschungsobjekt mehrerer Wissenschaftsdisziplinen* (Ökonomie, Psychologie, Geographie, Soziologie, Architektur, Ökologie u. a.). Hinsichtlich der Fragestellungen und Analysemethoden gibt es spezifische Arbeitsschwerpunkte, aber auch zahlreiche Überschneidungen.
- Bislang konnte keine umfassende Theorie der Themenwelten formuliert werden. In den vorliegenden Theorieteilen fungieren diese Einrichtungen jeweils als Indikatoren bzw. Modelle gesamtgesellschaftlicher Veränderungsprozesse; dazu zählen u. a. die McDonaldisierung der Gesellschaft, die Postmoderne, die Disneyfizierung der Gesellschaft und der quasi-religiöse Charakter von Themenwelten.
- Die öffentliche Kritik an Themenwelten bezieht sich einerseits auf die *angebliche Künstlichkeit dieser Einrichtungen.* Dieses Argument erweist sich aus mehreren Gründen als Trugschluss (künstlicher Charakter von Architektur generell, historische Kunstwelten als Vorbilder, Integration authentischer Elemente, Rekonstruktion historischer Bauten in Realkulissen etc.). Andererseits werden die *Belastungen von Umwelt, Bevölkerung und Wirtschaft* kritisiert, die durch Bau und Betrieb der großflächigen Anlagen ausgelöst werden können. Mehrere Studien kommen allerdings zu dem Ergebnis, dass keine allgemeinen Aussagen zu einer Kosten-Nutzen-Bilanz von Themenwelten getroffen werden können; stattdessen muss jeweils eine Einzelfall-Prüfung erfolgen.

---

[86] vgl. Auch Freizeitparks können Energiesparer sein. - In: Strom - Kundenztschr. d. Badenwerk AG, (1995), 2

[87] BAUMGARTNER/REEH (2001, S. 54-69), SPITTLER/REINDERS (2001, S. 42-47), HLAVAC (2002, S. 67-69) und PILS (o. J., S. 8-12) haben umfangreiche und detaillierte Leitlinien für eine relative Umwelt- und Sozialverträglichkeit von Themenwelten formuliert - hinsichtlich Standortwahl, Konzeption, Bau und Betrieb.

2 Themenwelten: Typen - Fallstudien - Trends

> „Ach! Der Menge gefällt, was auf dem Markt-
> platz taugt."
>> Friedrich Hölderlin (1770-1843)

> „Wenn sich das Volk amüsiert, politisiert es
> nicht."
>> Georg Carstensen, Gründer des
>> dänischen Vergnügungsparks
>> „Tivoli" im Jahr 1843[88]

Weltweit weist die Themenwelten-Branche ein *breites Spektrum unterschiedlicher Einrichtungen* auf - von Themenparks und Urban Entertainment Centern über Multiplex-Kinos und Science Center bis hin zu Spaßbädern und Markenerlebniswelten (vgl. Tab. 1).

Angesichts dieser Vielfalt ist innerhalb dieses Studienbuches eine exemplarische Vorgehensweise notwendig. In den folgenden Kapiteln werden *fünf Typen von Themenwelten* dargestellt und jeweils anhand einer *ausführlichen Fallstudie* erläutert:

- Bei den *Freizeit- und Themenparks* handelt es sich sich um die Prototypen kommerzieller Themenwelten. Die Fallstudie beschäftigt sich mit den *„Disney"-Themenparks*, in denen das Prinzip der Thematisierung erstmals stringent angewandt wurde (→ 2.1).

- Das Konzept der *Themenhotels und -restaurants* basiert auf der kleinräumlichen Inszenierung standortfremder Themen. Mit seinen zahlreichen Kasino-/Themenhotels und Attraktionen konnte sich *Las Vegas* in den letzten Jahrzehnten als Themenmetropole der Welt positionieren (→ 2.2).

- *Urban Entertainment Center,* die über ein kombiniertes Angebot an Konsum- und Freizeiteinrichtungen verfügen. Am Beispiel des *„CentrO"* in Oberhausen werden die Standortbedingungen und die Besucherstruktur, aber auch die städtebaulichen Wirkungen untersucht (→ 2.3).

- *Markenerlebniswelten* werden von international agierenden Konsumgüterkonzernen (*global players*) als neuartige Kommunikationsinstrumente genutzt. In Deutschland war die *„Autostadt"* in Wolfsburg der Vorreiter dieser Entwicklung (→ 2.4).

- *Zoologische Gärten* wurden zunächst als öffentliche, museumsähnliche Einrichtungen gegründet, um Wildtiere als Exponate in Käfigen und Gehegen zu präsentieren. Das Beispiel des *„Erlebniszoos Hannover"* macht aber deutlich, dass

---

[88] zitiert nach GAMILLSCHEG, H. (1993): Ein dänisches Märchen. - In: Die Zeit, 07. Mai, S. 71

sich Zoologische Gärten bei ihrer Angebotsgestaltung zunehmend am Vorbild kommerzieller Themenparks orientieren (→ 2.5).

Im Mittelpunkt der Darstellung stehen jeweils die *historische Entwicklung*, die *aktuelle Marktstruktur*, die *Wettbewerbsstrategien* und das *Marketing-Management* sowie die *internationalen Trends und Perspektiven*.

2.1   Freizeit- und Themenparks

> „Das Leben passiert, während man für morgen plant, hat John Lennon mal gesagt. Nicht so in Disneyland! Hier gibt es kein Gestern und kein Morgen, sondern nur das Jetzt."[89]

> „Wir verkaufen Emotionen, das ist ein besonderes Geschäft."
> Robert Löffelhardt, Geschäftsführer der Phantasialand GmbH & Co. KG[90]

Freizeit- und Themenparks sind die Prototypen kommerzieller Themenwelten. Ihre Wurzeln reichen bis in das 19. Jahrhundert zurück, als in mehreren europäischen Großstädten die ersten *Vergnügungsparks* entstanden - z. B. der „Tivoli" in Kopenhagen, der „Prater" in Wien und der „Lunapark" in Berlin. Neben stationären Attraktionen verfügten sie bereits über ein breites Angebot an spektakulären Events (→ 2.1.1).

Größere Verbreitung erreichten diese Vergnügungseinrichtungen jedoch erst nach dem Zweiten Weltkrieg. Das rasche wirtschaftliche Wachstum, die Zunahme der frei verfügbaren Zeit und die individuelle Motorisierung waren wichtige Steuerfaktoren eines massenhaften Ausflugsverkehrs. Speziell in den 1970er-Jahren entstanden in der Bundesrepublik Deutschland neue *Märchen-, Safari- und Freizeitparks* an peripheren Standorten (→ 2.1.2).

Von großer Bedeutung für die weitere Entwicklung war das *US-amerikanische „Disneyland"*, das am 17. Juli 1955 in Anaheim (Kalifornien) eröffnet wurde. Mit ihm fand der Übergang von traditionellen Freizeitparks zu neuartigen Themenparks statt: Die Attraktionen standen nun nicht mehr unverbunden nebeneinander (wie auf einer Kirmes), sondern wurden mit Hilfe unterschiedlicher Inszenierungstechniken stringent zu geschlossenen thematischen Teilbereichen („Welten") angeordnet (→ 2.1.3).

---

[89] EICHINGER, K. (2008): Letzte Ausfahrt Disneyland. - In: FAZ, 15. März
[90] FAZ, 22. April 2003

Während es sich bei den deutschen Freizeitparks traditionell um Familienbetriebe handelte, wird der Markt in jüngerer Zeit durch eine *wachsende Globalisierung und zunehmende Professionalisierung* gekennzeichnet, bei der Ketten, Konzerne, Banken und Finanzgesellschaften an Bedeutung gewinnen. Gründe für diese Entwicklung sind der internationale Wettbewerb zwischen den Freizeit- und Themenparks, aber auch die Konkurrenz durch neue bzw. neu gestaltete Freizeiteinrichtungen - z. B. Urban Entertainment Center, Markenerlebniswelten, Zoologische Gärten etc. (→ 2.1.4).

2.1.1   Definition und historische Entwicklung

Was ist ein Freizeitpark? Auf diese simple Frage gibt es keine eindeutige Antwort, denn innerhalb der Freizeit- und Tourismusforschung sind unterschiedliche Definitionen entwickelt worden:

- Im weiteren Sinne wird die Bezeichnung „Freizeitpark" als *Sammelbegriff* für unterschiedliche Typen von Freizeitanlagen verwendet. So versteht z. B. SCHERRIEB (1998, S. 679) darunter *„Anlagen, in denen Freizeitzwecken dienende Einrichtungen verschiedener oder derselben Art vorhanden sind, wobei diese Einrichtungen untereinander in einem engen räumlichen und funktionellen Zusammenhang stehen."* Aufgrund dieses breiten Ansatzes zählt er Erlebnisparks, Erholungsparks, Badeparks sowie Spiel- und Sportparks zu den Betriebsarten von Freizeitparks. Entsprechend reicht das Angebot von Themen- und Tierparks über Gartenschauen und Botanische Gärten bis hin zu Thermalbädern und Tenniscentern.

- Im engeren Sinne handelt es sich bei Freizeitparks um *kommerzielle Freizeit- und Vergnügungsanlagen*, die eine bestimmte Größe und Besucherzahl aufweisen. Als Richtwerte in der Raumordnung und Landesplanung gelten dabei 10 ha Fläche und/oder 100.000 Besucher/Jahr. Das Angebot besteht aus einer Mischung von Fahrgeschäften, Spielanlagen/-geräten, Tiergehegen, Theatern und Shows, Museen und Ausstellungen sowie gastronomischen Einrichtungen und Merchandising-/Souvenirgeschäften (vgl. TEMMEN/HATZFELD/EBERT 1993, S. 74-75; EBERT 1998, S. 202).

Bei der begrifflichen Abgrenzung handelt es sich nicht um eine akademische Diskussion; je nach Definition schwankt nämlich die *Zahl der Freizeitparks in Deutschland* zwischen 35 und 100 Einrichtungen (vgl. Themata 2003, S. 1003; KRAUSS 2006, S. 8). Entsprechend unterschiedlich sind auch die Daten zu Besucherzahlen und zur wirtschaftlichen Bedeutung dieser Branche. Da diese Angaben von Interessengruppen bei der Lobbyarbeit, aber auch von politischen Entscheidungsträgern zur Begründung von Fördermaßnahmen verwendet werden, können begriffliche Differenzen schnell eine große politische bzw. ökonomische Bedeutung erlangen.

Freizeit- und Themenparks: Merkmale
✓ kommerzielle Vergnügungs-einrichtung ✓ stationärer Charakter ✓ abgeschlossene, groß-flächige Anlage ✓ Outdoor- und Indoor-Attraktionen ✓ Angebotsmix aus Fahr-geschäften (Rides), Spiel-geräten, Shows, Shops und Restaurants ✓ pauschaler Eintrittspreis (Pay-one-price-Prinzip)

Aufgrund der zunehmenden Differenzierung des Freizeitmarktes erweist sich eine enge Begriffsabgrenzung als sinnvoll. Als zentraler Bezugspunkt kann dabei das *dominierende Motiv der Besucher* dienen: Sie wollen sich in einem Freizeitpark vor allem vergnügen, indem sie verschiedene Fahrgeschäfte und Spielgeräte benutzen sowie an Shows teilnehmen (vgl. Tab. 1).[91] Im Gegensatz zu einer Kirmes handelt es sich bei einem Freizeitpark um ein stationäres Angebot, das mindestens saisonal geöffnet ist. Die abgeschlossene, großflächige Anlage wird von einem kommerziellen Unternehmen betrieben. Für den Besuch muss generell ein pauschaler Eintrittspreis entrichtet werden, der die mehrmalige Nutzung aller Attraktionen enthält *(Pay-one-price-Prinzip)*; zusätzlich fallen nur Ausgaben für Speisen, Getränke, Souvenirs etc. an. Das multifunktionale Angebotsspektrum von Freizeitparks wird durch mehrere Gastronomiebetriebe sowie Geschäfte ergänzt.

Der Unterschied zwischen einem *Freizeitpark* und einem *Themenpark* besteht in der inneren Gliederung der Anlage sowie vor allem in der geschlossenen thematischen Gestaltung der einzelnen Teilbereiche (vgl. KAGELMANN 1993, S. 407; BAUMGARTNER 1999a, S. 16):

- In *Freizeitparks* stehen Fahrgeschäfte, Spielgeräte, Imbissbuden und Verkaufsstände weitgehend isoliert und thematisch unverbunden nebeneinander (wie auf einer Kirmes). Traditionell handelt es sich bei diesen Einrichtungen um kleinere Familienbetriebe.

- *Themenparks* verfügen hingegen über ein Dachthema bzw. sind intern in mehrere thematische „Welten" gegliedert. Als Vorbild fungierte dabei das im Jahr 1955 eröffnete „Disneyland" in Kalifornien (→ 2.1.4). Die Betreiber der US-amerikanischen Themenparks sind überwiegend *global player* (speziell Medienkonzerne).

In den Themenparks besteht jede Mikrowelt aus einem *spezifischen Angebotsmix*, bei dem sich alle Bestandteile auf das jeweilige Thema beziehen:

- So werden die *Fahrgeschäfte* (z. B. eine Achter- oder Wildwasserbahn) durch architektonische bzw. landschaftsgärtnerische Maßnahmen vollkommen in die Anlage integriert, so dass die technische Konstruktion (Antriebs- und Steue-

---

[91] EBERT (1998, S. 193) plädiert deshalb dafür, diese Freizeiteinrichtungen als „Vergnügungsparks" bzw. „vergnügungsorientierte Freizeitparks" zu bezeichnen.

rungselemente, Schienen etc.) nicht zu erkennen ist (vgl. Abb. 22). Darüber hinaus findet auch eine thematische Gestaltung der Wartesituation statt - z. B. mit Hilfe von Dekoration, Animation etc. (vgl. FICHTNER 1997, S. 87).[92]

- Die *Mitarbeiter des Freizeitparks* sind in den jeweiligen „Welten" passend zum Thema kostümiert. In den „Disney"-Parks geht die Perfektion der Illusionierung so weit, dass die kostümierten Angestellten ihre „Welt" nur über unterirdische Gänge erreichen können (um Illusionsbrüche zu verhindern).

- Bei der Inszenierung des Themas kommen auch *Pflanzen und Musik* zum Einsatz, die dazu beitragen sollen, die Wahrnehmung der Besucher zu beeinflussen und den Wiedererkennungswert der „Welt" (durchaus auch unbewusst) zu steigern.

- Schließlich ist das *Gastronomie- und Merchandising-Angebot* auf das Thema der „Welt" abgestimmt: So gibt es im Themenbereich „Griechenland" des „Europa-Parks" ein breites Angebot an griechischen Speisen, Getränken und Souvenirs.

Durch ihre thematische Geschlossenheit und perfekte Inszenierung lösen die Mikrowelten bei den Besuchern generell positive emotionale Effekte und speziell ein Gefühl der Geborgenheit aus (vgl. SCHERRIEB 1998a, S. 7). Außerdem wird ihnen auf diese Weise die *Illusion* vermittelt, kurzfristig in eine andere Welt einzutauchen.

Historische Entwicklung der Freizeit- und Themenparks

Das Angebotsspektrum der Freizeit- und Themenparks geht grundsätzlich auf zwei unterschiedliche historisch-gesellschaftliche Wurzeln zurück - nämlich einerseits auf die *Volksfeste* und andererseits auf die *Vergnügungen des Adels im 18. Jahrhundert*:

- Die *mittelalterlichen Volksfeste* wurden zunächst aus religiösen Anlässen gefeiert bzw. waren mit religiösen Festen verbunden - z. B. Kirchweihfeste (Kirmes), Jahrmärkte und Schützenfeste. Einige Volksfeste können auf eine mehr als 1.000-jährige Geschichte zurückblicken, ein Drittel der deutschen Volksfeste entstand im 19. Jahrhundert (vgl. DGF 1986, S. 339). Diese kurzzeitigen Marktveranstaltungen fanden auf innerstädtischen Plätzen bzw. auch vor den Toren der Städte statt; ihr Unterhaltungsangebot beschränkte sich zunächst auf Gaukler, Moritatensänger, Puppenspieler und Bärenführer. Im 18. Jahrhundert wurde es um hölzerne Karusselle, Schaukeln, Drehorgeln und Guckkästen erweitert (vgl. HEINRICH-JOST 1985, S. 5-13; EBERT 1998, S. 197).

---

[92] vgl. LITH (2001) zum Management von Warteschlangen

Abb. 22: Ein Themenpark unterscheidet sich von einem Freizeitpark bzw. auch von einer Kirmes vor allem dadurch, dass die Fahrgeschäfte jeweils in eine geschlossene Themenwelt integriert sind, die u. a. durch landschaftsgärtnerische und architektonische Maßnahmen gestaltet wird - wie z. B. die Wildwasserbahn „Iguazú" in der Themenwelt „Amazonia" im spanischen Themenpark „Isla Mágica" in Sevilla.

- Als zweite Wurzel fungierten die *Gärten und Parks des Adels*, die bereits seit dem 18. Jahrhundert auch Bürgern zugänglich waren. Neben der gärtnerischen Gestaltung beeindruckten sie vor allem auch durch ihre zahlreichen Statuen, Denkmäler und Bauten, die in Baustilen aus unterschiedlichen Epochen und Kulturen errichtet wurden - z. B. das „Chinesische Teehaus" in Potsdam oder das „Römische Haus" in Weimar (vgl. Abb. 23). Darüber waren sie auch Schauplätze von Festen, Illuminationen und Feuerwerken (→ 1.2.2). Im Laufe der Zeit siedelten sich auch erste Unterhaltungseinrichtungen und Gastronomiebetriebe an:[93]

---

[93] So wurden z. B. seit 1745 am Rand des Tiergartens in Berlin mehrere Leinenzelte aufgestellt, in denen Erfrischungen angeboten wurden. Aus diesen bescheidenen Anfängen entwickelten sich im 19. Jahrhundert an diesem Standort (in der Straße „In den Zelten") beliebte Ausflugslokale (vgl. de.wikipedia.org/wiki/In_den_Zelten vom 17. Juli 2007).

Abb. 23: Bei der Vermittlung von Illusionen greifen Themenparks auf historische Vorbilder zurück - z. B. auf die Gärten des Adels im 18. Jahrhundert. Angesichts der Begeisterung für die Klassik wurden damals zahlreiche Gebäude in einem klassizistischen Stil errichtet. Nach seiner Reise nach Italien regte z. B. Johann Wolfgang von Goethe an, im Park an der Ilm in Weimar das „Römische Haus" zu bauen, das architektonische Elemente eines Tempels zitiert.

Als erster Freizeit- und Vergnügungspark der Welt gelten aber die *„Vauxhall Pleasure Gardens"*, die im Jahr 1661 außerhalb von London entstanden. Auf einem schachbrettartigen Grundriss (*grid pattern*) waren fünf Themenbereiche angeordnet, die den Besuchern mit Hilfe von originalgetreuen Bauten und überdimensionalen Gemälden die Illusion vermittelten, nach China und Italien zu reisen bzw. einen Vulkanausbruch zu erleben. Zu den frühen Events zählte u. a. auch das *Reenactment berühmter Land- und Seeschlachten,* bei dem Licht- und Geräuscheffekte zum Einsatz kamen (vgl. MITRAŠINOVIĆ 2006, S. 178-181). Generell spielte die Illumination des Parks eine wichtige Rolle: Abends wurde er mit 15.000 Laternen beleuchtet, um eine romantische Stimmung zu erzeugen.[94] Mit dem rasanten Flächenwachstum Londons stieg auch der Bedarf an Bauland; der Park wurde deshalb im Jahr 1859 geschlossen.

---

[94] www.en.wikipedia.org/wiki/Vauxhall_Gardens vom 18. Juli 2007

Vor dem Hintergrund der zunehmenden Industrialisierung und Urbanisierung entstanden in der Mitte des 19. Jahrhunderts - nach dem Vorbild der „Vauxhall Pleasure Gardens" - in mehreren europäischen Metropolen ähnliche Freizeit- und Vergnügungsparks. Die zunehmende berufliche Belastung und die beengten Wohnverhältnisse waren wichtige Push-Faktoren dieser Entwicklung: Die großstädtische Bevölkerung suchte Entspannung und Erholung, vor allem aber Unterhaltung und Vergnügen. Aufgrund des geringen Freizeitbudgets und der beschränkten Transportmöglichkeiten mussten die Attraktionen schnell erreichbar, ungewöhnlich und schrill sein. Bevorzugte *Standorte der Vergnügungsparks* waren deshalb innenstadtnahe Freiflächen und Areale am Stadtrand:

- In *Berlin* kam es z. B. Ende des 19. Jahrhunderts am Kurfürstendamm zur temporären Nutzung von brachliegenden Flächen, die als Folge der Bodenspekulation entstanden (Bauerwartungsland). Sie wurden als Schauplätze für Shows und Ausstellungen genutzt - u. a. für die „Wild-West-Schau" von Buffalo Bill (1890) und für das „Berliner Hippodrom" (1891), aber auch für diverse Völkerkunde-Ausstellungen, bei denen exotisch erscheinende Dörfer nachgebaut und mit Menschen aus den jeweiligen Ländern bevölkert wurden (Ägypten, Transvaal, Indien).[95] Als weitere temporäre Spektakel gab es eine Ausstellung zum Feuerschutz und Feuerrettungswesen, Flottenschauspiele in einem eigens errichteten Bassin sowie die Inszenierung des Untergangs von Pompeji mit mehr als 300 Mitwirkenden (vgl. HENGSBACH 1976).

- Bereits im Jahr 1843 war in *Kopenhagen* der innerstädtische Freizeit- und Vergnügungspark *„Tivoli"* eröffnet worden, der über zahlreiche Fahrgeschäfte, Theater, Restaurants und eine große chinesische Pagode verfügte. Benannt wurde er nach der Parkanlage „Le Grand Tivoli" in Paris; sie war nach der französischen Revolution öffentlich zugänglich und zählte mit Illuminationen, Feuerwerken und Schaukeln zu den frühen französischen „Jardins-Spectacles" (vgl. STEMSHORN 2000a, S. 19). Bei dem dänischen „Tivoli" handelt es sich um einen der ältesten existierenden Freizeitparks weltweit. Er diente als Vorbild und wiederum als Namensgeber für zahlreiche weitere Parks, die ein vielfältiges, aber nicht thematisch gestaltetes Unterhaltungsangebot aufweisen - z. B. in Stockholm und Göteborg. Gemeinsame Merkmale dieser Parks sind aufwändige Gartenanlagen sowie ein anspruchsvolles Theater- und Gastronomieangebot, das vor allem abends genutzt wird (vgl. SCHERRIEB 1998, S. 682). Der „Tivoli" ist die wichtigste Touristenattraktion Kopenhagens: Sie wird von ca. 90 % der auswärtigen Gäste besucht. Im Jahr 2006 verzeichnete der Park 4,4 Mio. Besucher.[96]

---

[95] vgl. BANCEL/BLANCHARD/LEMAIRE (2001) zur kritischen Auseinandersetzung mit diesen „Menschenzoos" (speziell in Frankreich)

[96] vgl. GAMILLSCHEG, H. (1993): Ein dänisches Märchen. - In: Die Zeit, 07. Mai, S. 71-72; www.de.wikipedia.org/wiki/Tivoli_(Kopenhagen) vom 05. Juli 2007

- Seit Mitte des 19. Jahrhunderts entwickelte sich mit den *„Lunaparks"* ein neuer Typ von Freizeiteinrichtungen, der sich vorrangig an den Unterhaltungsbedürfnissen eines urbanen Massenpublikums orientierte. Die „Lunaparks" hatten deshalb den Charakter eines stationären Rummelplatzes; sie verfügten über spektakuläre Achterbahnen, Gruselkabinette, Schieß- und Schaubuden etc. Aufgrund ihres großen Flächenbedarfs siedelten sie sich vor allem an der Peripherie der Großstädte an - wie z. B. der *„Lunapark" in Berlin-Charlottenburg*. Zu den Erfolgsfaktoren dieses größten europäischen Vergnügungsparks, der im Zeitraum 1910-1933 in Betrieb war, zählten Superlative und Sensationen, die mit Hilfe neuester technischer Mittel, aber auch ungewöhnlicher Events kreiert wurden. Zum Angebot gehörte u. a. das größte Hallenwellenbad der damaligen Zeit, eine Station für Ballonaufstiege und Tauchgänge, Tischtelefone im Schautanzsaal „Mon Plaisier", Boxmeisterschaften sowie ein singender Hund und ein Rollschuh laufender Bär, der auf eine Leiter stieg und dort die amerikanische Flagge hisste. An Spitzentagen kamen 68.000 Besucher; im Jahr 1929 wurde der 50-millionste Gast gezählt (vgl. Lunapark 1929; BLOMEYER/TIETZE 1982; ELSELL/ TIETZE 1984, 1984a, 1984b). Gleichzeitig finden sich erste Ansätze einer *Thematisierung der einzelnen Attraktionen*: So verlief z. B. die Fahrstrecke der sechs Kilometer langen Achterbahn durch Landschaftsszenarien (auf riesigen Leinwänden), die jährlich anders gestaltet wurden. Um eine frühe Form der thematischen Inszenierung handelte es sich auch bei der Attraktion *„Venedig in Wien"*, die im Jahr 1895 im „Prater" eröffnet wurde. Auf Gondeln konnten die Besucher an Nachbauten bekannter Gebäude der Lagunenstadt entlang gleiten. Im Jahr 1895 verzeichnete diese Anlage mehr als 2 Mio. Gäste (vgl. STEMSHORN 2000a, S. 23). Neben Berlin und Wien gab es auch in anderen Großstädten „Lunaparks" - z. B. in Hamburg, Leipzig und Dortmund (vgl. EBERT 1998, S. 199-200). Gegenwärtig finden sich derartige Vergnügungsparks noch in Sydney, Melbourne und Moskau.[97]

- Als Maßstab für die europäischen „Lunaparks" fungierten die großen Freizeit- und Vergnügungsparks auf *Coney Island* - einer Halbinsel südlich von New York.[98] Nach dem Anschluss an die städtische Schnellbahn entwickelte sich das *Seaside Resort* rasch zu einem beliebten Tagesausflugsziel. Das Unterhaltungsangebot bestand aus drei großen Parks: *„Luna Park"*, *„Dreamland"* und *„Steeplechase Park"*, die jeweils über spektakuläre Attraktionen verfügten. So wurde den Besuchern z. B. im „Luna Park" die Illusion einer Reise zum Mond vermittelt: Nachts erstrahlte die Anlage dazu im Schein von mehr als 1,3 Mio. elektrischen Glühlampen (vgl. HERWIG/HOLZHERR 2006, S. 64). Zu den sensationellen Fahrgeschäften der damaligen Zeit gehörte u. a. das *„Wonder Wheel"* (ein 50 m hohes Riesenrad), *„The Cyclone"* (eine große Holzachterbahn) und

---

[97] vgl. www.de.wikipedia.org/wiki/Luna_Park vom 19. Juli 2007
[98] vgl. KOOLHAAS (2006, S. 29-74) zur historischen Entwicklung von Coney Island

„The Parachute Jump" (ein 60 m hoher *Free-Fall*-Turm).[99] Zwischen 1880 und 1940 zählte der Ort jährlich mehrere Millionen Besucher und war damit die größte Unterhaltungsdestination in den USA. Coney Island gilt als Geburtsstätte einer neuen Massenkultur in den USA - als „Ort der Mythen und Träume, der simulierten Katastrophen und der Utopien" (ELSELL/TIETZE 1984, S. 3). Diese wichtige gesellschaftliche Funktion spiegelt sich u. a. in der Tatsache wider, dass Coney Island bis in die jüngste Zeit Schauplatz von Spielfilmen, Theaterstücken und Romanen ist; auch in zahlreichen Songs werden die Erinnerungen an diesen *„world's largest playground"* (GREEN 1993, S. 211) wach gehalten.

- Zu den historischen Vorbildern der Freizeitparks gehören schließlich die *Piers in den britischen seaside resorts*, die sich in der zweiten Hälfte des 19. Jahrhunderts durch die Einführung der *excursion trains* zu Massenausflugszielen entwickelten. So reisten z. B. in der Pfingstwoche des Jahres 1850 mehr als 200.000 Passagiere von Manchester in das Seebad Blackpool (vgl. WALVIN 1978, S. 38-39). Die Erfindung dieser Pauschalreisen geht auf Thomas Cook zurück, der bereits 1841 für eine Gruppe von Temperenzlern die erste Pauschalreise von London nach Loughborough veranstaltet hatte.[100] Nun konnten sich auch Arbeiter und Angestellte Tagesausflüge an die See leisten. Während ihres kurzen Aufenthaltes wollten sie sich schnell und intensiv amüsieren. Der Strand als natürliche Attraktion verlor deshalb an Bedeutung; stattdessen entstand in den *seaside resorts* eine laute Jahrmarktsatmosphäre. Bei Ankunft der Züge „spielen bereits morgens früh um fünf Uhr die Kapellen, auf den Piers wird getanzt. Den ganzen Tag über sind die Pubs voller singender und tanzender Menschen" (PRAHL/STEINECKE 1979, S. 30). Speziell die Piers, die ursprünglich als Anlegestellen für Dampfschiffe gebaut worden waren, entwickelten sich zu Standorten diverser Unterhaltungsangebote (Karussells, Achterbahnen, Wahrsagerinnen etc.). So verzeichnete z. B. die West Pier in Brighton im Jahr 1875 mehr als 600.000 Besucher (vgl. WALVIN 1978, S. 50).

Seit den 1930-Jahren kam es sukzessive zu einem *Niedergang dieser traditionellen Unterhaltungeinrichtungen*, für den politische, gesellschaftliche und wirtschaftliche Faktoren verantwortlich waren (vgl. EBERT 1998, S. 201):

- *eine stärkere räumlich-soziale Segregation* mit zahlreichen Vergnügungseinrichtungen in unterschiedlichen Stadtteilen,
- *ein breiteres Informations- und Unterhaltungsangebot* durch Kinos und kleine Privatbühnen sowie später durch das Fernsehen,

---

[99] Diese historischen Fahrgeschäfte stehen inzwischen unter Denkmalschutz (vgl. www. en.wikipedia.org/wiki/Coney_Island vom 19. Juli 2007).

[100] Die Temperenzler setzten sich für den gemäßigten Genuss von Alkohol ein bzw. auch für den völligen Verzicht. Hintergrund war der extreme Alkoholkonsum (speziell von Unterschichtangehörigen), der ein Ausdruck des sozialen Elends im 19. Jahrhundert war (vgl. www.de.wikipedia.org/wiki/Abstinenzbewegung vom 25. Juli 2007).

Abb. 24: In den Themenparks bestehen die einzelnen „Welten" jeweils aus einem thematisch gestalteten Mix aus Fahrgeschäften, Shows, Gastronomiebetrieben und Shops - wie z. B. in der Themenwelt „Italien" des „Europa-Park" in Rust.

- *konkurrierende Freizeitangebote* in Form von großen Sportveranstaltungen („Sechs-Tage-Rennen") und neuen Sportanlagen,
- *ein zunehmender Tourismus* und damit die Möglichkeit, statt inszenierter Völkerschauen und simulierter Landschaften andere Kulturen und Länder selbst kennen zu lernen,
- speziell in Deutschland *die nationalsozialistische Ideologie*, die Freizeitparks als „unvölkisch", „kulturbolschewistisch" und „entartet" (vgl. ELSELL/TIETZE 1984, S. 4) ablehnte, sowie die *Zerstörungen im Zweiten Weltkrieg*.

2.1.2   Freizeit- und Themenparks in Deutschland: Angebot - Nachfrage - Wettbewerbssituation

Nach dem Zweiten Weltkrieg standen der Wiederaufbau der zerstörten Städte und die Sicherung der persönlichen Grundversorgung zunächst im Vordergrund. Erst mit zunehmendem materiellem Wohlstand und mit wachsender individueller Mobilität veränderten sich die Prioritäten. Die jährliche Urlaubsreise mit dem eigenen Pkw, aber vor allem auch sonntägliche Ausflugsfahrten in die Umgebung wurden immer populärer.

Während es sich bei den Vergnügungsparks im 19. Jahrhundert um inner- bzw. randstädtische Einrichtungen gehandelt hatte, entstanden nun neue Freizeiteinrichtungen im *Umland der Großstädte* (vgl. SCHERRIEB 1998, S. 693; 1998a, S. 5-7):[101]

- Zum einen erweiterten traditionelle Ausflugsrestaurants ihr Angebot zunächst um *kleine Märchenparks* mit lebensgroßen, beweglichen und sprechenden Figuren sowie später auch um klassische Kirmes-Attraktionen, Tiergehege etc. Zu Beginn der 1960er-Jahre gab es in Deutschland mehr als 300 solcher Anlagen, die meist nur geringe Besucherzahlen verzeichneten (max. 100.000/Jahr).

- Zum anderen lösten beliebte Tierfilme und TV-Sendungen (z. B. „Serengeti darf nicht sterben", „Ein Platz für Tiere" etc.)[102] ein großes Interesse an der afrikanischen Tierwelt und einen Nachfrageboom nach *Safariparks* aus, in denen die Besucher vom eigenen Auto aus Löwen, Gazellen und Giraffen beobachten konnten. Aufgrund der kritischen Berichterstattung über die (angebliche) Schädigung der Tiere, aber auch wegen der zahlreichen Illusionsbrüche erlebten diese Parks allerdings nur eine kurze Blütezeit.

- Schließlich entstanden mit dem „Phantasialand" in Brühl (1967) und dem „Holiday-Park" in Haßloch (1971) und dem „Europa-Park" in Rust (1975) bald die ersten *klassischen Freizeitparks* der Nachkriegszeit mit einem Mix aus Fahrgeschäften, Shows, Spieleinrichtungen sowie Restaurants. Die thematische Gestaltung war gering ausgeprägt; sie beschränkte sich auf einzelne Teilbereiche. Erst unter dem Einfluss der US-amerikanischen Themenparks (speziell der „Disney"-Parks) wurden die deutschen Vergnügungsparks sukzessive stärker in thematische „Welten" gegliedert (→ 2.1.4).

Bei den deutschen Freizeitparks handelte es sich zunächst durchweg um *Familienunternehmen*. Zu den Gründern gehörten u. a. Gastronomen, landwirtschaftliche bzw. adelige Großgrundbesitzer, Schausteller, Zirkus- und Zoobesitzer oder Hersteller von Freizeiteinrichtungen und Fahrgeschäften (vgl. KREFT 2000, S. 133). Mit wachsender Nachfrage wurde das Angebot sukzessive erweitert und verbessert; dabei war die Höhe der Investitionen jeweils von der Ertragslage der Vorjahre abhängig (vgl. KONRATH 2000, S. 94).

Erst in jüngerer Zeit gab es *komplette Neugründungen*; als Beispiele sind der Filmpark „Warner Bros. Movie World" zu nennen, der im Jahr 1996 in Bottrop-

---

[101] Als ältester Freizeitpark in Deutschland gilt der „Erlebnispark Tripsdrill", dessen Gründung auf das Jahr 1929 zurückgeht, als ein bereits bestehendes Ausflugslokal um kleinere Attraktionen erweitert wurde (vgl. www.tripsdrill.de/upload/tripsdrillchronik.doc vom 28. Juli 2007).

[102] Die Sendung „Ein Platz für Tiere" des Frankfurter Zoologen Bernhard Grzimek wurde vom Hessischen Rundfunk seit 1956 in 175 Folgen übertragen; für seinen Film „Serengeti darf nicht sterben" erhielt er im Jahr 1959 den Oscar für den besten Dokumentarfilm (vgl. www.hr-online.de/website/rubriken/nachrichten/index.jsp?rubrik= 8462 &key =standard_document_1644480 vom 23. Juli 2007).

Kirchhellen vom US-amerikanischen Medienkonzern „Time Warner Inc." gebaut wurde, sowie der Themenpark „Belantis" bei Leipzig, zu dessen Investoren u. a. mehrere private Radiosender gehören.[103]

In Einzelfällen fand auch eine *Nachnutzung von Industrie- und Kraftwerksruinen* statt:

- So wurde die riesige Produktionshalle des Zeppelinherstellers „Cargolifter AG" in Brandenburg nach dem Konkurs der Firma von asiatischen Investoren zum Badepark *„Tropical Island"* umgebaut (vgl. Abb. 17; → 1.3.3).

- Ein niederländischer Unternehmer kaufte im Jahr 1995 das Atomkraftwerk in Kalkar, das aufgrund von Sicherheitsbedenken seinen Betrieb überhaupt nicht aufgenommen hatte; seitdem wird der Gebäudekomplex als Freizeitpark *„Wunderland Kalkar"* genutzt.[104]

Nachdem die Zahl der überregional bedeutsamen Freizeitparks in den 1960er- und 1970er Jahren zunächst auf ca. 65 Einrichtungen gestiegen war, kam es im Weiteren zu einer *Marktbereinigung*. Die kleinen Parks verloren an Attraktivität und mussten schließen, weil sie mit den hohen Investitionen der großen Parks für aufwändige Attraktionen nicht mithalten konnten. In den 1990er-Jahren stabilisierte sich diese Entwicklung.

Das gegenwärtige Angebot an Freizeitparks in Deutschland

Gegenwärtig gibt es in Deutschland ca. 50 größere Freizeitparks mit überregionalem Einzugsbereich und mehr als 100.000 Besuchern/Jahr. Als Interessensvertretung dieser Branche wurde im Jahr 1978 der *„Verband der Deutschen Freizeitparks und Freizeitunternehmen" (VDFU)* gegründet, der im Jahr 2007 129 Mitglieder hatte (neben Freizeitparks auch Hallenspielbetriebe sowie Zuliefer- und Beratungsunternehmen).[105]

In den letzten Jahren hat sich der *Konzentrationsprozess* innerhalb dieses Wirtschaftszweiges fortgesetzt: Die sechs größten Parks (mit jeweils mehr als 1 Mio. Besuchern) erreichen einen Marktanteil von ca. 50 % am gesamten Besucheraufkommen und von 77 % am Gesamtumsatz (vgl. KONRATH 2000, S. 106-107).

Die Freizeitparks stehen unter einem *hohen Investitionsdruck*: Um die Gäste nämlich zu einem Wiederholungsbesuch zu bewegen und auch um neue Gäste zu ak-

---

[103] vgl. www.de.wikipedia.org/wiki/Belantis vom 28. Juli 2007
[104] KROHN, O. (1995): Brüter zu Freizeitparks. - In: Die Zeit, 17. November; vgl. www. kernwasserwunderland.nl
[105] vgl. www.freizeitparks.de/vdfu.html vom 24. Juli 2007

quirieren, müssen sie in Rhythmen von ein bis zwei Jahren neue Attraktionen schaffen.[106] Eine besondere Bedeutung kommt dabei spektakulären Fahrgeschäften *(rides)* zu.[107] Wie bei der internationalen Konkurrenz um das höchste Gebäude der Welt konkurrieren die Parks um die *höchste, längste bzw. steilste Achterbahn*. Obwohl die Rekorde in diesem *coaster war* meist nur von begrenzter Dauer sind, bieten sie ihnen eine Möglichkeit, mediale Aufmerksamkeit zu erlangen und sich gegenüber anderen Parks zu profilieren. Gegenwärtig steht die höchste Achterbahn der Welt „Kingda Ka" (139 m) im „Six Flags Great Adventure" in New Jersey (USA); in Europa wird der Rekord vom „Silver Star" (73 m) im „Europa-Park" gehalten.[108]

Aus dem ständigen Erneuerungs- und Erweiterungsbedarf resultiert ein *anhaltendes Flächenwachstum der Freizeitparks* von ein bis zwei Hektar pro Jahr. Bei der Neuanlage von Parks werden deshalb zumeist große Flächenreserven für künftige Attraktionen vorgehalten. Bei bestehenden Parks müssen nachträglich Flächen zur Erweiterung des Angebots akquiriert werden: So plante das „Phantasialand" im Jahr 2006, sein relativ kleines Areal von 28 ha um 30 ha zu erweitern, um Platz für ein neues Hotel, einen Wasserpark und andere Attraktionen zu schaffen.[109] Allerdings werden derartige Vorhaben durch zahlreiche gesetzliche Auflagen und Einwände von Umweltschutzorganisationen meist erschwert und verzögert. Deshalb kommt es häufig auch zu einer *Verdichtung der Bebauung* in den Parks und damit zu einem schwindenden Anteil von Frei- und Wasserflächen.

Der *generelle Flächenanspruch von Freizeitparks* ist schwer zu bestimmen: In Abhängigkeit vom Betriebskonzept schwankt er zwischen 5 und 165 ha. Da Flächen dieser Größenordnung an innerörtlichen Standorten nicht zur Verfügung stehen, bevorzugen die Parks die Außenbereiche der Ansiedlungsgemeinden bzw. periphere Standorte.

Eine zentrale Voraussetzung für den Erfolg von Freizeit- und Themenparks ist ein *hohes Bevölkerungs- und Nachfragepotenzial*:

- So wurde z. B. die Standortwahl des Themenparks „Warner Bros. Movie World" in Bottrop-Kirchhellen wesentlich durch die Tatsache beeinflusst, dass im Radius von 250 km ca. 27 Mio. Menschen leben. Innerhalb von einer Stunde

---

[106] So hat z. B. der Marktführer unter den deutschen Freizeitparks - der „Europa-Park" im badischen Rust - seit der Eröffnung im Jahr 1975 Gesamtinvestitionen in Höhe von 420 Mio. Euro getätigt (vgl. HOLZAPFEL, T. [2005]: Ein Mann und sein Park. - In: FVW, 18. Februar 2005, S. 28).

[107] vgl. BLUME (2001) und LANFER/KAGELMANN (2004) zur Geschichte und Entwicklung von Achterbahnen

[108] vgl. www.de.wikipedia.org/wiki/Achterbahn#Rekordhalter vom 25. Juli 2007; Von Hyper bis Giga. Der weltweite Achterbahn-Wahn zum Millenium. - In: Amusement Technologie & Management, (2000) 1, S. 59-63

[109] vgl. HOLZAPFEL, T. (2006): Fantasievolle Perspektive. - In: FVW, 21. Juli, S. 22

können ca. 12 Mio. den Park erreichen (vgl. HEMMER 1998, S. 14; VOSSEN 2001, S. 17).[110]

- Hingegen sind die Standortbedingungen für die Ansiedlung von Parks in den Neuen Bundesländern aufgrund der geringen Bevölkerungsdichte recht ungünstig (vgl. SCHERRIEB 1998a, S. 11).

Freizeit- und Themenparks: Standortbedingungen und Erfolgsfaktoren

✓ *hohes Bevölkerungs- und Nachfragepotenzial im 1,5-Stunden-Radius*
✓ *leistungsfähige Verkehrsanbindung*
✓ *Verfügbarkeit von Saison- und Teilzeitarbeitskräften*
✓ *regelmäßige Investitionen in neue Attraktionen*
✓ *Flächenreserven für mittelfristigen Ausbau*
✓ *innovatives Marketing*
✓ *besucherorientiertes Management*

Als Faustregel gilt, dass sich 2-5 % der Bevölkerung im 1,5-Stunden-Einzugsbereich von den Parkbetreibern als Besucher gewinnen lassen; große Parks können nach einer längeren Betriebszeit (ca. 20 Jahre) einen Ausschöpfungsgrad von 7-9 % erreichen. In Urlaubsdestinationen stellen die Gäste, die sich ca. eine Woche in dem Einzugsbereich aufhalten, zusätzliche potenzielle Nachfrager dar. Aus Sicht der Besucher spielen dabei nicht die Entfernung (in Kilometern), sondern der gesamte *Zeit-Kosten-Mühe-Aufwand* sowie die Attraktivität des Parks eine zentrale Rolle. Die *Aktivierung des Nachfragepotenzial*s hängt deshalb von mehreren Faktoren ab (vgl. FICHTNER/MICHNA 1987, S. 256-297; SCHERRIEB 1998a, S. 8-9):

- Mit einer Einführung allgemeiner bzw. regionaler *Geschwindigkeitsbegrenzungen* erhöht sich die Fahrtzeit, die von den Besuchern akzeptiert wird; damit schrumpft der Einzugsbereich der Parks.

- Einen ähnlichen Effekt haben steigende *Benzinpreise*, da sie aus Sicht der Gäste den Kostenaufwand für eine Ausflugsfahrt in die Parks erhöhen.

- Bei regnerischem bzw. heißem *Wetter*, das mehrere Tage anhält, und in den *Wintermonaten* schrumpfen die akzeptierten Distanzen um ca. 60 %; an traditionellen Ausflugstagen steigen sie hingegen (z. B. 1. Mai).

- *Erstbesucher* nehmen deutlich längere Anfahrtszeiten in Kauf als Wiederholungsbesucher.

- *Busreisende*, die an organisierten Ausflugsfahrten teilnehmen, weisen eine geringere Distanz- bzw. Zeitempfindlichkeit auf als Besucher, die mit dem eigenen Pkw anreisen.

---

[110] vgl. KOCH, B. (1996): Eine kleines Abbild der Traumfabrik inmitten von Wiesen, Feldern und kleinen Wäldchen. - In: FAZ, 06. August

- *Urlauber,* die im Rahmen des sekundären Ausflugsverkehrs (also von ihrem Urlaubsort aus) einen Park besuchen, legen generell kürzere Distanzen zurück als Gäste, die von ihrem Wohnort anreisen.

Weitere wichtige Standortvoraussetzungen für den Erfolg von Freizeit- und Themenparks sind neben der *Verfügbarkeit von Saison- bzw. Teilzeitarbeitskräften* vor allem auch eine *leistungsfähige Verkehrsanbindung:*

- Bei der Ansiedlung der „*Warner Bros. Movie World*" wurden u. a. Zufahrtswege und eine eigene Ausfahrt an der A 31 Bottrop-Emden gebaut.[111]

- Nach einem langjährigen Planungsverfahren verfügt auch der „*Europa-Park*" inzwischen über einen speziellen Autobahnanschluss an der A 5 Frankfurt-Basel; außerdem nutzt er seit kurzem den ehemaligen Militärflughafen Lahr als eigenen Themenpark-Airport.

Aufgrund der außer- bzw. randstädtischen Lage von Freizeitparks wird der *Modal Split* (also die Aufteilung des Verkehrsaufkommens auf die unterschiedlichen Verkehrsmittel) durch den *privaten Pkw* dominiert: Ca. 89 % der Besucher kommen mit dem eigenen Fahrzeug, 6 % mit dem (Reise-)Bus, 2 % mit dem Fahrrad, 2 % mit sonstigen Verkehrsmitteln und nur 1 % mit der Bahn (vgl. TEMMEN/ HATZFELD/EBERT 1993, S. 97).

Die Nachfrage in den deutschen Freizeit- und Themenparks: Umfang und Struktur

Die *Gesamtbesucherzahl in den deutschen Freizeitparks* beläuft sich jährlich auf 20-22 Mio. Gäste.[112] Da es sich bei den Attraktionen meist um Outdoor-Einrichtungen handelt, weist die Nachfrage einen ausgeprägten *saisonalen Verlauf* auf (Öffnung von April bis Oktober). Darüber hinaus ist eine *erhebliche Wetterabhängigkeit* zu beobachten: So musste die Branche z. B. im regenreichen Sommer 1998 Umsatzrückgänge von 20 % hinnehmen.[113]

Vor allem die größeren Parks haben in den letzten Jahren deshalb zunehmend in den Bau von Indoor-Einrichtungen investiert, um in stärkerem Maß wetterunabhängig zu werden. Durch eine zusätzliche Winteröffnung von Dezember bis Januar erreichen sie außerdem eine bessere Auslastung ihrer Kapazitäten ($\rightarrow$ 2.1.3).

---

[111] vgl. PETER, R.-H. (1996): Batman kommt. - In: Wirtschaftswoche, 06. Juni, S. 94-97
[112] Das Gesamtniveau der Nachfrage in den Freizeitparks ist zunächst durch die Öffnung der deutsch-deutschen Grenze und später durch die Wiedervereinigung von ca. 16 Mio. auf 20-22 Mio. Besucher gestiegen (vgl. SCHERRIEB 1998a, S. 12).
[113] vgl. FAZ, 13. Juli 1998

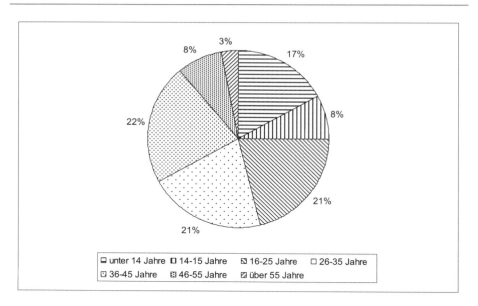

Abb. 25: Mit ihrem breiten Unterhaltungsangebot und speziell mit den spektakulären Fahrgeschäften sprechen die Freizeit- und Themenparks vor allem Familien mit Kindern, Jugendliche und junge Erwachsene an. Im „Europa-Park" waren z. B. im Jahr 2001 67 % der Besucher jünger als 35 Jahre; das Durchschnittsalter lag bei 27,9 Jahren (Quelle: Eigene Darstellung nach Angaben in KREFT 2002).

Aufgrund des breiten Unterhaltungsangebots mit zahlreichen Fahrgeschäften werden die Freizeitparks vor allem von *Familien mit Kindern, Jugendlichen und jungen Erwachsenen* besucht:[114] Im „Europa-Park" waren z. B. im Jahr 2001 67 % der Besucher jünger als 35 Jahre; das Durchschnittsalter lag bei 27,9 Jahren (vgl. KREFT 2002; Abb. 25). Die *Altersstruktur der Gäste* wird durch das jeweilige Angebot der Parks bestimmt:

- Durch schnelle und spektakuläre *rides* (Achterbahn, *Free-Fall-Tower* etc.) werden vor allem Jugendliche im Alter von 14-19 Jahren angesprochen, die dann entsprechend höhere Anteile an den Besuchern ausmachen.

- Ruhige Parks wie z. B. Vogel- und Wildparks sprechen hingegen vor allem Erwachsene an, die hier mehr als 80 % der Besucher stellen (vgl. SCHERRIEB 1998a, S. 19; FISCHER 1976, S. 525).

Als Reaktion auf den demographischen Wandel in Deutschland bieten die Freizeitparks allerdings auch zunehmend *Preisreduktionen sowie Pauschalangebote für Senioren* an (vgl. KREFT 2002).

---

[114] Da bei den Gästen das gemeinsame Erlebnis im Vordergrund steht, finden sich kaum Alleinreisende unter dem Publikum (vgl. FICHTNER 2000, S. 80).

Die ständige Erweiterung des Angebots, aber auch die zeitgemäßen Servicestandards der Parks führen zu einer *großen generellen Akzeptanz*, zu *hohen Zufriedenheitswerten der Besucher* und zu *hohen Wiederholerquoten*:

- *Generelle Akzeptanz von Freizeitparks:* Jeder dritte erwachsene Bundesbürger (über 14 Jahre) besucht wenigstens einmal im Jahr einen Freizeitpark. Die Gäste verfügen über ein überdurchschnittlich hohes Einkommens- und Bildungsniveau. Obwohl sich die Mehrzahl der Freizeitparks in den alten Bundesländern befindet, haben Ostdeutsche eine höhere Besuchsintensität als Westdeutsche. Besonders beliebt sind Freizeitparks auch bei der ländlichen und kleinstädtischen Bevölkerung, während Großstädter andere Vergnügungen bevorzugen (OPASCHOWSKI/PRIES/REINHARDT 2006, S. 135-137). Eine Untersuchung des Deutschen Wirtschaftswissenschaftlichen Instituts für Fremdenverkehr (München) ergab im Jahr 1998, dass noch ein großes Besucherpotenzial vorhanden ist: So stehen 57-70 % der Deutschen dem Besuch eines Freizeitparks positiv gegenüber (vgl. KONRATH 2000, S. 117, 124-125).

- *Bewertung von Freizeitparks:* Im Vergleich zu öffentlichen Einrichtungen wie Freilichtmuseen, Thermalbädern und städtischen Museen erreichen die Freizeitparks hohe Zufriedenheitswerte: FICHTNER (2000, S. 81) ermittelte mit Hilfe einer elfstufigen Skala (-5 bis +5) einen Wert von +4,5; bei städtischen Museen lag er hingegen nur bei +3,3. Verglichen mit anderen erlebnisorientierten Angeboten werden die Parks allerdings kritischer beurteilt: In einer bundesweiten Repräsentativuntersuchung wurden die Freizeitparks auf einer fünfstufigen Skala mit der Note 1,9 bewertet, Open-Air-Events mit 1,5 und Musicals mit 1,6 (vgl. OPASCHOWSKI 1998, S. 34).

- *Aufenthaltsdauer und Wiederholungsbesuche:* Im Durchschnitt sind ca. drei Viertel aller Gäste in deutschen Freizeitparks Wiederholungsbesucher - sie stellen die „Basis des Erfolges" dar (SCHERRIEB 1998a, S. 21).[115] Aufgrund der großen Zahl von Attraktionen bleiben die Besucher mit 5-6 Std. relativ lange in den Parks - ein Kinobesuch dauert hingegen nur 2 Std., der Besuch eines Spaßbades ca. 3 Std. (vgl. FICHTNER 2000, S. 81-82). Die ständige Erweiterung des Angebots hat eine steigende Aufenthaltsdauer in den Einrichtungen zur Folge; sie nahm z. B. im „Europa-Park" von 8,02 Std. im Jahr 1996 auf 8,50 Std. im Jahr 2001 zu (vgl. KREFT 2002).

Da es sich bei Freizeitparks um privatwirtschaftliche und kommerzielle Einrichtungen handelt, basiert ihr Betrieb ausschließlich auf den *Ausgaben der Besucher für den Eintritt, die Verpflegung und das Merchandising* (im Gegensatz zu Museen, Theatern, Schwimmbädern etc. erhalten sie keine öffentlichen Zuschüsse).

---

[115] vgl. HEISE, S. (2003): Sorgen vergessen. - In: Wirtschaftswoche, 05. Mai, S. 61

Abb. 26: Zu den Einnahmequellen der Freizeit- und Themenparks gehören auch die On-ride-Photos, die von den Besuchern speziell auf Achter- und Wildwasserbahnen gemacht werden - z. B. in „Knott's Berry Farm" (Kalifornien). Beim Kaufverhalten gibt es natio-nalspezifische Unterschiede: Während in den Niederlanden damit relativ hohe Umsätze erwirtschaftet werden, erwerben in Deutschland nur ca. 10-12 % der Fahrgäste am Ende des rides ein derartiges Photo.

Pro Besucher wurden in den deutschen Großparks im Jahr 1997 ca. 26,00 Euro umgesetzt; davon entfielen 55 % auf das Ticket, 32 % auf Verpflegung und Getränke, 11 % auf Merchandising und 2 % auf sonstige Ausgaben (vgl. SCHERRIEB 1998a, S. 18). Zu den Einnahmequellen zählen u. a. auch *On-ride-Photos*, die von den Besuchern speziell auf Achter- und Wildwasserbahnen gemacht werden (vgl. Abb. 26).[116]

Freizeit- und Themenparks: Wettbewerbssituation

Die bundesdeutschen Freizeit- und Themenparks stehen in einer *sich verschärfenden Wettbewerbssituation*, die durch folgende Faktoren charakterisiert wird (vgl. KONRATH 2000, S. 108-109):

- *wachsende Professionalisierung* - z. B. durch den Marktauftritt von global agie-renden Konzernen wie „Warner Bros. Movie World" in Bottrop-Kirchhellen (vgl. HEMMER 1998; VOSSEN 2001);

---

[116] vgl. Klick-Report. Möglichkeiten und Grenzen beim Einsatz von Fotosystemen. - In: Euro Amusement Professional, (2005) 3, S. 56-59; Klick-Report. Möglichkeiten und Grenzen beim Einsatz von Fotosystemen. Teil 2. - In: Euro Amusement Professional, (2005) 4, S. 58-60

Freizeit-/Themenpark	Besucher (in Mio.; 2006)	Fläche (in ha)
Disneyland Resort, Paris (F)	12,8	1.943
Pleasure Beach, Blackpool (GB)	5,7	17
Tivoli, Kopenhagen (DK)	4,4	8
Europa-Park, Rust (D)	4,0	70
Port Aventura, Salou (E)	3,5	115
Efteling, Kaatsheuvel (NL)	3,2	70
Gardaland, Castelnuovo del Garda (I)	3,0	46
Liseberg, Göteborg (S)	2,8	20
Dyrehavsbakken, Kopenhagen (DK)	2,6	75
Alton Towers, Staffordshire (GB)	2,4	202
Phantasialand, Brühl (D)	2,0	28
Thorpe Park, Surrey (GB)	1,7	200
Park Astérix, Plailly (F)	1,7	k. A.
Movie Park Germany, Bottrop (D)	1,5	45
Heide-Park, Soltau (D)	1,4	85
Hansa-Park, Sierksdorf (D)	1,2	146
Holiday-Park, Haßloch (D)	1,1	40

Tab. 3: Das Ranking der besucherstärksten Freizeit- und Themenparks in Europa wird durch das „Disneyland Resort" in Paris angeführt, das jährlich mehr als 12 Mio. Gäste verzeichnet. Das erfolgreichste deutsche Unternehmen ist der „Europa-Park", der mit 4,0 Mio. Besuchern auf Platz 4 rangiert - deutlich vor den nationalen Konkurrenzunternehmen.[117]

- *stärkere internationale Konkurrenz* - z. B. durch den Bau bzw. Ausbau anderer Freizeitparks in Europa (vgl. POPP 1995, S. 33; Tab. 3);

- *kürzere Re-Investitionszeiträume und zunehmende Kapitalintensität* - z. B. immer kürzere Lebenszyklen der Attraktionen, die außerdem immer anspruchsvoller und damit kostenintensiver werden (vgl. SCHERRIEB 1998, S. 694; MUNDT 1999, S. 29);[118]

- *hybrides Konsumentenverhalten* - z. B. steigende Ansprüche und gleichzeitig zunehmende Preissensibilität der Besucher;

---

[117] Die Tabelle basiert auf Angaben zu den einzelnen Freizeit- und Themenparks (vgl. www.de.wikipedia.org/wiki vom 08. August 2007).

[118] So beliefen sich z. B. die Investitionen für die derzeit teuerste Achterbahn der Welt „Expedition Everest" im „Walt Disney World Resort" (Florida) im Jahr 2006 auf 100 Mio. US-Dollar (vgl. www.coastersandmore.de/rides/coaster06/coaster06_liste2.php vom 26. Juli 2007).

- *wachsende Zahl neuer Anbieter von Themenwelten* - z. B. Markenerlebniswelten von Konsumgüterherstellern, aber auch thematisierte Stadtquartiere (→ 2.4; 3.1);[119]

- *schlechtere Standortbedingungen in Deutschland* - z. B. relativ hohe finanzielle Belastungen, da der volle Mehrwertsteuersatz abgeführt werden muss, während in den Niederlanden, Spanien und Belgien nur 6 % erhoben werden, in Frankreich nur 5 % und in Luxemburg nur 3 % (vgl. KONRATH 2000, S. 110).[120]

2.1.3   Wettbewerbsstrategien und Marketingmaßnahmen

Auf diese angespannte Marktsituation haben vor allem die großen Freizeitparks in Deutschland mit *unterschiedlichen Wettbewerbsstrategien und Marketingmaßnahmen* reagiert:

- *Durchführung von Events:* In den letzten Jahren haben die Parks nicht nur ihre Infrastruktur ständig durch neue Fahrattraktionen erweitert, sondern sich auch als Bühnen für Events positioniert. Von besonderer Bedeutung sind dabei *medienwirksame Veranstaltungen* (z. B. Live-Übertragungen von TV-Sendungen), da sie eine große mediale Reichweite aufweisen. So führte z. B. der „Europa-Park" im Jahr 2001 über 800 Veranstaltungen durch und war Schauplatz von 202 TV-Produktionen, aus denen sich ca. 240 Mio. Kontakte zu potenziellen Kunden ergaben. Außerdem werden *jahreszeitliche Events* veranstaltet: Zum Start der Wintersaison 2004 erhielten alle Besucher, die als Weihnachtsmänner verkleidet waren, freien Eintritt in den Park. Mit 2.797 großen und kleinen Weihnachtsmännern wurde der bisherige Weltrekord gebrochen, der in Schweden aufgestellt worden war.[121]

- *Erschließung neuer Zielgruppen:* Zur besseren Ausschöpfung des Besucherpotenzials wurden Pauschalangebote und Veranstaltungen für neue Zielgruppen konzipiert. Um Lehrer, Schüler und Studenten als Besucher zu gewinnen, veranstaltet z. B. der „Europa-Park" „Science Days", an denen Universitäten ihre Forschungsergebnisse einem breiten Publikum anschaulich präsentieren können. Damit wird der generelle Trend einer populären Wissensvermittlung aufgenommen, der sich auch in beliebten TV-Sendungen widerspiegelt („Wer wird Mil-

---

[119] Auch temporäre Events zählen zu den Konkurrenten der deutschen Freizeit- und Themenparks. Im Jahr 2000 mussten sie einen dramatischen Rückgang der Besucherzahl verzeichnen (um 20 %). Als wesentlicher Grund für diese Besucherflaute wurde die Weltausstellung „Expo 2000" in Hannover genannt - neben dem schlechten Wetter im Juni und Juli (vgl. FAZ, 28. September 2000).

[120] vgl. auch KLEIN, H. (2002): Eine Branche, die Achterbahn fährt. - In: FAZ, 02. November

[121] vgl. FVW, 03. Dezember 2004

lionär?", „Galileo", „Planet Wissen" etc.).[122] Darüber hinaus fungieren die Parks zunehmend als Veranstaltungsorte für Tagungen, Konferenzen und Kongresse *(Confertainment)*. Im „Heide-Park Soltau" werden bereits 10 % des Umsatzes durch Geschäftskunden erwirtschaftet.[123]

- *Längere Öffnungszeiten:* In der Vergangenheit waren die deutschen Freizeit-parks saisonale Ausflugsziele, die von April bis Oktober geöffnet waren. Damit bestand aber auch eine extreme Wetterabhängigkeit. Um ihre teuren Einrichtungen besser auszulasten, haben die größeren Parks in den letzten Jahren zusätzliche Öffnungszeiten im Winter eingeführt.[124] Vorreiter dieser Entwicklung war der „Europa-Park", der seit 2001 in der Advents- und Weihnachtszeit für mehrere Wochen geöffnet ist. Diesem Trend haben sich inzwischen auch das „Phantasialand" und der „Heide-Park" angeschlossen.

Freizeit- und Themenparks:
Innovatives Marketing

✓ *Durchführung von Events (speziell medienwirksame Veranstaltungen)*
✓ *Erschließung neuer Zielgruppen (50+, Tagungen, Schüler/ Studenten)*
✓ *Saisonverlängerung (Weihnachten/Neujahr)*
✓ *Verlängerung der Aufenthaltsdauer (neue Attraktionen)*
✓ *Allianzen mit Unternehmen der Konsumgüterindustrie*
✓ *Ausbau zu Kurzurlaubsreisezielen (Themenhotels)*
✓ *Investitionen in Indoor-Einrichtungen*
✓ *Steigerung des Zusatzgeschäfts (Merchandising)*

- *Allianzen mit Unternehmen der Konsumgüterindustrie:* Mit ihrem hohen Besucheraufkommen und ihrer entspannten Atmosphäre sind die Freizeit- und Themenparks ideale Partner für Unternehmen der Konsumgüterindustrie, die einen neuartigen Kommunikationszugang zu den Konsumenten suchen (vgl. Abb. 27). Angesichts hoher Streuverluste bei der klassischen Print-, TV- und Radiowerbung finden immer häufiger *Cross-Promotion-Aktionen* mit Freizeitparks statt. Teilweise werden die jeweiligen „Welten" von den Werbepartnern gestaltet bzw. finanziert, teilweise gibt es andere Formen der Zusammenarbeit (Know-how-Transfer, gemeinsame Marketing-Maßnahmen etc.). Die Firma „Langnese" hat z. B. im Jahr 2005 den „Heide-Park" in Soltau bei der Konzeption des „Langnese Beach Club" unterstützt, der als Bühne für

diverse Events genutzt wird. Diese Firmen-Mikrowelten stellen Vorstufen eigenständiger Markenerlebniswelten dar (→ 2.4).[125]

---

[122] Nach Aussagen von Experten gibt es in den Freizeitparks einen deutlichen Trend zu einer „Verknüpfung von Unterhaltung mit Kulturangeboten und Wissensvermittlung" *(Edutainment/Infotainment)* - so die Einschätzung von Carl Otto Wenzel (Vorstand der Wenzel Consulting AG, Hamburg) in einem Interview mit der Fachzeitschrift „Fremdenverkehrswirtschaft International" (vgl. FVW, 21. März 2003).
[123] vgl. FVW, 10. November 2006
[124] vgl. KNOP, C. (2008): Freizeitparks im Winterzauber. - In: FAZ, 03. Januar
[125] vgl. Strandferien für Alle. - In: Euro Amusement Professional, (2005) 4, S. 8-10

Abb. 27: Mit ihrem hohen Besucheraufkommen und ihrer entspannten Atmosphäre sind die Freizeit- und Themenparks ideale Partner für Unternehmen der Konsumgüterindustrie. Angesichts hoher Streuverluste in der klassischen Werbung finden immer häufiger gezielte Cross-Promotion-Aktionen statt - z. B. gemeinsame Marketing-Maßnahmen bzw. die Gestaltung eigener „Welten" wie des „Nivea-Kinderlands" im „Europa-Park" in Rust.

- *Ausbau zum Kurzurlaubsreiseziel:* Traditionell handelte es sich bei den Freizeitparks um Ziele von monofinalen Ausflugsfahrten. Um die Aufenthaltsdauer zu erhöhen und zusätzliche Einnahmen aus Verpflegung, Übernachtung und Unterhaltung zu erwirtschaften, haben mehrere große Parks ihr Angebotsspektrum um Hotels erweitert und sich dadurch zu Kurzurlaubsreisezielen entwickelt. Im Sinne einer umfassenden Illusionierung der Gäste handelt es sich bei den Hotels nicht um standardisierte Drei- bzw. Vier-Sterne-Häuser, sondern um *Themenhotels*, die in das Gesamtkonzept der Parks integriert werden. Der Marktführer „Europa-Park" hat bereits im Jahr 1995 das spanische Hotel „El Andaluz" eröffnet und seitdem sein Angebot schrittweise vergrößert. Inzwischen betreibt er drei weitere Themenhotels („Castillo Alcazar", „Colosseo", „Santa Isabel"). Die gesamte Unterkunftskapazität umfasst 4.454 Zimmer; die Auslastungsquote liegt bei über 90 %. Inzwischen handelt es sich bei 28 % der Gäste um Mehrtagesbesucher.[126] Auch andere große Parks wie das „Phantasialand" in Brühl, der „Heide-Park Soltau" und der niederländische Freizeitpark „Efteling" haben in den letzten Jahren Themenhotels eröffnet (vgl. DOGTEROM 2000).[127]

---

[126] vgl. www.presse.europapark.de/index.php?id=12&cid=1454&lang=de&kategorie=17&jahr=2007 vom 09. August 2007; SCHÄFER, D. (2006): Achterbahn und Alligatorenshow ersetzen die Auslandsreise. - In: FAZ, 02. November; HOLZAPFEL, T. (2005): Ein Mann und sein Park. - In: FVW, 18. Februar

[127] vgl. HOLZAPFEL, T. (2006): Fantasievolle Perspektive. - In: FVW, 21. Juli, S. 22

In den zahlreichen Marketingmaßnahmen und Wettbewerbsstrategien spiegelt sich die schwierige Wettbewerbssituation wider, in der sich die Freizeit- und Themenparks gegenwärtig befinden. Die *Perspektiven dieses Marktes* werden von Branchenvertretern widersprüchlich bewertet:

- Der Freizeitforscher Heinz Rico Scherrieb sah Mitte der 1990er-Jahre noch Chancen für 10-15 Parks - speziell in Süddeutschland und in den neuen Bundesländern.[128]

- Im Jahr 2003 kam Robert Löffelhardt (Geschäftsführer der „Phantasialand GmbH & Co. KG) zu der Einschätzung, dass Deutschland „in der Fläche mit Freizeitparks ausreichend gedeckt" ist.[129]

Trotz der gesättigten Marktsituation und der ungewissen Perspektiven finden sich in den Brachenzeitschriften und auf den Wirtschaftsseiten der Tageszeitungen regelmäßig Meldungen über weitere Vorhaben. Im Jahr 1998 lagen z. B. Planungen für 252 Vergnügungs- und Freizeitparks vor, die zu einer Vervielfachung der bestehenden Angebotskapazitäten geführt hätten.[130] Auch gegenwärtig informiert der Branchendienst „Themata" ständig über neue Freizeit- und Themenparkprojekte auf nationaler und internationaler Ebene (vgl. www.themata.com).

Für künftige Themenparks, aber auch für die bereits bestehenden Vergnügungseinrichtungen gelten hohe Standards, die bereits im Jahr 1955 gesetzt wurden - mit dem Bau des ersten „Disneyland" in Kalifornien.

2.1.4   Fallstudie: „Disney"-Themenparks

> „We believe in our idea: a family park where
> parents and children could have fun - together."
> Walt Disney[131]

> „Unsere Konkurrenten sind die Urlaubsziele,
> nicht die Parks."
> „Euro-Disney"-Chef Gilles
> Péllison[132]

Am 17. Juli 1955 wurde in Anaheim (Kalifornien) mit dem „Disneyland" ein neuartiger Vergnügungspark errichtet, der zahlreiche europäische Vorbilder zitier-

---

[128] vgl. Wirtschaftswoche, 06. Juni 1996

[129] vgl. FAZ, 22. April 2003

[130] vgl. GIERSBERG, G. (1998): In Deutschland sind 252 zusätzliche Freizeitparks in Planung. - In: FAZ, 15. April

[131] zitiert nach HERWIG/HOLZHERR 2006, S. 77

[132] FAZ, 29. Januar 1998

te und traditionelle Inszenierungstechniken verwendete - und zugleich die gesamte Freizeitparkbranche revolutionierte. Erstmals entstand ein Park, der auf einem *geschlossenen thematischen Konzept* basierte und die Besucher in perfekt gestaltete, illusionäre „Welten" entführte. Seine Grundprinzipien gelten seither nicht nur als Maßstab für alle anderen kommerziellen Parks, sondern auch für viele öffentliche Freizeit- und sogar Kultureinrichtungen.

Sein Gründer, Walt Disney, orientierte sich dabei an negativen Erfahrungen, die er mit seiner Familie in den bestehenden Vergnügungseinrichtungen gemacht hatte: Anstelle der Kirmesveranstaltungen mit ihrer lauten Rummelatmosphäre wollte er eine *saubere und ordentliche, sichere und alkoholfreie Traumwelt* schaffen, in der sich die Gäste sorgenfrei einen Tag lang unterhalten lassen konnten.

Bei der Konzeption des „Disneyland" konnte er zum einen seine Erfahrungen als *erfolgreicher Produzent von Zeichentrickfilmen* nutzen, deren Figuren zum damaligen Zeitpunkt bereits Bestandteil der Alltagskultur in den USA waren (Mickey Mouse, Schneewittchen, Pinocchio etc.). Zum anderen griff er auf *Mythen aus der europäischen und amerikanischen (Film-)Geschichte* zurück und schließlich thematisierte er die *Zukunft der Menschheit*. In seinem Themenpark schuf er dazu jeweils eigene Mikrowelten:

- *Frontierland* zum Thema „Wilder Westen: Cowboys und Indianer",
- *Adventureland* mit den Themen „Dschungel" und „Piraten",
- *Fantasyland* mit Dornröschen-Schloss und Zeichentrickfiguren,
- *Tomorrowland* zu den Themen „Raumfahrt" und „Technischer Fortschritt",
- *Main Street* als nostalgische Reproduktion einer amerikanischen Kleinstadt.

Das Gesamtdesign des „Disneyland" basiert dabei auf *Planungsprinzipien barocker Stadt- und Gartenanlagen* (vgl. Abb. 28; → 1.2.2):

- Die „Main Street" (mit ihren zahlreichen Restaurants und Souvenirgeschäften) ist die *zentrale Erschließungsachse* des gesamten Themenparks; sie verläuft vom Eingangsbereich direkt auf das Dornröschen-Schloss zu und endet in einem großen, runden Platz. Von diesem *Rondell* aus führen mehrere radial angelegte Wege in die einzelnen Mikrowelten.

- Das Dornröschen-Schloss liegt am Ende der „Main Street"; es handelt sich damit um einen klassischen *Point de vue* - ein herausragendes Gebäude, das von den Besuchern bereits vom Eingang aus wahrgenommen wird und ihnen damit als markanter Orientierungspunkt dient.

Mit Hilfe dieses klaren Designs werden die Besucher durch die gesamte Anlage geleitet wie durch ein *Filmset mit unterschiedlichen Szenen*: Die Gäste entdecken als Akteure Schritt für Schritt die ungewöhnlichen „Welten" des Parks.

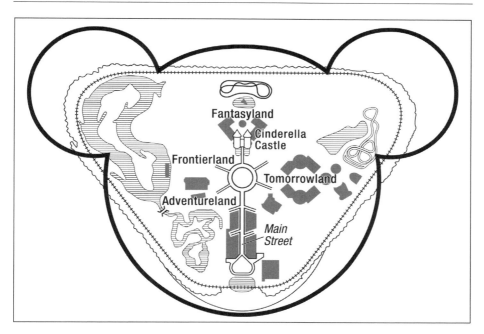

Abb. 28: Das Gesamtdesign des „Disneyland" basiert auf Planungsprinzipien barocker Stadt- und Gartenanlagen. Als zentrale Erschließungsachse des gesamten Themenparks verläuft die „Main Street" vom Eingangsbereich direkt auf das Dornröschen-Schloss zu, das als klassischer „Point de vue" fungiert - als ein markanter Orientierungspunkt für die Besucher. Vor dem Schloss liegt ein Rondell, von dem mehrere radial angelegte Wege in die einzelnen Mikrowelten führen (Quelle: Eigene, ergänzte Darstellung nach Angaben in VOLLMAR *1998, S. 121).*

Das jeweilige Thema dient dabei als eine *concept line* - als ein „roter Faden", der die Besucher durch den Park leitet (vgl. ISENBERG 2004, S. 149). Bei der Gestaltung der einzelnen Mikrowelten griff Walt Disney auf das breite Spektrum von Inszenierungstechniken zurück, die er aus den Filmproduktionen kannte - vor allem auf eine *perspektivische Kulissenarchitektur* und eine *abgestimmte Farbgestaltung* (vgl. PLATTHAUS 2001, S. 200):

- Die Gebäude in der „Main Street" wurden *geringfügig verkleinert,* um der Straße einen anheimelnden und spielerischen Charakter zu geben - das Erdgeschoß um 10 % und die weiteren Stockwerke um 20 % bzw. 30 % (vgl. VOLLMAR 1998, S. 126. Während das Erdgeschoß für Shops und Restaurants genutzt wird, handelt es sich bei den oberen Etagen um Kulissen.[133]

---

[133] Die „Main Street" stellt eine idealtypische amerikanische Hauptstraße dar, die es in Wirklichkeit nie gegeben hat, sondern allenfalls in Form einer medialer Aufbereitung (Literatur, Hollywood-Filme, TV-Serien). Sie ist „not a reproduction or a representation of a memory; it is a simulacrum" (PHILIPS 2002, S. 31). Aufgrund ihrer großen Populari-

- Um ein stimmiges Straßenbild zu erzeugen, wurden sogar die *Bäume* in der Umgebung der Gebäude so beschnitten, dass sie durch ihre Proportionen den visuellen Effekt dieser „forced perspective" (MARLING 1997a, S. 81) noch verstärken.

- Bei der *Farbgebung* der Häuser wurde Wert darauf gelegt, mit hellen, freundlichen Farbtönen einen harmonischen Gesamteindruck zu kreieren - „as luscious as a birthday cake smothered in pink frosting and silver sugar balls" (MARLING 1997a, S. 82). Damit sollte bewusst ein Gegensatz zu städtischen Geschäftsstraßen geschaffen werden, die durch ihre Vielzahl unterschiedlicher Werbeschilder, Ladenfronten, Schaufenster etc. einen uneinheitlichen und fragmentierten Charakter aufweisen.

Das Konzept einer überschaubaren, friedlichen und sicheren Freizeitwelt, das im „Disneyland" erstmals konsequent umgesetzt wurde, war erfolgreich. Nach den Erfahrungen der Depression und des Krieges, aber auch angesichts der Herausforderung einer neuen beruflichen Mobilität sehnte sich die amerikanische Mittelschicht danach, an *nostalgisch verklärte Orte der Vergangenheit* (wie die „Main Street") zurückzukehren und einen *Blick in eine bessere Zukunft zu* werfen (wie im „Tomorrowland"). Am Eröffnungstag kamen 33.000 Besucher - und diese Popularität des Parks hält bis heute an: Bis zum Jahr 1993 konnte „Disneyland" mehr als 350 Mio. Besucher verzeichnen (vgl. DUNLOP 1996, S. 27); gegenwärtig steht das „Disneyland" in Anaheim (Kalifornien) nach dem „Magic Kingdom Orlando" (Florida) auf dem zweiten Platz der besucherstärksten Themenparks in den USA (vgl. Tab. 4).

Grundprinzipien und Erfolgsfaktoren der „Disney"-Themenparks

Für den Erfolg des ersten „Disneyland" und auch der weiteren „Disney"-Themenparks sind mehrere Faktoren verantwortlich; exemplarisch soll hier auf den *Markencharakter der Parks,* das *Konzept des „Imageneering",* die *Perfektion der Inszenierung* sowie die *Kundenorientierung und Personalpolitik* verwiesen werden:

- *Markencharakter:* Im unübersichtlichen und gesättigten Konsumgüterbereich sorgen Marken für Orientierung, Berechenbarkeit und Sicherheit. Als wesentlicher Bestandteil der *corporate identity* der „Disney"-Parks fungieren die zahlreichen Comic-Figuren, die den Besuchern seit ihrer Jugend hinlänglich vertraut sind - Mickey Mouse, Donald Duck, Goofy und Co. Diese Zeichentrickfiguren werden nicht nur als *characters* in der Kommunikationspolitik verwendet, sondern treten als real existierende Figuren in den Parks auf (eigentlich eine surrea-

---

tät diente sie in den 1990er-Jahren als ästhetischer Bezugspunkt beim Bau der thematischen „Disney"-Stadt Celebration in Florida (→ 3.1.3).

Park/Ort	Besucher (in Mio.; 2006)
Magic Kingdom Orlando, Florida	16,6
Disneyland Anaheim, Kalifornien	14,7
Epcot Orlando, Florida	10,5
Disney-MGM Studios Orlando, Florida	9,1
Disney's Animal Kingdom Orlando, Florida	8,9
Universal Studios Orlando, Florida	6,0
Disney's California Adventure Anaheim, Kalifornien	5,9
SeaWorld Orlando, Florida	5,7
Universal's Island of Adventure Orlando, Florida	5,3
Universal Studios Hollywood, Kalifornien	4,7

Tab. 4: Die US-amerikanische Themenparkbranche wird deutlich durch die verschiedenen „Disney"-Parks in Florida und Kalifornien dominiert. Nur drei der TOP 10-Themenparks werden vom Konkurrenzunternehmen „Universal" betrieben; außerdem rangiert noch der Marinepark „SeaWorld Orlando" in dieser Spitzengruppe (Quelle: Eigene Darstellung nach Angaben in TEA/ERA 2007, S. 2).[134]

listische Situation). Die Bandbreite ihrer Aktionen reicht dabei vom c*haracter breakfast,* bei dem sie zum Frühstück in den Themenhotels der Parks erscheinen, über eigene Autogrammstunden bis hin zur persönlichen Audienz bei Mickey Mouse (vgl. Abb. 29).

- *Imagineers:* Um für die Besucher in den einzelnen „Welten" perfekte Illusionen zu schaffen, arbeiten Fachkräfte aus unterschiedlichen Bereichen zusammen - von Designern und Wissenschaftlern über Architekten und Bühnenbildner bis hin zu Künstlern, Programmierern sowie Licht- und Pyrotechnikern. Für die neuartige Tätigkeit wurde das spezielle Berufsbild des *imagineers* geschaffen - eine Verschmelzung von *imagination* (Vorstellungskraft) und *engineer* (Ingenieur). Im Jahr 1997 waren 1.600 Mitarbeiter im „Disney"-Imagineering beschäftigt - sowohl in der zentralen Forschungs- und Entwicklungsabteilung als auch bei der Umsetzung der Konzepte in den Parks.[135] Bei der Konzeption neuer Attraktionen werden jeweils umfangreiche Vor-Ort-Recherchen durchgeführt: So haben Imagineer z. B. mehrere Reisen nach Nepal unternommen, um das landschaftliche Umfeld der Achterbahn „Expedition Everest" im „Animal Kingdom" in Florida möglichst authentisch zu gestalten (u. a. mit Bambuspflanzen, Büschen und knorrigen Bäumen, die im warmen Klima Floridas gedeihen, aber den Eindruck einer Himalaja-Vegetation vermitteln).

---

[134] Das Angebot der Marineparks umfasst Indoor- und Outdoor-Aquarien, Tiershows, Fahrgeschäfte, Restaurants und Shops.

[135] vgl. JACOBS, L. (1997): Disneys Denker entwerfen das digitale Amerika. - In: Die Zeit, 10. Oktober, S. 90

Abb. 29: Die „Disney"-Zeichentrickfiguren sind nicht nur ein zentraler Bestandteil der Marken- und Kommunikationspolitik des Konzerns, sondern sie fungieren auch als eigenständige Attraktionen in den Themenparks (characters). Die Bandbreite ihrer Aktionen reicht dabei vom character breakfast, bei dem sie zum Frühstück in den Themenhotels der Parks erscheinen, über eigene Autogrammstunden bis hin zur persönlichen Audienz bei Mickey Mouse.

- *Perfektion der Inszenierung:* Die Schaffung von Illusionen kann nur gelingen, wenn die „Welt" perfekt inszeniert wird - von der Architektur und der Farbgestaltung über Geräusche und Gerüche bis hin zu den Mitwirkenden. Im Gegensatz zu vielen deutschen Themenwelten beeindrucken die „Disney"-Parks durch ihre sorgfältige und detailgetreue Gestaltung. So wurde z. B. beim Bau einer mediterranen Kulisse für eine *Stunt-Show* im „Walt Disney Studio Park" in Paris von Fachleuten geprüft, ob die künstlich geschaffenen Risse, die dem Gebäude einen historischen Charakter geben sollten, auch dem kritischen Blick eines Statikers Stand halten.[136] In den „Magic Kingdoms" wurden das Märchenschloss sowie die „Main Street" so angelegt, dass sie morgens bei der Parköffnung zwischen 9 und 10 Uhr von der Sonne beschienen werden - ideal für ein Erinne-

---

[136] vgl. WILLE, W. (2002): Schrecksekunden in der Spaßfabrik. - In: FAZ, 26. März, S. T 1

rungsphoto.[137] Um *Illusionsbrüche* zu vermeiden, sind die Anlagen außerdem von hohen, bepflanzten Wällen bzw. Grüngürteln umgeben; auf diese Weise werden die Besucher, die sich für einen Tag in Traumwelten bewegen wollen, nicht mehr mit der Realität außerhalb der Parks konfrontiert (vgl. PLATTHAUS 2001, S. 193-194).

- *Kundenorientierung und Personalpolitik:* Die Besucher der „Disney"-Parks wollen gut unterhalten werden und gemeinsam einen schönen Tag verbringen. Neben einer perfekten Infrastruktur (*rides,* Restaurants etc.) spielt dabei die Dienstleistungsbereitschaft der Mitarbeiter eine zentrale Rolle (vgl. ROMEIß-STRACKE 2004, S. 174). Bei der Personalauswahl gilt deshalb das Prinzip *„Hire the smile, not the skill".* Jeder Tätigkeitsbereich wird durch klare Regeln definiert; zugleich bestehen für die Mitarbeiter aber auch Spielräume für eigenverantwortliches Handeln. Da die Führungskräfte in den Serviceprozess integriert sind und auch einfache Aufgaben übernehmen, können sie durch ihr Engagement als Vorbilder fungieren. Diese Maßnahmen orientieren sich an dem Grundgedanken, den Gast zu verstehen und zu begeistern (und nicht nur zufrieden zu stellen). Im Sinne dieser Unternehmensphilosophie werden auch alle Mitarbeiter als *cast members* (Darsteller) bezeichnet; aus Sicht des Managements sind sie nicht nur Beschäftigte mit bestimmten Aufgaben, sondern Teil der gesamten Show, die täglich inszeniert wird (vgl. OPPITZ 1998).

Expansionsstrategie der „Disney"-Parks - von Themenparks über Themenresorts zu Stadtvierteln und Stadtneugründungen

Aufgrund des großen Erfolges des „Disneyland" hat die „Disney Corporation" ihr Themenpark-Konzept im Rahmen einer *Filialisierungsstrategie* auch an anderen Standorten realisiert - zunächst in den USA und später weltweit. Dabei lässt sich eine deutliche Entwicklung vom Themenpark (als Ausflugsziel) über das Themenresort (als Urlaubsziel) bis zur Gestaltung von Stadtvierteln und zur Gründung neuer Städte beobachten (vgl. MURPHY 1997):

- Das erste *„Disneyland" in Anaheim (Kalifornien)* wurde als Ausflugsziel auf einer relativ kleinen Fläche konzipiert (75 ha); es verfügte zunächst über keine eigenen Beherbergungskapazitäten.[138] Wesentliche Gründe für die Standortentscheidung waren die niedrigen Bodenpreise in einem ländlichen Gebiet, die gute Verkehrsanbindung sowie das große Bevölkerungspotenzial im engeren Einzugsbereich (Los Angeles). Der Erfolg des Parks löste in Anaheim einen *Boom*

---

[137] vgl. Klick-Report. Möglichkeiten und Grenzen beim Einsatz von Fotosystemen. - In: Euro Amusement Professional, (2005) 3, S. 56

[138] Im Jahr 2001 wurde in direkter Nachbarschaft zum „Disneyland" der Themenpark „Disney's California Adventure" eröffnet; die beiden Parks verfügen über drei Themenhotels mit mehr als 2.300 Zimmern (vgl. SCHOCH 1999).

aus: Die Einwohnerzahl stieg im Zeitraum 1955-1960 von 20.000 auf 100.000 und trotz rasch steigender Bodenpreise siedelten sich in direkter Nachbarschaft des Parks zahlreiche Hotels, Restaurants etc. an, aber auch konkurrierende Freizeiteinrichtungen (vgl. PLATTHAUS 2001, S. 192). Damit wurde aber zum einen Disneys Ziel konterkariert, ein illusionäres Phantasiereich zu schaffen, dessen Erscheinungsbild seiner *vollkommenen Kontrolle* unterlag. Zum anderen konnte sein Unternehmen nur teilweise an den *Ausgaben der Touristen* partizipieren (immerhin 41 % des touristischen Konsums entfielen auf Übernachtung und Verpflegung).

- Diese negativen Erfahrungen flossen in die Konzeption des zweiten Themenparks *„Walt Disney World Resort"* ein, der im Jahr 1971 in Orlando (Florida) eröffnet wurde. Im Vorfeld ließ Walt Disney von Tarnfirmen eine Fläche von insgesamt 11.000 ha ankaufen, um auch das Umfeld des neuen Parks kontrollieren zu können und über ausreichend große Erweiterungsmöglichkeiten zu verfügen (vgl. HINZ 1987; MURPHY 1997, S. 224). Das Gelände wurde sukzessive mit einer Kopie des ersten „Disneyland" (dem „Magic Kingdom") bebaut sowie mit Feriensiedlungen, Kongresseinrichtungen etc. Inzwischen besteht das Resort aus vier Themenparks, zwei Wasserparks und 23 Hotels. Zu den frühen Innovationen zählt u. a. der Themenpark „Epcot" (Experimental Prototype Community of Tomorrow), in dem Disney zunächst seine Vision einer Stadt der Zukunft verwirklichen wollte; dieses Konzept wurde allerdings nach seinem Tod modifiziert (zu einem Ausstellungsgelände mit Länder- und Unternehmenspavillons) und erst später in Form der Stadt Celebration umgesetzt (→ 3.1.3). Für die *Standortwahl* des „Walt Disney World Resort" waren mehrere Faktoren ausschlaggebend - die Lage in der wichtigsten US-amerikanischen Urlaubsdestination, die relative Nähe zum bevölkerungsreichen Nordosten sowie wiederum niedrige Bodenpreise und eine gute Verkehrserschließung. Darüber hinaus wurde die Ansiedlung durch eine staatliche Unterstützung und die Gewährung einer politischen Autonomie erheblich begünstigt (vgl. MURPHY 1997, S. 226). Auch in Orlando löste die Eröffnung der „Disney"-Parks einen wirtschaftlichen und touristischen Boom aus: Die Region entwickelte sich zu einer der am schnellsten wachsenden *Metropolitan Areas* in den USA. Sie verfügt - neben Las Vegas - über die größte Beherbergungskapazität des Landes und die Hotelbetriebe weisen landesweit die höchsten Auslastungsraten auf.

- Staatliches Engagement und öffentliche Förderung haben auch bei der Errichtung des ersten „Disney"-Parks in Europa eine wichtige Rolle gespielt - des *„Disneyland Resort Paris"*, das im Jahr 1992 eröffnet wurde.[139] Für die französische Regierung war die Kooperation mit der „Walt Disney Company" ein wichtiger Bestandteil ihrer *Politik der Dezentralisierung*. Bereits seit 1965 gab es ein Raumordnungskonzept zur Entlastung der Hauptstadt Paris, die unter un-

---

[139] Der Themenpark wurde zunächst als „Euro Disneyland" bezeichnet - seit 1995 als „Disneyland Resort Paris".

kontrollierter Zuwanderung, wachsenden Pendlerströmen und enormen Verkehrsproblemen litt (vgl. MARQUARDT 1993; THEIßEN 1993; POPP 1995). Ein wichtiger Bestandteil dieser planerischen Überlegungen war die Anlage von *„ Villes Nouvelles";* dabei handelte es sich um neue Städte, die zu eigenständigen urbanen Zentren mit Wohn-, Arbeits- und Versorgungsmöglichkeiten ausgebaut wurden. Die Ansiedlung des „Disneyland Resort Paris" in Marne-la-Valle (einer dieser Entlastungsstädte) wurde in vielfältiger Weise vom Staat unterstützt. Die „Walt Disney Corporation" konnte 1.943 ha Fläche zu einem günstigen Preis erwerben und erhielt zinsgünstige Darlehen sowie Steuererleichterungen; außerdem wurde der Standort an die Autobahn Paris-Lille sowie an das Metro- und TGV-Hochgeschwindigkeitssystem angeschlossen (vgl. MURPHY 1997; D'HAUTESERRE 1999). Durch ein kompliziertes Investoren- und Betreibermodell reduzierte der Konzern seine unternehmerischen Risiken: Während er nur über knapp 40 % der Geschäftsanteile verfügt, ist er zu 57 % an Betriebsgewinnen beteiligt (vgl. WENZEL/FRANCK 1995, S. 100).[140] Gegenwärtig umfasst das „Disneyland Resort Paris" zwei Themenparks sowie sieben Hotels mit 5.800 Zimmern; im Jahr 2006 verzeichnete es 12,8 Mio. Gäste und war damit der meistbesuchte Park in Europa (vgl. Tab. 3).[141] Das Themenresort stellt jedoch nur einen Teil der gesamten „Disney"-Aktivitäten an diesem Standort dar, denn das Unternehmen ist erstmals für die Entwicklung eines ganzen Stadtteils verantwortlich - mit Einkaufszentren, Firmen-Outlets, Kongresseinrichtungen, Restaurants etc. Damit hat sich aber die Rolle der „Walt Disney Corporation" gewandelt - vom Themenpark-Betreiber über ein Themenresort-Unternehmen zu einer *Immobilien- und Stadtentwicklungsgesellschaft.* Auch in den USA sind ähnliche Entwicklungen einer „Disneyfizierung der Städte" (ROOST 2000) zu beobachten: So war der Konzern im Rahmen einer *public-private-partnership* an der Neugestaltung des *Times Square* in New York beteiligt; außerdem hat er im Jahr 1996 mit *Celebration (Florida)* eine neue Stadt nach eigenen planerischen Vorstellungen errichtet (→ 3.1.2; 3.1.3).

Das „Disneyland Resort Paris" war dabei nur *ein* Projekt im Rahmen einer *globalen Filialisierungsstrategie,* die der „Disney"-Konzern, aber auch andere Unternehmen der Themenpark-Branche in den letzten Jahren verfolgt haben.

---

[140] vgl. www.de.wikipedia.org/wiki/Disneyland_Resort_Paris vom 08. August 2007
[141] Aufgrund verschiedener Faktoren blieben die Besucherzahlen, aber vor allem der wirtschaftlichen Erfolg hinter den Erwartungen zurück; zu den Problemen gehörten u. a. sinkende Immobilienpreise, überdimensionierte Hotelkapazitäten, schlechte Vertriebspolitik sowie starke saisonale Schwankungen der Nachfrage (vgl. SIEGELE, L. [1993]: Eher Donald als Dagobert. - In: Die Zeit, 16. April, S. 67; LINDNER, R. [2007]: Bei Disney wird nicht jeder Traum wahr. - In: FAZ, 19. Oktober 2007, S. 24).

2.1.5   Internationale Entwicklungen und Trends

Weltweit wird die Zahl der kommerziellen Freizeit- und Themenparks auf 15.000 Unternehmen geschätzt; die jährliche Besucherzahl liegt bei ca. 600 Mio. Menschen und der Gesamtumsatz bei ca. 20 Mrd. Euro (vgl. KRAUSS 2006, S. 8).[142] Auf internationaler Ebene haben sich die Parks in der *„International Association of Amusement Parks and Attractions"* (IAAPA) zusammengeschlossen, die mehr als 4.500 Mitglieder in über 90 Ländern zählt.[143]

Generell erweisen sich Freizeit- und Themenparks als *Indikatoren für ein wirtschaftliches Wachstum, einen hohen Urbanisierungsgrad und eine breite, konsumkräftige Mittelschicht.* Bevorzugte Standorte sind deshalb vor allem die *hoch entwickelten Industrie- und Dienstleistungsländer:*

- *Fünf der besucherstärksten Parks* finden sich in den *USA;* dort gab es im Jahr 2006 insgesamt ca. 400 Themenparks mit mehr als 335 Mio. Besuchern. Der Umsatz belief sich auf 11,5 Mrd. US-Dollar; die Branche beschäftigte ca. 500.000 Arbeitskräfte (ganzjährig und saisonal).[144]

- Ein weiterer Schwerpunkt ist *Asien (Japan, Südkorea, Hongkong),* wo weitere vier der TOP-10-Parks betrieben werden. Allerdings sind die Besucherzahlen in den japanischen Freizeitparks nach einer Boomphase in den 1980er- und 1990er-Jahren aufgrund eines wirtschaftlichen Abschwungs in letzter Zeit deutlich zurückgegangen (vgl. GLEITER 1999; HOFFMANN 2004).

- In *Europa* hat nur einer der zehn besucherstärksten Parks seinen Standort - das „Disneyland Resort Paris", das im Jahr 2006 von 12,8 Mio. Gästen besucht wurde.

Darüber hinaus wurden Freizeit- und Themenparks aber auch in mehreren *dynamischen Schwellen- und Entwicklungsländern* errichtet:

- In *Brasilien* gab es z. B. im Jahr 2000 mehr als 200 Vergnügungsparks, die jedoch mit zahlreichen Schwierigkeiten zu kämpfen hatten - dazu zählten eine

---

[142] vgl. DROMMERT, J. (1998): Schöne neue Welten. - In: Lufthansa Magazin, 6, S. 68-74; KNÖFEL, U (1999): Die Köpfe sollen schwirren. - In: Der Spiegel, 22, S. 120-123; TRÖSTER, Chr. (2001): Das Glück des absolut Falschen. - In: Die Woche, 20. April, S. 38; KANZIAN, R. (2004): Künstliche Welten. - In: Faktum, 12 (www.faktum. at/jaos/page/main_archiv_content.tmpl?ausgabe_id=83&article_id=10011912 vom 21. August 2005).

[143] vgl. www.iaapa.org vom 03. August 2007

[144] vgl. www.iaapa.org/pressroom/Amusement_Park_Industry_Statistics.asp vom 03. August 2007; KAGELMANN/RÖSCH (2002, 2007) zur Situation der US-amerikanischen Freizeit- und Themenparks - speziell nach den Terroranschlägen auf das World Trade Center in New York am 11. September 2001

Konsumschwäche sowie hohe Umweltauflagen und Zollbelastungen für Ausrüstungsimporte. Teilweise waren die Projekte aber auch überdimensioniert und schlecht geplant.[145]

- In *Indien* befinden sich gegenwärtig 258 Vergnügungsparks in der Umsetzungs- bzw. Planungsphase (vgl. MANGALASSEY 2006).

Als größere Zukunftsmärkte gelten *China* sowie die *prosperierenden Transformationsländer in Mittel- und Osteuropa* (Russland, Ungarn, Polen). Schließlich sind die zahlreichen Großprojekte in *Dubai (Vereinigte Arabische Emirate)* zu nennen, die bereits verwirklicht wurden bzw. geplant sind - u. a. der Themenkomplex „Dubailand", der auf eine Fläche von 18.500 ha und mit einem Investitionsvolumen von 5 Mrd. US-Dollar entsteht.[146]

„Disney"-Themenparks: *Filialisierungsstrategie*
1955 „Disneyland", Ana- heim (Kalifornien)
1971 „Walt Disney World" (Orlando, Florida)
1983 „Tokyo Disneyland"
1992 „Disneyland Resort Paris"
2001 „Tokyo DisneySea"
2005 „Hong Kong Disney- land"
geplant: Parks in Australien, China und Malaysia

In den letzten Jahrzehnten hat ein weltweiter Expansionsprozess stattgefunden, der durch zwei Entwicklungen geprägt wurde - nämlich durch eine *Filialisierungsstrategie von Themenpark-Unternehmen* und durch den *Marktauftritt neuer, branchenfremder Akteure*. Damit zeichnet sich bei den Themenparks eine ähnliche Vorgehensweise ab, wie sie bereits seit längerem in anderen Branchen zu beobachten ist - z. B. im Einzelhandel (Aldi, Schlecker), in der Systemgastronomie (McDonald's, Burger King) bzw. in der Hotelbranche (Steigenberger, Hilton). Ein erprobtes und erfolgreiches Unternehmensmodell wird an anderen Standorten reproduziert; als *Beispiele* sind zu nennen:

- *Die weltweite Gründung von „Disney-Parks":* Nach dem Erfolg der ersten Themenparks in Kalifornien (1955) und Florida (1971) hat die „Walt Disney Company" weitere Parks in Tokio errichtet („Tokyo Disneyland", 1983; „Tokyo DisneySea", 2001) sowie in Paris (1992) und Hongkong (2005).[147] Gegenwärtig gibt es Planungen für neue Vergnügungseinrichtungen in Australien, China und Malaysia.[148]

---

[145] vgl. Verdrießliches Geschäft mit Freizeitparks. - In: FAZ, 04. Dezember 2000

[146] vgl. Fünf-Milliarden-Park. - In: Freizeit Leisure Professional, (2004) 2, S. 37; www. dubailand.ae

[147] vgl. SCHOCH 1998; MOHR, Chr. (1999): Expansion in Japan und China. - In: FVW, 11; S. 6; HEIN, Chr. (2001): Schrittweise nähert sich Mickey Mouse den Chinesen. - In: FAZ, 05. September

[148] vgl. www.de.wikipedia.org/wiki/Disneyland vom 03. August 2007

- *Die Expansionsstrategie der „Universal Studios":* Auch bei diesen Filmparks vollzog sich die Entwicklung zunächst in den USA - mit Standorten in Hollywood (Kalifornien) und Orlando (Florida). Gegenwärtig gibt es außerdem einen Park in Osaka (Japan); für Dubai (2010) und Singapur (2010) liegen Planungen vor.[149]

Als weitere Entwicklungen sind der *Markteintritt von branchenfremden Unternehmen* und ein *zunehmender Einfluss von Banken sowie Finanzgesellschaften* zu beobachten:

- Traditionell handelte es sich bei den deutschen Freizeit- und Themenparks ausschließlich um Familienunternehmen. Diese Situation änderte sich im Jahr 1996 grundlegend, als „Time Warner Inc." (der größte Medienkonzern der Welt) mit einem Investitionsaufwand von 220 Mio. Euro in Bottrop-Kirchhellen den Filmpark *„Warner Bros. Movie World"* gründete.[150] Trotz zahlreicher Attraktionen und Events konnte die angestrebte Zahl von 2,5 Mio. Besuchern/Jahr jedoch nicht erreicht werden. In der Folgezeit wurde der Themenpark zunächst an das US-Freizeitparkunternehmen „Premier Park/Six Flags" und später an die britische Private-Equity-Firma „Palamon Capital Partners" verkauft (seitdem heißt er nur noch „Movie Park").[151]

- Der zunächst als Familienunternehmen betriebene *„Heide-Park Soltau"* wurde im Jahr 2001 von der „Tussauds Group" übernommen. Diese Firmengruppe ist im Besitz der „Merlin Entertainment", von der auch alle „Legoland"-Parks betrieben werden. Die „Merlin Entertainment" gehört der US-amerikanischen „Blackstone Group" (vgl. TUMA 2007, S. 85).

- In Südeuropa gilt vor allem *Spanien* als künftiger Wachstumsmarkt der Themenparkbranche. Hier ist zum einen ein großes finanzielles Engagement von Banken und Sparkassen zu beobachten, die z. B. in den Themenparks „Terra Mitica", „Port Aventura", „Isla Mágica" und „Parque Temático de Madrid" jeweils wichtige Anteilseigner sind. Zum anderen gehören Brauereien („Anheuser Busch") und Kaufhauskonzerne („El Corte Inglés"), aber auch Städte und Gemeinden zu den Eigentümern (vgl. KLEINEFENN 2003, S. 42-43; TEUNIS 2004). Zu den spektakulären Planungen gehört das Projekt „Gran Scala" in Monegros bei Sargossa; dort soll in den nächsten Jahren ein zweites Las Vegas entstehen - u. a. mit 32 Spielkasinos, 70 Hotels und fünf Themenparks.[152]

---

[149] www.de.wikipedia.org/wiki/Universal_Studios_Begriffsklaerung vom 03. August 2007

[150] Die Ansiedlung des Parks wurde von der nordrhein-westfälischen Landesregierung mit ca. 30 Mio. Euro subventioniert (vgl. FAZ, 25. Juli 1996). Die Unternehmensgruppe gründete im Jahr 2002 einen ähnlichen Park in Madrid.

[151] vgl. HOLZAPFEL, T. (2005): Ab in die Eiszeit. - In: FVW, 01. April

[152] vgl. WIELAND, L. (2008): Eldorado in der spanischen Steppe. - In: FAZ, 19. Januar

Der häufige Besitzer- und Namenswechsel einiger Parks zeigt, dass sich die Internationalisierung der Themenparkbranche nicht ohne Friktionen vollzieht. Als ein Grundproblem erweist sich die *Vernachlässigung nationaler Besonderheiten*: Erfolgreiche US-amerikanische Projekte lassen sich nicht in jedem Detail direkt auf andere Länder übertragen. So musste z. B. die „Walt Disney Company" in Frankreich von ihrem Konzept eines alkoholfreien Themenparks abweichen: Nach öffentlichen Diskussionen wurde auch Wein in das Getränkeangebot des „Disneyland Resort Paris" aufgenommen, um den Konsumgewohnheiten der französischen Gäste Rechnung zu tragen.[153]

Zugleich bieten diese internationalen Konzentrationstendenzen - wie in anderen Wirtschaftsbereichen - auch *Marktchancen für kleinere Freizeit- und Themenparks*. Die „Kraft der Kleinen" (TUMA 2007, S. 84) liegt vor allem in ihren flachen Hierarchien und schnellen Entscheidungsprozessen sowie in ihrer größeren Nähe zu den Besuchern. Aufgrund dieser Stärken können sie rasch auf neue Kundenwünsche reagieren und erfolgreich Marktnischen besetzen.

Freizeit- und Themenparks: Fazit

- In Deutschland gibt es ca. *50 größere Freizeit- und Themenparks* mit überregionalem Einzugsbereich und mehr als 100.000 Besuchern/Jahr. Es handelt sich überwiegend um Familienunternehmen, die nach dem Zweiten Weltkrieg gegründet wurden - von Gastronomen, Schaustellern, Zirkusbesitzern bzw. Herstellern von Fahrgeschäften.
- Zu den *historischen Vorläufern der Parks* gehören traditionelle Volksfeste (als temporäre Vergnügungsangebote) sowie die Gärten des Adels im 18. Jahrhundert. Als erste Freizeitparks sind zu nennen: die „Vauxhall Pleasure Gardens" in London (1661), der „Tivoli" in Kopenhagen (1843) und der „Lunapark" in Berlin (1910). Frühe Vergnügungszentren mit zahlreichen Unterhaltungseinrichtungen waren auch Coney Island (bei New York) sowie die britischen *seaside resorts* (z. B. Blackpool, Brighton).
- Die *Gesamtbesucherzahl* in den deutschen Freizeit- und Themenparks beläuft sich jährlich auf 20-22 Mio. Gäste. Bei der Nachfrage sind ein saisonaler Verlauf und eine erhebliche Wetterabhängigkeit zu beobachten.
- Jeder dritte Bundesbürger besucht wenigstens einmal im Jahr einen Freizeit- und Themenpark. Bei den Gästen handelt es sich überwiegend um *Familien mit Kindern, Jugendliche und junge Erwachsene*, die ein überdurchschnittlich hohes Bildungs- und Einkommensniveau aufweisen (ca. 75 % sind Wiederholungsbesucher).

---

[153] vgl. SCHUBERT, Chr. (2005): Neues Spiel für die europäische Mickey Mouse. - In: FAZ, 09. April, S. 18

- Mit dem Bau des ersten „Disneyland" in Anaheim (Kalifornien) wurde im Jahr 1955 die Entwicklung von Freizeit- zu *Themenparks* eingeleitet, die durch eine klare innere Gliederung der gesamten Anlage und durch eine geschlossene thematische Gestaltung der einzelne „Welten" gekennzeichnet sind. Als Instrumente der Inszenierung dienen dabei Architektur, Pflanzen, Musik und kostümierte Mitarbeiter (die in den „Disney"-Parks als *cast member* bezeichnet werden).
- Weltweit gibt es ca. 15.000 Freizeit- und Themenparks, die jährlich von ca. 600 Mio. Menschen besucht werden. Sie finden sich in *Ländern mit wirtschaftlichem Wachstum, einem hohen Urbanisierungsgrad und einer konsumkräftigen Mittelschicht* - vor allem in den USA, Asien und Europa. Als Zukunftsmärkte gelten China, die mittel- und osteuropäischen Transformationsländer und Dubai.
- In den letzten Jahren hat ein weltweiter Expansionsprozess stattgefunden, der zum einen durch eine Filialisierungsstrategie von Themenpark-Unternehmen geprägt wurde („Walt Disney Corporation", „Universal Studios"); zum anderen ist ein Marktauftritt von neuen, branchenfremden Akteure zu beobachten - z. B. von Medienkonzernen („Time Warner Inc."), von Brauereien und Kaufhauskonzernen sowie von Banken und Finanzgesellschaften.

2.2   Themenhotels und Themenrestaurants

> „(...) die Kellner stehen starr im Hintergrund - kostümiert wie nach einer flüchtigen Lektüre von Tausendundeiner Nacht (...)."
> Ilija Trojanow: Der Weltensammler

> „Las Vegas ist zeitlos, konfessionslos und charakterlos, es besitzt keine Geschichte, keine Politik und kein Wetter. Der Kapitalismus ist das einzige Gesetz, und auf den können sich alle einigen. Es ist die Stadt der Zukunft."
> HÄNTZSCHEL (2001, S. 302)

Während es sich bei den Freizeit- und Themenparks um großflächige Einrichtungen mit einem breiten Unterhaltungsangebot handelt, stellen die Themenhotels und Themenrestaurants relativ kleine und spezialisierte Attraktionen dar (*Mikro-Themenwelten*). Eine exakte Definition erweist sich als schwierig, da in vielen gastgewerblichen Betrieben durch *landestypische Speisen und Getränke*, aber auch durch das *Ambiente* ein Thema inszeniert wird - z. B. durch eine bayerische, schwäbische, italienische oder chinesische Küche sowie eine entsprechende Architektur und Inneneinrichtung.

Im engeren Sinne lassen sich *Themenhotels* aber durch zwei spezifische Merkmale von anderen Unterkunftsbetrieben abgrenzen: Zum einen steht ihr Thema in einem krassen Gegensatz zu den geographischen und kulturellen Gegebenheiten des Standorts, zum anderen basieren sie auf einem umfassenden Konzept der Illusionierung, das neben den Räumlichkeiten und Dienstleistungen auch die Mitarbeiter umfasst. Die Hotels greifen dabei auf ein begrenztes Spektrum an attraktiven Themen zurück - von historischen Perioden der Weltgeschichte über exotische Länder und Städte bis hin zu Mythen der Populärkultur ($\rightarrow$ 2.2.1).

Die *Themenrestaurants* sind eine Angebotsform der Erlebnisgastronomie, zu der u. a. auch *character meals*, Dinner Shows und Mystery Weekends zählen. Vor allem Rock- und Pop-Musik, Hollywood-Filme und Lifestyle-Ikonen haben sich als attraktive Themen für Restaurants erwiesen. Gegenwärtig wird der Markt durch mehrere große US-amerikanische Themenrestaurantketten dominiert, die über Filialen in zahlreichen Ländern verfügen. Innerhalb des Betriebskonzepts der Themenrestaurants spielt der Verkauf von Merchandising-Artikeln eine zentrale Rolle ($\rightarrow$ 2.2.2).

Seit den 1990er-Jahren lässt sich auch in der *Kneipen-Szene* ein Trend zur Thematisierung beobachten. Ein besonders eindrucksvolles Beispiel sind die „*Irish Pubs*", die weltweit in zahlreichen Städten entstanden sind. Dieser Boom geht u. a. auf ein Konzept zurück, das vom Brauereikonzern „Guinness" entwickelt wurde. Mit seiner Hilfe können Investoren und Betreiber eine authentisch anmutende „Irishness"-Atmosphäre schaffen, da es enthält detaillierte Vorschläge zum Design, zum Getränke- und Speisenangebot sowie zum Personalmanagement enthält ($\rightarrow$ 2.2.3).

Während sich bei den Themenrestaurants und Themenkneipen inzwischen Sättigungstendenzen abzeichnen, kann eine Stadt, die zum Synonym der Thematisierung geworden ist, auf eine anhaltende Erfolgsgeschichte zurückblicken: *Las Vegas*. Mit ihrer Konzentration an Kasinohotels und Vergnügungseinrichtungen ist sie die *Themenmetropole der Welt*. Allerdings gibt es auch Hinweise auf städtebauliche, soziale und ökologische Schattenseiten des Booms sowie auf einen künftigen Strukturwandel - von einer eindimensionalen Unterhaltungscity zu einer multifunktionalen Stadt der Zukunft ($\rightarrow$ 2.2.4).

Der Trend zur Thematisierung des Gastgewerbes generell und speziell auch der Hotellerie beschränkt sich nicht auf Las Vegas und die USA, sondern ist auch auf *internationaler Ebene* zu beobachten. So sind vor allem in der Türkei und in Macao in den letzten Jahren zahlreiche neue Themenhotels entstanden (teilweise als Nachbauten der Vorbilder in Las Vegas). Darüber hinaus zeigen aktuelle Beispiele aus Österreich, Dubai und Südafrika, dass es einen *Trend zur Inszenierung des Landestypischen* gibt ($\rightarrow$ 2.2.5).

2.2.1 Themenhotels: Definition - Merkmale - Typen

Bei den Themenhotels handelt es sich um Betriebe des Unterkunftsgewerbes, die sich unter einem *standortfremden Thema* auf dem Tourismusmarkt positionieren und dieses Thema mit Hilfe zahlreicher Inszenierungselemente umsetzen - z. B. durch die Architektur der Gebäude, das Interieur, die Kleidung der Mitarbeiter sowie die Auswahl an Speisen und Getränken. Die Attraktivität der Themenhotels resultiert dabei jeweils aus dem *krassen Gegensatz* zwischen den örtlichen geographischen und kulturellen Gegebenheiten einerseits und der jeweiligen thematischen Ausrichtung andererseits - z. B. durch den Nachbau des russischen Kreml an der Türkischen Riviera oder durch Replika der venezianischen Rialto-Brücke und des Dogen-Palastes im chinesischen Macao.

Mit der Thematisierung verfolgen die Hotels eine *Differenzierungs- und Profilierungsstrategie*, um sich in gesättigten Märkten von anderen Wettbewerbern zu unterscheiden. Innerhalb der internationalen Hotellerie hat in den letzten Jahren ein erheblicher Strukturwandel stattgefunden, der u. a. durch eine Differenzierung des Qualitätsniveaus, eine Zunahme der Kettenbetriebe und einen Ausbau der Zusatzleistungen gekennzeichnet wird (vgl. HÄNNSLER 1999, S. 56-57). In diesem Kontext sind zahlreiche *Special-Interest-Hotels bzw. -Hotelgruppen* entstanden, die ihr Angebot auf die Urlaubsbedürfnisse einzelner Zielgruppen ausrichten:

- *Umwelthotels* - z. B. „Ökotel" (Hamburg), „Biohotel Alpenrose" (Millstatt am See/Österreich),
- *Design- und Boutiquehotels* - z. B. „Hotel im Wasserturm" (Köln), „art'otel" (Deutschland und Ungarn), „Ku'damm 101" (Berlin),[154]
- *Frauenhotels* - z. B. „Artemisia" (Berlin), „Hanseatin" (Hamburg),
- *Familienhotels* - z. B. „Familotels" und „Kinderhotels" (in mehreren europäischen Ländern),
- *Seniorenhotels* - z. B. „50plus-Hotels" (Deutschland und Österreich),
- *Sporthotels* - z. B. „Finest German Golf Hotels" (Deutschland), „Hotels on the green" und „Multi Tennis Austria" (Österreich),
- *Gesundheitshotels* - z. B. „Wellness-Hotels" (Deutschland), „Best Wellness Hotels Austria" (Österreich).

Allerdings handelt es sich bei diesen Special-Interest-Hotels nicht um Themenhotels, denn ihre Differenzierungsstrategie basiert nicht auf einem ungewöhnlichen Thema, sondern beschränkt sich auf *spezielle Infrastruktureinrichtungen* und eine *klare Zielgruppenorientierung*. Die Themenhotels wenden sich hingegen mit ihrer

---

[154] Neben individuellen Designhotels finden sich zunehmend auch Marken-Designhotels, die von bekannten Modekonzernen konzipiert werden - z. B. das „Palazzo Versace Gold Coast" an der australischen Ostküste, das „Bulgari Hotel & Resort" auf Bali oder das geplante „Armani Hotel & Resort" in Dubai (vgl. HAQ, A. [2007]: Designer hotels hit the hot spots. - In: Design, 06. April).

Kulissenarchitektur und ihrem durchgängig inszenierten Angebot an ein breites Reisepublikum, das vor allem an Spaß, Unterhaltung, Erlebnis und Geselligkeit interessiert ist.

Generell lassen sich in den Themenhotels (wie in den „Welten" der Themenparks) zahlreiche Inhalte inszenieren. Zu den Grundvoraussetzungen für einen erfolgreichen Betrieb zählen dabei *ein hoher internationaler Bekanntheitsgrad, eine positive emotionale Aufladung* sowie *eine dauerhafte Attraktivität des Themas.* Ein Blick auf das aktuelle Angebot an Themenhotels zeigt, dass weltweit auf ein *relativ begrenztes Repertoire an populären Themen* zurückgegriffen wird; besonders beliebt sind dabei u. a.:

- *Historisch-kulturelle Themen - z. B. Pharaonen, Rom, Mittelalter, Klöster:*
  - „Luxor" (Las Vegas),
  - „Caesars Palace" (Las Vegas),
  - „Colosseo" im „Europa-Park" (Rust),
  - „Excalibur" (Las Vegas),
  - „Santa Isabel" im „Europa Park" (Rust).

- *Exotische Themen - z. B. Ägypten, Karibik, Orient, Asien, China:*
  - „Treasure Island" (Las Vegas),
  - „Port Royal" im „Heide-Park" (Soltau),
  - „Aladdin" (Las Vegas),
  - „Mandalay" (Las Vegas),
  - „Ling Bao" im „Phantasialand" (Brühl).

- *Berühmte Städte, die über eindrucksvolle Gebäude verfügen (Landmarken) - z. B. Venedig,[155] Paris, New York, Moskau:*
  - „Venetian" (Las Vegas),
  - „Venezia Palace Resort" (Aksa/Türkei),
  - „Venetian Macao Resort" (Macao/China),
  - „Paris Las Vegas" (Las Vegas),
  - „New York, New York" (Las Vegas) (vgl. Abb. 30),
  - „New York" im „Disneyland Resort" (Paris),
  - „Kremlin Palace" (Aksa/Türkei).

- *Mythen der Populärkultur - z. B. Wilder Westen/frontier, Rockmusik:*
  - „Santa Fe" im „Disneyland Resort" (Paris),
  - „Cheyenne" im „Disneyland Resort" (Paris),
  - „Sequoia Lodge" im „Disneyland Resort" (Paris),

---

[155] Die Faszination Venedigs ist bereits im 19. Jahrhundert in Form eines Nachbaus kommerziell genutzt worden. So entstand im Jahr 1895 neben dem Prater der Themenpark „Venedig in Wien", in dem die Besucher auf venezianischen Gondeln in eine illusionäre Kulissenwelt eintauchen ($\rightarrow$ 2.1.1).

Abb. 30: Die Attraktivität der Themenhotels resultiert aus dem krassen Gegensatz zwischen dem jeweiligen Thema und den geographisch-kulturellen Gegebenheiten des Standorts. Zu den populären Themen gehört u. a. der Nachbau von Städten und vor allem von urbanen Landmarken - wie z. B. der Skyline von Manhattan im Kasino-/Themenhotel „New York, New York" in Las Vegas.

- „Hard Rock Hotel" in den USA (Biloxi, Chicago, Hollywood, Las Vegas, Orlando, San Diego, Tampa), Indonesien (Bali) und Thailand (Pattaya).

- *Traditionelle Tourismusdestinationen - z. B. Italien, seaside resorts, Spanien:*
  - „Bellagio" (Las Vegas),
  - „Newport Bay Club" im „Disneyland Resort Paris",
  - „Castillo Alcazar" im „Europa-Park" (Rust),

Hinsichtlich der *Standortwahl* und der *Betriebsform* lassen sich zwei Typen von Themenhotels unterscheiden:

- Zum einen gibt es Themenhotels, die als *eigenständige Resortanlagen* konzipiert sind; bevorzugte Standorte sind dabei populäre Tourismusdestinationen - z. B. Las Vegas, Macao und die Türkei. Diese Themenhotels verfügen über eine sehr große Beherbergungskapazität (häufig mehr als 1.000 Zimmer) sowie über ein umfangreiches, multifunktionales Angebot, das neben mehreren Restaurants und Shops auch Poolanlagen und Freizeitattraktionen umfasst (*rides*, Tierschauanlagen, Shows etc.). Aufgrund dieses breiten Angebotsspektrums fungieren die Themenhotels als *quasi-urbane Einrichtungen*, in denen alle Basis- und Unterhaltungsbedürfnisse der Gäste befriedigt werden. So verbringen z. B. 95 % der Urlauber im „Kremlin Palace" in Aksa (Türkei) ihren Aufenthalt ausschließlich in der Hotelanlage, ohne Ausflüge in die Umgebung zu unternehmen.[156] Bei den thematisierten Resortanlagen in Las Vegas und Macao handelt es sich jeweils um *Kasinohotels*, die einen Teil ihres Umsatzes aus dem lukrativen Spielbetrieb erwirtschaften (→ 2.2.4). Anhand der Themenhotels in der Türkei und der „Hard Rock Hotels" an einigen US-amerikanischen Standorten wird allerdings deutlich, dass auch eine *Thematisierung von Bade- bzw. Stadthotels* wirtschaftlich erfolgreich sein kann.

- Zum anderen finden sich Themenhotels als *integrierte Angebote von Freizeit- und Themenparks*. Traditionell handelte es sich bei diesen Attraktionen um typische Tagesausflugsziele, die im Rahmen monofinaler Fahrten vom Wohnort aus besucht wurden. Der hohe Innovations- und Investitionsdruck innerhalb der Themenparkbranche hat allerdings dazu geführt, dass das Angebot an Fahrgeschäften und Shows ständig erweitert wurde und nicht mehr innerhalb eines Tages genutzt werden kann. Viele Themenparks sind deshalb in den letzten Jahren dazu übergegangen, eigene Hotels zu betreiben. Damit besteht für sie zum einen die Möglichkeit, an den *hohen Ausgaben der Besucher für Übernachtung und Verpflegung* zu partizipieren. Zum anderen sind sie in der Lage, die *Qualitätsstandards der Hotels* zu kontrollieren und deren *thematische Einbindung in die gesamte Anlage* sicherzustellen (auf diese Weise können Illusionsbrüche vermieden werden). Als Beispiele sind die 23 Themenhotels im „Walt Disney World Resort" in Florida zu nennen, aber auch die Themenhotels „Castillo Alcazar", „Colosseo" und „Santa Isabel" im „Europa-Park" in Rust oder das Themenhotel „Ling Bao" im „Phantasialand" in Brühl (→ 2.1.3).

Unabhängig vom Standort und Betriebstyp werden in allen Themenhotels die Grundprinzipien zeitgemäßer Erlebnis- und Konsumwelten umgesetzt: Multifunktionalität, Erlebnisorientierung und Thematisierung. Am Beispiel des *Kasino-/ Themenhotels „Mirage" in Las Vegas* soll diese umfassende Angebotsstruktur exemplarisch erläutert werden (vgl. Abb. 31):[157]

- *Multifunktionalität*: Das Hotel wurde im Jahr 1989 als erstes großes Megaresort in Las Vegas mit einem Investitionsvolumen von 630 Mio. US-Dollar errichtet. Es verfügt über 3.044 Zimmer, 11 Restaurants, zahlreiche Shops sowie ein Kasino mit einer Fläche von 30.480 qm.

---

[156] vgl. TRÖSCH, P. N. (2004): Kreml mit Pool, Kolosseum mit Wellness. - In: Tagesanzeiger, 14. September

[157] vgl. www.mirage.com/press_room/press_room_press_releases_fast_facts.aspx vom 30. Januar 2008

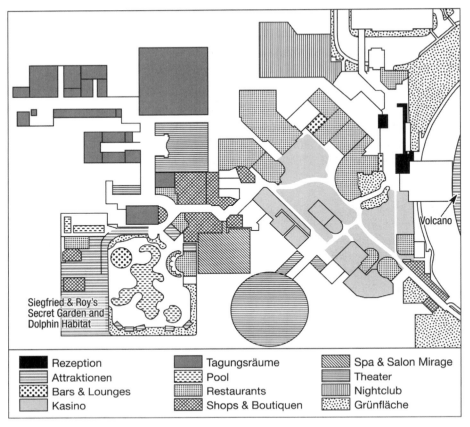

Abb. 31: *Themenhotels sind quasi-urbane Einrichtungen, in denen alle Basis- und Unter-*
haltungsbedürfnisse der Besucher befriedigt werden. So verfügt das „Mirage" in Las
Vegas nicht nur über Zimmer und Restaurants, sondern auch über Spielsäle, Shops etc.
Erlebnisorientierte Alleinstellungsmerkmale sind der künstliche Vulkan und die hoteleige-
ne Tierschauanlage („Siegfried & Roy's Secret Garden and Dolphin Habitat").[158]

Das Angebot umfasst außerdem einen Spa-und Wellnessbereich, zwei Theater
mit 1.265 bzw. 2.103 Sitzplätzen sowie 27 Konferenzräume und einen großen
Saal für Bälle, Events etc.

- *Erlebnisorientierung*: Zu den Attraktionen des Hotels gehören u. a. ein künstlicher Vulkan (der in der Dunkelheit im stündlichen Rhythmus ausbricht), ein rie-
  siges Aquarium (hinter der Rezeption, die in ihren Ausmaßen dem Check-In-
  Bereich eines Flughafens entspricht) sowie eine eigene Tierschauanlage („Siegfried & Roy's Secret Garden and Dolphin Habitat"). Darüber hinaus ist das Hotel
  gegenwärtig ständiger Veranstaltungsort der Show „Love" des kanadischen
  „Cirque du Soleil".

---

[158] Quelle: Eigene Darstellung nach Angaben in www.mirage.com/files/property_map.pdf

- *Thematisierung:* Der Name „Mirage" (Fata Morgana) bezieht sich auf den Standort in Las Vegas und damit in der Wüste von Nevada. In krassem Gegensatz zu dieser naturräumlichen Umgebung wird in dem Kasinohotel eine illusionäre tropische Traumwelt inszeniert, die aus Vulkanausbrüchen, polynesischen Dekorationen sowie exotischen Pflanzen und Tieren besteht (Palmen, Orchideen, weiße Löwen, Haie, Delphine etc.).[159]

Der künstliche Vulkan vor dem „Mirage" ist ein Beispiel dafür, dass *eindrucksvolle Attraktionen* bzw. *die Architektur* bei der Inszenierung des Themas eine herausragende Rolle spielen:

- Einige Themenhotels nutzen *bekannte Gebäude (landmarks)*, um öffentliche Aufmerksamkeit zu erlangen - z. B. durch den Nachbau des Eiffelturms („Paris Las Vegas"), einer ägyptischen Pyramide („Luxor" in Las Vegas) oder römischer Relikte („Colosseo" im „Europa-Park" in Rust).

- Andere Themenhotels signalisieren ihr Thema in Form von *ungewöhnlichen Attraktionen und Shows*, die im öffentlichen Straßenraum stattfinden - z. B. durch eine Seeschlacht zwischen der englischen Flotte und karibischen Piraten („Treasure Island" in Las Vegas) oder musikalisch untermalte Wasser-Licht-Spiele („Fountains of Bellagio" in Las Vegas).[160]

Allerdings beschränkt sich die Thematisierung nicht auf die Gebäude bzw. den Außenbereich der Hotels. Um eine perfekte Illusion zu erzeugen, wird das jeweilige Thema in den *Räumlichkeiten* und der *Dekoration* sowie durch *Replika* und *Events* durchgängig und detailreich inszeniert. So sind z. B. im Kasino-/Themenhotel „Luxor" in Las Vegas, das in Form einer Pyramide errichtet wurde, nicht nur Lampen und Zimmernummern, sondern auch Möbel und Shampooflaschen in einem *ägyptischen Stil* gestaltet worden. Die Gäste können einen Nachbau des „King Tut's Tomb" besichtigen und ihren Namen von einem Ägyptologen in Hieroglyphen schreiben lassen.

Der illusionäre Charakter der Themenhotels wird häufig noch dadurch verstärkt, dass die Betreiber im Rahmen ihrer Kommunikationspolitik (im Sinne eines *storytelling*) darauf hinweisen, dass beim Bau *authentische Materialien* verwendet bzw. *ausländische Handwerker* eingesetzt wurden - z. B. bei der Errichtung des chinesischen Themenhotels „Ling Bao" im „Phantasialand" in Brühl oder des „Tiroler Dorfes" im „Muju-Resort" in Südkorea (→ 1.2.2).

---

[159] Mit Hilfe eines computergesteuerten Systems werden Temperatur und Luftfeuchtigkeit so reguliert, dass die Atmosphäre eines tropischen Regenwaldes entsteht.

[160] KÖRNER/KRÜCKEBERG/PUTZ (1999, S. 1972) vergleichen diese großen Spektakel mit den „berühmten Festivitäten des italienischen Barock mit ihren nachgespielten Seeschlachten auf der gefluteten Piazza Navona und den Feuerwerken der Kardinalsfamilien im bigotten Rom."

Mit Hilfe dieser vielfältigen Inszenierungstechniken sollen die Besucher in eine illusionäre Gegenwelt versetzt werden, in der sie sich möglichst lange aufhalten, um zu konsumieren (vor allem Spontankäufe) bzw. zu spielen. Als wichtiges Instrument erweist sich dabei auch der *Einsatz von Lichteffekten.* So sind z. B. die Deckenflächen der Kasino-/Themenhotels „Caesars Palace" und „Venetian" in Las Vegas im Stil einer illusionistischen „Lüftlmalerei" gestaltet worden (vgl. REED 2001, S. 148). Durch Farbprojektionen und Verdunkelung bzw. Beleuchtung können in rascher Abfolge unterschiedliche Tageszeiten simuliert werden, so dass die Besucher nach kurzer Zeit jeglichen Raum- und Zeitbezug verlieren.

Auf ein ähnliches Repertoire an dramaturgischen Mitteln und technischen Effekten greifen auch die *Themenrestaurants* zurück, die vor allem in den 1990er-Jahren weltweit einen Boom erlebten.

2.2.2   Themenrestaurants: Merkmale - Akteure - Trends

Was ist ein Themenrestaurant? Diese einfache Frage lässt sich schwer beantworten, weil das deutsche Gaststättengewerbe in der amtlichen Statistik nur hinsichtlich der *angebotenen Verpflegungsleistungen* erfasst und gegliedert wird. Dabei werden folgende Betriebstypen unterschieden: Restaurants mit Speiseangebot, sonstige Gaststätten mit Getränkeangebot sowie Kantinen bzw. Caterer (vgl. HÄNNSLER 1999, S. 50).[161]

Unter den Restaurants gibt es neben der traditionellen (gutbürgerlichen) Gastronomie eine große Zahl *ausländischer Spezialitätenrestaurants* - von italienischen und griechischen über russische und ungarische bis hin zu chinesischen und indischen. Mit 647,7 Mio. Besuchen erreichten sie im Jahr 2006 einen Anteil von 40,6 % am deutschen Essen-außer-Haus-Markt.[162] Im weitesten Sinne findet in diesen Gaststätten eine Thematisierung der jeweiligen Länder statt, da sie häufig nicht nur typische nationale Gerichte anbieten, sondern auch über ein entsprechendes Ambiente verfügen (Inneneinrichtung, Musik etc.).

Themenrestaurants: Merkmale und Typen

Im engeren Sinne werden allerdings nur *die* Betriebe als Themenrestaurants bezeichnet, in denen ein *gastronomiefremdes Thema* inszeniert wird. BEARD-

---

[161] vgl.   www.destatis.de/jetspeed/portal/cms/Sites/destatis/Internet/DE/Content/Publikatio-nen/Querschnittsveroeffentlichgen/WirtschaftStatistik/BinnenhandelGastgewTourismus/ Gastgewerbe2003,property=file.pdf vom 01. Februar 2008

[162] vgl.   www.cma-marketing.de/content/gv_gastronomie/deutsche-kueche-ist-in.php# vom 01. Februar 2008

SWORTH/BRYMAN (1999, S. 240-243) unterscheiden dabei *vier Typen der Thema-tisierung*:

- *Reliquary theming*: In diesen Themenrestaurants werden Memorabilien der Populärkultur wie religiöse Reliquien präsentiert (z. B. Kleidungsstücke von Musikern, Filmstars etc. in den „Hard Rock Cafés" oder „Planet Hollywood"-Restaurants).

- *Parodic theming*: Durch Nachbauten, aber auch durch die Verwendung authenti-scher Materialien werden stereotype Landschaften und Settings geschaffen, die den Gästen aus den Medien bzw. aus eigener Erfahrung vertraut sind (z. B. der Regenwald in den „Rainforest Cafés").

- *Ethnic theming*: Die regional- bzw. nationalspezifische Küche dient als Grund-lage für eine umfassende Inszenierung von Destinations-Klischees, in denen die Speisen und Getränke mit der Alltagskultur kombiniert werden (z. B. die bayeri-sche Lebensart in der Restaurantkette „Der Andechser").

- *Reflexive theming*: Der Bekanntheitsgrad einiger Ketten der Systemgastronomie („McDonald's", „Burger King", „Kentucky Fried Chicken" etc.) ist inzwischen so hoch, dass sie nicht auf externe Themen zurückgreifen müssen. In einem ref-lexiven Prozess wird die Marke zum Thema - und das Thema ist die Marke.

In allen Themenrestaurants wird das jeweilige Thema (wie in Themenparks und Themenhotels) im Sinne einer *Gesamtinszenierung* umgesetzt: „The theme con-cept is a business concept, not a restaurant concept."[163] Die Speisen und Getränke sind dabei nur *ein* Element des Angebotsspektrums, das auch die Dekoration der Räume, die Kleidung der Mitarbeiter, die Ausstellung von Memorabilien sowie Musik und Lichteffekte umfasst. Im Gegensatz zu anderen Themenwelten müssen viele Themenrestaurants allerdings auf die signalartige Kulissenarchitektur ver-zichten, da sie an innerstädtischen Standorten *kommunalen Bau- und Gestaltungs-auflagen* unterliegen. So unterscheidet sich z. B. der Eingang des „Hard Rock Café" am Platzl in München kaum von dem Entree eines Fachgeschäfts oder einer Boutique (vgl. Abb. 32).

Innerhalb des Geschäftskonzepts der Themenrestaurants spielt der *Verkauf von Merchandising-Artikeln* eine zentrale Rolle. Meistens verfügen die Themenrestau-rants über einen eigenen Shop, in dem T-Shirts, Lederjacken, Baseball-Kappen etc. verkauft werden.

---

[163] vgl. Why theme restaurants fail (and how they succeed). - In: www.specialtyretail.net/issues/march99/restmain.htm vom 02. Februar 2008

Abb. 32: Im Gegensatz zu anderen Themenwelten müssen viele Themenrestaurants auf die signalartige Kulissenarchitektur verzichten, da sie an innerstädtischen Standorten kommunalen Bau- und Gestaltungsauflagen unterliegen. So lässt z. B. der Eingang zum „Hard Rock Café" in München nicht vermuten, dass im Inneren des Gebäudes die Geschichte des Rock 'n' Roll durch Musik, Memorabilien, Speisen und Getränke inszeniert wird.

Mit diesen Produkten werden 45-70 % des Umsatzes erwirtschaftet (vgl. BOSS-HART 1997, S. 222).[164] Die große Bedeutung der Merchandising-Umsätze für einen erfolgreichen Betrieb lässt sich exemplarisch am „Hard Rock Café" in Nashville (Tennessee) verdeutlichen: Dort wurde der Shop bereits eröffnet, bevor die Bauarbeiten am Restaurant abgeschlossen waren.[165]

Die Themenrestaurants sind *eine* Angebotsform der *Erlebnisgastronomie (Eatertainment)*, die in den 1990er-Jahren als Reaktion auf die wachsenden Ansprüche der Konsumenten an Unterhaltung und Verpflegung entstand. Aus Sicht der Gäste musste ein Restaurantbesuch mehr bieten als nur die Versorgung mit Speisen und Getränken.[166] Vor diesem Hintergrund wurden neue, erlebnisorientierte Gastrono-

---

[164] Die Rendite beläuft sich bei diesen *Signature*-Produkten auf 200 %, bei den Speisen hingegen nur auf ca. 10 % (vgl. ANGELO, B./PERMAN, S. [1996]: Hungry for theme dining. - In: Time, 22. Juli).

[165] vgl. OERTLEY, K. (1996): I theme, you theme, we all theme. - In: Amusement Business, 08. April

[166] WITTERSHEIM (2004, S. 68) definiert die Erlebnisgastronomie als „eine Form der speiseorientierten Gastronomie, die ihre Versorgungsfunktion wahrnimmt, darüber hinaus mit den Mitteln einer detaillierten, professionellen Inszenierung, entlang aller Ebenen des Service und der Präsentation des Angebotes, die Erlebnisfunktion erfüllt. Das mit dem gewählten Thema korrespondierende Menü wird dabei von einem thematisch abgestimmten Programm umrahmt."

miekonzepte entwickelt - sowohl *dauerhafte und stationäre Einrichtungen* als auch *temporäre Events* (vgl. KAGELMANN/FRIEDRICHS-SCHMIDT/SAUER 2004, S. 194-196):

- Die *Themenrestaurants* zählen zu den dauerhaften und stationären Angeboten. Sie finden sich einerseits an *innerstädtischen Standorten (Fußgängerzonen),* andererseits gehören Themenrestaurants auch häufig zum multifunktionalen Angebot von *Malls, Shopping Centern und Urban Entertainment Centern* (→ 2.3.1). Schließlich nutzen die *Themenparks* das Konzept der *themed eatery*, in dem sie die Inszenierung der jeweiligen Mikrowelt in den Restaurants fortsetzen - teilweise in Form von *character meals*, bei denen populäre Comic-Figuren als überdimensionale Puppen auftreten und die Gäste unterhalten (→ 2.1.4).[167]

- Einen stationären, aber zeitlich begrenzten Charakter haben die *Dinner Shows,* die in vielen Themenparks als Abendveranstaltungen angeboten werden - z. B. Ritterspektakel, Wild-West-Shows oder 1001-Nacht-Geschichten. Zu einem Pauschalpreis erhalten die Gäste ein einheitliches Menü, das aus mehreren Gängen besteht. Gleichzeitig finden Showeinlagen sowie musikalische und artistische Vorführungen statt, in die das Publikum einbezogen wird.

- Darüber hinaus gibt es aber auch zahlreiche *erlebnisgastronomische Events,* die wie Theaterproduktionen nur für einen begrenzten Zeitraum an den jeweiligen Standorten stattfinden. Besonders beliebt sind die *Mystery Dinner Shows,* die von Hotels veranstaltet werden (u. a. als Wochenendpauschalangebote).[168] Nach dem Vorbild der berühmten „Who's done it"-Kriminalromane von Agatha Christie werden die Gäste zu Mitwirkenden in einem fiktiven Mordfall, zu dessen Lösung sie - gemeinsam mit Schauspielern - beitragen müssen. Als weitere erlebnisgastronomische Events sind *Varieté Dinner Shows* zu nennen, die als Tourneeveranstaltungen in Zelten stattfinden - z. B. die Show „Palazzo", an der mehrere europäische Spitzenköche mitwirken.[169]

Angesichts des vielfältigen Angebots und der unzureichenden statistischen Erfassung lässt sich der *Stellenwert der Erlebnisgastronomie* innerhalb des Gaststättengewerbes nur schwer bestimmen. Aktuelle Untersuchungen der CMA (Centrale Marketing-Gesellschaft der deutschen Agrarwirtschaft) kommen in Deutschland zu dem Ergebnis, dass dieses Segment im Jahr 2006 einen Anteil von 4,2 % an allen Gaststättenbesuchen und von 5,0 % am Gesamtumsatz des Essen-außer-Haus-

---

[167] vgl. Willkommen im „Prinz Eisenherz". - In: Amusement Technologie & Management, (2002), S. 60
[168] vgl. Eine Leiche zum Dessert. - In: Amusement Technologie & Management, (2001), S. 49; www.sleuths.com, www.murderdinner.de
[169] vgl. www.palazzo.org

Marktes hatte.[170] Weltweit erwirtschafteten die *fünf größten Themenrestaurantketten* im Jahr 2004 einen Umsatz von ca. 900 Mio. US-Dollar; damit belief sich ihr Anteil am Gesamtumsatz der 400 größten Restaurantketten auf 0,4 %.[171]

Grundsätzlich lassen sich bei den Themenrestaurants *zwei Betriebstypen* unterscheiden:

- So gibt es einige *Einzelbetriebe*, deren thematische Gestaltung vom Besitzer entwickelt wurde - z. B. die Restaurants „Merlins Wunderland" in Dresden, „Monopoly" in Hamburg, „Bollesje - das Gefängnisrestaurant" in Rüdesheim oder „Graf Zeppelin" im Kongresshotel „Am Templiner See" in Potsdam.[172]

- In der Mehrzahl handelt es sich bei den Themenrestaurants allerdings um *Betriebe der Systemgastronomie*, die nach einem einheitlichen Konzept als Filialen an zahlreichen Standorten betrieben werden.

Die *Entwicklung der Themenrestaurants* und die *wichtigsten Themenrestaurantketten* sollen im Folgenden beschrieben werden (vgl. HANNIGAN 1998, S. 94-97).

Themenrestaurants: Entwicklung und Akteure

Als Vorreiter der Themenrestaurants gilt das *„Hard Rock Café"*, das im Jahr 1971 in London eröffnet wurde. Sein innovatives gastronomisches Konzept bestand darin, amerikanische Speisen und Getränke in einem Rock-Ambiente zu präsentieren, das mit Hilfe von Memorabilien (z. B. Musikinstrumente und Kleidungsstücke berühmter Pop- und Rockmusiker), historischen Photos, Musikvideos und Live-Konzerten geschaffen wurde.

Aufgrund des Erfolges in London wurden seit 1982 in den USA mehrere Filialen des „Hard Rock Café" eröffnet, die später einen weltweiten *Gründungsboom an*

---

[170] Diese Werte beziehen sich auf den gesamten Essen-außer-Haus-Markt - umfassen also auch die Verpflegung am Arbeitsplatz (vgl. www.cma-marketing.de/content/gv_gastronomie/gemeinschaftsverpflegung-daten-fakten-ausser-haus-markt-2006-im-plus.php# vom 01. Februar 2008).

[171] vgl. TOP 400 Restaurant Chains (www.rimagcom/archives/2005/07a/top-400.asp vom 02. Februar 2008). Im Vergleich zum Jahr 2001 waren diese Werte leicht rückläufig (vgl. KAGELMANN/FRIEDRICHS-SCHMIDT/SAUER 2004, S. 200).

[172] Als historisches Vorbild der Erlebnis- und Themengastronomie ist das „Haus Vaterland" zu erwähnen, das im Jahr 1928 am Potsdamer Platz in Berlin eröffnet wurde. Es galt damals als „eine der größten gastronomischen Sensationen Europas". Auf vier Stockwerken konnten die Gäste eine kulinarische, musikalische und künstlerische Reise um die Welt unternehmen - mit Hilfe von Panoramen, Vogelstimmen vom Band, künstlichen Gewittern und Regengüssen (vgl. GREEN 1993, S. 220; LUMMEL 2004, S. 193).

Themenrestaurants auslösten. Dabei wurden die Prinzipien der *themed eatery* aufgenommen und variiert:

- Es handelte sich überwiegend um *größere gastronomische Betriebe* (mit 100-300 Sitzplätzen), deren Investitionsvolumen sich auf 8-20 Mio. US-Dollar belief.[173] Aufgrund der spektakulären Thematisierung war die Preissensibilität der Kunden zunächst sehr niedrig. Die Restaurants verzeichneten deshalb überdurchschnittlich hohe Umsätze und vor allem auch Renditen. In den 1990er-Jahren waren Themenrestaurants das am schnellsten wachsende Segment des US-amerikanischen Gaststättengewerbes. Der Aktienkurs von Unternehmensgruppen wie „Planet Hollywood" stieg innerhalb eines Jahres von 18 US-Dollar auf 26 US-Dollar. Branchenkenner prognostizierten für das Jahr 2000 ein Gesamtvolumen der Nachfrage in Höhe von 5 Mrd. US-Dollar.[174]

- Nach dem Vorbild des „Hard Rock Café" wurde in mehreren Themenrestaurants die *Nähe zu den Stars der Medien- bzw. Modewelt* inszeniert. Bekannte Schauspieler oder Models traten als Investoren und Leitfiguren auf; durch ihre Anwesenheit geriet jede Eröffnung einer neuen Filiale zum Medienspektakel. Utensilien, Requisiten und Filmsequenzen dienten dazu, in den Restaurants eine emotional aufgeladene Atmosphäre zu kreieren - z. B. im „Planet Hollywood" (von Arnold Schwarzenegger, Sylvester Stallone, Demi Moore u. a.) oder im „Fashion Café" (von Naomi Campbell, Claudia Schiffer u. a.).

- Die Popularität der *Rock- und Pop-Musik* wurde von Ketten wie „Dick Clark's American Bandstand Grill", „Billboard Live", „House of Rock" oder „Motown Café" genutzt. In anderen Themenrestaurants stand die Faszination des *Sports* im Mittelpunkt der Inszenierung (u. a. durch Live-Übertragungen von Sportgroßveranstaltungen) - z. B. „ESPN Zone", „Race Rock" oder „NASCAR Café".[175]

- Schließlich wurden Restaurants eröffnet, die *modernen Mythen* oder *Lifestyle- bzw. Zukunftsthemen* gewidmet waren - z. B. „The Jekyll and Hyde Club", „Television City", „Harley Davidson Café", „Rainforest Café", „Bubba Gump's Shrimps Café" oder „Mars 2112".[176]

Als Folge dieses Booms gab es im Jahr 1996 in den USA ca. *40 größere Themenrestaurantketten*, die zunächst auf nationaler Ebene expandierten und später auch

---

[173] vgl. SNYDER, B. (1999): That's eatertainment! - In: Advertising Age, 27. September

[174] vgl. ANGELO, B./PERMAN, S. (1996): Hungry for theme dining. - In: Time, 22. Juli

[175] vgl. An overhaul for NASCAR .- In: Restaurant Hospitality, (2008), Mai, S. 38-39

[176] vgl. HEUER, S. (1999): Abserviert. - In: Die Woche, 22. Januar; STEINBERG, C. (1999): Thema durch. - In: Die Zeit, 04. Februar; JAEGER, L. (1998): „Martians" set to land in New York as new themed eatery opens July 22. - In: Amusement Business, 29. Juni

weltweit Filialen eröffneten.[177] Allerdings wurden bald die *Grenzen des Wachstums* deutlich: Einzelne Betriebe mussten wieder geschlossen werden, Ketten wie „Fashion Café" oder „Dive!" meldeten Konkurs an und geplante Projekte wurden nicht realisiert (z. B. das „Magic Underground" des Magiers David Copperfield in New York). Für diese *Krise der Themenrestaurants* waren mehrere Faktoren verantwortlich:

- Da viele Unternehmen an dem lukrativen Boom teilhaben wollten, kam es an einzelnen Standorten zu einem *Überangebot an Themenrestaurants* - speziell in den Innenstädten mit einer hohen Passantenfrequenz.[178] Außerdem gab es nur eine *begrenzte Zahl attraktiver Themen*, mit denen ein breites Publikum über einen längeren Zeitraum hinweg erfolgreich angesprochen werden konnte. Schließlich verfügten einige Ketten nur über eine *unzureichende Kapitalausstattung*, so dass kurzfristige Nachfragerückgänge zu Liquiditätsproblemen führten.[179]

- Angesichts des raschen Wachstums wurden häufig die *notwendigen Qualitätsstandards beim Speiseangebot* zugunsten einer aufwändigen Thematisierung vernachlässigt. Aus Sicht der Gäste wiesen die Themenrestaurants deshalb ein schlechtes Preis-Leistungs-Verhältnis auf.[180] Mit der zunehmenden Filialisierung verloren die Restaurants die Aura des Einzigartigen und Ungewöhnlichen; damit sank ihre Attraktivität - speziell für Touristen, die eine wichtige Zielgruppe ausmachten.[181]

- Darüber hinaus gelang es nur wenigen Themenrestaurants, eine *dauerhafte Kundenbindung* aufzubauen und die Gäste zu *regelmäßigen Besuchen* zu motivieren. Die Themenrestaurants wurden meist nur zu besonderen Anlässen aufgesucht (Geburtstag, Betriebsausflug etc.) - häufig gemeinsam mit Familienange-

---

[177] vgl. O'BRIEN, T. (1996): Themed eateries thriving on crowds of others, but how long will it last? - In: Amusement Business, 04. März

[178] So wurden z. B. in Manhattan innerhalb weniger Jahre zehn Themenrestaurants eröffnet, die sich nahezu in direkter Nachbarschaft zueinander befanden (vgl. ZOLTAK, J. [1997]: Sports, trade shows & education on forefront of theming trends. - In: Amusement Business, 9. Juni).

[179] vgl. O'BRIEN, T. (1996): Themed eateries hit big time. - In: Amusement Business, 13. Mai

[180] Auch in Deutschland wird das Preis-Leistungs-Verhältnis erlebnisgastronomischer Angebote von den Gästen sehr kritisch beurteilt; im Vergleich zu zehn anderen Bewertungskategorien (Atmosphäre, Dekoration, Service etc.) rangiert es auf dem letzten Platz (vgl. WITTERSHEIM 2004, S. 138).

[181] vgl. STEINBERG, C. (1999): Thema durch (www.zeit.de/1999/06/Thema_durch? vom 29. März 2008); SYNDER, B. (1999): That's eatertainment. - In: Advertising Age, 27. September

hörigen oder Kollegen (vgl. NORMAN 1999, S. 46).[182] Ein hoher Anteil von Wiederholungsbesuchern bzw. Stammgästen ist aber eine unabdingbare Voraussetzung für den erfolgreichen Betrieb von Themenrestaurants (wie auch von anderen Themenwelten.

Nach einer Konsolidierungsphase gibt es gegenwärtig noch *drei große, weltweit agierende Themenrestaurantketten*; sie sollen im Folgenden kurz vorgestellt werden:[183]

- „Hard Rock Café": In diesen Themenrestaurants wird die Geschichte des Rock 'n' Roll u. a. durch Musikinstrumente, Bühnenkleidung der Künstler und seltene Photos inszeniert. Insgesamt verfügt das Unternehmen „Hard Rock Café International" über mehr als 70.000 Musikexponate, die abwechselnd in den unterschiedlichen Restaurants präsentiert werden. Mit 125 Filialen bzw. Franchisebetrieben in 49 Ländern handelt es sich um die größte Themenrestaurantkette der Welt. Im Jahr 2005 belief sich ihr Umsatz auf 408 Mio. US-Dollar;[184] nahezu die Hälfte stammt aus dem Verkauf von Merchandising-Artikeln.[185] Im Rahmen einer Expansionsstrategie betreibt der Konzern auch mehrere „Hard Rock"-Themenhotels in den USA sowie in Thailand, Indonesien und Malaysia (vgl. SCOVIAK LERNER 1999). Für das Jahr 2008 ist die Eröffnung des „Hard Rock Park" geplant; dieser Themenpark wurde mit einem Investitionsvolumen von 400 Mio. US-Dollar in Myrtle Beach (South Carolina) errichtet.[186]

- „Rainforest Café": Der Regenwald mit seiner artenreichen Tier- und Pflanzenwelt ist das Thema dieser Restaurants. Zu den Inszenierungselementen gehören Pflanzen, Wasserfälle und *audio-animatronics* (z. B. Krokodile, Affen und Elefanten), aber auch echte Fische und Papageien. Außerdem werden Gewitter, Regenschauer und Tageszeiten durch Licht-, Geräusch- und Sprüheffekte simuliert. Weltweit stieß dieses Erlebniskonzept auf großes Interesse: Nach der Gründung des ersten „Rainforest Cafés" im Jahr 1995 entstanden in kurzer Zeit mehr als 50 Betriebe in zehn Ländern. Dieser Erfolg lässt sich auch auf das Umweltengagement der (zunächst) eigenständigen Unternehmensgruppe zurückführen. Mit einem Teil der Einnahmen werden Regenwaldprojekte unterstützt und der Einkauf der Produkte erfolgt unter ökologischen Prinzipien; darüber hinaus organisieren die „Rainforest Cafés" Informations- und Bildungsprogramme für Kinder und Erwachsene (vgl. KAGELMANN/FRIEDRICH-SCHMIDT/SAUER 2004, S. 197). Inzwischen gehören die Betriebe zu dem US-amerikanischen Konzern „Landry's

---

[182] vgl. MACLAURIN/MACLAURIN (2000) zu einer Besucher- und Akzeptanzanalyse von westlichen und asiatischen Themenrestaurants in Singapur

[183] Außerdem sind in jüngerer Zeit in den USA wieder neue Themenrestaurantketten entstanden - z. B. „T-Rex", „Yak & Yeti" und „Gyu-Kaku Japanese BBQ" (vgl. WEINSTEIN, H. [2008]: On with the show. - In: Nation's Restaurant News, 28. Januar, S. 116).

[184] vgl. de.wikipedia.org/wiki/Hard_Rock_Cafe vom 27. März 2008

[185] vgl. Pop und Burger. - In: Der Spiegel, (1996) 25, S. 119

[186] vgl. www.hardrockpark.com/index3.php vom 28. März 2008

Restaurants", dessen Portfolio mehrere Restaurantketten umfasst. Gegenwärtig gibt es 35 „Rainforest Cafés" in sieben Ländern (vor allem in den USA). Bevorzugte Standorte sind Malls, Resortanlagen und Themenparks.[187] Der Gesamtumsatz belief sich im Jahr 2005 auf 245 Mio. US-Dollar; ca. 22 % werden durch Merchandising-Artikel (und alkoholische Getränke) erwirtschaftet.[188]

- „*Planet Hollywood*": Diese Restaurantkette wurde im Jahr 1991 nach dem Vorbild der „Hard Rock Cafés" gegründet (da das Konzept nahezu kopiert wurde, kam es zu Rechtsstreitigkeiten zwischen den Unternehmen). Die Inszenierung des Themas erfolgte in diesem Fall nicht durch Memorabilien aus der Geschichte des Rock 'n' Roll, sondern durch Kostüme, Requisiten, Photos etc. aus berühmten Hollywood-Filmen. Ihr Alleinstellungsmerkmal erlangten die „Planet Hollywood"-Restaurants aber durch die Tatsache, dass weltbekannte Stars wie Sylvester Stallone, Demi Moore, Bruce Willis und Arnold Schwarzenegger zu den Eigentümern zählten. Sie erscheinen z. B. immer wieder in kurzen Filmsequenzen, die in den Restaurants auf großen Bildschirmen gezeigt werden. Auf diese Weise wird den Besuchern das Gefühl vermittelt, bei den Stars zu Gast zu sein (ein Grundprinzip der *celebrity eateries*).[189] Nach einer weltweiten Boomphase geriet die Kette mehrfach in finanzielle Schwierigkeiten und musste nahezu 100 Betriebe wieder schließen. Neben der generellen Marktsättigung für Themenrestaurants galt vor allem die schlechte Qualität des Essens als Ursache für diese Krise.[190] Gegenwärtig betreibt das Unternehmen mehr als 30 Filialen in den USA und anderen Ländern (z. B. Dubai, Mexiko, Japan u. a.). Mit einem Jahresumsatz von 126,5 Mio. US-Dollar handelte es sich im Jahr 2005 um die kleinste international agierende Themenrestaurantkette.

Am Beispiel der Themenrestaurants wird erneut der *große Innovations- und Investitionsdruck* deutlich, unter dem Themenwelten stehen. Der „Wow-Effekt", der anfänglich durch die neuartige Mischung aus Architektur, Interieur, Memorabilien etc. ausgelöst wird, hält nicht lange an. Nur durch eine regelmäßige Re-Attraktivierung (z. B. durch Events) ist es möglich, die Attraktivität mittelfristig zu sichern (vgl. KAGELMANN/FRIEDERICHS-SCHMIDT/SAUER 2004, S. 203). Außerdem haben die Gäste *hohe Qualitätserwartungen* an die Produkte und den Service, die im Rahmen einer internationalen Filialisierungs- bzw. Franchisingstrategie häufig nicht erfüllt werden können.

---

[187] vgl. en.wikipedia.org/wiki/Rainforest_Cafe vom 27. März 2008

[188] vgl. www.sec.gov/Archives/edgar/data/908652/000119312507177962/d10k.htm vom 27. März 2008

[189] vgl. GOERLICH, B. (1997): Strip auf dem Teller. - Wirtschaftswoche, 05. Juni, S. 118-121; FARKAS, D. (1998): Theme dreams. - In: Restaurant Hospitality, 1, S. 36-44

[190] vgl. Arnold Schwarzenegger hat mit Planet Hollywood wenig Glück. - In: FAZ, 01. Juli 1999

Grundsätzlich beschränkt sich der *Trend zur Thematisierung* innerhalb des Gaststättengewerbes jedoch nicht nur auf die Restaurants und Hotels, sondern umfasst auch *Kneipen*. Diese Entwicklung soll im Folgenden am Beispiel der „Irish Pubs" erläutert werden.

2.2.3 Themenkneipen: Das Beispiel der „Irish Pubs"

Seit Anfang der 1990er-Jahre haben „Irish Pubs" (also Kneipen mit einem Irland-Thema) weltweit einen Boom erlebt. Gegenwärtig sind sie in nahezu jeder Großstadt zu finden - von Düsseldorf und Dubai über Boston und Baku bis hin zu Singapur und Sydney.[191]

Dabei basiert ein großer Teil dieser „Irish Pubs" auf einem einheitlichen Konzept, das im Jahr 1992 im Auftrag des *irischen Brauereikonzerns „Guinness"* entwickelt wurde. Angesichts eines wachsenden Interesses an der irischen Kultur und der raschen Expansion des Tourismus in Irland sah das Unternehmen gute Chancen, seine Produkte in den touristischen Quellmärkten, aber auch in anderen Ländern abzusetzen.[192] In dem *„Irish Pub Concept"* wurden zunächst die Erfolgsfaktoren traditioneller irischer Pubs identifiziert: ein einzigartiges, authentisches Design, freundliche Barkeeper, ein umfangreiches Getränke- und Speisenangebot (*pub grub*) sowie die typisch irische *folk music*. In einem nächsten Schritt entwarfen Designer *unterschiedliche Typen von „Irish Pubs"*, die jeweils in einem anderen thematischen Interieur gestaltet wurden:

- „Irish Country Cottage Pub" (mit Holzbalken und Steinfußböden),
- „Traditional Irish Pub Shop" (mit einem Tante-Emma-Laden),
- „Victorian Dublin Pub" (mit Mahagonimöbeln und Messingverzierungen),
- „Irish Brewery Pub" (mit Braukesseln und Getreidesäcken),
- „Gaelic Pub" (mit Bänken und einer Tanzfläche).

Im Gegensatz zu Themenrestaurants wie „Hard Rock Café" oder „Planet Hollywood" sind die „Irish Pubs" *keine Filial- bzw. Franchisebetriebe*; vielmehr werden die Gaststätten von den Besitzern geleitet. Allerdings unterstützt der Brauereikonzern „Guinness" mit Hilfe mehrerer Design- und Marketing-Agenturen die Gründung sowie den Betrieb der Pubs - z. B. durch die Beratung bei der Standortwahl und Ausstattung sowie durch die Vermittlung von irischen Barkeepern und

---

[191] Neben den „Irish Pubs" gehören auch Kneipen mit einem Australien-Thema („Aussie Pubs") zu den Gastronomiekonzepten, die in den letzten Jahren eine große internationale Verbreitung erlebt haben - nicht zuletzt aufgrund des gestiegenen Bekanntheitsgrades des Landes nach der Olympiade in Sydney (2000) und der wachsenden Beliebtheit Australiens als touristische Destination (vgl. WEST 2006).

[192] Von den 500 irischen Kneipen, die es Mitte der 1990er-Jahre in Deutschland gab, waren 300 nach dem „Irish Pub Concept" entstanden (vgl. NETZER, B. [1995]: Geld vom Faß. - In: Die Zeit, 07. April).

Musikern. Auf der Homepage *„www.irishpubconcept.com"* erhalten interessierte Investoren und Betreiber erste Informationen über den genauen Ablauf der Unternehmensgründung sowie über die Erfolgsfaktoren und Risiken.

Seit 1992 sind in über 50 Ländern *mehr als 1.800 „Irish Pubs"* nach diesem Konzept entstanden (davon allein ca. 40 in Irland - dem Heimatland der Pubs).[193] Für diese erfolgreiche Entwicklung waren mehrere Faktoren verantwortlich:

- Aus Sicht der internationalen Gäste entsprechen die Pubs dem *Klischee von „Irishness"*, das ihnen aus der Werbung und den Medien vertraut ist.[194] Die authentisch anmutende Atmosphäre wird u. a. mit Hilfe von Möbeln, Spiegeln, Werbeschildern etc. geschaffen, die speziell aus Irland importiert werden. Ein wichtiger Bestandteil der Inszenierung sind aber auch die irischen Barkeeper und Musiker, die den Anspruch auf Authentizität noch verstärken.

- Investoren und Betreiber können *hohe Renditen* erzielen, da keine Lizenz- bzw. Franchisegebühren anfallen; außerdem sind die Umsätze/qm in den thematisierten Pubs um ca. 50-200 % höher als in traditionellen Kneipen. Da die „Irish Pubs" auf der Grundlage eines erprobten Modells betrieben werden, kommt es *nur selten zu Konkursen.* Während z. B. in den USA generell 80 % aller Kneipen und Gaststätten bereits im ersten Jahr wieder schließen, lag der Wert für die „Irish Pubs" nur bei 1 %.[195]

- Durch die zahlreichen neuen Pubs verzeichnete der Brauereikonzern „Guinness" eine *deutliche Steigerung des Umsatzes.* Darüber hinaus trugen die „Irish Pubs" dazu bei, dass das Unternehmen und seine Marken (Guinness, Harp, Kilkenny, Smithwick's etc.) weltweit noch bekannter wurden. Schließlich förderten sie das *Interesse an Irland* und lösten indirekt auch *touristische Effekte* aus (die allerdings schwer zu evaluieren sind).

Unabhängig von diesen betriebswirtschaftlichen Erfolgsfaktoren basiert die Popularität der „Irish Pubs" (wie auch anderer Themenwelten) nach Einschätzung von BROWN/PATTERSON (2000, S. 649) auf *drei Konstruktionsprinzipien*:

- *Schaffung von Archetypen:* Auf den ersten Blick handelt es sich bei den thematischen „Irish Pubs" um Imitationen oder Zitate der traditionellen irischen Pubs. Bei genauerem Hinsehen zeigt sich allerdings, dass Mobiliar, Dekoration und

---

[193] vgl. KELLEY, A. (2006): Ireland „Crack" Habit. Explaining the faux Irish Pub revolution (www.slate.com/id/2137893 vom 20. März 2008)
[194] Die Untersuchungen von EBSTER/GUIST (2004), MUÑOZ/WOOD/SOLOMON (2006) und WEST (2006) kommen zu dem Ergebnis, dass einheimische Gäste und auch Touristen, die bereits über gründliche Kenntnisse des Landes und der Kultur verfügen, generell eine differenziertere Sichtweise haben und die thematische Inszenierung teilweise kritisch betrachten.
[195] vgl. www.irishpubconcept.com/why vom 20. März 2008

Mitarbeiter vor allem dazu dienen, die charakteristische Atmosphäre in einer verdichteten und verklärten Form zu inszenieren. Diese „hyperrealen" bzw. „optimierten Orte" (WILLIAMS 1998, S. 228) sind berechenbarer und beeindruckender als die Realität. So ist z. B. die ausgelassene Pub-Stimmung mit Live Musik, *sing along* etc., die von den Gästen erwartet wird, nicht länger zufällig und situationsbedingt, sondern erweist sich als das Resultat eines professionellen Managements.[196]

- *Überwältigende Eindrücke*: Beim Betreten der „Irish Pubs" werden die Gäste mit zahllosen Symbolen der „Irishness" konfrontiert - von „Thousand Welcomes"-Türmatten und abgetretenen Dielen über gälische Schriftzeichen und historische Familienphotos bis hin zu „Doors of Dublin"-Postern und Irish *folk music* (vom Band oder live). Mit dieser Fülle an unterschiedlichen Impressionen wird eine komplexe illusionäre Gegenwelt geschaffen, in der reale Raum- und Zeitbezüge aufgehoben werden. Gleichzeitig entsteht bei den Gästen ein Gefühl der Vertrautheit, da ihnen einige dieser multisensualen Botschaften bereits bekannt sind (durch eigene Reiseerfahrung oder durch mediale Vermittlung).

- *Verklärung der Vergangenheit*: Mit dem raschen wirtschaftlichen Wachstum Irlands in den 1990er-Jahren („Keltischer Tiger") war ein gravierender gesellschaftlicher Wandel verbunden. Dadurch verloren die traditionellen Pubs ihre Funktion als authentische Treffpunkte von Freunden, Bekannten und Nachbarn. Die neuen „Irish Pubs" dienen dazu, den Gästen ein nostalgisches Bild des früheren Lebens zu vermitteln; sie sind „commercially-motivated commodifications of the Celtic Revival of the late-nineteenth century, which was itself a politically-motivated commodification - an invented tradition - of half-baked Irish pre-history" (BROWN/PATTERSON 2000, S. 657).

Ungeachtet des weltweiten Erfolgs der „Irish Pubs" in den 1990er-Jahren zeichnen sich in jüngerer Zeit *deutliche Sättigungstendenzen* ab (in Großbritannien ist die Zahl der thematisierten Pubs seit 2001 sogar zurückgegangen). Für diese Entwicklung gibt es mehrere Gründe: Zum einen haben die Pubs ihren *Neuigkeitswert* verloren und gehören inzwischen zu den Standardangeboten der Kneipen-Szene; zum anderen lässt sich bei den Gästen eine *Abkehr vom überladenen Dekorationsstil* und ein *Trend zum ästhetischen Minimalismus* beobachten (vgl. MUÑOZ/ WOOD/SOLOMON 2006, S. 232).[197]

---

[196] In Irland beschränkt sich die Inszenierung der „Irishness" nicht auf die „Irish Pubs". Seit den 1990er-Jahren ist mit dem Vergnügungsviertel Temple Bar in Dublin ein Stadtteil entstanden, der mit seiner Architektur und seinem Angebot an Pubs, Restaurants und Shops dem Irland-Klischee perfekt entspricht und bei internationalen Touristen entsprechend populär ist (→ 3.1.2).

[197] vgl. Themed food and drink (www.mad.co.uk/Main/News/Sectors/Retail/Articles vom 06. Februar 2008)

Generell zeigen die Beispiele der „Irish Pubs" und der Themenrestaurants wie „Hard Rock Café" oder „Planet Hollywood", dass sich eine Thematisierungsstrategie auch in *kleinen Gastronomiebetrieben* - also auf einer Mikro-Ebene - erfolgreich umsetzen lässt, wenn das Thema, das Konzept und die Qualität stimmen (Produkte, Service etc.).

Allerdings wird die öffentliche Wahrnehmung des Phänomens der Thematisierung eher durch *großflächige Einrichtungen* wie Themenparks oder Urban Entertainment Center geprägt. Als *Synonym der Thematisierung* gilt aber vor allem eine Stadt, deren boomartige Entwicklung in den letzten Jahrzehnten am besten mit dem Schlagwort „The success of excess" (ANDERTON/CHASE 1997) beschrieben werden kann: *Las Vegas*. Mit ihren spektakulären Kasinohotels, Vergnügungseinrichtungen und Freizeitattraktionen ist sie die *Themenmetropole der Welt*.

2.2.4   Fallstudie: Las Vegas

Seit der Ankunft der Spanier im Jahr 1829 und einer ersten Mormonensiedlung im Jahr 1855 wird die Geschichte von Las Vegas (spanisch: die Wiesen) vor allem durch eine *„tradition of invention"* (DOUGLASS/RAENTO 2004, S. 7) geprägt, als deren Folge die Stadt gegenwärtig eine Reihe von Superlativen aufweist:

- Weltweit gilt Las Vegas als die städtische Tourismusdestination mit der *größten Unterkunftskapazität*. Nach Shanghai, Orlando und New York ist sie die Stadt mit der *höchsten Zahl von Touristenankünften* (vgl. SCHMID 2006, S. 348).

- In Las Vegas haben gegenwärtig *14 der 20 größten Hotels der Welt* ihren Standort - u. a. auch das „Venetian Resort" (das größte Hotel der Welt mit 7.128 Zimmern).

- Las Vegas weist auf nationaler und internationaler Ebene eine sehr hohe *Auslastungsrate der Hotelzimmer* auf (mehr als 90 %).

- Im internationalen Vergleich verfügt Las Vegas auch über die *höchste Dichte an Spielkasinos*.

- Seit dem Zweiten Weltkrieg ist Las Vegas die am *schnellsten wachsende Stadtregion in den USA*.

In diesen Superlativen spiegelt sich die *rasante touristische und wirtschaftliche Entwicklung* wider, die Las Vegas innerhalb von 150 Jahren erlebt hat; sie wurde vor allem durch *folgende Einflussfaktoren* begünstigt:[198]

---

[198] vgl. GOTTDIENER/COLLINS/DICKENS (2000) zu einer umfassenden und detaillierten Darstellung der Entwicklung von Las Vegas

Tourismus, Freizeit und Kulturen

Oldenbourg

Albrecht Steinecke
Kulturtourismus
Marktstrukturen, Fallstudien,
Perspektiven

2007. XIV, 396 S., gebunden
€ 39,80

ISBN 978-3-486-58384-7

Kultur ist eine touristische Ressource mit einer langen Tradition,
einer lebendigen Gegenwart und einer aussichtsreichen Zukunft.

Heute ist der Kulturtourismus äußerst populär und zugleich
ubiquitär: Das Angebot an Festspielen und Events ist nahezu
unüberschaubar geworden und Kunstausstellungen sowie
Konzerte verzeichnen Besucherrekorde. Auch künftig bestehen
für dieses touristische Marktsegment positive Perspektiven und
der Wettbewerb wird sich im Kulturtourismus in den nächsten
Jahren weiter verschärfen. In diesem Buch sind die vielfältigen
praktischen beruflichen Erfahrungen des Autors eingeflossen.
Die konkreten Handlungsempfehlungen darin sind erprobt und
umsetzbar.
Das klar gegliederte, anschaulich illustrierte und gut lesbare
Buch richtet sich sowohl an Studierende als auch an Kultur-
verantwortliche und Tourismuspraktiker.

Univ.-Prof. Dr. Albrecht Steinecke
lehrt an der Universität Paderborn.

Jesús Padilla Gálvez, Margit Gaffal
Spanienknigge
Sozioökonomische Einführung in
die Interkulturalität

2005. 308 S., gebunden
€34,80

ISBN 978-3-486-57869-0

Spanien verstehen – das haben sich die Autoren des Spanienknigge auf die Fahne geschrieben. Sie beleuchten die Geschichte und die Gegenwart Spaniens und die sich daraus ergebenden
Aspekte der interkulturellen (Wirtschafts-) Kommunikation.
Daneben zeigen sie konkrete Regeln im Umgang mit Spaniern
auf, zum Beispiel beim Abendessen.
Der Spanienknigge ist ein idealer, interkultureller Begleiter – für
Geschäftsleute, die in Spanien oder mit Spaniern arbeiten, und
alle anderen, die an der spanischen Kultur interessiert sind.

Annette Baumgart, Bianca Jänecke
Rußlandknigge

3., unwesentlich veränderte Aufl.
2005. 276 S., gebunden
€29,80

ISBN 978-3-486-57730-3

Lehr- und Handbücher zu
Tourismus, Verkehr und Freizeit

Ein Vademecum für jeden, der in Russland Geschäfte betreibt.
Das sind die Themen: Die kulturelle Barriere. Kulturelle Unterschiede und ihre Auswirkungen auf die Geschäftsbeziehungen.
Die russische Geschäftsetikette. Wissenswerte Hintergrund-
informationen über Russland. Politische Rahmenbedingungen.
Aus der russischen Unternehmenspraxis.
Das Buch ist die ideale Lektüre für Studierende, die Länderkunde oder Russisch studieren. Zudem eignet es sich für Geschäftsleute und alle an Russland Interessierten.

Weitere interessante Titel und nähere Informationen finden Sie
unter **oldenbourg-wissenschaftsverlag.de**!

Annette Baumgart, Bianca Jänecke | **Rußlandknigge** | 3., unwe-
sentlich veränderte Aufl. 2005. 276 S., gb. | €29,80
ISBN 978-3-486-57730-3 ___ Expl.

Walter Freyer | **Tourismus-Marketing** | Marktorientiertes
Management im Mikro- und Makrobereich der Tourismuswirt-
schaft | 5., überarb. Aufl. 2007. XXI, 768 S., gb. | €39,80
ISBN 978-3-486-58130-0 ___ Expl.

Jesús Padilla Gálvez, Margit Gaffal | **Spanienknigge** | Sozioöko-
nomische Einführung in die Interkulturalität | 2005. 308 S., gb. |
€34,80
ISBN 978-3-486-57869-0 ___ Expl.

Hansruedi Müller | **Tourismus und Ökologie** | Wechselwir-
kungen und Handlungsfelder | 3., überarb. Aufl. 2007. XV, 245 S.,
gb. | €32,80
ISBN 978-3-486-58336-6 ___ Expl.

Jörn W. Mundt (Hrsg.) | **Reiseveranstaltung** | Lehr- und Handbuch |
6., völlig überarb. und ergänzte Aufl. 2007. XX, 587 S., gb. |
€34,80
ISBN 978-3-486-58152-2 ___ Expl.

Albrecht Steinecke | **Kulturtourismus** | Marktstrukturen, Fall-
studien, Perspektiven | 2007. XIV, 396 S., gb. | €39,80
ISBN 978-3-486-58384-7 ___ Expl.

Name / Vorname

Firma / Hochschule

Straße / Postfach

PLZ / Ort

Datum / Unterschrift

Oldenbourg Wissenschaftsverlag GmbH
Rosenheimer Straße 145, 81671 München
Tel. 089 / 45051-248, **Fax 089 / 45051-333**
verkauf@oldenbourg.de, oldenbourg-wissenschaftsverlag.de

Ihr Fachbuchhändler:

002/2007

- Einen ersten Boom erlebte der abgelegene, kleine Ort in der Wüste von Nevada durch den *Bau der Eisenbahn* (1905), da die Bahngesellschaft hier ein Zentrallager anlegte und eine Zeltstadt errichtete.[199] Im Bereich der heutigen Downtown (z. B. an der Fremont Street) entstanden erste Saloons, mehrere Bordelle und einfache Spielkasinos, in denen sich die Arbeiter vergnügten. Obwohl die Stadt im Jahr 1910 nur 1.500 Einwohner zählte, war sie bereits für ihr *Glücksspiel* bekannt (vgl. BRITTNER-WIDMANN/SCHRÖDER 2006, S. 37).

- Ein weiterer Entwicklungsschub wurde in den 1930er-Jahren durch den *Bau des Hoover Dam* und die *Anlage des Lake Mead* (unweit von Las Vegas) ausgelöst, da mit den umfangreichen Bauarbeiten erneut mehrere Tausend vergnügungssüchtige junge Männer in die Region kamen. Das Glücksspielverbot, das der Staat Nevada für einige Zeit verhängt hatte, wurde im Jahr 1931 wieder aufgehoben. Mit dieser Maßnahme erhoffte man sich einerseits eine *bessere Kontrolle des illegales Glücksspiels* und andererseits auch *touristische Impulse* (vgl. HAHN 2005, S. 24). Darüber hinaus lieferte der aufgestaute Lake Mead das *Wasser* und den *Strom* für die rasch wachsende Stadt, die im Jahr 1940 bereits 8.422 Einwohner zählte. In der Downtown entstanden zu dieser Zeit zahlreiche neue Stadthotels und Spielkasinos („Golden Nugget", „Pioneer Club", „Boulder Club" etc.).

- Für mehrere Jahrzehnte verfügte Las Vegas nun über eine *Monopolstellung in der Glücksspielindustrie*, da der Bau von Kasinos in den anderen US-amerikanischen Bundesstaaten verboten war. Die Stadt geriet zunehmend unter den *Einfluss der Mafia*, die ihre kriminellen Aktivitäten von der Ostküste in den Westen verlagerte (vgl. HAHN 2005, S. 24; BERNHARD/GREEN/LUCAS 2008, S. 180-182). Zur Galionsfigur dieser Entwicklung wurde *Benjamin „Bugsy" Siegel*, der im Jahr 1946 mit dem „Flamingo" eines der ersten Kasinohotels außerhalb der Stadt eröffnete.[200] In der Folge wurden weitere Kasinohotels und Nachtclubs (u. a. mit Striptease-Tänzerinnen) eröffnet, die bald dafür sorgten, dass Las Vegas in den puritanisch geprägten USA als *sin city* galt (dazu trugen auch die einfachen gesetzlichen Regelungen für schnelle Hochzeiten und Scheidungen in Nevada bei).

---

[199] Im Jahr 2005 feierte die Stadt ihren 100. Geburtstag mit einer 31 x 15 Meter großen Torte (vgl. KLUTE, H. [2005]: Kaloriensatte Einzigartigkeit in der Wüste. - In: Süddtsch. Ztg., 17. Mai).

[200] HESS (1999, S. 1982) verweist darauf, dass mit dem Hotel „El Rancho" bereits im Jahr 1941 der Prototyp der künftigen Themenhotels am „Strip" errichtet worden war: Es verfügte über eine riesige Windmühle (mit Neonapplikationen) als *landmark*, weiße Bungalows in einem spanischen Stil und einen zentral gelegenen Kasino- und Restaurantkomplex.

Von der sin city zur Erlebnisdestination für Familien

Im Jahr 1976 verlor Las Vegas sein Glücksspielmonopol, da der Spielbetrieb in einigen Staaten an der Ostküste (z. B. in Atlantic City/New Jersey) sowie in zahlreichen Indianerreservationen legalisiert wurde. Um seine Wettbewerbsposition als Vergnügungsmetropole zu sichern, musste die Stadt über neue, spektakuläre Attraktionen verfügen (vgl. HANNIGAN 1998, S. 151-152). Ein zentraler Bestandteil der Umstrukturierung von der *sin city* zur Erlebnisdestination für Familien war die *Einführung thematischer Gesamtkonzepte in der Hotellerie.*

Erste Ansätze einer Thematisierung fanden sich bereits in den *Kasinohotels der 1950er-Jahre,* die zumindest über ihren Namen und teilweise durch ihr Interieur einen Bezug zum Standort in der Wüste und zur „American-West frontier" herstellten (DOUGLASS/RAENTO 2004, S. 11) - z. B. „Desert Inn", „Sahara", „Sands", „Dunes" oder „Hacienda". Es handelte sich um weitläufige Anlagen mit Restaurant- und Kasinobereichen, zweistöckigen Gebäuden und Swimmingpools in üppigen Gärten (vgl. ENOMOTO 1997, S. 174). Diese neuartigen *Highway Resort Motels* lagen autogerecht am Las Vegas Boulevard (*strip*) und verfügten über große Parkplätze. Sie boten ihren Gästen neben luxuriösen Unterkünften und diversen Glücksspielmöglichkeiten zunehmend auch Theateraufführungen und Shows. Zu einer Legende entwickelten sich die Auftritte des berüchtigten *rat pack* (Dean Martin, Sammy Davis Jr., Frank Sinatra). Besondere architektonische Merkmale dieser Hotels waren *monumentale Werbetafeln (billboards),* die mit Neonröhren und bunten Glühbirnen illuminiert wurden. So verfügte z. B. das Kasinohotel „Stardust" über eine 72 x 9 m große Metalltafel, auf der nachts durch Schaltintervalle ununterbrochen eine „funkensprühende Explosion von Licht und Graphik" ausgelöst wurde (HESS 1999, S. 1984).[201]

Mit der Eröffnung des *Kasino-/Themenhotels „Caesars Palace"* im Jahr 1966 begann eine neue Phase in der Entwicklung von Las Vegas, die bis in die Gegenwart anhält; sie wird durch *drei Merkmale* charakterisiert (vgl. HESS 1993, S. 84-88):

- *Exzessive Thematisierung der Hotellerie:* Das „Caesars Palace" setzte neue Maßstäbe hinsichtlich einer thematischen Gesamtinszenierung, denn sein Thema (Das Alte Rom) wurde stringent in allen Bereichen des Hotels umgesetzt - von den Replika antiker Skulpturen an der Hotelfassade über römische Dekors in den Restaurants und Zimmern bis hin zum speziellen „Caesars Salad" (der inzwischen weltweit zum Standardangebot vieler Restaurants gehört).

---

[201] VENTURI/BROWN/IZENOUR (1979) untersuchten in ihrer Studie „Lernen von Las Vegas" erstmals die kommunikative und symbolische Funktion dieses kommerziellen Designs. Mit ihrer Neubewertung von Werbetafeln und Neonsignets lösten sie eine breite architekturtheoretische Diskussion aus, die bis in die Gegenwart anhält (vgl. JASCHKE/ÖTSCH 2003; BAIRD 2004).

- *Wandel von einfachen Kasinohotels zu multifunktionalen Vergnügungskomplexen:* Das „Caesars Palace" bot seinen Gästen erstmalig ein umfassendes Unterhaltungs- und Einkaufsangebot. Es verfügte nicht nur über 680 Zimmer und ein Spielkasino, sonder auch über einen „Circus Maximus" für sportliche Wettkämpfe, Shows etc. sowie über die luxuriösen „Forum Shops" (vgl. HALLERBACH 2006, S. 49).

- *Neue architektonische Formensprache*: Größe und Multifunktionalität des Hotels spiegelten sich in der Architektur der Anlage wider. Das Thema wurde mit zahlreichen römisch-griechischen Säulen, Statuen und Fackeln zum *strip* hin signalisiert. Über eine pompös gestaltete Einfahrt gelangten die Gäste zu einem großen Empfangsgebäude. Dahinter erhob sich der 14-stöckige Hotelturm, der in einem nüchternen, austauschbaren Stil errichtet wurde (Typ „Bettenburg").

Nach dem Modell des „Caesars Palace" sind vor allem in den 1990er-Jahren am *strip* zahlreiche weitere Themenhotels entstanden. Das Spektrum der Inszenierungen reicht vom Alten Ägypten und Mittelalter über Birma, Paris und Venedig bis hin zur Zirkuswelt und den Piraten der Karibik (vgl. Tab. 5).[202]

Dabei bietet jedes Themenhotel mehr als ein übliches Hotel: Es handelt sich jeweils um ein *„Kasino-Hotel-Vergnügungskomplex-Einkaufszentrum-Themenpark-Kongresszentrum"* (BAIRD 2004, S. 51).[203]

Hotel	Eröffnung	Zimmer	Thema	Attraktionen
Venetian	1999	7.128	Venedig	- Replika venezianischer Gebäude und Kanäle - Madame Tussaud's Wachsfigurenkabinett - Gondoliere und Tauben
MGM Grand Hotel	1993	5.044	Filmwelt	- Löwengehege - Arena mit 15.200 Sitzplätzen
Mandalay Bay Resort	1999	4.766	Asien/Birma	- Palmengarten - Strand mit Wellen- anlage - Aquarium (*Shark Reef*)

[202] vgl. MUTO (1997) zu Grundrissplänen und Photos ausgewählter Themenhotels am *strip*

[203] Mit dem Bau der neuen Themenhotels am *strip* verschärfte sich die Wettbewerbssituation für die traditionellen Hotels und Kasinos in der Downtown. Als Reaktion wurde im Jahr 1995 ein Teil der Fremont Street mit einem gläsernen Gewölbe überdacht, auf dem abends mit Hilfe von 12,5 Mio. Glühbirnen eine spektakuläre Sound-and-Light-Show präsentiert wird (vgl. ANDERTON/CHASE 1997, S. 42-43; GOTTDIENER/COLLINS/ DICKENS 2000, S. 52-57).

Luxor Hotel	1993	4.408	Antikes Ägypten	- gläserne Pyramide - Sphinx von Gizeh - IMAX-Kino
Excalibur Hotel	1990	4.008	Mittelalter/Ritter	- Ritterspiele - Rittermahl
Hotel Bellagio	1998	3.933	Italien/Comer See	- Kunstgalerie - Wasserspiele mit Musik (*Fountains of Bellagio*)
Circus Circus	1968	3.773	Zirkuswelt	- stündliche Zirkusvorstellungen - Indoor-Freizeitpark
Flamingo Las Vegas	1946	3.545	Karibik	- Flamingo-Gehege - spektakuläre Neonbeleuchtung
Caesars Palace	1966	3.364	Das Alte Rom	- Replika antiker Statuen - Forum Shops
Mirage Hotel	1989	3.044	Wunder der Welt	- künstlicher Vulkan - Siegfried & Roy's Secret Garden & Dolphin Habitat - Aquarium im Check-in-Bereich
Monte Carlo Resort	1996	3.002	Monte Carlo	- Nachbauten typischer Gebäude in Monte Carlo
Hotel Paris Las Vegas	1999	2.916	Paris	- Replika typischer Bauten in Paris (Eiffelturm, Operá, Louvre)
Hotel Treasure Island	1993	2.885	Piraten der Karibik	- Wassershow/Seeschlacht (*The Sirens of Treasure Island*)
Imperial Palace Hotel	1979	2.640	Asien/Japan	- themenspezifisches Design/Interieur
Stratosphere Las Vegas	1996	2.444	Zukunft/Spektakel	- höchster freistehender Aussichtsturm der USA mit *rides* in 280 m Höhe
New York, New York	1997	2.024	New York	- Skyline von Manhattan - Achterbahn

Tab. 5: Nach dem Vorbild des „Caesars Palace" (1966) entstanden in Las Vegas vor allem in den 1990er-Jahren zahlreiche neue Kasino-/Themenhotels, die auch über spektakuläre Attraktionen und große Shopping-Bereiche verfügten. Mit 132.605 Hotel- und Motelzimmern wies die Stadt im Jahr 2006 weltweit die höchste Unterkunftskapazität auf (zum Vergleich: In Berlin gab es 36.000 Hotelzimmer).[204]

---

[204] Quelle: Eigene Zusammenstellung nach Angaben auf diversen Homepages sowie de.wikipedia.org/wiki/Liste_der_groessten_Hotels vom 10. April 2008

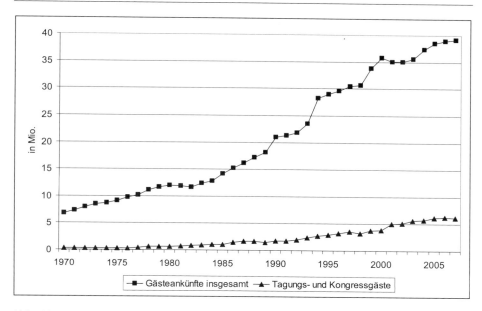

Abb. 33: Las Vegas verzeichnet seit mehr als 30 Jahren einen nahezu kontinuierlichen Anstieg der Gästeankünfte. Zu einer kurzen Stagnationsphase kam es nur in den Jahren 2001 und 2002 - nach den Terroranschlägen vom 11. September 2001 in New York. Innerhalb dieses Nachfragebooms hat der Tagungs- und Kongresstourismus erheblich an Bedeutung gewonnen; sein Marktanteil stieg von 3,9 % im Jahr 1970 auf 16,2 % im Jahr 2006.[205]

Mit dem Bau der Themenhotels sprach Las Vegas vor allem *Familien* an, bei denen die Fahrgeschäfte, Zirkusvorführungen und Zaubershows auf große Begeisterung stießen.[206] Um Platz für die neuen Hotels zu schaffen, mussten die Highway Motel Resorts aus der Nachkriegszeit abgerissen werden. Die Sprengungen des „Dunes" (1993), des „Sands" (1996) und des „Hacienda" (1996) wurden zu *spektakulären Events*, an denen Tausende von Besuchern teilnahmen (vgl. HAHN 2005, S. 29). Mit den Filmaufnahmen, die um die ganze Welt gingen, kommunizierte Las Vegas erneut seine *„capacity of reinvention"* (DOUGLASS/RAENTO 2004, S. 16).

Als Folge dieser Neupositionierung konnte Las Vegas seine touristische Erfolgsgeschichte fortschreiben. Im Zeitraum 1970-2006 stieg die *Zahl der Ankünfte* nahezu kontinuierlich von 6,8 Mio. auf 38,9 Mio. (vgl. Abb. 33). Zu einer kurzen Stagnationsphase kam es nur in den Jahren 2001 und 2002 - nach den Terroranschlägen vom 11. September 2001 in New York (vgl. EISENDRATH u. a. 2008).

---

[205] Quelle: Eigene Zusammenstellung nach Angaben der Las Vegas Convention and Visitors Authority (www.lvcva.com/press/visitorstatistics vom 18. Januar 2008)

[206] Diese Neupositionierung als Erlebnisdestination für Familien erfolgte unter dem Motto „It's anything and everything". Sie wurde von einer fünfjährigen Marketing-Kampagne begleitet, für die ein Budget von 27 Mio. US-Dollar zur Verfügung stand (vgl. Family fun in the desert: Las Vegas repositions itself. - In: Advertising Age, 24. August 1998).

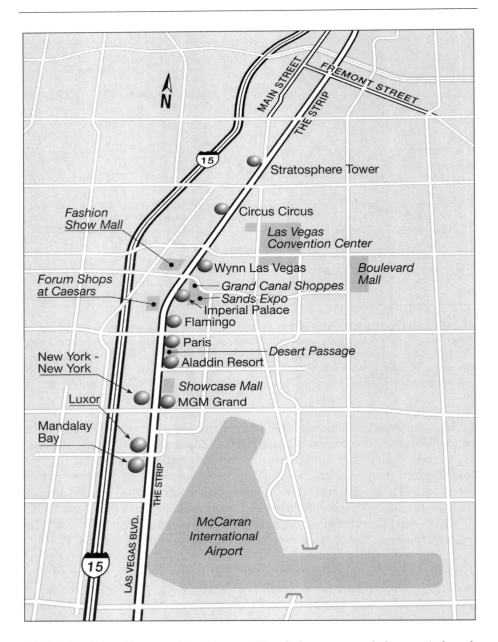

Abb. 34: Die Entwicklung von Las Vegas zur Unterhaltungsmetropole begann Anfang des 20. Jahrhunderts in der Downtown, als an der Main Street und Fremont Street die ersten Spielkasinos entstanden. Seit den 1940er-Jahren wurde der südlich gelegene strip zum bevorzugten Standort neuer Highway Motor Resorts, die in den 1990er-Jahren für monu-mentale Kasino-/Themenhotels Platz machen mussten. Gegenwärtig finden sich dort 14 der 20 größten Hotels der Welt (Quelle: Eigene Darstellung nach Angaben in www.lvcva.com).

Für diese positive Entwicklung der Nachfrage sind - neben dem Bau der Themen-hotels - auch mehrere *andere Faktoren* verantwortlich:

- *Erschließung des Tagungs- und Kongressmarktes*: Bereits im Jahr 1959 wurde das „Las Vegas Convention Center" eröffnet. Seitdem hat der Tagungs- und Kongresstourismus erheblich an Bedeutung gewonnen: Sein Marktanteil stieg im Zeitraum 1970-2006 von 3,9 % auf 16,2 % der Ankünfte. Jährlich finden in Las Vegas mehr als 23.000 Tagungen, Kongresse und Messen statt.

- *Positionierung als Shopping- und Gastronomiemetropole*: Auch durch den Bau großer Shopping Malls und die Eröffnung zahlreicher Luxus-Restaurants konnte Las Vegas neue Zielgruppen ansprechen.[207] Zwar kommen weiterhin 84 % der Besucher, um in der Stadt zu spielen. Doch die Ausgaben für Glücksspiele sind im Zeitraum 2003-2007 nur um 13,2 % gestiegen, während sich die Ausgaben für Speisen und Getränke sowie für Einkäufe um 45,7 % bzw. 17,5 % erhöht haben (vgl. LVCVA 2007, S. 9).[208]

- *Hoher Anteil von US-amerikanischen Stammgästen*: Trotz der internationalen Aufmerksamkeit, die Las Vegas mit seinen Themenhotels und Mega-Shows er-fährt, basiert sein Erfolg vorrangig auf den Gästen aus den USA. Sie stellen 83 % aller Besucher und zu 81 % handelt es sich bei den Amerikanern um Gäs-te, die zum wiederholten Mal in die Stadt kommen. Die Kasinohotels konkurrie-ren dabei vor allem um Stammgäste, die an den Spieltischen hohe Einsätze tätigen (diese *high roller* erhalten z. B. kostenlose Übernachtungen, Freiflüge etc.).

- *Große Präsenz in den Medien*: Der Bekanntheitsgrad der Stadt ist nicht zuletzt eine Folge der breiten Berichterstattung in TV und in den Printmedien. Darüber hinaus war Las Vegas in den letzten Jahrzehnten häufig der *Schauplatz berühm-ter Hollywood-Filme* mit weltbekannten Stars; dazu zählen u. a. (vgl. HERWIG/ HOLZHERR 2006, S. 100-101):
  - „Ocean's Eleven" (1960; mit Frank Sinatra und Dean Martin),
  - „Viva Las Vegas" (1964; mit Elvis Presley und Ann-Margret),
  - „Casino" (1995; mit Robert De Niro und Sharon Stone),
  - „Leaving Las Vegas" (1995; mit Nicolas Cage und Elisabeth Shue),
  - „Ocean's Eleven" (Remake; 2001; mit George Clooney, Brad Pitt und Matt Damon),
  - „Ocean's Thirteen" (2007; mit George Clooney, Brad Pitt und Matt Damon).

---

[207] Im Jahr 2008 ist erstmals ein „Guide Michelin" für Las Vegas erschienen; insgesamt wurden 16 Restaurants mit Sternen ausgezeichnet (vgl. www.koch-messer.de/archiv/ 2007-11/Neue-Sterne-fuer-Las-Vegas_13367.html vom 09. April 2008).

[208] Im Rahmen der Neupositionierung wurden in Las Vegas auch mehrere Kunstmuseen eröffnet - z. B. das „Guggenheim Las Vegas" und das „Guggenheim Hermitage" im „Venetian" sowie die „Bellagio Gallery of Fine Arts" im „Bellagio". Allerdings erwies sich diese Strategie nicht als erfolgreich; die beiden „Guggenheim"-Dependancen sind inzwischen wieder geschlossen worden (vgl. BRAUN-LATOUR/HENDLER/HENDLER 2006).

In den letzten 100 Jahren ist es Las Vegas gelungen, sich immer wieder neu zu positionieren: Aus dem sündigen Spielerparadies wurde inzwischen eine familienfreundliche Unterhaltungsmetropole. Doch für den anhaltenden Erfolg musste auch ein *hoher Preis* gezahlt werden - von den Menschen, die in Las Vegas arbeiten, und von der Natur, die rigoros umgestaltet worden ist.

Die Folgen des Booms

Die touristische Erfolgsgeschichte der Stadt hat dazu geführt, dass Las Vegas innerhalb der USA als eine *„Wachstumsregion der Superlative"* (GLASER/SCHENK 1995, S. 457) gilt. So ist die Einwohnerzahl im Zeitraum 1970-2006 von 273.288 auf 1.912.654 gestiegen; dabei lagen die jährlichen Zuwachsraten jeweils über den nationalen und regionalen Vergleichswerten.[209] Mit dieser Entwicklung waren *positive wirtschaftliche Effekte* verbunden, aber auch *städtebauliche, soziale und ökologische Belastungen* (vgl. GLASER/SCHENK 1995):

- Zu den *wirtschaftlichen Effekten* zählen vorrangig die Einnahmen aus dem Tourismus, die sich im Jahr 2006 auf 39,4 Mrd. US-Dollar beliefen (jeder fünfte Dollar stammte dabei aus dem Glückspiel). Sie führten zur Schaffung zahlreicher Arbeitsplätze - vor allem in der *gambling industry* und Hotellerie. Gegenwärtig ist Nevada deshalb der US-amerikanische Bundesstaat mit dem höchsten Anteil von Erwerbstätigen im Dienstleistungsgewerbe. Darüber hinaus profitiert auch der Bausektor von dem touristischen Boom; so waren z. B. beim Bau der Kasinohotels „Treasure Island", „Luxor" und „MGM" in den Jahren 1992/93 ca. 100.000 Arbeitskräfte beschäftigt.

- Monatlich ziehen mehrere Tausend neue Arbeitskräfte nach Las Vegas; dadurch kommt es zu gravierenden *städtebauliche Veränderungen*.[210] Am Stadtrand werden jedes Jahr neue Siedlungsareale in der flächenhaften Ausdehnung einer deutschen Mittelstadt erschlossen (vor allem mit Einfamilienhäusern für die Mittel- und Oberschicht). Gleichzeitig sind die - ursprünglich sehr niedrigen - Immobilienpreise in den letzten Jahren erheblich gestiegen. An den Ausfallstraßen finden sich deshalb zahlreiche Trailerparks, in denen einkommensschwache Zuwanderer leben.

- Die Glitzerwelt des *strip* mit seinen Themenhotels verstellt den Blick auf die *negativen sozialen Effekte* des Booms. In der örtlichen Dienstleistungsbranche entstehen überwiegend einfache Arbeitsplätze ohne soziale Absicherung (häufig müssen Berufsanfänger von den Trinkgeldern leben, da sie in den Probemonaten kein Gehalt bekommen). Aus diesem Grund bildet Las Vegas innerhalb der USA „das Schlußlicht in der Qualifikationsquote aller Berufsgruppen" (MARTIN 1999,

---

[209] vgl. www.lvcva.com/getfile/Population%202007.pdf?fileID=241 vom 03. April 2008
[210] vgl. Las Vegas wächst schnell. - In: Neue Zürcher Ztg., 26. Juni 1997

S. 1979). Weitere Indikatoren für soziale Verwerfungen sind die große Zahl der Schulabbrecher, die zahlreichen illegalen (Kinder-)Prostituierten und die extrem hohe Selbstmordrate.[211]

- Mit dem raschen Anstieg der Einwohnerzahl und dem enormen Flächenwachstum sind aber auch zahlreiche *ökologische Belastungen* verbunden. Neben dem zunehmenden Verkehrsaufkommen (Schadstoffausstoß, Lärm etc.) ist dabei der große Wasserverbrauch zu nennen, für den vor allem die privaten Haushalte verantwortlich sind (zu ca. 60 %). In einer der trockensten Regionen der Welt verbraucht jeder Einwohner pro Tag durchschnittlich 870 Liter Wasser - überwiegend für die Bewässerung des Gartens.[212] Da die Hotels das Wasser in ihren Pools, Fontänen und Brunnenanlagen durch den Einsatz moderner Technik geschickt nutzen, beläuft sich ihr Anteil am städtischen Verbrauch nur auf 10 % (vgl. BRITTNER-WIDMANN/SCHRÖDER 2006, S. 38-41). Zu den Umweltproblemen von Las Vegas zählt auch der *Müll*, da in der Stadt jährlich 500 Mio. Tonnen Abfall anfallen - mehr als in den meisten anderen städtischen Tourismusdestinationen (vgl. HEINDL 2005, S. 5).

Die Lösung dieser ökologischen, sozialen und städtebaulichen Probleme gehört zu den drängenden Aufgaben, die von der Stadt bewältigt werden müssen. Eine weitere Herausforderung besteht darin, ihre *weltweit einzigartige Wettbewerbsposition* als Unterhaltungsmetropole durch innovative, marktgerechte Angebote zu sichern und auszubauen. Nach der Phase einer exzessiven Thematisierung in den 1990er-Jahren befindet sich Las Vegas zu Beginn des 21. Jahrhunderts „in a state of suspended animation, or rather anticipation, awaiting the inclining of its next reincarnation" (DOUGLASS/RAENTO 2004, S. 21) - doch die künftigen Konturen zeichnen sich bereits ab.

Aktuelle Trends in Las Vegas

„Das Zeitalter der Piratenschlachten und Vulkanausbrüche ist vorbei"[213] - mit diesen Worten beschrieb Steve Wynn, Besitzer mehrerer Kasinohotels in Las Vegas, im Jahr 2004 die Zukunft der Stadt. Seitdem ist bei den neu erbauten Kasinohotels ein *Trend zu einem sublimen, neo-modernen Stil* zu beobachten; statt einer

---

[211] Las Vegas weist die höchste Selbstmordrate in den USA auf (vgl. KLEE, K. J. [2005]; zum Problem der Prostitution vgl. Leben zwischen Roulette und Prostitution (www.c6-magazin.de vom 03. April 2008) sowie groups.wfu.edu/prelaw/vegas/lawenf.html vom 03. April 2008.

[212] In den USA belief sich der tägliche Wasserverbrauch pro Person (ohne Industrie) im Jahr 2006 auf 295 Liter und in Deutschland auf 129 Liter (vgl. de.wikipedia.org/wiki/Wasserverbrauch vom 03. April 2008).

[213] zitiert nach HANISCH, W. A. (2004): Endlich wieder Sex. - In: Die Zeit, 09. Dezember

spektakulären Thematisierung setzen die Investoren nun auf „a more upscale residential motif":[214]

- So wurden z. B. die Planungen für die Themenhotels *„ Moon Resort "* und *„San Francisco "* nicht realisiert, in denen die Gäste durch Architektur, Fahrgeschäfte und Animation in den Weltraum bzw. in die kalifornische Metropole versetzt werden sollten.[215]

- Im Jahr 2005 eröffnete mit dem *„ Wynn Las Vegas "* nach langer Zeit das erste Kasinohotel, das über keine thematischen Attraktionen am „Strip" vor dem Hotelgebäude verfügt. Stattdessen setzt es auf eine luxuriöse Ausstattung und ein gehobenes Ambiente - mit Suiten zwischen 58 qm und 650 qm, einer Kunstgalerie mit Werken von Édouard Manet, Paul Cezanne und Pablo Picasso sowie einer hoteleigenen Vertretung von Luxusfahrzeugen (Ferrari, Maserati etc.).[216]

- Auch das Kasinohotel *„Echelon"*, das bis zum Jahr 2010 mit einem Investitionsaufwand von 5 Mrd. US-Dollar realisiert wird, verzichtet auf eine Thematisierung und setzt stattdessen auf ein traditionelles Design.

- Mit dem Entwurf des *„CityCenter"* hat die Investorengruppe („MGM Mirage" und „Dubai World") internationale Stararchitekten wie Sir Norman Foster, Rafael Viñoly und Helmut Jahn beauftragt. Neben einem Luxushotel und einem Boutiquehotel wird der Komplex über 2.700 Eigentumswohnungen verfügen; das Investitionsvolumen beläuft sich auf 8,5 Mrd. US-Dollar.[217]

Die Gründe für diesen Wandel von einer schrillen Thematisierung zu einer reduzierten, schlichten Architektur liegen vor allem im *Verhalten und den Wünschen der Besucher*. Obwohl die Inszenierung von Themen wie Venedig, Ägypten oder Asien in der Wüste von Nevada eine breite Berichterstattung und damit eine große internationale Aufmerksamkeit ausgelöst haben, konnten die Besucher meistens nicht als Stammgäste gehalten werden; sie waren vielmehr daran interessiert, bei ihrem nächsten Besuch ein anderes Themenhotel kennen zu lernen. Außerdem spielt die Thematisierung für den *Tagungs- und Kongresstourismus*, der in Las Vegas ein wichtiges Marktsegment darstellt, nur eine untergeordnete Rolle (vgl. KNORR 2000, S. 125). Vor diesem Hintergrund werden die Kasinohotels künftig größeren Wert auf die *Qualität des Angebots* legen - speziell der Serviceleistungen und Einkaufsmöglichkeiten.[218]

---

[214] vgl. STERNTHAL, E. F. (2007): The building boom. - In: Travel Agent, 12. März, S. 2-3; Hotels shed hyper-themes. - In: Travel Agent, 03. September 2007, S. 16

[215] vgl. MILLER, J. (1997): San Francisco follows theme trend on Las Vegas strip. - In: Hotel & Motel Management, 11. August

[216] vgl. de.wikipedia.org/wiki/Wynn_Las_Vegas vom 17. Januar 2008

[217] vgl. de.wikipedia.org/wiki/Project_CityCenter vom 17. Januar 2008

[218] Parallel dazu gibt es allerdings auch Bestrebungen, die Tradition als *sin city* wieder zu beleben - z. B. durch Oben-ohne-Shows oder Suiten, die mit Eisenstangen für Strippe-

Darüber hinaus ist die neue Architektur der Themenhotels ein sichtbares Zeichen für den *generellen Strukturwandel,* der gegenwärtig in Las Vegas stattfindet:[219]

- Anstelle quasi-urbaner Megahotels, die sich autogerecht über mehrere Kilometer am *strip* aneinander reihen, sollen künftig *fußgängerfreundliche Zentren* geschaffen werden - mit Plätzen und Alleen, auf denen die Besucher flanieren können.[220]

- Außerdem liegen Planungen für 70 Wohnhochhäuser vor - z. B. „Las Ramblas", „The Cosmopolitan" und „Trump International Tower". Damit entwickelt sich Las Vegas von einer *eindimensionalen Unterhaltungsmetropole* zu einer *multifunktionalen Stadt der Zukunft.*[221]

Während das Hotelangebot in Las Vegas gegenwärtig erneut umstrukturiert wird, zeigt der folgende *Blick auf internationale Entwicklungen und Trends,* dass das Grundkonzept der Themenhotels in anderen Tourismusdestinationen zunehmend an Bedeutung gewinnt - z. B. in der Türkei und in Macao.[222]

2.2.5   Internationale Entwicklungen und Trends

Themenhotels in der Türkei

Nach dem Vorbild der Themenhotels in Las Vegas sind seit 1999 auch mehrere thematisierte Unterkunftsbetriebe an der türkischen Riviera - westlich und östlich von Antalya - entstanden (vgl. Tab. 6). Initiator dieser Entwicklung war der Mischkonzern MNG, dessen Portfolio auch Bau- und Immobilienfirmen, ein Bankhaus, einen TV-Sender, eine Fluggesellschaft und einen Reiseveranstalter umfasst. Das Unternehmen betreibt bereits zwei „World of Wonders"-Themenhotels und plant den Bau weiterer Anlagen.[223]

---

rinnen ausgestattet sind (vgl. FLEISCHHAUER, J. [2003]: Stadt der Sünde. - In: Der Spiegel, 45; HANISCH, W. A. [2004]: Endlich wieder Sex. - In: Die Zeit, 09. Dezember).

[219] vgl. HOELZGEN, J. (2006): Die neuen Burgen der Glücksritter. - In: Manager Magazin, 22. Februar

[220] vgl. HÄNTZSCHEL, J. (2000): Warum kann Las Vegas ohne Themen nicht leben? - In: Süddtsch. Ztg., 08. August

[221] Die Zukunft der Stadt hängt von der weiteren Entwicklung der US-amerikanischen Konjunktur ab. Aufgrund der anhaltenden Immobilienkrise kam es im Frühjahr 2008 zu ersten Insolvenzen, Zwangsversteigerungen und Baustopps (vgl. LINDNER, R. [2008]: Ausgespielt in Las Vegas. - In: FAZ, 15. Mai).

[222] Einzelne große Themenhotels finden sich mit dem „Atlantis" auch auf den Bahamas und mit „Lost City/Sun City" in Südafrika (vgl. HANNIGAN 2007, S. 960-961).

[223] vgl. SCHMICKE, Chr. (2004): Themen sind das Thema. - In: Travel One, 02. Juni

Hotel	Eröffnung	Zimmer	Thema	Attraktionen
Topkapi Palace	1999	908	Die historische Türkei	- Sultanspalast - Hagia Sophia
Kremlin Palace	2003	837	Russland	- Kreml - Basilius-Kathedrale - Roter Platz
Titanic	2003	401	Luxusdampfer	- Themenabende
Venezia Palace	2003	560	Venedig	- Dogenpalast - Campanile - Rialto-Brücke
Concorde	2005	401	Flugzeug	- Gebäude im Stil des Überschall-flugzeugs
Orange County	2005	517	Das historische Holland	- Red Light District - Van Gogh-Museum

Tab. 6: Nach dem Vorbild von Las Vegas sind in den letzten Jahren an der türkischen Riviera mehrere Themenhotels errichtet worden, die allerdings nicht über integrierte Kasinos verfügen. Es handelt sich überwiegend um vergleichsweise kleine Betriebe, die als All-inclusive-Anlagen konzipiert sind (Quelle: Eigene Darstellung nach Angaben in ELÜSTÜ 2007, S. 88).

Im Gegensatz zu den US-amerikanischen Themenhotels verfügen die türkischen Hotels jedoch nicht über ein Kasino; außerdem handelt es sich um relativ kleine Badehotels (max. 908 Zimmer), die überwiegend als All-inclusive-Anlagen konzipiert sind.[224]

Hintergrund für diesen Trend zur Thematisierung war der enorme *Ausbau der Unterkunftskapazität,* der seit den 1980er-Jahren in der Türkei stattgefunden hat. So stieg die Zahl der Hotelbetten in staatlich genehmigten Betrieben von 65.934 (1983) auf 483.330 (2005). Angesichts des zunehmenden Wettbewerbs bestand für die Hotels die Notwendigkeit, über klare Alleinstellungsmerkmale zu verfügen. Die Thematisierung durch unterschiedliche Inszenierungstechniken stellt dabei nur *eine* Option dar. Zahlreiche Hotelunternehmen verfolgen andere *Differenzierungsstrategien:* Sie richten ihr Angebot auf die Interessen spezieller Zielgruppen aus - z. B. in Form von Clubanlagen, Wellness-, Golf-, Design- oder Boutiquehotels (vgl. ELÜSTÜ 2007, S. 78-86).

---

[224] vgl. BAHNERTH, M. (2004): Die zweite Welle. - Die Zeit, 05. August

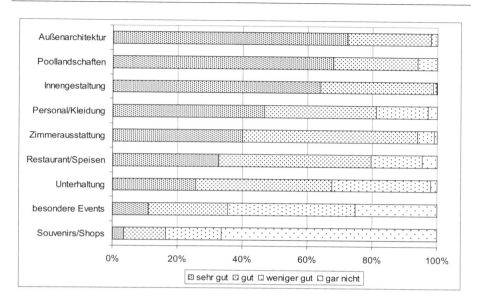

Abb. 35: Die türkischen Themenhotels weisen bislang noch Defizite bei der professionellen Umsetzung des jeweiligen Themas auf (Kreml, Topkapi etc.). Während die Architektur von den deutschen Gästen positiv beurteilt wird, erhalten andere Inszenierungstechniken wie die Kleidung des Personals, das Unterhaltungs- und Eventangebot sowie das Merchandising schlechte Noten (Quelle: Eigene Darstellung nach Angaben in ELÜSTÜ 2007, S. 107).

Die türkischen Themenhotels wenden sich generell an ein *breites, internationales Reisepublikum.* Die Mehrzahl der Gäste kommt aus osteuropäischen Ländern (vor allem im „Kremlin Palace"), aber auch bei *deutschen Urlaubern* sind die Themenhotels recht populär.[225] Im Rahmen einer umfassenden Besucherbefragung hat ELÜSTÜ (2007, S. 95-110) die Merkmale und Erwartungen sowie die Zufriedenheit dieser Urlauber untersucht:

- Über 60 % der deutschen Urlauber in den Themenhotels sind mittleren Alters (30-40 Jahre) und weisen ein relativ hohes Bildungsniveau auf (Abitur, Hochschulabschluss). Sie haben in den letzten Jahren im Urlaub regelmäßig *Auslandsreisen* unternommen - überwiegend nach Spanien und Italien bzw. in die Türkei (nur 14 % besuchen das Land zum ersten Mal).

- Unter den Gästen dominieren die *Sommer-Sonne-Strand-Urlauber,* die besonders großen Wert auf ein sicheres Reiseziel, den Aufenthalt am Meer sowie eine komfortable Hotelanlage legen. Das Thema der Hotels ist hingegen eher ein Zusatznutzen (ähnlich wie das Sportangebot).

---

[225] Die Themenhotels stoßen inzwischen auch bei türkischen Touristen - besonders aus der wachsenden Mittelschicht - auf zunehmendes Interesse (vgl. TRÖSCH, P. N. [2004]: Kreml mit Pool, Kolosseum mit Wellness. - In: Tagesanzeiger, 14. September).

- Trotz der großen Reiseerfahrung in der Türkei handelt es sich bei 73 % der deutschen Urlauber in dem jeweiligen Themenhotel um *Erstbesucher*. Die Entscheidung wurde vor allem durch die Architektur, aber auch durch Empfehlungen von Freunden und Bekannten sowie durch die Lage beeinflusst. Allerdings hat ein Teil der Befragten bereits einmal einen Urlaub in einem anderen türkischen Themenhotel verbracht.

- Bei der Frage nach der Zufriedenheit wurden *mehrere Defizite der türkischen Themenhotels* deutlich, denn die Hotelqualität, der Servicestandard und das Preis-Leistungs-Verhältnis erhalten von den Gästen relativ schlechte Noten. Viele Urlauber sind auch mit der *Thematisierung* unzufrieden, da sie sich auf die Architektur beschränkt und nicht konsequent in allen Bereichen des Hotels umgesetzt wird - z. B. das Unterhaltungs- und Eventangebot, das Merchandising etc. (vgl. Abb. 35).

Die Analyse der türkischen Themenhotels zeigt, dass hinsichtlich einer professionellen Inszenierung des jeweiligen Themas (speziell im Vergleich zu Las Vegas) bislang noch *deutliche Defizite* bestehen, denn „im Wesentlichen ist es beim eindimensionalen Prinzip des Offensichtlichen geblieben".[226] Trotz der damit verbundenen Illusionsbrüche weisen diese thematisierten Badehotels hohe Auslastungsraten auf. Angesichts des erfolgreichen Marktauftritts liegen *Pläne für den Bau weiterer Anlagen* vor - dazu gehören das „White House" (ein Nachbau des Weißen Hauses in Washington) und „City of Seven Wonders" (mit Replika der sieben antiken Weltwunder).

Macao - ein neues Las Vegas in Asien

Die Geschichte des Glücksspiels reicht in Macao bis in das Jahr 1847 zurück, als von der damaligen portugiesischen Kolonialverwaltung der Bau erster Kasinos genehmigt wurde. Die Konzessionen befanden sich in den Händen einiger chinesischer Familien, unter deren Einfluss sich die Stadt bald zum „Monte Carlo of the Orient" entwickelte (vgl. KWAN 2004, S. 271). Nach der Aufhebung dieses Glücksspielmonopols im Jahr 2001 sind in der chinesischen Sonderwirtschaftszone (SAR) zahlreiche neue Kasinos entstanden, die von ausländischen Investoren betrieben werden. Zu den spektakulärsten Projekten gehört das *„Venetian Macao Resort"* - das größte Spielkasino und das zweitgrößte Gebäude der Welt.[227] Neben einem Hotel mit 3.000 Zimmern umfasst der Komplex auch eine Arena mit 15.000 Sitzplätzen, ein Einkaufszentrum mit 350 Geschäften sowie ein Kongress- und Ausstellungszentrum (vgl. RIKLIN 2007, S. 10).

---

[226] OBST, A. (2004): Haben Sie Gorbatschow gesehen? - In: FAZ, 01. Juli
[227] vgl. Gigantisches Spielkasino eröffnet in Macau. - In: Spiegel Online, 28. August 2007

Bei dem „Venetian Macao Resort" handelt es sich um den *Nachbau eines Nach-
baues,* denn als direktes Vorbild diente nicht die Stadt Venedig, sondern das Kasinohotel „Venetian" in Las Vegas. Auch das Themenhotel in China verfügt über
künstliche Kanäle sowie Replika berühmter venezianischer Gebäude (Campanile,
Rialto-Brücke etc.), über denen sich ein künstlicher Himmel wölbt, auf dem die
Tageszeiten simuliert werden. Der Betreiber des US-amerikanischen Hotels - die
„Las Vegas Sands Corporation" - investierte in Macao 2,5 Mrd. US-Dollar; damit
gilt das „Venetian Macao Resort" als das zweitteuerste Hotel der Welt (nach dem
„Emirates Palace" in Abu Dhabi).[228]

Da das Glücksspiel in China verboten ist, kam die Mehrzahl der 22 Mio. Besucher
im Jahr 2006 aus *Festlandchina* (sie können über eine Brücke in die Stadt gelan-
gen).[229] Außerdem ist Macao von Hongkong mit geringem Zeit-, Mühe- und Kostenaufwand zu erreichen (per Schnellfähre oder Helikopter).

Mit der *spektakulären Thematisierung* und dem *breiten, multifunktionalen Angebot* verbinden die Investoren zwei Ziele:

- Zum einen soll die *Aufenthaltsdauer der Gäste* verlängert werden - von derzeit
  einer Nacht auf drei bis vier Nächte (wie in Las Vegas).[230] Auf diese Weise können auch die Umsätze in den Shops deutlich gesteigert werden.

- Zum anderen wird ein *Imagewandel Macaos* angestrebt - weg von einer kriminellen Spielermetropole und hin zu einer familienfreundlichen Erlebniswelt (vgl.
  SHIU HING 2005).[231] Als Teil dieser Strategie wird der kanadische Circus „Cirque du Soleil" in Kürze mit einer Show vertreten sein; außerdem finden in Macao zunehmend internationale Sportveranstaltungen statt (Basketball, Tennis
  etc.).

Das „Venetian Macao Resort" ist nur *eine* Attraktion am *geplanten „Cotai Strip"*
(einer asiatischen Imitation des *strip* in Las Vegas), der künftig 14 Luxushotels mit
einer Kapazität von 40.000 Zimmern umfassen soll, die von renommierten internationalen Hotelketten wie „Sheraton", „Four Seasons" oder „Hilton" betrieben
werden. Nach dem Vorbild der „Las Vegas Sands Corporation" beabsichtigen
auch *andere US-amerikanische Unternehmen,* die Kasinohotels in Las Vegas

---

[228] vgl. HORNY, R. (2007): Konkurrenz für Las Vegas. - In: Focus Online, 19. September;
SENDKER, J.-P. (2008): Las Vegas war gestern. - In: Stern, 5, S. 106-111

[229] vgl. HEIN, Chr. (2007): Die einarmigen Banditen haben Macao fest im Griff. - In: FAZ,
01. September

[230] vgl. Gambling on China's edge. - In: The China Business Review, 2005, March/April,
S. 20-23; INTINI, J. (2007): What happens in Macao. - In: Maclean's, 120/35+36, S. 60-
61

[231] vgl. RAULEDER, D. (2005): Die Faszination des Falschen. - In: Süddtsch. Ztg., 24. Mai;
Making Macau „a Disneyland for adults". - In: Business Week, 03. Oktober 2002; KO-
LONKO, P. (2008): Abflussrohr für den Korruptionssumpf. - In: FAZ, 11. März

betreiben, nun den Markteintritt in Macao (u. a. „Wynn Resorts", „MGM Mirage" und „Galaxy Casino").[232]

Mit diesem umfangreichen Angebot will sich Macao als *internationale Tourismus- und Glücksspieldestination* positionieren. Die Chancen dafür sind gut, da im Einzugsbereich von drei Flugstunden mehr als eine Milliarde Menschen leben, deren Einkommen und Freizeit in den letzten Jahren deutlich gestiegen sind.[233]

Die Inszenierung des Landestypischen: Bauerndörfer - orientalische Hotels - Private Game Lodges

Die besondere Attraktivität der Themenhotels aus den 1990er-Jahren basiert vor allem auf dem *krassen Gegensatz* zwischen dem jeweiligen Thema und dem Standort. Es war (und bleibt) einfach spektakulär, in der Wüste von Nevada den venezianischen Dogen-Palast oder an der türkischen Riviera die russische St. Basilius-Kathedrale besichtigen zu können.

Doch in einigen Ländern ist gegenwärtig eine Abkehr von dieser Konzeption und ein *Trend zur Inszenierung des Landestypischen* zu beobachten. Den Hintergrund bilden dabei die zunehmende Globalisierung und Standardisierung des touristischen Angebots, aber auch die bauliche Fragmentierung und touristische Prägung der Zielgebiete. Mit ihren Hochhäusern, Autobahnen und Schnellrestaurants entsprechen viele Tourismusdestinationen nicht mehr den romantischen, klischeeartigen Erwartungen der Urlauber, die durch persönliche Erinnerungen, touristische Werbung und medialen Einfluss geprägt sind (Romane, TV-Reisesendungen, Spielfilme etc.). In den neuen Themenhotels wird versucht, dem *angeblich Landestypischen* in einer überhöhten Form zu einer Renaissance zu verhelfen - mit einem Rückbezug auf die autochthone Natur, die historische Architektur und eine traditionelle Lebensweise.[234]

Dieser nostalgische Ansatz einer Thematisierung von Unterkünften kann u. a. auf Erfahrungen in den USA der 1920er-Jahre zurückgreifen. Als ein Beispiel ist das *„Ahwahnee Hotel"* im Yosemite Nationalpark zu nennen, das im Jahr 1927 eröffnet wurde. Das spektakuläre Luxushotel entstand unter dem Einfluss des britischen „Arts and Crafts Movement", aber auch der „Mission Architecture" der amerikanischen Westküste (vgl. Abb. 36).

---

[232] vgl. Vegas vs. Macau: Who will win? - In: Business Week, 26. Juli 2006

[233] vgl. Das Debüt des Las Vegas Sands Macao (www.prnewswire.co.uk/cgi/news/release?id=123092 vom 16. Januar 2008)

[234] Nach ROMEIß-STRACKE (1996) gehört der „Traum von der heilen Welt" - neben dem „Traum vom lebendigen Ich" und dem „Traum vom besseren Leben" - zu den idealtypischen Urlaubsbedürfnissen.

Abb. 36: Das „Ahwahnee Hotel" im Yosemite National Park (USA) ist ein frühes Beispiel für ein Themenhotel, dessen Thema nicht in krassem Gegensatz zum Standort steht, sondern in dem das Landestypische in überhöhter Form inszeniert wurde. Für das Gebäude wurden vor allem lokale Baumaterialien wie Granit und Holz verwendet; im Interieur finden sich vielfältige Bezüge zu den handwerklichen Traditionen der lokalen Indianer - z. B. im Design von Teppichen, Lampen oder Möbeln.

Für das Gebäude wurden vor allem *lokale Baumaterialien* wie Granit und Holz verwendet; im Interieur fanden sich vielfältige Bezüge zu den handwerklichen Traditionen der lokalen Indianer - z. B. im Design von Teppichen, Lampen oder Möbeln (vgl. SARGENT 1990).

Aktuelle *Beispiele für landestypische Themenhotels* finden sich u. a. in Österreich, in Dubai und im südlichen Afrika:

- *„Bauerndörfer"* und *„Almdorf Seinerzeit"*: In Österreich zählen die *„Bauerndörfer"* zu den Vorreitern bei den nostalgisch inszenierten Unterkunftsangeboten. Bereits Anfang der 1980er-Jahre wurden leer stehende und vom Verfall bedrohte Bauernhäuser in Kärnten abgebaut und an landschaftlich reizvollen Plätzen zu neuen - also künstlichen - Dörfern gruppiert (vgl. RUPPERTI 1995). Die Angebotspalette der autofreien „Bauerndörfer" umfasst Ferienwohnungen, Restaurants, Schwimmbecken und Kindergärten.[235] Unter dem Motto „Wo die Liebe wohnt" wird auch im *„Almdorf Seinerzeit"* in Kärnten eine ländliche Atmosphäre mit einem urigen alpinen Ambiente inszeniert. Das kleine Resorthotel besteht aus mehreren neu errichteten Almhütten und Jagdhäusern (vgl. Almdorf Seinerzeit o. J.).[236]

- *„Madinat Jumairah"* und *„One and Only Royal Mirage"*: Eine Rückbesinnung auf die historische Architektur und das traditionelle Design lässt sich ebenfalls in mehreren arabischen Ländern beobachten. So werden z. B. in den Gebäuden der großen Resorthotels „One and Only Royal Mirage" und „Madinat Jumairah" in Dubai typische Gestaltungselemente wie Windtürme, Hufeisenfenster und Innenhöfe mit Brunnen verwendet (vgl. Abb. 37). Zur professionellen Inszenierung des europäischen Orient-Klischees gehört u. a. ein großer Basar mit Teppich- und Gewürzhändlern. Weitere Beispiele für neue, arabisch gestaltete Resorthotels sind u. a. „Bab Al Shams" (Dubai), „Barr Al-Jissah" (Oman), „Yasmine Hammamet" (Tunesien) und „Sahl Hasheesh" (Ägypten).

- *Private Game Lodges im südlichen Afrika:* Bei den Unterkünften in den südafrikanischen Nationalparks handelte es sich traditionell um einfache, funktional ausgestattete Hotels und Bungalows. Durch die Zusammenlegung unrentabler Farmen sind in den letzten Jahren zunehmend private Wildschutzgebiete entstanden, die über luxuriöse Logdes verfügen. In historischen Farmhäusern und neu errichteten Zeltcamps wird dabei eine koloniale Safari-Atmosphäre inszeniert, deren Design sich an Romanen und Filmen wie „Schnee am Kilimandscharo", „Hatari!", „Out of Africa" etc. orientiert. Die thematische Inszenierung beschränkt sich nicht nur auf die Gebäude, sondern umfasst auch die Natur. Durch Anpflanzung von autochthonen Pflanzen und Ansiedlung heimischer Tierarten wird die Landschaft in ihren ursprünglichen Zustand zurückversetzt (der durch agrarische Monostruktur, Überweidung und Abholzung zerstört worden war). Marktführer ist das Unternehmen „Conservation Company Africa", das im südlichen Afrika mehr als 30 Private Game Lodges betreibt (vgl. CC Africa 2004).[237]

---

[235] Aufgrund des großen Erfolges entwickelte der Reiseveranstalter TUI nach einem ähnlichen Konzept die „Dorfhotels" in Seeleitn und Schönleitn (Österreich) und im „Land Fleesensee" in Mecklenburg-Vorpommern (vgl. FRICKE 2001).

[236] vgl. LEDER (2007, S. 104-105, 121) zu einer Zielgruppenanalyse der Gäste des „Almdorf Seinerzeit"

[237] Eine ähnliche Strategie verfolgt auch das Luxusresort „Frégate Island" (Seychellen). Auf dieser Insel, die sich in Privatbesitz befindet, wird die einheimische Tier- und Pflanzenwelt mit aufwändigen Ansiedlungs- und Rekultivierungsmaßnahmen wiederhergestellt (vgl. www.fregate.com).

Abb. 37: Im Resorthotel „One and Only Royal Mirage" in Dubai (V. A. E.) wird das europäische Orient-Klischee architektonisch durch Hufeisenfenster, Windtürme und Innenhöfe mit Brunnenanlagen inszeniert. Auch das Interieur ist in diesem neoarabischen Stil gestaltet - von aufwändigen Marmorböden über üppige Diwane bis hin zu den Hausschuhen der Gäste in Form von Aladin-Pantoffeln.

Themenhotels und Themenrestaurants: Fazit

- Mit der Thematisierung verfolgen Hotels generell eine Differenzierungs- und Profilierungsstrategie. Als *Themenhotels* (im engeren Sinne) werden Unterkunftsbetriebe bezeichnet, die sich mit einem standortfremden Thema auf dem Tourismusmarkt positionieren.
- Die Themenhotels greifen dabei auf ein *begrenztes Repertoire an populären Themen* zurück - z. B. eindrucksvolle Epochen der Geschichte, exotische Länder, berühmte Städte mit bekannten Bauwerken (*landmarks*), beliebte Mythen der Populärkultur bzw. traditionelle Tourismusdestinationen.
- Zu den *typischen Inszenierungselementen* gehören spektakuläre Gebäude, technische Attraktionen und Shows (Vulkane, Seeschlachten), themenbezogene Möbel und Dekorationsmaterialien sowie authentische Baumaterialien.
- *Themenrestaurants* stellen eine Angebotsform der Erlebnisgastronomie dar. In ihnen wird jeweils ein gastronomiefremdes Thema inszeniert - z. B. Rock- und Pop-Musik, Hollywood-Filme, Sportarten, Lifestyle-Ikonen. Ein zentraler Baustein des Konzepts ist der Verkauf von Merchandising-Artikeln.

- Nach einer Expansion der Themenrestaurants in den 1990er-Jahren kam es zu einer *Krise*, die u. a. durch ein lokales Überangebot, mangelnde Innovationsfähigkeit, unzureichende Kapitalausstattung und ein schlechtes Preis-Leistungs-Verhältnis ausgelöst wurde. Gegenwärtig wird der Markt durch drei *global players* dominiert: „Hard Rock Café", „Rainforest Café", „Planet Hollywood".
- Auch in der *Kneipen-Szene* hat weltweit eine Thematisierung stattgefunden. Neben den „Aussie Pubs" (mit einem Australien-Thema) haben vor allem die „Irish Pubs" einen Boom erlebt. Häufig basieren sie auf dem „Irish Pub Concept", das von dem Brauereikonzern „Guinness" entwickelt wurde. Es enthält detaillierte Vorschläge, wie die Betreiber mit Mobiliar, Musik und Mitarbeitern eine authentisch erscheinende „Irishness"-Atmosphäre erzeugen können.
- Mit seinen zahlreichen Kasino-/Themenhotels und Unterhaltungseinrichtungen ist *Las Vegas* zum Synonym der Thematisierung geworden. In der Stadt haben gegenwärtig 14 der 20 größten Hotels der Welt ihren Standort (überwiegend handelt es sich dabei um Themenhotels).
- Aufgrund seiner Geschichte als Stadt des Glücksspiels, der Prostitution sowie der einfachen Regelungen für Hochzeiten und Scheidungen galt Las Vegas bis in die 1990er-Jahre in den USA als *sin city*. Durch den Bau zahlreicher Themenhotels fand eine Neupositionierung als *Erlebnisdestination für Familien* statt.
- In den letzten Jahrzehnten verzeichnet Las Vegas einen *nahezu kontinuierlichen Anstieg der Nachfrage*. Er ist u. a. auf die zunehmende Erschließung des Tagungs- und Kongressmarktes, auf innovative Shopping- und Gastronomieangebote, auf einen hohen Anteil von US-amerikanischen Stammgästen sowie auf eine große Präsenz in den Medien zurückzuführen.
- Zu den *Schattenseiten der Erfolgsgeschichte* gehören u. a. das extreme Flächenwachstum aufgrund anhaltender Zuwanderung, das niedrige Bildungs-/Qualifikationsniveau der Beschäftigten und die hohe Selbstmordrate sowie der große Wasser- und Energieverbrauch.
- Während in Las Vegas inzwischen eine Abkehr von der exzessiven Thematisierung und ein Trend zu einem sublimen, neomodernen Stil zu beobachten ist, wurden in der *Türkei* in den letzten Jahren mehrere neue Bade-/Themenhotels errichtet (von einheimischen Unternehmensgruppen). Im Gegensatz zu Las Vegas verfügen diese Hotels nicht über ein Kasino; außerdem beschränkt sich die thematische Inszenierung weitgehend auf die Architektur.
- Die chinesische Sonderwirtschaftszone *Macao* wird von US-amerikanischen Investoren zu einem neuen Las Vegas ausgebaut. Flaggschiff dieser Entwicklung ist das Themenhotel „Venetian Macao Resort" (das größte Spielkasino und das zweitteuerste Hotel der Welt).
- Angesichts einer zunehmenden Standardisierung des touristischen Angebots sowie einer baulichen Fragmentierung der Destinationen lässt sich gegenwärtig auch ein *Trend zur Inszenierung des Landestypischen* beobachten. So wird z. B. in exklusiven Themenhotels in Österreich, Dubai und Südafrika den Gästen ein klischeeartiges Bild der traditionellen alpinen Lebensweise, der vergangenen Kultur des Orients bzw. der kolonialen Jagdsafaris vermittelt.

2.3   Urban Entertainment Center

> „Überall überzeichnete Formen, flirrende Neon-
> reklamen, der Geruch von Fett und Fritten und
> ein nie verstummender Soundtrack aus Fahr-
> stuhlmusik. Das ist Shopping meets Disneyland,
> eine seltsame Kombination aus totaler Übersät-
> tigung und grenzenloser Leere."
> WILLENBROCK (2003, S. 3)

> „Die Einkaufszentren verwandeln sich in Schau-
> plätze einer Wiederverzauberung der Welt, nach
> der wir uns gerade deshalb sehnen, weil jede
> Spur von Magie, Aura, Charisma und Zauber
> aus unserem aufgeklärten Alltag getilgt ist."
> BOLZ (1999, o. S.)

Unterhaltsamer Konsum und konsumorientierte Unterhaltung - das sind die beiden
Themen der Urban Entertainment Center. Die Besucher treffen in diesen Einrichtungen nicht (wie in den Themenparks) auf Phantasie- oder Comicfiguren; ihnen
wird auch nicht (wie in den Themenhotels) die Illusion vermittelt, durch das antike
Rom oder über den Markusplatz in Venedig zu schlendern. Die Attraktivität der
Urban Entertainment Center besteht vielmehr darin, in einer *sauberen, entspannten und erlebnisreichen Atmosphäre* Einkaufen zu gehen und sich zu vergnügen.

Aufgrund dieses ambivalenten Charakters, aber auch zahlreicher unterschiedlicher
Betriebstypen erweist sich eine exakte Abgrenzung des Begriffs „Urban Entertainment Center" als schwierig. Zu den *typischen Merkmalen* zählen u. a. die
neuartige Kombination unterschiedlicher Freizeit- und Konsumangebote, die in
einem vorab geplanten baulichen Komplex zusammengefasst werden, sowie das
zentrale Management der Einrichtung (→ 2.3.1).

Bei den Urban Entertainment Centern handelt es sich um eine freizeit- und erlebnisorientierte Weiterentwicklung der Shopping Center. Das Konzept entstand in
den 1980er-Jahren in den USA als Reaktion auf die steigenden Ansprüche der
Konsumenten, aber auch auf eine veränderte Wettbewerbssituation im Einzelhandel. Als Trendsetter fungierten die „West Edmonton Mall" in Kanada und die
„Mall of America" in Minneapolis/St. Paul (→ 2.3.2).

Obwohl jedes Urban Entertainment Center ein eigenes Angebotsprofil aufweist,
gibt es einige *grundlegende Konstruktionsprinzipien* für derartige Einrichtungen -
von der Größe über den Branchen-Mix bis hin zu den Sicherheitsstandards. Von
Kritikern wird vor allem der privatwirtschaftliche Charakter der Center bemängelt.
Da die Betreibergesellschaften über das Hausrecht verfügen, können sie uner-
wünschten sozialen Gruppen den Zugang verweigern. Damit tragen Urban Entertainment Center zu einer *Privatisierung des öffentlichen Raumes* bei (→ 2.3.3).

Große Besucherzahlen und eine hohe Wiederholerquote sind allerdings deutliche Belege dafür, dass die Urban Entertainment Center bei der *Bevölkerung* auf eine positive Resonanz stoßen. Angesichts von Fehlentwicklungen in zahlreichen Städten (leer stehende Geschäfte, Kriminalität, Schmutz etc.) gelingt es den Urban Entertainment Centern, sich als saubere und sichere Einkaufs- und Vergnügungseinrichtungen zu positionieren (→ 2.3.4).

In Deutschland ist das *„CentrO"* in *Oberhausen* das erste und größte Urban Entertainment Center; es verzeichnet jährlich ca. 23 Mio. Besucher. In einer Fallstudie werden zunächst die Standortbedingungen erläutert, die zu seiner Ansiedlung auf einer industriellen Brachfläche geführt haben. Im Weiteren wird analysiert, wie sich das Versorgungs- und Freizeitverhalten der Bevölkerung in Oberhausen und im Umland durch das „CentrO" verändert hat (→ 2.3.5).

Wie andere Themenwelten unterliegen auch die Urban Entertainment Center einem Produktlebenszyklus. Weltweit bestehen deshalb *unterschiedliche Wachstumspotenziale* für diese Einrichtungen. Während der Markt in Deutschland deutliche Sättigungstendenzen aufweist, zeichnen sich für *Zentral- und Osteuropa*, aber auch für *Asien* und die *arabischen Länder* positive Perspektiven ab. In den USA findet sich bereits eine Weiterentwicklung der Urban Entertainment Center - in Form der *Lifestyle Center* (→ 2.3.6).

2.3.1   Merkmale, Definition und Typen

Die „Mall of America" in Minneapolis/St. Paul, die „Beijing Mall" in Peking, der „Gasometer" in Wien oder die „Mall of the Emirates" in Dubai - dies sind nur einige Beispiele für neuartige Freizeit-, Einkaufs- und Unterhaltungseinrichtungen, die in den letzten Jahrzehnten weltweit entstanden sind. Dabei handelt es sich weder um typische Freizeitattraktionen wie Themenparks noch um bekannte Betriebsformen des Einzelhandels wie Shopping Center und auch nicht um klassische Unterhaltungsstätten wie Kinos, Theater etc. Ihre Attraktivität basiert vielmehr auf einer *räumlichen und organisatorischen Kombination dieser unterschiedlichen Angebotselemente*.

Merkmale von Urban Entertainment Centern

In Abhängigkeit vom jeweiligen Standort wird der spezifische Angebotsmix eines Urban Entertainment Centers nach dem *Baukastenprinzip* zusammengestellt. Dabei kann zwischen drei Schlüsselkomponenten sowie zusätzlichen Angebotsoptionen unterschieden werden (vgl. Abb. 38).[238]

---

[238] vgl. BRAUN (1995) und BESEMER (2004, S. 168-185) zu einer detaillierten Beschreibung der einzelnen Bausteine von Urban Entertainment Centern

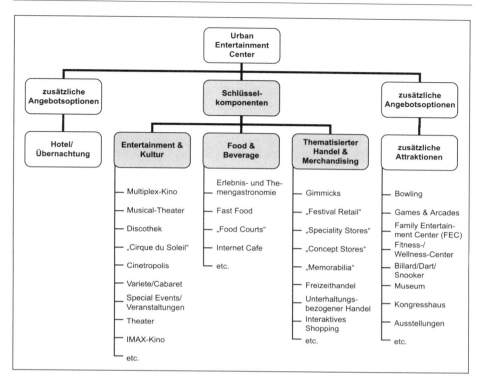

Abb. 38: Das Konzept der Urban Entertainment Center basiert auf der Verknüpfung unterschiedlicher Einkaufsmöglichkeiten, Freizeiteinrichtungen und Gastronomiebetriebe an einem Standort und zumeist auch unter einem Dach. Diese drei Schlüsselkomponenten können durch zusätzliche Angebotsoptionen ergänzt werden - z. B. Hotels, Kongresseinrichtungen etc. (Quelle: Eigene Darstellung nach Angaben in FRANCK 2000, S. 37).

- Zu den unverzichtbaren *Schlüsselkomponenten* zählen Freizeiteinrichtungen, Einzelhandelsgeschäfte sowie Gastronomiebetriebe. Um sich von traditionellen Shopping Centern abzugrenzen und den Konsumenten eine Erlebnisorientierung zu signalisieren, liegt der Flächenanteil der *Unterhaltungs- und Gastronomieangebote* bei mindestens 30 %. Obwohl diese Nutzungsarten geringere Flächenumsätze erzielen als der Einzelhandel, sind sie für das Image der Einrichtungen von zentraler Bedeutung (vgl. BEYER 2001, S. 4; FRECHEN 2007, S. 570).

- Die drei Schlüsselkomponenten können durch *zusätzliche Angebotsoptionen* ergänzt werden. Das Spektrum reicht dabei von Bowling- und Fitness-Centern über Ausstellungen und Museen bis hin zu Kongresseinrichtungen und Hotels. Je nach Angebotsmix fungieren Urban Entertainment Center deshalb entweder als Tagesausflugsziele für Shopping- und Vergnügungsreisen oder als Destinationen für Kurzurlaubsreisen.

- Diese einzelnen Konsum- und Erlebnisbausteine stehen in den Urban Entertainment Centern nicht unverbunden nebeneinander, sondern werden kleinräumig so miteinander kombiniert, dass sie aus Sicht der Besucher als *ein einzigartiges, ganzheitliches Produkt* erscheinen.[239] Für die Einzelhändler, Gastronomen und Freizeitunternehmer ergeben sich aus der Angebotskombination deutliche *Synergiepotenziale*, die allerdings unterschiedlich stark ausgeprägt sind. So finden sich relativ hohe Synergieeffekte zwischen der Gastronomie einerseits sowie dem Einzelhandel und den Unterhaltungsangeboten andererseits.[240] Hingegen werden die Fitness- und Sporteinrichtungen von den Besuchern zielgerichtet genutzt; deshalb besitzen sie sehr geringe Synergiepotenziale (vgl. FRANCK 1999, S. 105; BESEMER 2004, S. 188).[241]

Wie die traditionellen Shopping Center stellen auch Urban Entertainment Center *geschlossene bauliche Anlagen* dar, die jeweils als Einheit geplant, entwickelt und gemanagt werden:

- Da es sich bei den Urban Entertainment Centern um renditeorientierte Immobilienprodukte handelt, werden sie von einer *Projektentwicklungsgesellschaft* konzipiert, errichtet und verwaltet. Das zentrale Center-Management ist u. a. für den Mieter-Mix sowie für die Sauberkeit und Sicherheit der Anlage verantwortlich (vgl. ACKERMANN/LANTZERATH-FLESCH 1999, S. 4; BLÜM 2001, S. 16).[242]

- Während Themenparks, Themenhotels bzw. Markenerlebniswelten jeweils eine ungewöhnliche Architektur nutzen, um ihr Thema signalartig zu kommunizieren, werden Urban Entertainment Center überwiegend in einem *funktionalen und austauschbaren Stil* errichtet. Nur die Eingänge sind mit dekorativen Elementen gestaltet; die überdimensionalen Türen sollen den Besuchern einen „appropriate sense of grand arrival" vermitteln (GOSS 1993, S. 32; Abb. 39).[243]

---

[239] In direkter Nähe zu hochwertigen Bekleidungsgeschäften gibt es z. B. keine Imbissstände, Mobilfunkläden etc.; vielmehr werden dort Shops mit Modeaccessoires, Kosmetika etc. angesiedelt (vgl. GERHARD 2001a, S. 8).

[240] Im Gegensatz zu den USA besteht in Deutschland nur eine geringe Verzahnung von Einkaufen und Freizeitaktivitäten. Allerdings führt das kombinierte Angebot zu einem Imagegewinn und zu einer Steigerung der Attraktivität (vgl. ACKERMANN/LANTZERATH-FLESCH 1999, S. 10).

[241] Neben den Synergiepotenzialen gibt es auch Konfliktpotenziale (Zielgruppenkonflikte, Lärm, unterschiedliche Qualitäts-, Preis- und Servicepolitik der einzelnen Akteure). Das zentrale Center-Management ist dafür verantwortlich, dass derartige Konflikte vermieden werden (vgl. FRANCK 1999, S. 104-105).

[242] In Europa hat sich das Unternehmen „EEC" (Hamburg) zum Marktführer entwickelt. Es ist gegenwärtig für das Management von 97 Shopping Centern bzw. Urban Entertainment Centern verantwortlich - weitere 26 Center befinden sich in der Bau- bzw. Planungsphase (vgl. www.ece.de/de/wirueberuns/ vom 27. Mai 2008).

[243] Aus Sicht von Architekturkritikern handelt es sich bei den überdimensionalen Gebäudekomplexen um „an eyesore" and „a poor piece of architecture" (vgl. SZASZ 2001, S. 1) bzw. a „huge box full of bread-and-circus-attractions" (FISCHLER 1996, S. 111).

Abb. 39: Während andere Erlebniswelten eine spektakuläre Architektur nutzen, um ihr Thema signalartig zu kommunizieren, werden Urban Entertainment Center überwiegend in einem funktionalen und austauschbaren Stil errichtet. Dekorative Elemente finden sich nur bei der Gestaltung der Eingänge - z. B. am „CentrO"(Oberhausen).

Urban Entertainment Center: Begriffliche Abgrenzung

Die Bezeichnung „*Urban Entertainment Center*" hat einen schillernden Charakter; sie erlaubt keine direkten Rückschlüsse auf den *Standort* (im Sinne einer Innenstadtorientierung), sondern gibt vielmehr einen Hinweis auf die *Konzeption der Einrichtungen* (vgl. ACKERMANN/LANZERATH-FLESCH 1999, S. 5; FRANK 1999, S. 90; 2000, S. 28; STEINECKE 2006, S. 281-282):

- Da die Urban Entertainment Center einen großen Flächenbedarf haben und außerdem ein hohes Verkehrsaufkommen induzieren, finden sie sich überwiegend in *Randlagen,* die ein niedriges Bodenpreisniveau aufweisen und über eine gute Verkehrsanbindung verfügen (Autobahnkreuze). Bei den innerstädtischen Urban Entertainment Centern handelt es sich hingegen um kleinere Einrichtungen, die eher traditionellen *Passagen* und *Galerien* ähneln - mit hochwertigen Einzelhandelsgeschäften, Spezialitätenrestaurants und Multiplex-Kinos.[244]

---

[244] Passagen wurden im späten 19. Jahrhundert in vielen europäischen Großstädten errichtet. Es handelt sich dabei um überdachte Gänge durch einen Gebäudekomplex - mit ele-

Urban Entertainment Center - Merkmale:

✓ *Weiterentwicklung traditioneller Shopping Center*
✓ *Angebotsmix aus Freizeiteinrichtungen, Shops und Restaurants*
✓ *ausgeprägte Erlebnis- und Unterhaltungsorientierung*
✓ *Thematisierung der gastronomischen Angebote*
✓ *Veranstaltung von Events, um Anlässe für Wiederholungsbesuche zu schaffen*
✓ *einheitliche Konzeption (meistens unter einem Dach)*
✓ *anspruchslose Architektur, aber aufwändige Innenausstattung (Dekoration, Technik)*
✓ *zentrales Management des Centers*

- Das Ziel der Urban Entertainment Center ist es, durch die räumliche Konzentration und Vielfalt unterschiedlicher Angebote sowie durch die Innengestaltung (Plätze, Brunnen etc.) eine *typische urbane Atmosphäre* zu inszenieren. Im Gegensatz zu Shopping Centern, die vorrangig der Versorgung mit Waren des täglichen Bedarfs dienen, haben Urban Entertainment Center auch eine gesellschaftliche Funktion - als *Bühnen der Geselligkeit* „in which patrons are both spectators and actors (sightseers themselves are part of the show)" (HOPKINS 1990, S. 8).

Generell gibt es ein breites Spektrum unterschiedlicher Urban Entertainment Center; der jeweilige Angebots-Mix ist u. a. vom Unternehmenskonzept, vom Standort und von der Zielgruppenorientierung abhängig. Aus diesem Grund erweist es sich als schwierig, den *Begriff „Urban Entertainment Center"* allgemeingültig und präzise abzugrenzen. Allerdings lassen sich einige zentrale Merkmale in folgender Definition zusammenfassen:[245]

Urban Entertainment Center (UEC): Immobilientyp, der auf einer Kombination von Freizeit-, Einzelhandels- und Gastronomiebetrieben unter einem Dach basiert. Um eine abwechslungsreiche, urbane Atmosphäre zu schaffen, umfasst das erlebnis- und unterhaltungsorientierte Nutzungskonzept auch wechselnde Programme mit Verkaufs- bzw. Werbeaktionen sowie Events. In der Regel wird das UEC einheitlich geplant und gemanagt. Je nach Flächenanteil der drei Hauptnutzungen kann die Immobilie dem sektoralen Teilmarkt Freizeit oder Handel zugerechnet werden.

---

ganten Geschäften sowie Restaurants und Cafés. In ihrer aufwändigen Architektur (Innenfassaden, Glasdächer) spiegelt sich der Wunsch des emanzipierten Bürgertums „nach repräsentativen Formen öffentlichen Raums zu seiner Selbstdarstellung" wider (SCHWEDE 1994, S. 34). Ein berühmtes Beispiel ist die „Galleria Vittorio Emanuele II" in Mailand (1867). In den 1980er-Jahren erlebten Passagen als wetterunabhängige Einkaufs- und Unterhaltungszentren in deutschen Städten eine Renaissance (z. B. in Hamburg, Köln, München).

[245] Es handelt sich um eine erweiterte und modifizierte Version des UEC-Begriffs, der von der „Gesellschaft für Immobilienwissenschaftliche Forschung" (Wiesbaden) erarbeitet worden ist (vgl. GFI 2000, S. 18). Allerdings finden sich in dieser Definition keine Hinweise auf die gastronomische Nutzung (als dritte Schlüsselkomponente).

In der Fachliteratur wird der Begriff „Urban Entertainment Center" jedoch nicht nur für eigenständige Gebäudekomplexe verwendet, sondern auch für *innerstädtische Quartiere*, die im Rahmen von Stadterneuerungsmaßnahmen zu kommerziellen Erlebnis- und Konsumzentren umgestaltet werden - meist im Rahmen von *public-private-partnerships*, bei denen städtische Verwaltungen und private Investoren eng zusammenarbeiten (vgl. REIFF 1998, S. 19-20; → 3.1.2).[246]

Typen von Urban Entertainment Centern

In jedem Urban Entertainment Center haben die drei Schlüsselkomponenten (Handel, Gastronomie, Freizeit) und die zusätzlichen Angebotsoptionen eine unterschiedlich große Bedeutung. Bei einer Differenzierung nach dem Hauptmerkmal der Angebotsorientierung lassen sich *vier Grundtypen von Urban Entertainment Centern* unterscheiden (vgl. FRANCK 1999, S. 91-93):

- Die *einzelhandelsorientierten Urban Entertainment Center* ähneln mit ihrem breiten Angebot an Kaufhäusern und Fachgeschäften einem großen Shopping Center (*Mall*);[247] allerdings verfügen sie außerdem über zahlreiche Freizeitangebote (Multiplex-Kino, Musical-Theater etc.). Bekannte Beispiele sind u. a. „West Edmonton Mall" in Edmonton (Kanada), „Mall of America" in Minneapolis/St. Paul (USA), „Forum Shops" in Las Vegas (USA), „Meadowhall" in Sheffield (GB) oder „CentrO" in Oberhausen.[248]

- In den *Abendunterhaltungszentren* dominieren hingegen die Unterhaltungseinrichtungen und die Gastronomiebetriebe - z. B. im „Pleasure Island" in Orlando (USA) oder im „SI-Centrum" in Stuttgart, dessen Angebotsspektrum ein Musical-Theater, ein Spielkasino sowie eine Bade- und Saunalandschaft umfasst.

- Bei den *medialen und High-Tech-Unterhaltungszentren* handelt es sich überwiegend um kleinere Einrichtungen (3.000-4.000 qm), die innerstädtische Standorte bevorzugen. Ihre Attraktivität basiert auf medialen Erlebnisstationen, an denen die Besucher mit Hilfe virtueller Techniken unterhalten werden (Simulatoren, Großbildleinwände, 360°-Grad-Kinos, interaktive PC-Spiele).[249]

---

[246] MAIER/GÖTZ (2001, S. 180) bezeichnen diese beiden Typen von Entertainment Centern als *„complexes"* bzw. *„districts"*.

[247] Ursprünglich wurde der Begriff „Mall" für Promenaden und Spazierwege verwendet (z. B. „The Mall" in London). Seit den 1950er-Jahren wird er für großflächige, meist überdachte Center verwendet, die über weitläufige Fußgängerbereiche verfügen (vgl. BLÜM 2001, S. 8-9; FREHN 1995, S. 6-7).

[248] Die Freizeitkomponente ist dabei jeweils unterschiedlich stark ausgeprägt: Während sie im „CentrO" in Oberhausen einen Flächenanteil von ca. 60 % erreicht, liegt sie im „Vita Center" in Chemnitz bei weniger als 30 % (vgl. FRANCK 2000, S. 28-29).

[249] In virtuellen Attraktionen wird den Besuchern mit technischen Mitteln (z. B. Computerbrille und Datenhandschuh) die Illusion vermittelt, sich in einer andersartigen Umge-

Abb. 40: Bei dem „Metreon", das im Jahr 1999 in der Innenstadt von San Francisco eröffnet wurde, handelt es sich um ein High-Tech-Unterhaltungszentrum (mit einer Fläche von 33.000 qm). Neben Geschäften und Gastronomiebetrieben umfasst das Angebot u. a. auch ein Multiplex-Kino mit 15 Sälen, ein IMAX-Kino sowie mehrere mediale Erlebnisstationen.

Beispiele für diese medialen Urban Entertainment Center sind u. a. das „Trocadero" in London und das „Metreon" in San Francisco (vgl. Abb. 40).

- Zu den Urban Entertainment Centern zählen - nach FRANCK (1999, S. 93) - auch die *Themenhotels,* deren Angebot durch thematisierte Unterhaltungseinrichtungen, große Unterkunftskapazitäten und zahlreiche Restaurants bestimmt wird (während der Einzelhandel nur eine geringe Rolle spielt). Als Beispiel sind die Themenhotels in Las Vegas, Macao und der Türkei zu nennen (→ 2.2.5).

---

bung zu befinden. Dieser Hyperrealismus basiert auf visuellen und akustischen Täuschungen, aber auch auf einer Beeinflussung des Gleichgewichtssinnes oder des Zeitgefühls (vgl. TROESTL 1996, S. 24).

2.3.2   Die Entwicklung der Urban Entertainment Center: Steuerfaktoren - Vorläufer - Trendsetter

Das Konzept der Urban Entertainment Center wurde in den 1980er-Jahren in den USA entwickelt. Es stellte eine *Reaktion auf den Wertewandel der Konsumenten* und *die veränderte Wettbewerbssituation im Einzelhandel* dar (vgl. REIFF 1998, S. 8-18; Abb. 41):

- Angesichts der Marktsättigung im Bereich der Konsumgüterindustrie erwarteten die *Konsumenten* zunehmend eine neuartige, erlebnisorientierte Präsentation der Waren. Gleichzeitig stieg das Bedürfnis nach Bequemlichkeit; die Kunden wollten ihre Freizeit möglichst effizient nutzen - d. h. Versorgungseinkäufe, Freizeitaktivitäten und Restaurantbesuche miteinander kombinieren (*One-stop-Shopping*). Aufgrund der wachsenden Individualisierung und Anonymisierung der Gesellschaft stieg auch das Bedürfnis nach Geselligkeit, Zugehörigkeit sowie Nähe - und damit nach neuen Treffpunkten (*Social Shopping*).[250]

- In den 1980er-Jahren verzeichneten die *traditionellen Shopping Center* einen erheblichen Popularitätsverlust. Die Konsumenten gingen seltener in eine Mall und suchten dort weniger Geschäfte auf. Außerdem sank die durchschnittliche Aufenthaltsdauer im Zeitraum 1980-1990 von zwölf auf vier Stunden pro Monat (vgl. NELSON 1998, S. 11). Dieses veränderte Nachfrageverhalten wurde durch den Marktauftritt neuer Konkurrenten ausgelöst - vom Versandhandel über das TV-Shopping bis hin zu Fach- und Discountmärkten. Es kam zu einem Überangebot an Verkaufsflächen und zu einem Rückgang der flächenbezogenen Umsätze (vgl. HAHN 2001, S. 19).

- Darüber hinaus suchte die *expandierende Unterhaltungsindustrie* nach neuen Vertriebsmöglichkeiten (vgl. TROESTL 1996, S. 22-23). So engagierten sich internationale Unternehmen wie „Sony" und „Sega" als Investoren bzw. Sponsoren von Urban Entertainment Centern - z. B. beim „Metreon" in San Francisco bzw. beim „Trocadero" in London.[251] Große Medienkonzerne entwickelten erlebnisorientierte *concept stores*, um ihre Markenprodukte zu verkaufen („Disney Stores", „Warner Studio Stores", „Discovery Stores"). Darüber hinaus entstanden Multiplex-Kino- und Musical-Unternehmen, die Standorte mit einem hohen Besucheraufkommen nutzen wollten.

---

[250] Nach BOLZ (1999) löst sich die bürgerliche Gesellschaft „auf in eigensinnige Individuen und rekombiniert sich dann in Wahlgemeinschaften". Dabei handelt es sich häufig um „Konsumgemeinschaften, die sich durch ‚purchasing choice' definieren" - z. B. eine bestimmte Markenorientierung (vgl. auch GDI 2007).

[251] vgl. ROOST (2008) zum Einfluss globaler Markenkonzerne auf die Entwicklung von Innenstädten

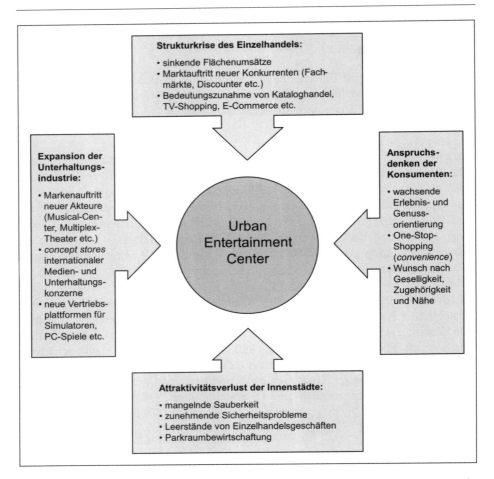

Abb. 41: Das Konzept der Urban Entertainment Center wurde in den 1980er-Jahren in den USA entwickelt und hat seitdem eine internationale Verbreitung erfahren. Zu den Ursachen dieses Booms zählen u. a. die neuen Ansprüche der Konsumenten, die Strukturkrise des Einzelhandels, der Attraktivitätsverlust der Innenstädte sowie die Expansion der Unterhaltungsindustrie (Quelle: Eigene Darstellung nach Angaben in REIFF 1998, S. 8-18).

- Schließlich führte die Ansiedlung von großflächigen Fach- und Discountmärkten in peripheren Lagen zu einem *Attraktivitätsverlust der Innenstädte.* Da die Downtowns einen Teil ihres kaufkräftigen Publikums verloren, kam es zu Leerständen von Einzelhandelsgeschäften sowie zu Sauberkeits- und Sicherheitsproblemen. Als Standortnachteil erwies sich auch die Parkraumbewirtschaftung, da die traditionellen Shopping Center und die neu errichteten Urban Entertainment Center über eine große Zahl kostenloser Parkplätze verfügten.

Diese *Dynamik des Einzel- und Freizeitmarktes* hat zwei gegensätzliche Entwicklungen ausgelöst:

- Zum einen entstanden neue, *preisorientierte Betriebsformen*. Dazu zählten vor allem die Fach- und Discountmärkte, die aufgrund ihres niedrigen Preisniveaus und ihrer Angebotspalette den traditionellen Einzelhandel, aber auch die Shopping Center gefährden (*category killers*).[252] Dabei lassen sich zwei Typen unterscheiden: Bei den *big boxes* handelt es sich um eigenständige, isoliert stehende Geschäfte (meist in architektonisch einfach gestalteten, eingeschossigen Gebäuden). Die Agglomeration mehrerer Discountmärkte - meist ohne ein zentrales Management - wird als *power center* bezeichnet (vgl. TROESTL 1996, S. 24; HAHN 1997, S. 524; 2000, S. 224).

- Zum anderen wurden mit den Urban Entertainment Centern neuartige *erlebnisorientierte Betriebsformen* geschaffen, in denen die Konsumenten ihre unterschiedlichen Freizeit-, Unterhaltungs- und Einkaufsinteressen bequem an einem Standort und unter einem Dach verwirklichen konnten - nach dem simplen Prinzip: „Built it fun, they will come" (GUTERSON 1993, S. 53).[253]

Urban Entertainment Center - eine Weiterentwicklung traditioneller Shopping Center

Die Urban Entertainment Center repräsentieren „das jüngste Evolutionsstadium der automobilorientierten Versorgungs- und Vergnügungsstandorte" (ZEHNER 2001, S. 84), deren Anfänge bis in die 1920er-Jahre zurückreichen. Vor dem Hintergrund der beginnenden Motorisierung entstand damals mit der „*Country Club Plaza*" in Kansas City (USA) das erste einheitlich geplante und gemanagte Shopping Center der USA - mit unterschiedlichen Ladenlokalen und zahlreichen Parkplätzen (vgl. HAHN 2002, S. 32-33).[254]

Nach dem Zweiten Weltkrieg erlebte diese neuartige Betriebsform des Einzelhandels in den USA eine *boomartige Entwicklung*, die vor allem durch den Bau von Autobahnen, den zunehmenden privaten Pkw-Besitz und die Suburbanisierung ausgelöst wurde. Im Zeitraum 1969-1999 stieg die Zahl der Shopping Center in den USA von 10.000 auf 44.367 (vgl. HAHN 2002, S. 38).

In Deutschland begann der Bau von Shopping Centern mit einem deutlichen *time lag*: Erst im Jahr 1964 fand die Eröffnung des „*Main-Taunus-Zentrum*" bei Frank-

---

[252] Darüber hinaus erlebten auch *factory outlet center*, in denen fehlerhafte bzw. überschüssige Markenartikel vertrieben werden, einen Boom. Ihre Zahl stieg in den USA im Zeitraum 1981-1997 von 25 auf 329 (vgl. HAHN/PUDEMAT 1998).

[253] Einer der Investoren der „West Edmonton Mall", Nader Ghermezian, hat die grundlegende Konzeption folgendermaßen beschrieben: „We traveled the world to see where people like to go. But they couldn't go to everything in one day. So we have put it all under one roof" (SZAZS 2001, S. 3).

[254] vgl. BLÜM (2001, S. 18-19) zur Diskussion über das erste vollwertige Shopping Center sowie ROWE (1992) zur Geschichte der Shopping Malls

furt am Main und des *„Ruhrpark-Einkaufszentrum"* in Bochum statt. Nach dem
US-amerikanischen Vorbild handelte es sich um großflächige, fußläufige Versor-
gungseinrichtungen, die über Kauf- und Warenhäuser als *Magnetbetriebe* verfügten. Seitdem ist die Zahl der Shopping Center kontinuierlich gestiegen; nach der
Wiedervereinigung wurden vor allem in den Neuen Bundesländern zahlreiche
neue Einkaufszentren errichtet (vgl. HEINEBERG/MAYR 1996, S. 12-13; HATZFELD
1998, S. 36-37).

Obwohl die Shopping Center vorrangig eine Versorgungsfunktion haben, waren
sie - sowohl in den USA als auch in Deutschland - *„stets mehr als reine Verkaufs-
maschinen"* (HAHN 2002, S. 115), da sie bereits frühzeitig Schnellrestaurants,
Ruhebänke und kleine Bühnen für Werbe-/Verkaufsaktionen boten.

Doch erst seit den 1980er-Jahren entstanden in den USA und in Kanada *neuartige
Shopping Center*, die in größerem Umfang über Freizeitattraktionen und ein breiteres Gastronomieangebot verfügten. In ihrer Konzeption orientierten sie sich an
den Erfahrungen der *festival markets*. Dabei handelt es sich um historische Gebäudekomplexe, die zu Einkaufs- und Erlebniszentren umgebaut wurden und unter
einem zentralen Management stehen; als Beispiele sind u. a. zu nennen (vgl.
CRAWFORD 2000, S. 17; HAHN 2002, S. 121-123; Abb. 42):[255]

- die früheren Markt- und Veranstaltungshallen in Boston (seit 1976 „Quincy
  Market"),
- die Produktionsgebäude der „Ghirardelli"-Schokoladenfabrik in San Francisco
  (seit 1964 „Ghirardelli Square"),
- die ehemalige „Del-Monte"-Obstkonservenfabrik in San Francisco (seit 1968
  „The Cannery").

Trendsetter der Urban Entertainment Center-Konzeption

Als erstes nordamerikanisches Urban Entertainment Center, das frühzeitig eine
Kombination von Einzelhandelsgeschäften, Freizeitattraktionen und Gastronomiebetrieben vorsah, gilt die *„West Edmonton Mall"*. Das mit Abstand größte Ein-
kaufs- und Unterhaltungszentrum Kanadas wurde in den 1980er-Jahren in mehreren Bauphasen errichtet; dabei erlangten Unterhaltungsangebote sukzessive eine
immer größere Bedeutung (vgl. HALLSWORTH 1988, S. 27; JACKSON/JOHNSON
1991, S. 227).[256]

---

[255] GOSS (1993, S. 23) bezeichnet diesen Prozess als „commercial gentrification of decay-
ing historical business and waterfront districts."

[256] Bis zum Jahr 2004 war die „West Edmonton Mall" das größte Einkaufszentrum der
Welt. Mit einer Einkaufsfläche von 350.000 qm ist sie gegenwärtig die größte nordame-
rikanische Mall; weltweit rangiert sie auf dem sechsten Platz (vgl.
de.wikipedia.org/wiki/West_Edmonton_Mall vom 22. Januar 2008).

Abb. 42: Zu den Vorläufern der Urban Entertainment Center zählen die festival markets - z. B. der „Ghirardelli Square" in San Francisco. Die ehemaligen Produktionsgebäude einer Schokoladenfabrik wurden bereits in den 1960er-Jahren zu einem Einkaufs- und Erlebniszentrum umgewandelt, das unter einem zentralen Management steht.

Der Angebots-Mix dieses „Disneyland of the North" (FAIRBAIRN 1991, S. 263) umfasst gegenwärtig u. a.:

- 600 Geschäfte (darunter sechs große Kaufhäuser),
- mehr als 110 Restaurants,
- 26 Kinosäle und ein IMAX-3D-Kino,
- einen Freizeitpark, ein Aquarium und ein Eishockeyfeld,
- das größte Indoor-Freizeitbad Nordamerikas („World Waterpark"),
- das Themenhotel „Fantasyland" (mit 360 Zimmern),
- mehr als 20.000 Parkplätze.

Mit diesem umfangreichen und vielfältigen Angebot, das flächenmäßig zu 60 % aus Shops und zu 40 % aus Unterhaltungseinrichtungen besteht, stellt die „West Edmonton Mall" nicht nur eine regionale Versorgungseinrichtung dar, sondern fungiert auch als *Destination für Kurzurlaubsreisen*. Bei den 22 Mio. Besuchern, die jährlich in die Mall kommen, handelt es sich zu ca. 20-27 % um Touristen (vgl. JOHNSON 1987, S. 67; FINN/ERDEM 1995, S. 372; WATKINS-MILLER 1997).[257]

---

[257] HOPKINS (1991, S. 272) beziffert den Anteil der Touristen an der Gesamtbesucherzahl sogar auf 46 %. Da in den Urban Entertainment Centern - im Gegensatz zu Themenparks - kein Eintritt erhoben wird, basieren diese Angaben auf stichprobenartigen Zählungen, Befragungen und Schätzungen (vgl. FINN/ERDEM 1995).

Nach dem Vorbild der „West Edmonton Mall" wurde im Jahr 1992 in der Agglomeration Minneapolis/St. Paul (USA) das größte Urban Entertainment Center der
USA eröffnet - die *„Mall of America"*. Der Gesamtkomplex umfasst 390.000 qm
Fläche, die zu 60 % vom Einzelhandel genutzt wird (vier Großkaufhäuser und
mehr als 500 Shops). Zum Unterhaltungsangebot gehören u. a. (vgl. Jerde Partnership 1992a; FRANCK 1999, S. 110; EISLEB 2000, S. 8):

- ein großer Indoor-Freizeitpark (mit 25 Fahrgeschäften und Attraktionen),[258]
- ein Aquarium („Underwater World"),[259]
- ein Dinosaurier-Museum,
- ein „Lego Imagination Center",
- ein Minigolfplatz („Adventure-Minigolf-Mountain"),
- ein Multiplex-Kino mit 14 Sälen.

Bei der „Mall of America" handelt es sich um das *meistbesuchte Urban Entertainment Center der Welt* und um die *wichtigste touristische Attraktion der USA*.
Mit mehr als 40 Mio. Gästen erreicht sie jährlich ein höheres Besucheraufkommen, als „Disneyland", „Graceland" und der Grand Canyon zusammen (vgl. NEL-
SON 1998, S. XV; GOSS 1999, S. 52).

Die Gäste kommen zu einem überwiegenden Teil aus dem bevölkerungsreichen
Umland (ca. 28 Mio. Menschen können sie im Rahmen eines Tagesausflugs erreichen). Aufgrund des verkehrsgünstigen Standorts reisen aber auch viele Besucher
aus anderen US-amerikanischen Bundesstaaten und aus dem Ausland an (die
„Mall of America" liegt in direkter Nähe zum Minneapolis/St. Paul International
Airport). Für die Mall sind *ausländische Touristen* (ca. 6 % der Kunden) eine
besonders lukrative Zielgruppe, da sie mit 275 US-Dollar deutlich höhere durch-
schnittliche Ausgaben tätigen als die US-amerikanischen Touristen (165 US-
Dollar) bzw. als die lokalen Konsumenten, die pro Besuch im Mittel 110 US-
Dollar ausgeben (vgl. JANSSEN 2007, S. 84).

Der Markterfolg dieser großen nordamerikanischen Urban Entertainment Center
führte dazu, dass das Konzept einer Verknüpfung von Shops, Restaurants und
Unterhaltungseinrichtungen bis in die Gegenwart einen *internationalen Boom*
erlebte - von Großbritannien und Deutschland über Warschau und Moskau bis
nach Dubai und Kuala Lumpur (→ 2.3.6). Obwohl die einzelnen Einrichtungen

---

[258] Ursprünglich wurden in diesem Freizeitpark die „Peanuts"-Comic-Figuren des Zeich-
ners Charles M. Schulz thematisiert („Knott's Camp Snoopy"). Nach gescheiterten Li-
zenzverhandlungen wurde er im Januar 2006 in „The Park at MOA" umbenannt (vgl.
de.wikipedia.org/wiki/Mall_of_America vom 22. Januar 2008).

[259] In diesem Aquarium gleiten die Besucher auf einem *moving walkway* (Transportband)
durch nahtlose, transparente Acryltunnel. Die Becken befinden sich direkt über ihren
Köpfen. Auf diese Weise können sie die Fische aus einer ungewöhnlichen Perspektive
beobachten - wie bei einem Tauchgang (vgl. MURET 1996).

jeweils ein spezifisches Angebotsprofil aufweisen, basieren alle auf den gleichen Konstruktionsprinzipien.

2.3.3 Die Inszenierung von Urbanität: Konstruktionsprinzipien und Kritik

Die Urban Entertainment Center verfolgen das zentrale Ziel, im Bereich der ange-botenen Komponenten über einen *Alleinstellungscharakter im Einzugsgebiet* zu verfügen und einen *regionalen Bedeutungsüberschuss* zu schaffen. Durch ihren erlebnisorientierten Angebotsmix wollen sie außerdem eine gleich bleibend hohe Anziehungskraft und damit eine hohe Marktdurchdringung erreichen.

Die Einbindung von Freizeiteinrichtungen soll für eine *hohe Verweildauer* sorgen (3-6 Std.) und auch die *Ausgabenbereitschaft der Besucher* erhöhen (vor allem durch Spontankäufe). Die räumliche Konzentration der einzelnen Angebote und das zentrale Center-Management dienen dazu, Synergieeffekte zwischen den Nut-zungsarten und interne Kostenvorteile zu nutzen sowie Nachfrageschwankungen auszugleichen (vgl. QUACK 2001, S. 33-34).

Konstruktionsprinzipien von Urban Entertainment Centern

Um diese Ziele zu erreichen, nutzen die Projektentwickler von Urban Entertain-ment Centern folgende *Konstruktionsprinzipien*:

- *Größe und Struktur:* Die Urban Entertainment Center beeindrucken vorrangig durch ihre ungewöhnliche Größe. Die Nutzfläche beträgt in der Regel mindes-tens 20.000-30.000 qm (vgl. BESEMER 2008, S. 742).[260] Allerdings wird dieser Wert von den Mega-Malls um ein Vielfaches überschritten. So verfügt z. B. das größte Zentrum der Welt - der „Berjaya Times Square" in Kuala Lumpur (Ma-laysia) - über eine Verkaufsfläche von 700.000 qm (= 95 Fußballfelder).[261] Die „Mall of America" ist so groß, dass der Rote Platz in Moskau dort fünf Mal un-terzubringen wäre und der Petersdom in Rom ca. 20 Mal (vgl. RHEES 1993, S. 19; GUTERSON 1993, S. 49). Innerhalb der Einrichtungen weisen vor allem die *Magnetbetriebe* bzw. *Ankermieter* eine beeindruckende Größe auf: Durch ihre Attraktivität wird eine hohe Kundenfrequenz erzeugt, die eine wesentliche Voraussetzung für den Erfolg des Zentrums ist.

---

[260] FRANCK (2000, S. 37) nennt 15.000 qm Nutzfläche als „mindestoptimale Betriebsgröße" bzw. 25.000-65.000 qm, wenn durch ein Urban Entertainment Center ein Einzugsgebiet von ca. 100 km Radius erschlossen werden soll.

[261] vgl. de.wikipedia.org/wiki/Einkaufszentrum vom 19. März 2008

Abb. 43: Zu den typischen Bausteinen von Urban Entertainment Centern gehören food courts - marktplatzähnliche Bereiche, die von zahlreichen Schnellrestaurants umgeben sind. Nach dem Prinzip der Multioptionalität können sich z. B. die Besucher der „Coca-Cola-Oase" im „CentrO" ihr persönliches Menü aus einem breiten Angebot an Speisen und Getränken aus Italien, Griechenland, Asien etc. zusammenstellen.

Dabei kann es sich sowohl um großflächige Einzelhandelsangebote (z. B. Kaufhäuser) handeln als auch um populäre Freizeiteinrichtungen wie Multiplex-Kinos,[262] Indoor-Freizeitparks bzw. Musical-Theater.[263] Zu den typischen Bausteinen von Urban Entertainment Centern gehören auch *food courts* - marktplatzähnliche Bereiche, die von zahlreichen Schnellrestaurants umgeben sind. Dort können sich die Besucher ihr persönliches Menü aus einem breiten Angebot an Speisen und Getränken zusammenstellen (vgl. BESEMER 2004, S. 178; Abb. 43).

- *Zielbezug und Branchen-Mix*: Urban Entertainment Center basieren auf präzisen ökonomischen Planungsprinzipien, die durch das einheitliche Center-Management konsequent umgesetzt werden. Eine besondere Rolle spielt dabei der *spezifische Branchen-Mix des Einzelhandels*, da er „limits competition between tenants and maintains an illusion of variety and uniqueness - even though most stores are part of international chains" (KRUPA 1993, S. 3). Gleichzeitig dient er dazu, das Angebot der Urban Entertainment Center - im Vergleich zum Mix traditioneller Shopping Center - zu profilieren. Es besteht überwiegend aus Geschäften mit Waren des mittleren und gehobenen Bedarfs, aus kleinen Läden mit Freizeitprodukten und Geschenkartikeln sowie aus *concept stores,* in denen eine

---

[262] vgl. ULBERT (2000), FREITAG/KAGERMEIER (2002) und FREITAG (2003) zu Multiplex-Kinos generell

[263] vgl. TMA (1999) zur Funktion und Bedeutung von Musical-Theatern in Urban Entertainment Centern

inszenierte Produktpräsentation stattfindet. Der Lebensmitteleinzelhandel spielt hingegen keine große Rolle, da er mit der angestrebten hohen Verweildauer in den Einrichtungen unvereinbar ist (vgl. FRANCK 2000, S. 37; CRAWFORD 2000, S. 8-9).

- *Berechenbarkeit, Kontrolle und Sicherheit:* Die Urban Entertainment Center präsentieren sich den Konsumenten als *saubere, sichere und wetterunabhängige Orte des Konsums* - und damit als eine attraktive Alternative zu den Innenstädten. So wird z. B. die Temperatur in der „Mall of America" durchgängig auf 22° Celsius gehalten - unabhängig von der Außentemperatur, die im mittleren Westen der USA sehr große Schwankungen aufweist (heiße Sommer, kalte Winter). Bei jedem Wetter können die Besucher in bequemer Freizeitkleidung durch die Mall bummeln (vgl. EISLEB 2000, S. 9).[264] Für die Sicherheit sorgen 130 *security officers* und mehr als 100 Videokameras, mit denen sich per Zoom Gegenstände von der Größe einer Hand oder Brieftasche erfassen lassen (vgl. GUTERSON 1993, S. 54). Außerdem sind ständig Reinigungskräfte im Einsatz, um die Einrichtung zu säubern: „Alles Hässliche, selbst das Alltägliche und leider Notwendige, hat in der Mall keinen Platz" (HATZFELD 1998, S. 42).

- *Abgrenzung gegenüber der Umgebung:* Urban Entertainment Center verfügen in der Regel nicht über Fenster, Terrassen, Balkone etc. Sie ähneln deshalb einem „permanently docked space-ship" (vgl. GUTERSON 1993, S. 56) oder einem „fine looking fortress" (HERWIG/HOLZHERR 2006, S. 123). Mit Hilfe einer *aufwändigen technischen Innengestaltung* werden die Besucher aus dem Alltag entführt und in eine eigene Welt versetzt, in der sie jeglichen Zeit- und Raumbezug vergessen (in der Mehrzahl der Center finden sich keine Uhren). Zur Schaffung einer angenehmen Atmosphäre kommen Lichteffekte, Pflanzen und Musik zum Einsatz.[265] Die „Mall of America" verfügt z. B. über drei separate Sound-Systeme: In den Gängen wird leise Hintergrundmusik (*Muzak*) gespielt und im Freizeitpark läuft ständig das Geräusch zirpender Grillen vom Band; außerdem können die Geschäfte nach den individuellen Wünschen der Mieter beschallt werden (vgl. STERNE 1997, S. 22).[266]

---

[264] vgl. GRAAF, V. (1994): Fast wie im Paradies. - In: Süddtsch. Ztg., 04. Mai

[265] In der „Mall of America" gibt es ca. 400 Bäume sowie 30.000 andere Pflanzen. Da die konstant gehaltene Temperatur in der Mall nicht den extremen Klimabedingungen in Minnesota entspricht, mussten allochthone Arten importiert werden - z. B. Rhododendren, Pinien sowie Feigen- und Olivenbäume (vgl. QUINN/SCOTT 1997, S. 5).

[266] Einige Shops haben eigene Musikzusammenstellungen entwickelt, um die Anmutungsqualität ihrer Produkte zu stützen. In „Victoria's Secret" (einem hochwertigen Dessousgeschäft) laufen z. B. CDs mit klassischer Musik, die von den Kunden auch gekauft werden können. Im Zeitraum 1989-1995 lag der Absatz bei mehr als 10 Mio. CDs (vgl. STERNE 1997, S. 36).

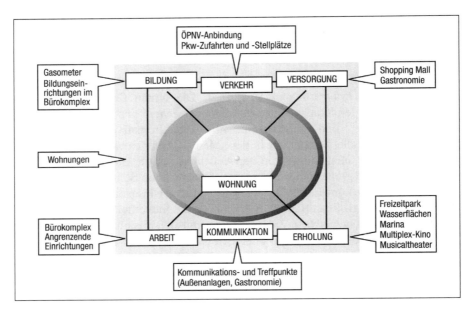

Abb. 44: Die Inszenierung von Urbanität findet in den Urban Entertainment Centern zum einen mit Hilfe von stadtplanerischen Elementen statt - z. B. durch Plätze, Sichtachsen und Gassen. Zum anderen wird der Eindruck einer städtischen Vielfalt durch den Angebots-Mix erreicht, da auf engem Raum unterschiedliche Daseinsgrundfunktionen miteinander kombiniert werden: Versorgung, Arbeit, Erholung, Kommunikation und Bildung (Quelle: Eigene Darstellung nach Angaben in QUACK 2001, S. 57).[267]

- *Inszenierung von Urbanität*: Das Thema der Urban Entertainment Center ist eine idealisierte Form der Stadt am Ende des 19. Jahrhunderts - als abwechslungsreicher Ort der Begegnung, der Unterhaltung und des Konsums. Um diese urbane Atmosphäre zu simulieren, nutzen die Architekten u. a. *stadtplanerische Elemente wie Plätze, symmetrische Achsen und enge Gassen*. Die Wegeführung innerhalb der Zentren wird bewusst eng und unübersichtlich gestaltet, um den Kunden das typische städtische Flair von Dichte, Lebendigkeit und Abwechslung zu suggerieren. Breitere Gänge sind so angelegt, dass sich die Besucher nicht zu weit von Schaufenstern entfernen (vgl. GERHARD 2001a, S. 8; VOSSEN 2004, S. 75). Außerdem verwenden die Urban Entertainment Center auch Straßennamen, um die Illusion einer Innenstadt zu kreieren - im „CentrO" gibt es z. B. die „Hauptstraße", den „Marktplatz", die „Bunte Gasse" und die „Parkallee". In der *Innenarchitektur* finden sich Zitate von Bauelementen, die aus unterschiedlichen historischen Epochen und Kulturräumen stammen. So besteht die „Horton Plaza" in San Diego (Kalifornien) aus Versatzstücken mediterraner und ägyptischer Gebäude; die Fassaden sind u. a. im Stil der Renaissance, des viktorianischen Zeitalters und der Art Deco gestaltet worden (vgl. BLÜM 2001, S. 53).

---

[267] Die Bezeichnungen einzelner Einrichtungen (Gasometer, Marina etc.) beziehen sich auf das „CentrO" in Oberhausen.

Schließlich basiert der Erfolg der Einrichtungen auf dem konzentrierten Angebots-Mix, da auf engem Raum die *unterschiedlichen städtischen Daseinsgrundfunktionen* miteinander kombiniert werden - dazu gehören Versorgung, Arbeit, Erholung, Kommunikation und Bildung: „Es ist ein Ort, an dem man außer Geborenwerden und Sterben problemlos ein ganzes Leben verbringen kann" (WILLENBROCK 2003, S. 3; Abb. 44).

Kritik an Urban Entertainment Centern

Während Urban Entertainment Center bei den Konsumenten auf große Akzeptanz stoßen (→ 2.3.4), sind sie unter Architekten sowie Stadtplanern und -soziologen heftig umstritten. Im Mittelpunkt der Kritik steht dabei die *simulierte Urbanität*: Demzufolge fungieren diese Einrichtungen als Projektionsflächen „vereinfachter Wunschvorstellungen eines geordneten, überschaubaren, sauberen, sicheren, schönen und bequemen städtischen Lebens" (ERNST 2002, S. 16; vgl. auch GOSS 1993, S. 22; 1999, S. 46).[268]

Mit einer Reihe von Argumenten belegt HATZFELD (1998, S. 33), dass es sich bei den Urban Entertainment Centern nicht um wirkliche urbane Zentren, sondern vielmehr um eine *„Antivorstellung von Stadt"* handelt (vgl. Tab. 7).

Als besonders kritisch wird der *privatwirtschaftliche* und damit *nicht demokratisch legitimierte Charakter der Urban Entertainment Center* betrachtet (vgl. KRUPA 1993, S. 6):[269] Damit stehen sie in deutlichem Gegensatz zu den Innenstädten, bei denen es sich um *öffentliche Räume* handelt - also um weitgehend herrschaftsfreie Orte der Begegnung, der Kommunikation und der Auseinandersetzung (vgl. GLASZE 2001, S. 161-167). Sie können von jedem Bürger in gleicher Weise genutzt werden - nicht nur zum Shopping oder zum Vergnügen, sondern auch zur Artikulation politischer Interessen und sozialer Ziele (z. B. in Form von Wohltätigkeitsbasaren, Unterschriftensammlungen und Demonstrationen).

---

[268] Auch der abgeschlossene und damit wirklichkeitsferne Charakter der Malls ist Gegenstand der Kritik: „No attempt is made at authenticity or even parody; there are no references in the mall outside its own existence" (BACKES 1997, S. 12).

[269] Die Kritik bezieht sich auch auf andere Aspekte der Urban Entertainment Center - z. B. das große Verkehrsaufkommen, den hohen Freiflächenverbrauch, die negativen kommunalwirtschaftlichen Auswirkungen (Aufwendungen im Infrastrukturbereich, Steuerausfälle im traditionellen Einzelhandel), die Beeinträchtigung des Stadtbildes sowie die ungünstige Veränderung der zentralörtlichen Struktur (vgl. SMITH 1991, S. 303; HATZFELD 1998, S. 45; QUACK 2001, S. 134-141; MAIER/GÖTZ 2001, S. 186).

Malls	Städte
entstehen zu einem Zeitpunkt	wachsen in Stufen und mit Brüchen
hantieren mit Geschichte	haben Geschichte
sind das Ergebnis einer einzigen Entscheidung und eines einzelnen Investors	sind Ausdruck von zahlreichen Interessen und Entscheidungen
sind privat und kontrolliert	sind öffentlich und weitgehend Unkontrolliert
sind unwirklich	sind Orte wirklichen Lebens
geben sich konfliktfrei und wider-spruchslos	sind Austragungsort von Konflikten und Widersprüchen
werden reguliert	regulieren sich weitgehend selbst

Tab. 7: Architekten sowie Stadtplaner und -soziologen setzen sich überwiegend kritisch mit den Urban Entertainment Centern auseinander. Nach ihrer Einschätzung handelt es sich nicht um reale städtische Zentren, sondern um wirklichkeitsfremde Orte, in denen urbanes Leben unter ökonomischen Rahmenbedingungen simuliert wird (Quelle: Eigene Darstellung nach Angaben in HATZFELD 1998, S. 44).

Ein Urban Entertainment Center ist hingegen ein *privates Gelände*, in dem die Betreibergesellschaft über das Hausrecht verfügt. Sie lässt das Areal deshalb nicht von der Polizei, sondern von einer eigenen Sicherheitstruppe bewachen. Darüber hinaus kann sie eigene Verhaltensregeln aufstellen bzw. missliebigen Personen den Zugang verwehren:

- Im *„Sony Center"* in Berlin dürfen die Besucher z. B. nicht auf den Treppenstufen sitzen, sondern nur auf den dafür bereitgestellten Bänken. Außerdem ist der Genuss alkoholischer Getränke außerhalb der Gastronomiebetriebe untersagt (vgl. GLASZE 2001, S. 165).

- Auf dem *„Universal CityWalk"* in Los Angeles ist es verboten, Baseballkappen verkehrt herum zu tragen, da diese Mode als symbolisches Verständigungszeichen von Jugend-Gangs betrachtet wird. Außerdem sind Ansammlungen größerer Gruppen und ein „unnötiges Herumstarren" untersagt (WILLENBROCK 2003, S. 3).

- Nachdem es in der *„Mall of America"* vermehrt zu Taschen- und Ladendiebstählen kam und das Management deshalb einen Imageverlust befürchtete, wurde Jugendlichen der Zutritt nach 18 Uhr nur in Begleitung von Erwachsenen gestattet (vgl. O'DOUGHERTY 2006).[270]

---

[270] Trotz der hohen Sicherheitsstandards handelt es sich bei einem Urban Entertainment Center nicht um einen völlig gewalt- bzw. konfliktfreien Raum. Mit seiner zunehmenden Bedeutung als sozialer Treffpunkt wird es auch zu einem „forum for many of the mundane, everyday activites of a large urban community" (HOPKINS 1990, S. 14) - z. B. Sachbeschädigungen, Betrugsdelikten, Einbrüchen etc.

Damit tragen Urban Entertainment Center aber zu einer *Privatisierung des öffentlichen Raumes* bei, für die es vor allem in den USA bereits zahlreiche andere Beispiele gibt. Dazu zählen *sky walks* (geschlossene Fußgängerbrücken in den Innenstädten), *gated communities* (eingezäunte und bewachte Wohnsiedlungen) sowie *business improvement districts* - kommerzielle Stadtquartiere, in denen ein privates Management für Reinigungs- und Sicherheitsdienste sowie ein gemeinsames Marketing verantwortlich ist (vgl. HAHN 1996; GLASZE 2001, S. 167-173).

Diese Entwicklung hat *weit reichende gesellschaftspolitische Implikationen*: Sie führt einerseits zur Ausgrenzung von Personen mit abweichendem Verhalten und von finanzschwachen Bevölkerungsgruppen, da in den Urban Entertainment Centern nur das „credit-card citizenship" gilt (GOSS 1993, S. 26). Andererseits tragen sie zum *Verlust von Öffentlichkeit* bei, denn das Versammlungs- und Demonstrationsrecht stellt einen zentralen Bestandteil demokratischer Gesellschaften dar. Mit dem Begriff der Urbanität ist außerdem die Bereitschaft verbunden, sich mit *andersartigen Lebensformen* - z. B. von Obdachlosen oder Außenseitern - auseinander zu setzen und diese zu akzeptieren (vgl. VOSSEN 2004, S. 66).

Die spezielle Wirkung der Urban Entertainment Center auf das urbane Leben besteht darin, dass es sich bei ihnen um unterschwellig thematisierte *Alltagseinrichtungen* handelt, die von Besuchern regelmäßig genutzt werden. Alle anderen Themenwelten (Themenparks, Markenerlebniswelten, Zoologische Gärten etc.) sind hingegen klar dem *Freizeitbereich* zuzuordnen; sie stellen damit Gegenwelten zum Alltag dar, in denen Thematisierung und Illusionsvermittlung von den Gästen bewusst gesucht, wahrgenommen und goutiert wird (vgl. HOPKINS 1990, S. 8).

Die kritische Auseinandersetzung mit dem Konzept der Urban Entertainment Center hat demzufolge nicht nur eine planerische oder architektonische Dimension, sondern vor allem einen *politischen Charakter*: „The effort to reclaim the city is the struggle for democracy itself" (SORKIN 2000a, S. XV).[271]

2.3.4 Die Besucher: Einstellungen - Merkmale - Aktivitäten

Ungeachtet dieser fachwissenschaftlichen Diskussion stößt das Konzept der Urban Entertainment Center bei der deutschen Bevölkerung auf eine große Akzeptanz, die sich zum einen in *hohen Besucherzahlen* widerspiegelt (OPASCHOWSKI/PRIES/ REINHARDT 2006, S. 126). Im Jahr 2006 haben *36 % der Bundesbürger* ein Urban Entertainment Center besucht; auf der Skala beliebter Freizeitattraktionen rangieren diese Einrichtungen damit auf dem dritten Rang (nach Jahrmärkten und Zoologischen Gärten).

---

[271] vgl. GOSS (1993, S. 41-43) zu unterschiedlichen Formen eines bürgerlichen Widerstands gegen Urban Entertainment Center (Protest, Boykott, Störaktionen, Nutzung ohne Konsum)

Anderseits kommt die Akzeptanz der Urban Entertainment Center auch in *hohen Zufriedenheitswerten* zum Ausdruck. Von den Besuchern werden folgende Merkmale besonders positiv beurteilt (vgl. HEINEBERG/MAYR 1996, S. 16; FREHN 1996a, S. 326-327; QUACK 2001, S. 125-127):[272]

- die gepflegte Atmosphäre,
- das umfassende und vielfältige Warenangebot,
- das erlebnisreiche Unterhaltungsangebot,
- die einheitlichen Öffnungszeiten,
- die gute Beschilderung,
- die Wetterunabhängigkeit,
- die kostenlosen Parkplätze.

Diese Zufriedenheitsaspekte stehen in engem Zusammenhang mit *Fehlentwicklungen in zahlreichen Städten.*[273] Dazu zählen neben den Bausünden der 1970er- und 1980er-Jahre auch hohe Parkgebühren und leer stehende Geschäfte.[274] Viele Konsumenten empfinden die Innenstädte als dreckig und laut; außerdem fühlen sie sich durch Drogenabhängige, Bettler etc. belästigt (vgl. ROMEISS-STRACKE 1999, S. 143).

In dieser Situation stellen die Urban Entertainment Center offensichtlich eine attraktive Alternative dar, um in einer entspannten Atmosphäre Einkaufen zu gehen und sich zu vergnügen. Sie werden deshalb zunehmend auch als *Bühnen für gesellschaftliche Aktivitäten genutzt:*

- Vor allem von jüngeren Besuchern (*mall rats*) werden sie als *beliebte Treffpunkte* für eine zwanglose soziale Kommunikation genutzt, die früher in den Innenstädten stattgefunden hat. In den USA hat sich dieses *mallingering* - also der Besuch einer Mall ohne konkrete Kaufabsicht - bereits zu einer populären Lebensform von Jugendlichen entwickelt (vgl. HALLSWORTH 1988, S. 27; HOPKINS 1991, S. 269-270).

---

[272] Im Vergleich zu anderen Themenwelten ist die Zufriedenheit mit Urban Entertainment Centern allerdings etwas geringer: Sie werden nur mit der Schulnote 2,1 bewertet; Musicals, Open-Air-Events und Themenparks erhalten hingegen Noten zwischen 1,5 und 1,7 (vgl. OPASCHOWSKI/PRIES/REINHARDT 2006, S. 157; OPASCHOWSKI 1998, S. 34).

[273] Nach Einschätzung von Jon Jerde, der als weltweit erfolgreichster Architekt von Urban Entertainment Centern gilt, haben viele Städte „vor langer Zeit aufgehört, den öffentlichen Raum zu gestalten (...), also habe ich mich des architektonischen Drecks - der Warenhäuser, Washcenter, Tierkliniken und Tankstellen - angenommen, um wieder Plätze für Gemeinschaften zu kreieren" (zitiert nach WILLENBROCK 2003, S. 2).

[274] Auch in Urban Entertainment Centern gibt es Leerstände, die den Kunden allerdings nicht auffallen, da die Schaufensterflächen bis zur nächsten Vermietung durch eine Kulissenarchitektur als Wände gestaltet werden (vgl. GOSS 1993, S. 22; HERWIG/HOLZHERR 2006, S. 134).

- Aufgrund der angenehmen Temperatur und der hohen Sicherheitsstandards nutzen auch viele *ältere Menschen* die Malls, um sich zu treffen bzw. um Spazieren
zu gehen. In den USA wurde sogar eine „National Organisation of Mall Walkers
in America" gegründet; außerdem führt die „Mall of America" jährlich den
Wettbewerb „Mall Walker of the Year" durch (vgl. CRAWFORD 1992, S. 79;
BLÜM 2001, S. 42).

- In den USA finden in den Urban Entertainment Centern sogar *wichtige familiäre
Ereignisse* statt. So werden z. B. in der Kapelle der „Mall of America" jährlich
ca. 500 Paare getraut, von denen sich einige beim Einkaufsbummel kennen gelernt (vgl. BESEMER 2004, S. 367).[275]

*Besucher von Urban Entertainment Centern: Einstellungen, soziodemographische
Struktur und Verhaltensweisen*

Die große Akzeptanz und Beliebtheit der Urban Entertainment Center basiert
vorrangig auf dem *Wertewandel der Konsumenten*, der seit den 1980er-Jahren
stattgefunden hat. Während zunächst die Versorgung mit Waren im Mittelpunkt
des Konsums stand, haben Freizeit- und Erlebnisaspekte zunehmend an Bedeutung
gewonnen (vgl. OPASCHOWSKI/PRIES/REINHARDT 2006, S. 43-46; → 1.3.1):

- Gegenwärtig gelten nur noch 59 % der deutschen Bevölkerung als *Normal- bzw.
Sparkonsumenten*, die sich freiwillig bzw. aufgrund ökonomischer Zwänge auf
den Kauf notwendiger Artikel beschränken.

- Bei 41 % der Deutschen handelt es sich hingegen um *Anspruchs-, Anpassungs-,
Geltungs- oder Luxuskonsumenten*, für die das Einkaufen ein erlebnisorientiertes
Shopping sein soll - in einem angenehmen Ambiente, mit einem gastronomi-
schen Angebot sowie mit zusätzlichen Unterhaltungsmöglichkeiten.

Mit ihrem multifunktionalen Angebot sprechen die Urban Entertainment Center
vor allem das Marktsegment der *Freizeit-Shopper* an, deren Merkmale und Ein-
kaufsgewohnheiten bereits im Jahr 1995 im Rahmen einer empirischen Studie in
Kanada untersucht worden sind (vgl. GERHARD 1998, S. 195; Tab. 8).[276]

Die Besucherstruktur, das Aktivitätsspektrum und die Einzugsgebiete eines Urban
Entertainment Center hängen von der jeweiligen Angebotskonzeption ab. Generell
weisen sie bei freizeitorientierten Einrichtungen folgende *typische Merkmale* auf
(vgl. FRANCK 1999, S. 94):

---

[275] vgl. JAHN, D. (2006): Gigantisch ist nicht groß genug. - In: Spiegel Online, 10. Februar
[276] vgl. auch FREHN (1996) zu einer umfangreichen empirischen Untersuchung über Kon-
sumententypen in Deutschland sowie JACKSON (1991) zu unterschiedlichen Formen des
Shoppings in der Freizeit

	Freizeit-Shopper	*Versorgungseinkäufer*
Soziodemographische Merkmale		
Geschlecht	häufiger weiblich	häufiger männlich
Alter	jüngere und ältere Altersgruppen	mittlere Altersgruppen
Familienstand	eher ledig, keine Kinder	häufiger verheiratet und Kinder
Einkaufsgewohnheiten		
Häufigkeit von Einkäufen	fast täglich	ein bis zwei Mal pro Woche
Stellenwert von Shopping Centern	deutliche Bevorzugung von Shopping Centern	geringere Bevorzugung von Shopping Centern
Einstellung zur Innenstadt	positivere Einstellung zur Innenstadt	sucht fast nie die Innenstadt auf
Besuch anderer großer Malls	sehr beliebt	weniger beliebt
Besuchsmerkmale		
Begleitpersonen	häufiger mit anderen Personen	häufiger allein oder mit Kindern
Interesse an der Mall	an der gesamten Mall interessiert	überwiegend an Magnetbetrieben interessiert
Verzehr von Snacks	meistens mit Imbiss verbunden	nicht unbedingt mit Imbiss verbunden

Tab. 8: Mit ihrem multifunktionalen Angebot sprechen die Urban Entertainment Center vor allem die Freizeit-Shopper an, für die das Einkaufen ein erlebnisorientiertes Shopping sein soll - in einem angenehmen Ambiente, mit einem gastronomischen Angebot sowie mit zusätzlichen Unterhaltungsmöglichkeiten (Quelle: Eigene Darstellung nach Angaben in GERHARD 1998, S. 195).

- Unter den Besuchern dominiert die *Zielgruppe der 15-45-Jährigen* (speziell die 15-39-Jährigen, die ca. zwei Drittel der Kunden ausmachen). Für Jugendliche und junge Erwachsene erweisen sich dabei die Multiplex-Kinos als besonders attraktive Freizeiteinrichtungen (vgl. KAGERMEIER 2001, S. 193-194; REUBER/ WOLKERSDORF 2006, S. 240-241).

- Neben den Bewohnern des Umlandes spielen auch *Tagesausflügler* und *Touristen* eine wichtige Rolle. Von einigen Urban Entertainment Centern bzw. den

Städten werden *spezielle Pauschalreiseangebote* entwickelt, um diese Zielgruppen anzusprechen.[277]

- Bei den Kunden handelt es sich vor allem um *Angehörige der mittleren und oberen sozialen Schicht* (die häufig in Ein-Personen-Haushalten wohnen).

- *Frauen* sind speziell unter den freizeitorientierten Besuchern stärker vertreten als Männer, die in stärkerem Maße versorgungsorientiert einkaufen (vgl. GERHARD 1998, S. 195).[278]

- Als Hochfrequenzimmobilien sind die Urban Entertainment Center auf eine *große Besucherzahl* angewiesen; ihr Konzept umfasst dabei zumeist ein weit gefasstes Oberthema (z. B. Zukunft, Sport, Kultur), das für eine breite Zielgruppe von Interesse ist.

- Die durchschnittliche *Verweildauer* in den Urban Entertainment Centern beläuft sich auf drei bis sechs Stunden - abhängig vom jeweiligen Angebot-Mix.

- Ein attraktives Veranstaltungsprogramm sorgt dafür, dass es sich bei zwei von drei Kunden um *Wiederholungsbesucher* handelt.

- Der *regionale Einzugsbereich* eines Urban Entertainment Centers ist zumeist auf einen Radius von 30-60 Fahrminuten ausgerichtet.[279] So beläuft sich die durchschnittliche Fahrzeit zu diesen Einrichtungen auf ca. 45 Minuten - bei Themenparks hingegen auf ca. 77 Minuten (vgl. OPASCHOWSKI/PRIES/REINHARDT 2006, S. 155).

In Deutschland gilt das *„CentrO"* in Oberhausen als erstes und erfolgreichstes Urban Entertainment Center. Nach der Eröffnung im Jahr 1996 löste es einen Besucheransturm aus: Innerhalb von neun Tagen kamen mehr als eine Million Besucher.

---

[277] Die „Tourismus & Marketing Oberhausen GmbH" bietet z. B. mehrere Pauschalreisepakete an, die u. a. einen Besuch im „CentrO" beinhalten (vgl. www.oberhausen-tourismus.de).

[278] Zu diesem geschlechtsspezifischen Einkaufsverhalten kursiert in den USA das Sprichwort: „A woman's place is in the mall". Auf der Basis ihrer empirischen Untersuchungsergebnisse in zehn neuen Einkaufszentren in Berlin bezeichnet DÖRHÖFER (2008, S. 171) die Shopping Mall als „Frauenraum".

[279] Nach einer Faustregel sollten im Umkreis von einer Fahrstunde mindestens eine Million Menschen leben (vgl. FRANCK 2000, S. 36; FRECHEN 2007, S. 571).

2.3.5   Fallstudie: „Centr*O*", Oberhausen

Für die Ansiedlung von Urban Entertainment Centern gelten ähnliche *Standortfaktoren* wie für andere Themenwelten; dazu gehören vorrangig preiswerte Flächen, ein großes Bevölkerungs- und damit Nachfragepotenzial sowie eine gute Verkehrsanbindung. Aus Sicht der Planer und Investoren wies die *Stadt Oberhausen* Ende der 1980er-Jahre ideale Standortbedingungen auf:

- *Industrielle Brachfläche*: Die Stadt Oberhausen war erst im Jahr 1929 durch die administrative Zusammenlegung der bis dahin selbstständigen Städte Osterfeld, Sterkrade und Oberhausen (heute: Alt-Oberhausen) entstanden. Damals waren die Stadt und speziell der lokale Arbeitsmarkt in hohem Maße von der Schwerindustrie abhängig. Als Folge der anhaltenden Kohle- und Stahlkrise kam es seit den 1960er-Jahren zur Schließung von Zechen, Kokereien und Hüttenwerken. Die Stadt verlor 47.000 Arbeitsplätze; gleichzeitig entstand in der geographischen Mitte Oberhausens eine industrielle Brachfläche von ca. 100 ha. Angesichts veränderter Wettbewerbsbedingungen konnte die Ansiedlung neuer, großer Industriebetriebe an diesem Standort ausgeschlossen werden (vgl. STRATHEN 1998, S. 30).

- *Bevölkerungspotenzial und Verkehrsanbindung*: Mit 5,3 Mio. Einwohnern ist das Ruhrgebiet der größte deutsche Ballungsraum und eine der größten Bevölkerungsagglomerationen in Europa (neben der Île de France, Moskau, Greater London und Istanbul).[280] Innerhalb des Ruhrgebiets verfügt die Stadt Oberhausen über eine günstige Lage, denn in einem Radius von 30-Minuten-Fahrzeit leben ca. 5 Mio. Menschen und im Umkreis von weniger als 60 Minuten ca. 15 Mio. (vgl. FRANCK 2000a, S. 40). Darüber hinaus ist das Gelände in Oberhausen verkehrsmäßig gut erschlossen: So finden sich im Umkreis von 2,5 Kilometern zwölf Autobahnanschlüsse.[281]

Angesichts dieser guten Standortbedingungen gab es bereits im Jahr 1988 Pläne der kanadischen Investorengruppe „Triple Five", in Oberhausen das größte Urban Entertainment Center der Welt zu errichten. Als konzeptionelles Vorbild dieses geplanten *„World Tourist Center"* diente die „West Edmonton Mall", die ebenfalls von dem Unternehmen erbaut worden war. Allerdings sollte das deutsche Center mit einer Nutzfläche von 675.000 qm nahezu doppelt so groß werden. Aufgrund der negativen Bewertung durch Fachgutachter, aber auch der öffentlichen Kritik, wurde dieses Projekt nicht realisiert (vgl. BLOTEVOGEL/DEILMANN

---

[280] vgl. de.wikipedia.org/wiki/Ruhrgebiet vom 02. Juni 2008

[281] Nach dem Bau des „Centr*O*" wurde außerdem die Anbindung an das Liniennetz des ÖPNV im Oberhausener Stadtgebiet verbessert. Das Center verfügt über eine eigene Haltestelle für Busse und Straßenbahnen (www.centro.de/jobfakten/dateien/Oberhausen ImStrukturwandel_Futura.pdf vom 03. Juni 2008).

1989, S. 640-641; FREHN 1995, S. 71-82; RÖCK 1996; S. 379-380; QUACK 2001, S. 46-47).

Nachdem das Land Nordrhein-Westfalen hohe Fördermittelzusagen für die Flächenaufbereitung und die Errichtung einer öffentlichen Infrastruktur gemacht hatte, konnte das Gelände an eine *britische Investorengruppe* verkauft werden. Das Unternehmen verfügte bereits über Erfahrungen beim Bau und Betrieb eines Urban Entertainment Centers: Wie bei der „Meadowhall" in Sheffield (GB) übernahm es auch in Oberhausen die Finanzierung, Erschließung und Verwaltung (vgl. BRUNSING 2002, S. 282-283). Für die geplante „Neue Mitte Oberhausen" wurde zunächst ein *städtebaulicher Rahmenplan* entwickelt, der u. a. ein komplexes Dienstleistungs- und Freizeitzentrum, einen Büro- und Gewerbepark, ein Technologiezentrum, einen Bootshafen und eine Landesgartenschau vorsah (vgl. STRATHEN 1998, S. 30-31).

Die Umsetzung dieser Konzeption begann im Jahr 1996 mit der Eröffnung des „CentrO"; seitdem wurde das Angebot der *„Neuen Mitte Oberhausen"* sukzessive ausgebaut. Im Gegensatz zur „West Edmonton Mall" bzw. zur „Mall of America" befinden sich die zahlreichen Einrichtungen nicht unter einem Dach und werden auch nicht durch ein zentrales Center-Management verwaltet. Es handelt sich vielmehr um eine *weitgehend unverbundene Addition unterschiedlicher Attraktionen*; dazu zählen u. a.:[282]

- das *„CentrO"* (ein Shopping Center mit 200 Einzelhandelsgeschäften auf 70.000 qm Nettoverkaufsfläche und mit einem großen *Food Court*),
- eine außerhalb angegliederte *gastronomische Meile* (mit ca. 20 Themenrestaurants),
- das *Multiplex-Kino „Village-Cinema"* (mit neun Sälen und 2.532 Sitzplätzen),
- das *„Metronom Theater"* (ein Theatergebäude, das ursprünglich für eine Musical-Produktion errichtet wurde und inzwischen für Shows genutzt wird),
- der *„CentrO.Park"* (ein familienorientierter Freizeitpark mit 80.000 qm Fläche; vgl. Abb. 45),
- der *„Gasometer"* (ein Industriedenkmal, das nach aufwändigem Umbau als Aussichtsturm und als Veranstaltungsraum für Ausstellungen, Konzerte etc. genutzt wird),
- die *„König-Pilsener-Arena"* (eine multifunktionale Veranstaltungshalle mit 13.000 Plätzen),
- die *„Marina Oberhausen"* mit einem Freizeithafen und einem Aquarium („Sea Life Center"; → 2.5.5),
- 10.500 kostenlose *Parkplätze*,

---

[282] Der geplante Zukunftspark „O.Vision" mit dem Schwerpunkt „Gesundheitswirtschaft" wurde bislang aus fiskalischen Gründen nicht realisiert (vgl. BRUNSING 2002, S. 285-289; www.ovision.de).

Abb. 45: Bei dem „CentrO" handelt es sich um das erste und größte Urban Entertainment Center in Deutschland. Es entstand im Jahr 1996 auf einer industriellen Brachfläche - als zentraler Bestandteil der „Neuen Mitte Oberhausen". Dieses städtebauliche Projekt umfasst u. a. auch einen Freizeitpark (im Bildvordergrund), ein Multiplex-Kino, eine Multifunktionshalle, eine Marina sowie Bürogebäude.

- ein „*Business Park*" (mit 140.000 qm Fläche),
- das *Drei-Sterne-Hotel „Tryp CentrO Oberhausen"* (mit 210 Zimmern).

Seit der Eröffnung stößt das „CentrO" auf *große Akzeptanz*: Jährlich werden ca. 23 Mio. Besucher gezählt. Aufgrund seiner zahlreichen Freizeit- und Erlebnisangebote weist das „CentrO" eine hohe überregionale und sogar internationale Ausstrahlungskraft als *Tagesausflugs- bzw. Kurzurlaubsziel* auf. So stammen 49,5 % der Besucher nicht aus dem direkten Umland bzw. aus den Nachbarstädten; bei 4,9 % handelt es sich um niederländische Gäste.[283]

Wichtigste *Besuchsanlässe* sind dabei für 22 % der Nutzer der Kombinationskonsum (die Verbindung von Einkaufen und Bummeln), für 17 % das Bummeln (eine freizeit- und erlebnisorientierte Aktivität) und für 13 % kommunikative Elemente (z. B. Freunde treffen etc.). Speziell die *Multifunktionalität des „CentrO"* wird durch die Besucher positiv bewertet (vgl. QUACK 2000, S. 192-193; 2002, S. 114):

- 43 % gefällt der Angebotsmix,
- 15 % loben das Ambiente bzw. die Atmosphäre des Gesamtkomplexes,
- 12 % finden „einfach alles" gut.

---

[283] vgl. de.wikipedia.org/wiki/CentrO vom 25. Mai 2008

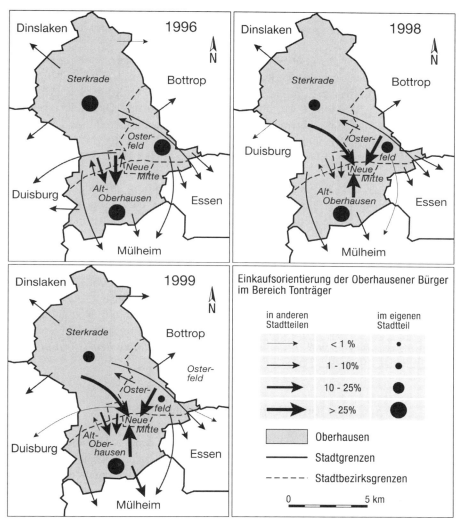

Abb. 46: Mit seinem attraktiven Angebots-Mix aus Geschäften, Restaurants und Freizeiteinrichtungen hat sich die „Neue Mitte Oberhausen" (speziell das „CentrO") zu einem beliebten Treffpunkt für die örtliche Bevölkerung entwickelt (z. B. für einen Einkaufsbummel), während die Stadtteile Sterkrade, Osterfeld und Alt-Oberhausen einen deutlichen Funktionsverlust verzeichnen mussten (Quelle: Eigene Darstellung nach Angaben in QUACK *2001, S. 96).*

Vor diesem Hintergrund ist auch die Tatsache nicht verwunderlich, dass sich die *auswärtigen Tagesgäste* im „Centr*O*" deutlich länger aufhalten als in den Fußgängerzonen der Oberhausener Stadtteile (durchschnittlich 4,26 Stunden bzw. 3,51 Stunden; vgl. QUACK 2001, S. 77).

Generell sind durch das „CentrO" die *Versorgungsbeziehungen und das Freizeit-verhalten der Bevölkerung von Oberhausen* grundlegend verändert worden:

- Speziell bei *Waren des gehobenen Bedarfs* (z. B. Tonträger, Elektrogeräte, Be-kleidung/Textilien, Schuhe, Lederwaren) konnte sich das „CentrO" als dominie-render Versorgungsstandort etablieren, während die traditionellen Geschäfts-zentren in den Stadtteilen Alt-Oberhausen, Sterkrade und Osterfeld erhebliche Umsatzrückgänge, eine Abwanderung von Betrieben und damit einen deutlichen Funktionsverlust verzeichnen mussten (vgl. QUACK/WACHOWIAK 1999, S. 96-106; QUACK 2001, S. 81-88; 2002, S. 115-116; CALLIES 1999, S. 43).

- Im *Freizeitbereich* hat sich eine ähnliche Entwicklung vollzogen: Aufgrund seines breiten und vielfältigen Angebots spielt das „CentrO" bei innenstadtrele-vanten Aktivitäten wie dem Einkaufsbummel sowie den Kino- und Restaurant-besuchen inzwischen eine herausragende Rolle (vgl. QUACK/WACHOWIAK 1999, S. 84-92; QUACK 2001, S. 78-97; KAGERMEIER 2001, S. 191-195; Abb. 46).

Diese Veränderungen lassen sich nicht nur für die städtische Bevölkerung, sondern auch für die Bewohner des Umlands beobachten. Aus der hohen Attraktivität des „CentrO" resultiert eine eigene Zentralität (darunter wird der Bedeutungsüber-schuss dieser Einrichtungen verstanden), die *Veränderungen in den regionalen Versorgungsstrukturen und in der traditionellen zentralörtlichen Hierarchie* aus-löst (vgl. RÖCK 1996, S. 377; QUACK 2001, S. 140).

2.3.6   Internationale Entwicklungen und Trends

Das Konzept der Urban Entertainment Center hat in den vergangenen drei Jahr-zehnten weltweit einen Boom erlebt. Allerdings unterliegen auch diese Einrichtun-gen - wie andere Vertriebsformen des Einzelhandels (Bedienungsläden, Kaufhäu-ser) - einem *Produktlebenszyklus*, der durch unterschiedliche Phasen gekennzeich-net wird (vgl. BUTLER 1991, S. 293-294; HAHN 2002, S. 23-25; DAMBERG/MÜL-LIGAN/WEITZEL 2005):[284]

- An die erfolgreiche *Markteinführung*, die auf einem innovativen Konzept ba-siert, schließt sich eine längere *Wachstumsphase* an, in der große Besucherzah-len zu einem rapiden Anstieg von Umsatz und Gewinn führen.

---

[284] Dieser Produktlebenszyklus verläuft immer schneller: Kaufhäuser erreichten erst 80 Jahre nach der Markteinführung ihre Reifephase, Heimwerkermärkte bereits nach ca. 15 Jahren; bei den Themenwelten sind die Zyklen noch kürzer (vgl. HAHN 2002, S. 24; REUBER/WOLKERSDORF 2006, S. 235).

- In der *Reifephase* verlieren die Einrichtungen ihren Wettbewerbsvorteil, da neue Konkurrenten das Konzept imitieren bzw. sich mit zeitgemäßen Angeboten am Markt positionieren. Die Umsätze und Gewinne stagnieren.

- Es kommt zu einem *Rückgang der Nachfrage* und zu einem *Verlust von Markt-anteilen*; diese Entwicklungen können nur durch einen *Relaunch* aufgefangen werden - z. B. in Form aufwändiger Umbauten oder neuer Angebote.[285]

Vor diesem Hintergrund weisen die Großregionen hinsichtlich der künftigen Entwicklung von Urban Entertainment Centern *unterschiedliche Wachstumspotenziale* auf.[286]

Perspektiven in Nordamerika: Marktsättigung und neue Konzepte

Da die Urban Entertainment Center in Nordamerika bereits in den 1980er- und 1990er-Jahren errichtet wurden, handelt es sich gegenwärtig um *relativ alte Einrichtungen*, die sich in einer späten Phase ihres Lebenszyklus befinden. Außerdem hat die wachsende Zahl an Konkurrenten dazu geführt, dass sie ihre ursprünglichen Wettbewerbsvorteile verloren haben: Neuigkeit und Einmaligkeit. Als ein grundsätzliches Problem gilt dabei der *hohe Filialisierungsgrad des Einzelhandels,* der Werte von 60 % bis 96 % erreicht (vgl. BLÜM 2001, S. 17).[287]

Inzwischen gibt es deutliche Hinweise auf eine *Marktsättigung:* So wurden im Zeitraum 2005-2007 nur fünf neue Malls eröffnet; gleichzeitig gerieten immer mehr Einrichtungen in wirtschaftliche Schwierigkeiten (vgl. IRAZÁBAL/CHAKRAVARTY 2007, S. 241). Ähnliche Entwicklungen sind bei den Multiplex-Kinos, *concept stores* und Themenrestaurants zu beobachten, die zu den wichtigen Bausteinen von Urban Entertainment Centern zählen (vgl. HAHN 2002, S. 134-137).

Darüber hinaus lässt sich in den USA eine *Weiterentwicklung des Urban Entertainment Center-Konzepts* beobachten. Unter dem Motto „The mall goes undercover - it now looks like a city street" sind in den letzten Jahren neuartige *Lifestyle Center* entstanden. Dabei handelt es sich nicht mehr um geschlossene, fensterlose Gebäudekomplexe, sondern um Open-Air-Einrichtungen, die - nach dem Vorbild

---

[285] So soll z. B. die „Mall of America" in den nächsten Jahren für den Bau weiterer Geschäfte, einer Eislaufbahn und eines neuen Hotels von 390.000 qm auf 520.000 qm erweitert werden (vgl. GELINSKY, K. [2008]: Das neue Einkaufsglück im Lifestyle Center. - In: Frankfurter Allgemeine Sonntagsztg., 27. April).

[286] Nach Einschätzung von FINN/RIGBY (1992, S. 143-144) bestehen in den Großregionen Nordamerika, Europa und Asien jeweils Nachfragepotenziale für 8-10 Mega-Multi-Malls.

[287] Anfang der 1990er-Jahre belief sich der Filialisierungsgrad in der „West Edmonton Mall" auf ca. 70 % (vgl. JONES 1991, S. 247; JOHNSON 1991, S. 257).

europäischer Innenstädte - über Bürgersteige, Plätze, Brunnen etc. verfügen.[288]
Außerdem hat die *traditionelle amerikanische Main Street* in zahlreichen Vororten
eine Renaissance erlebt (vgl. SOUTHWORTH 2005, S. 152).

Im Vergleich zu den Urban Entertainment Centern bzw. Malls ist der *durchschnittliche Flächenbedarf der Lifestyle Center* deutlich geringer; gleichzeitig sind die
flächenbezogenen Umsätze - aufgrund des hochwertigen Angebots der Einzelhandelsgeschäfte - um ca. 20-50 % höher.[289]

Während es in den USA im Jahr 2002 erst 20-30 derartige Einrichtungen gab,
beläuft sich ihre Zahl im Jahr 2008 bereits auf 270; weitere 116 befinden sich im
Bau.[290] Damit handelt es sich gegenwärtig um die *am schnellsten wachsende Angebotsform im erlebnisorientierten Einzelhandel*; als Beispiele sind u. a. zu nennen:[291]

- „*Desert Ridge Market Place*", Phoenix (Arizona),
- „*The Shops of Saddle Creek*", Germantown (Tennessee),
- „*Aspen Grove*", Littleton (Colorado),
- „*The Promenade Shops at Saucon Valley*", Center Valley (Pennsylvania),
- „*Mizner Park*", Boca Raton (Florida).

*Perspektiven in Europa: Stagnation in Deutschland
und neue Märkte in Zentral- und Osteuropa*

Im Gegensatz zu den USA, deren Stadtlandschaft durch Suburbanisierung, Fragmentierung und Gleichförmigkeit geprägt ist, verfügen europäische Städte in der
Regel über *historisch gewachsene Innenstädte* mit einer verdichteten Baustruktur,
abwechslungsreichen Straßen- und Platzräumen sowie einem vielfältigen Angebot
an Geschäften, Restaurants etc. (vgl. GERHARD 2001, S. 214; VOSSEN 2004,
S. 67).[292] Vor diesem Hintergrund war der Bedarf nach inszenierten pseudo-
urbanen Orten geringer als in Nordamerika. Dennoch sind in *Westeuropa* seit den
1990er-Jahren zahlreiche Urban Entertainment Center entstanden - vor allem in
Großbritannien (vgl. FRANCK 2000, S. 41).

---

[288] vgl. BLUM, A. (2005): The mall goes undercover - it now looks like a city street
(www.slate.com/id/2116246 vom 30. April 2008); GELINSKY, K. (2008): Das neue Einkaufsglück im Lifestyle Center. - In: Frankfurter Allgemeine Sonntagsztg., 27. April

[289] BHATNAGAR, P. (2005): Not a mall, it's a lifestyle center (www.money.cnn.com/
2005/01/11/news/fortune500/retail_lifestylecenter vom 30. April 2008)

[290] vgl. GELINSKY, K. (2008): Amerikaner mögen's luftig. - In: Frankfurter Allgemeine
Sonntagsztg., 15 Juni

[291] vgl. www.usatoday.com/money/industries/retail/2007-01-31-lifestyle-master_x.htm vom
30. April 2008 zu einer Liste von US-amerikanischen Lifestyle Centern

[292] vgl. HOLZNER (1996) zur Struktur und Dynamik nordamerikanischer Städte

In *Deutschland* hat zwar die Hälfte der 350 Shopping Center ihr Einzelhandelsangebot inzwischen um Freizeiteinrichtungen wie Multiplex-Kinos, Bowling-Center, Spielhallen etc. erweitert, aber es gibt nur wenige kombinierte Einkaufs- und Unterhaltungszentren, die von Anfang an als Urban Entertainment Center konzipiert wurden, dazu zählen u. a. (vgl. ACKER/HAHN 2006, S. 34):

- „*CentrO*" in Oberhausen,
- „*SI-Centrum*" in Stuttgart,
- „*Potsdamer Platz Arkaden*" in Berlin,
- „*Sony Center*" in Berlin,
- „*CAP*" in Kiel.

Darüber hinaus zeigen mehrere nicht realisierte bzw. gescheiterte Projekte (z. B. „Ufo" in Dortmund,[293] „Krystallpalast" in Leipzig,[294] „Ocean Park" in Bremerhaven und „Space Park" in Bremen), dass der Markt für diese Einrichtungen in Deutschland die *Reifephase* erreicht hat. Während in den 1990er-Jahren noch Planungen für 40-50 Projekte vorlagen, wird die künftige Entwicklung inzwischen aufgrund *mehrerer Hemmfaktoren* skeptischer beurteilt; dazu gehören u. a. (vgl. BESEMER 2004, S. 356; 2008, S. 742):[295]

- die *hohe Kapitalintensität*, das *große Investitionsrisiko* und die *geringe Nutzungsflexibilität* der Immobilie - speziell im Fall einer Folgenutzung (vgl. VOSSEN 2004, S. 75);

- der *lange Zeitraum*, der vor der Markteinführung für die Planung und Entwicklung, aber auch für die aufwändigen Regulations- und Genehmigungsverfahren notwendig ist (vgl. TROESTL 1997, S. 45);

- die *restriktive Regelung der Ladenöffnungszeiten*, durch die mögliche Synergieeffekte zwischen der Einkaufsnutzung und den Freizeitaktivitäten verhindert werden;

---

[293] vgl. CALLIES (1999) zu einer kritischen Auseinandersetzung mit dem „Ufo"-Projekt in Dortmund (Veränderung von Kaufkraftströmen, Wirkung auf den örtlichen Einzelhandel)

[294] Der geplante „Krystallpalast" - ein Urban Entertainment Center mit 64.000 qm Fläche - sollte an die Tradition des Standortes anknüpfen: Um 1900 befand sich dort die größte Unterhaltungseinrichtung Deutschlands - mit Varieté- und Zirkusveranstaltungen, Konzerten, Restaurants etc. (vgl. DALDRUP 2000).

[295] vgl. NOACK, R. (1998): In deutschen Städten entstehen Urban Entertainment Center - eine Mischung aus Amüsement und Kommerz (www.zeit.de/1998/11/entertain.txt.1998 0305.xml vom 20. Mai 2008); Deutschland wird zum Gaudipark. - In: Der Spiegel, (1997) 38, S. 130-133

- die *kurzfristigen Trends* im Gastronomie-, Freizeit- und Unterhaltungsbereich, die ständige Re-Investitionen notwendig machen (vgl. FRANCK/WENZEL 2001, S. 17).

Außerdem haben sich viele deutsche Städte am Vorbild der Urban Entertainment Center orientiert: Mit Hilfe des *City-Marketings* wurden die Innenstädte in den letzten Jahren wieder attraktiver gestaltet - z. B. durch Verschönerungsmaßnahmen, Management von Leerständen, Veranstaltung von Events etc. (vgl. REEVE 1996; GAUSMANN 1996; TROMMER 1996; ROMEIß-STRACKE 2000; MONHEIM 2001; 2007; FRECHEN 2007, S. 577; → 3.2.3).[296]

In anderen europäischen Ländern bestehen hingegen noch erhebliche Wachstumspotenziale für Urban Entertainment Center - vor allem in *Zentral- und Osteuropa*. Zu Beginn des 21. Jahrhunderts sind in mehreren Großstädten bereits Urban Entertainment Center entstanden; weitere Projekte befinden sich in der Bau- bzw. Planungsphase:[297]

- *„Mega"* in Moskau/Russland (2002; 150.000 qm Nutzfläche),[298]
- *„Akropolis"* in Vilnius/Litauen (2002; 108.000 qm),
- *„Arkadia"* in Warschau/Polen (2004; 103.00 qm),
- *„Palladium"* in Prag/Tschechien (2007; 58.500 qm).[299]

Perspektiven in Asien und in der arabischen Welt: Hohe Wachstumspotenziale

In den bevölkerungsreichen und wirtschaftlich expandierenden asiatischen Ländern befinden sich Urban Entertainment Center gegenwärtig in der *Markteinführungs- bzw. Wachstumsphase*. Die boomartige Entwicklung der letzten Jahre hat dazu geführt, dass gegenwärtig acht der zehn größten Malls der Welt ihren Standort in Asien haben:[300]

- *„Berjaya Times Square"* in Kuala Lumpur/Malaysia (2003; 700.000 qm),
- *„Golden Resources Shopping Mall"* in Peking/China (2004; 680.000 qm),
- *„Beijing Mall"* in Peking/China (2005; 440.000 qm),

---

[296] Die Stadt Triberg im Schwarzwald (5.200 Einwohner) plant sogar, in den kommenden Jahren das bisherige Stadtzentrum als überdachte „Erlebniswelt" zu gestalten (vgl. Südkurier, 08. September 2008).

[297] vgl. de.wikipedia.org/wiki/Einkaufszentrum vom 19. Mai 2008

[298] Bei den „Mega"-Zentren handelt es sich um eine Kette von Malls, die vom schwedischen Ikea-Konzern in Russland betrieben wird. Gegenwärtig gibt es drei „Mega"-Zentren in Moskau, zwei in St. Petersburg und je eines in Jekaterinenburg und Nischni Nowgorod. Die Eröffnung weiterer Malls ist geplant (vgl. de.wikipedia.org/wiki/Mega_[Einkaufszentren] vom 19. Mai 2008).

[299] vgl. MUßLER, H. (2007): Das Experiment. - In: FAZ, 17. Juli

[300] vgl. www.easternct.edu/depts/amerst/MallsWorld.htm vom 01. Juni 2008

Abb. 47: In den arabischen Ländern bestehen erhebliche Wachstumspotenziale für Urban Entertainment Center. Dubai verfügt bereits gegenwärtig über zahlreiche Malls - z. B. die „Mercato Shopping Mall", die im Stil der italienischen Renaissance gestaltet wurde. In naher Zukunft soll in Dubai die „Mall of Arabia" entstehen - mit 1 Mio. qm Nutzfläche das größte Urban Entertainment Center der Welt.

- „*Grandview Mall*" in Guangzhou/China (2005; 420.000 qm),
- „*South China Mall*" in Dongguan/China (2005; 600.000 qm),
- „*Siam Paragon*" in Bangkok/Thailand (2005; 500.000 qm).

Große Wachstumspotenziale bestehen auch im *arabischen Raum* - speziell in den Vereinigten Arabischen Emiraten (V. A. E.). Mit ihrer international ausgerichteten Wirtschafts-, Investitions- und Standortpolitik haben sie in den letzten Jahren den Strukturwandel von Erdöl produzierenden Ländern zu neuen Tourismus- und Shopping-Destinationen eingeleitet:[301]

- Gegenwärtig ist Dubai bereits Standort zahlreicher großer Malls; dazu zählen u. a. die „*Mall of the Emirates*" (2005; 225.000 qm), das „*Deira City Center*" und die „*Mercato Shopping Mall*" (vgl. Abb. 47).

- In den nächsten Jahren soll dort die „*Mall of Arabia*" gebaut werden - mit einer Gesamtfläche von 2 Mio. qm und einer Nutzfläche von 1 Mio. qm das größte Urban Entertainment Center der Welt.[302] Für eine Destination stellt ein derartiger Superlativ auf dem internationalen Tourismusmarkt ein wichtiges Alleinstel-

---

[301] Aufgrund dieser Entwicklung bezeichnet SCHMID (2006, S. 346) Dubai - wie auch Las Vegas - als „themed urban landscapes" (vgl. auch BAGAEEN 2007).

[302] vgl. de.wikipedia.org/wiki/Mall_of_Arabia vom 19. Mai 2008

lungsmerkmal dar: „By building it so large, the mall automatically attracts people who just can't resist going to see the biggest or best" (SZASZ 2001, S. 4).

Der kurze Überblick über die internationalen Entwicklungen und Perspektiven verdeutlicht den *globalen Diffusionsprozess*, den das Konzept der Urban Entertainment Center in den letzten Jahrzehnten erlebt hat. Der künftige Erfolg dieser „most efficient money making machine[s] we know" (SZASZ 2001, S. 5) wird davon abhängen, ob die Konsumenten über ein großes Freizeitbudget, eine hohe Kaufkraft und eine hedonistische Werthaltung verfügen. Wenn diese Bedingungen gegeben sind, wird sich die *Globalisierung des Konsums* fortsetzen - und zu einem Gründungsboom von Urban Entertainment Centern an neuen Standorten führen.[303]

> **Urban Entertainment Center: Fazit**
>
> - Urban Entertainment Center sind *thematisierte Freizeit- und Konsumeinrichtungen*, die über ein räumlich konzentriertes Angebot an Unterhaltungs-, Einzelhandels- und Gastronomiebetrieben verfügen. Diese Schlüsselkomponenten können durch zusätzliche Angebotsoptionen erweitert werden (Ausstellungen, Museen, Hotels, Kongresszentren etc.). Die Center werden als Renditeobjekte von einer Projektentwicklungsgesellschaft geplant, errichtet und verwaltet.
> - Bei den Urban Entertainment Centern handelt es sich um *große, geschlossene Gebäudekomplexe*, die überwiegend in einem anspruchslosen und austauschbaren Architekturstil errichtet werden. Im Inneren kommen unterschiedliche Instrumente der Inszenierung zum Einsatz, um eine *typisch urbane Atmosphäre* zu schaffen (z. B. Dekorationselemente, Plätze, Brunnen, Musik- und Lichteffekte etc.).
> - Das Konzept der Urban Entertainment Center wurde in der 1980er-Jahren in den USA entwickelt - vor allem als Reaktion auf die *zunehmende Erlebnisorientierung der Konsumenten* und auf eine *sinkende Beliebtheit der klassischen Shopping Center*. Außerdem suchte die expandierende (elektronische) Unterhaltungsindustrie nach neuen Vertriebswegen.
> - Als Vorläufer der Urban Entertainment Center gelten die *festival markets* - historische Quartiere, die zu Einkaufs- und Erlebniszentren umgebaut wurden. Trendsetter der Urban Entertainment-Konzeption waren die *„West Edmonton Mall"* *(Edmonton/Kanada)* und die *„Mall of America"* *(Minneapolis/St. Paul)*, die sich aufgrund ihrer spektakulären Freizeiteinrichtungen und ihres Unterkunftsangebots auch zu nationalen und internationalen Tourismusdestinationen entwickelt haben.

---

[303] In einer vergleichenden Studie (Los Angeles vs. Hongkong) kommen IRAZÁBAL/CHAKRAVARTY (2007, S. 262) allerdings zu dem Ergebnis, dass der Markt für Urban Entertainment Center nicht nur durch homogene Faktoren geprägt wird (*global player*, internationale Marketing-Strategien), sondern jeweils auch lokale Besonderheiten aufweist (traditionelle städtische Kulturen, Transportsysteme, Verfügbarkeit von Flächen, Zusammenarbeit öffentlicher und privater Akteure etc.).

- Obwohl jedes Urban Entertainment Center ein eigenes Angebotsprofil aufweist, gibt es einige *gemeinsame Konstruktionsprinzipien*; dazu zählen die enorme Größe, der umfassende Angebots-Mix (Ankermieter, *food courts*, *concept stores* etc.), die Berechenbarkeit und Kontrolle (angenehme Temperatur, hohe Sicherheitsstandards), die Abgrenzung gegenüber der Umwelt sowie die Inszenierung von Urbanität.
- Speziell die simulierte Urbanität wird von Stadtplanern, Architekten etc. kritisch beurteilt. Bei den Urban Entertainment Centern handelt es sich (im Gegensatz zu Innenstädten) um *private Einrichtungen,* in denen die Betreibergesellschaft über das Hausrecht verfügt: Das Versammlungs- und Demonstrationsrecht ist eingeschränkt und missliebigen Gruppen kann der Zugang verwehrt werden. Als alltägliche Konsum- und Freizeiteinrichtungen tragen die Center damit zu einer *Privatisierung des öffentlichen Raumes* bei, die weit reichende gesellschaftspolitische Implikationen hat.
- Bei den Besuchern stoßen die Urban Entertainment Center allerdings auf eine *positive Resonanz*, die sich in großen Besucherzahlen und einer hohen Wiederholerrate widerspiegelt. Besonders positiv werden beurteilt: die gepflegte Atmosphäre, die einheitlichen Öffnungszeiten, die gute Beschilderung, die Wetterunabhängigkeit sowie die kostenlosen Parkplätze.
- Unter den *Besuchern von Urban Entertainment Centern* dominieren die 15-45-Jährigen (darunter finden sich besonders viele Frauen). Ihre Verweildauer beläuft sich durchschnittlich auf drei bis sechs Stunden. Neben dem Einkaufen spielen auch Freizeitaspekte eine große Rolle (Bummeln, Freunde treffen etc.).
- In Deutschland ist das „*CentrO*" in Oberhausen das erste und größte Urban Entertainment Center (mit 200 Einzelhandelsgeschäften und einer Nettoverkaufsfläche von 70.000 qm). Jährlich verzeichnet es ca. 23 Mio. Besucher, die zu einem erheblichen Teil aus einer größeren Entfernung anreisen. Die Ansiedlung des „*CentrO*" hat aber auch das Versorgungs- und Freizeitverhalten der Oberhausener Bevölkerung grundlegend verändert - so ist es z. B. für Jugendliche und Erwachsene zu einem beliebten Treffpunkt geworden.
- Als Themenwelten unterliegen auch die Urban Entertainment Center einem Produktlebenszyklus; aus diesem Grund sind die *Perspektiven in den internationalen Großregionen* differenziert zu betrachten. So ist in Deutschland eine deutliche Marktsättigung festzustellen. In Zentral- und Osteuropa, Asien sowie in den arabischen Ländern bestehen hingegen noch große Wachstumspotenziale. In den USA hat in jüngerer Zeit eine Weiterentwicklung des Konzepts stattgefunden - weg von geschlossenen Gebäudekomplexen und hin zu Open-Air-Einrichtungen (*Lifestyle Center* im Stil europäischer Innenstädte).

2.4   Markenerlebniswelten

> „(...) brand lands become the place where the
> brand 'lives'. And their location often has a
> Mecca or Bethlehem like quality - this is the
> source of truth about that product, it is the fount
> from which the product springs".
>   ROUSE (2000)

> „Wie früher die Gegenwart Gottes, so soll heute
> die ‚Identität der Marke' unmittelbar sinnlich
> erfahrbar sein."[304]

Lange Zeit war die Thematisierung eine Domäne der Freizeit- und Tourismusbranche: In Freizeit- und Themenparks, Themenhotels und -restaurants wurden illusionäre Szenarien geschaffen, die den Besucher die Möglichkeit gaben, für eine kurze Zeit in Gegenwelten aus Geschichte, Märchen und Mythen einzutauchen.

Seit den 1990er-Jahren sind mit den Markenerlebniswelten neuartige Themenwelten entstanden, in denen *Produkte der Konsumgüterindustrie (speziell Markenartikel)* als Attraktionen inszeniert werden. Zahlreiche Unternehmen nutzen diese Einrichtungen inzwischen als Kommunikationsinstrumente. Das Spektrum der Branchen reicht dabei von Nahrungs- und Genussmittelunternehmen über Spielwaren- und Bekleidungshersteller bis hin zu Unterhaltungsfirmen (→ 2.4.1).

Hinsichtlich ihrer strategischen Ausrichtung und ihrer Standortwahl lassen sich *unterschiedliche Typen von Markenerlebniswelten* unterscheiden, die allerdings die gleichen Zielsetzungen haben - nämlich die emotionale Aufladung der Produkte und die dauerhafte Markenbindung der Kunden. Neben klassischen Formen der Unternehmenskommunikation (z. B. Betriebsbesichtigungen, Firmenmuseen) kommen zahlreiche andere Inszenierungstechniken zum Einsatz (→ 2.4.2).

Obwohl in Markenerlebniswelten auch ein Konsum von Merchandising-Artikeln stattfindet, handelt es sich vorrangig um *Plattformen der Unternehmenskommunikation*. Für ihren Erfolg sind mehrere gesellschaftliche und wirtschaftliche Veränderungen verantwortlich; dazu zählen u. a. eine Marktsättigung im Konsumgüterbereich, die Informationsüberlastung der Konsumenten und der Wunsch internationaler Konzerne, symbolische Orte der Identifikation zu schaffen (→ 2.4.3).

Die Markenerlebniswelten setzen eine *Vielfalt von Inszenierungstechniken* ein, um die Kunden zu informieren und zu beeindrucken. Im Edutainment-Konzept dieser Einrichtungen spielt dabei die Architektur *(corporate architecture)* eine herausragende Rolle - vor allem um Landmarken zu schaffen, die von den Besuchern schnell erkannt und lange erinnert werden. Weitere Instrumente stammen aus dem

---

[304] FRANK, A. (2007): Der Autoschlüssel als Hostie. - In: TAZ, 08. Januar

Theater, der Bildenden Kunst, den Museen, den Medien und der Technik
(→ 2.4.4).

Ein besonders spektakuläres und erfolgreiches Beispiel einer Markenerlebniswelt
ist die *„Autostadt"* in Wolfsburg. Sie wurde am 1. Juni 2000 als Beitrag der
„Volkswagen AG" zur EXPO 2000 eröffnet und verzeichnet seitdem ca. 2 Mio.
Besucher/Jahr. Damit rangiert sie nach dem „Europa-Park" in Rust an zweiter
Stelle der beliebtesten kommerziellen Sehenswürdigkeiten in Deutschland
(→ 2.4.5).

Die *Zukunftsaussichten dieser Themenwelten* werden generell positiv eingeschätzt,
da sich die ökonomischen und sozialen Rahmenbedingungen, die für den bisherigen Boom verantwortlich waren, als relativ stabil erweisen. Aus diesem Grund war
bereits in den letzten Jahren eine Filialisierung bestehender Einrichtungen, der Bau
neuer Markenerlebniswelten sowie die thematische Aufwertung von Handelseinrichtungen zu beobachten (→ 2.4.6).

2.4.1   Definition und Beispiele

Das Thema der Markenerlebniswelten sind Produkte und Unternehmen, die auf
nationaler bzw. internationaler Ebene über einen Markencharakter und einen hohen Bekanntheitsgrad verfügen. Dabei handelt es sich generell um Gebäudekomplexe bzw. großflächige Anlagen aus Bauten, Attraktionen und Freiflächen, in denen die Besucher auf unterhaltsame Weise über die Produkte des Unternehmens
und den Herstellungsprozess informiert werden.

Markenerlebniswelten:
Merkmale und Typen

✓ *multifunktionale Informati-*
  ons- und Unterhaltungsein-
  richtungen
✓ *Unternehmen der Konsum-*
  güterindustrie als Betreiber
✓ *vorrangig Plattformen der*
  Unternehmenskommuni-
  kation
✓ *Einsatz diverser Techniken*
  zur Inszenierung und Emo-
  tionalisierung der Marke
✓ *zwei Typen von Markener-*
  lebniswelten: informations-
  und bildungsorientierte vs.
  spaß- und unterhaltungs-
  orientierte

Neben einer kognitiven Wissensvermittlung
geht es dabei vor allem um die *emotionale*
Aufladung der Produkte. Mithilfe unterschiedlicher Techniken der Inszenierung werden den
Besuchern die Unternehmensphilosophie *(cor-*
porate identity) und die Markenbotschaft nahe
gebracht. Spektakuläre Architektur und künstlerische Symbole, aber auch *rides*, Kinos etc.
dienen dazu, abstrakte Werte wie Qualität,
Sicherheit und Zuverlässigkeit anschaulich
umzusetzen (→ 2.4.5). Während ihres Aufenthaltes sollen die Besucher neue sinnliche
Erfahrungen machen und zu gemeinsamen
Erlebnissen angeregt werden. Langfristiges
Ziel ist die *dauerhafte Bindung der Konsumen-*
ten an die Produkte und das Unternehmen.

Im englischsprachigen Bereich wird dieser Typ von Themenwelt als *brand park, brand land bzw. corporate land* bezeichnet.[305] Eine derartige Unterscheidung zwischen „Markenerlebniswelten/-parks" und „Unternehmenserlebniswelten" erweist sich allerdings nicht als sinnvoll, da in jedem Fall die Kommunikation einer bzw. mehrerer Marken im Mittelpunkt steht. Es sind keine Einrichtungen vorstellbar, bei denen die jeweiligen Unternehmen nicht auch einen Markencharakter haben. Bei Markenerlebniswelten handelt es sich also um *„multifunktionale Einrichtungen (Mixed-Use-Center), die von Unternehmen der Konsumgüterbranche betrieben werden; sie fungieren vorrangig als Plattformen für die Markenkommunikation. Markenerlebniswelten nutzen architektonische, theatralische, bildnerische, museale, mediale und technische Mittel, um die Marke erlebnisorientiert zu inszenieren"* (STEINECKE 2004, S. 214-215).

Der Angebots-Mix dieser Einrichtungen besteht aus Schlüsselkomponenten, zusätzlichen Attraktionen sowie Events. Zu den *Schlüsselkomponenten der Markenerlebniswelten* gehören (vgl. STEINECKE 2006, S. 258-259):

- Dauerausstellungen zur Unternehmensgeschichte, zu Produktionstechniken bzw. zu Markenprodukten,
- Sonderausstellungsbereiche und Aktionsflächen,
- gastronomische Einrichtungen,
- Shops (vgl. Abb. 48),
- allgemeine Serviceeinrichtungen für die Besucher.

Darüber hinaus weisen Markenerlebniswelten meist *zusätzliche Angebotselemente* auf; dazu zählen u. a.:

- multimediale Informationseinrichtungen,
- Experimentierräume mit Aktionsmöglichkeiten für die Besucher (*Hands-On-Prinzip*),
- Fahrgeschäfte,
- Kinos,
- Kunstobjekte,
- VIP-Lounges,
- integrierte Unterkunftsangebote.

Dieses infrastrukturelle Angebot von Markenerlebniswelten wird zumeist durch *regelmäßige bzw. singuläre Events* ergänzt - z. B. Ausstellungen, Führungen, Animationsangebote, Vorführungen, Präsentationen, Hochzeiten etc.

---

[305] vgl. u. a. Neue Kommunikations-Plattformen für Marken. - In: Amusement Technologie & Management, (1999) 2, S. 36-38; ROUSE (2000); SCHERRIEB (1998-2003); GROSS (2004, S. 186)

Abb. 48: Obwohl Markenerlebniswelten vorrangig als Plattformen der Unternehmens-kommunikation fungieren, gehören auch Shops zu den Schlüsselkomponenten dieser Ein-richtungen. So verfügen z. B. die „Swarovski-Kristallwelten" in Wattens bei Innsbruck, die im Jahr 2004 mehr als 720.000 Besucher verzeichneten, über den weltweit größten Shop dieses Unternehmens.

Aufgrund dieser *Multifunktionalität* unterscheiden sich Markenerlebniswelten von traditionellen Industriemuseen, die ausschließlich Sammlungs- und Ausstellungs-zwecken dienen (→ 2.4.2). Obwohl Markenerlebniswelten durchaus auch museale Elemente aufweisen können, sind sie eher als *freizeit- und tourismusorientierte Mixed-Use-Center* anzusehen, die durch eine Entgrenzung des Angebots charakte-risiert werden.[306]

Markenerlebniswelten: Beispiele

Im Gegensatz zu anderen thematisierten Freizeiteinrichtungen (Themenparks, Themenhotels etc.) werden Markenerlebniswelten nicht von Freizeitparkunter-nehmen oder Hotelgruppen betrieben, sondern von Akteuren der Konsumgüter-branche - speziell von *global players*, die ihre Produkte auf internationaler Ebene vertreiben.[307] Dabei ist festzustellen, dass Markenerlebniswelten inzwischen von

---

[306] ALTENHÖNER (2000, S. 28) verweist darauf, dass es in den USA bereits seit der ersten Hälfte des 20. Jahrhunderts Markenerlebniswelten gibt - z. B. den „Hersheypark" in Pennsylvania (1907) und die „Knott's Berry Farm" in Kalifornien (1920).

[307] Von Dienstleistungsunternehmen sind bislang kaum Markenerlebniswelten entwickelt worden (eine Ausnahme stellt das „World of TUI Reise-Erlebnis-Center" in Berlin dar).

zahlreichen Branchen als Kommunikationsinstrumente genutzt werden (vgl. SCHERRIEB 2008):[308]

- *Nahrungs- und Genussmittel:*
  - „Cadbury World", Bourneville/Großbritannien,
  - „Dr. Oetker Welt", Bielefeld,
  - „Les Secrets du Chocolat", Straßburg/Frankreich,[309]
  - „Guinness Storehouse", Dublin/Irland,
  - „Heineken Experience", Amsterdam/Niederlande,
  - „Hershey's Chocolate World", Harrisburg, Pennsylvania/USA,
  - „Kellogg's Cereal City", Battle Creek, Michigan/USA,
  - „Loisium Kellerwelt", Langenlois/Österreich (vgl. KOLLER 2005),
  - „M & M's World", Las Vegas, Nevada (USA),
  - „Museé Cointreau", Saint-Barthelémy/Frankreich,
  - „Stiegl Brauwelt", Salzburg/Österreich,
  - „World of Coca-Cola" (Atlanta, Georgia/USA; Las Vegas, Nevada/USA).

- *Automobile:*
  - „Autostadt", Wolfsburg (→ 2.4.5),
  - „Audi Forum", Ingolstadt (vgl. INGELHEIM 2000; MEINICKE 2000, 2003),
  - „BMW Welt", München (vgl. RIEDER 2004, S. 106-109; BÜRKLE 2007),
  - „Gläserne Manufaktur", Dresden (vgl. RUBY 2000, S. 76-95),[310]
  - „Mercedes-Benz-Museum", Stuttgart,
  - „Toyota Autosalon Amlux", Tokio/Japan,
  - „ToyotaMegaWeb", Tokio/Japan.[311]

- *Kristall-, Porzellan- und Glasprodukte:*
  - „Glasi Hergiswil", Hergiswil/Schweiz (vgl. STEINER 2001),
  - Erlebniszentrum „The House of Villeroy & Boch", Mettlach,
  - „Leonardo Glass Cube", Bad Driburg,
  - „Swarovski-Kristallwelten", Wattens bei Innsbruck/Österreich (vgl. BRAUN 1996; Swarovski-Kristallwelten 1996).[312]

---

[308] vgl. HERBRAND (2008) zu einem umfassenden Überblick über Strategien und Erfolgsmodelle von Markenerlebniswelten

[309] vgl. Leckere Versuchung. Erlebniswelt Schokolade. - In: Freizeit Leisure Professional, (2003) 6, S. 15-17

[310] vgl. Der Glaspalast von Dresden. - In: Freizeit Leisure Professional, (2002) 4, S. 43-45

[311] vgl. www.findarticles.com/p/articles/mi_m3012/is_11_179/ai_58038324 vom 01. Oktober 2007

[312] vgl. auch BURGHOFF, Chr. (1996): Mystifikation im Innern des Berges. - In: TAZ, 26./27. Oktober; Faszination Kristall. Im Zeichens des Schwans. - In: Freizeit Leisure Professional, (2002) 4, S. 30-33

Abb. 49: Im Gegensatz zu anderen Themenwelten werden Markenerlebniswelten nicht von Freizeitparks, Hotelkonzernen etc. betrieben, sondern von Unternehmen der Konsumgüterbranche - wie z. B. die „Loden-Erlebniswelt", die im Jahr 2000 von dem Bekleidungshersteller Oberrauch-Zitt in Vintl (Italien) eröffnet wurde.

- *Spielwaren:*
  - „Crayola Factory Two Rivers Landing", Easton, Pennsylvania/USA,
  - „Legoland" (diverse Standorte in Dänemark, Großbritannien, Deutschland und den USA; vgl. KELLNER 2007),[313]
  - „Playmobil FunPark" (diverse Standorte in Deutschland, Frankreich, Griechenland, Malta und den USA),
  - „Ravensburger Spieleland", Meckenbeuren (vgl. LUX/SCHMIDT 2001),
  - „Die Welt von Steiff", Giengen a. d. Brenz.

- *Bekleidung:*
  - „Loden Erlebniswelt Oberrauch-Zitt", Vintl/Italien (vgl. ROHRER/OBERRAUCH 2001; Abb. 49).

- *Unterhaltungsmedien:*
  - „Metreon", San Francisco/USA,
  - „Sony Wonder Technology Lab", New York/USA.

- *Wärme-/Kältetechnik:*
  - „Danfoss Universe", Nordborg/Dänemark.[314]

---

[313] vgl. Stein für (Ein)Stein zum Erfolg?! Legoland Deutschland. - In: Freizeit Leisure Professional, (2002) 3, S. 23-25

Diese exemplarische Zusammenstellung internationaler Beispiele von Markenerlebniswelten macht deutlich, dass es hinsichtlich dieser Einrichtungen kaum mar-
ken-, unternehmens- bzw. branchenspezifische Beschränkungen gibt: Prinzipiell
lassen sich alle Marken in Form einer Erlebniswelt kommunizieren. Eine wesentliche Voraussetzung für den erfolgreichen Betrieb ist aber die *positive Assoziation*,
die eine Marke bei den Kunden auslöst: „For the fact is there are respected brands
and not-so-respected grants. We would all kill for the brand equity and recognition
of a GE. Most of us don't want the brand association of an Edsel" (ROUSE 2000,
o. S.).

Darüber hinaus gibt es allerdings Marken, deren Produkteigenschaften in einer
Erlebniswelt nur schwer zu vermitteln sind: Der Misserfolg des „Meteorit" im
RWE-Park in Essen (Thema „Elektrizität")[315] und das Scheitern der „World of
Music" im Sony-Center Berlin können als Belege für diese Tatsache gelten.

In der Mehrzahl handelt es sich bei den Markenerlebniswelten jedoch um *populäre
Einrichtungen mit hohen Besucherzahlen* (vgl. Tab. 9):

- So verzeichnete die *„World of Coca-Cola"* in Atlanta (Georgia/USA) im Zeitraum 1990-2007 mehr als 13 Mio. Besucher. An einem anderen Standort wurde
  im Mai 2007 die *„New World of Coca-Cola"* eröffnet, in der 1,2-1,5 Mio. Gäs-
  te/Jahr erwartet werden.[316]

- Die jährliche Besucherzahl der *„Autostadt"* in Wolfsburg beläuft sich auf ca.
  2,0 Mio. Aufgrund der großen Popularität hat der Reiseverlag „Travel House
  Media" (München) in der Reihe „Merian live!" sogar einen speziellen Reisefüh-
  rer zu dieser Markenerlebniswelt herausgegeben.[317]

- Die *„Swarovski-Kristallwelten"* wurden im Zeitraum 1995-2007 von mehr als
  7 Mio. Gästen besucht. Nach Schloss Schönbrunn bei Wien sind sie damit die
  zweitwichtigste Besucherattraktion in Österreich.[318]

---

[314] vgl. Danfoss Universe. Why happy children are better lerners. - In Euro Amusement
Professional, (2005) 4, S. 39-40

[315] Der „Meteorit" gehört zu den wenigen Beispielen von erfolglosen Markenerlebniswelten. Seit der Eröffnung im Jahr 1998 verzeichnete er insgesamt nur 500.000 Besucher;
am 30. Juni 2003 wurde er geschlossen (vgl. Meteorit im RWE-Park 1998; → 1.4.4).

[316] vgl. www.en.wikipedia.org/wiki/World_of_Coca-Cola#World_of_Coca-Cola_Atlanta_
281990-2007.29 vom 31. August 2007; www.welt.de/wirtschaft/article947930/Wie_
Coca-Cola_den_Rivalen_Pepsi_schlagen_ will.html vom 31. August 2007

[317] vgl. www.de.wikipedia.org/wiki/Autostadt vom 24. August 2007

[318] vgl. www.kristallwelten.swarovski.com/site/website.php?id=/index/presse/basisinfo.htm
vom 24. August 2007

Markenerlebniswelten	Gründungs-jahr	Besucherzahlen	Fläche
Audi Forum, Ingolstadt	2000	seit der Eröffnung 2,2 Mio. (2007)	7,7 ha
Autostadt, Wolfsburg	2000	seit der Eröffnung mehr als 10 Mio.	25 ha
Cadbury World, Bourneville (GB)	1990	seit der Eröffnung mehr als 5 Mio. (2004)	
Crayola Factory Two Rivers Landing, Easton (USA)	1996	seit der Eröffnung mehr als 2,5 Mio.	1.860 qm
Glasi Hergiswil, Hergiswil (CH)	1988	ca. 200.000 pro Jahr	
Guinness Storehouse, Dublin (Irland)	2000	seit der Eröffnung ca. 4 Mio.	15.790 qm
Heineken Experience, Amsterdam (NL)	2001	ca. 350.000 (2006)	3.000 qm
Hershey´s Chocolate World, Harrisburg (USA)	1973	seit der Eröffnung ca. 63 Mio. (2006)	
Erlebniszentrum „The House of Villeroy & Boch", Mettlach	2002	200.000 pro Jahr	
Kellogg´s Cereal City, Battle Creek (USA)	1998	84.000 pro Jahr	4.180 qm
Legoland Deutschland, Günzburg	2002	1,3 Mio. (2006)	60 ha
Loden Erlebniswelt Oberrauch-Zitt, Vintl/Pfunders (I)	1999	35.000 pro Jahr	900 qm
Mercedes-Benz-Museum, Stuttgart	2006	seit der Eröffnung ca. 1 Mio.	17.000 qm
Metreon Sony Entertainment Center, San Francisco (USA)	1999	ca. 6 Mio. pro Jahr	33.000 qm
Musée Cointreau, Saint-Barthelémy (F)	1999	25.000 pro Jahr	3.000 qm
Playmobil Fun Park, Zirndorf	2000	über 700.000 pro Jahr	9 ha
Ravensburger Spieleland AG, Meckenbeuren	1998	seit der Eröffnung 3,0 Mio. (2006)	25 ha
Schokoladenmuseum, Köln	1993	seit der Eröffnung mehr als 5 Mio.	4.000 qm
Swarovski Kristallwelten, Wattens bei Innsbruck (A)	1995	seit der Eröffnung ca. 7,0 Mio.	4.000 qm
Sony Wonder Technology Lab, New York (USA)	1994	ca. 250.000 pro Jahr	1.300 qm
Toyota Autosalon Amlux, Tokio (Japan)	1990	seit der Eröffnung 30 Mio. (2006)	

Toyota MegaWeb, Tokio (Japan)	1999	5,6 Mio. (2005)	2.230 qm
World of Coca-Cola, Atlanta (USA)	1990 (alt) 2007 (neu)	seit der Eröffnung 13 Mio. (alt); Planung: 1,2-1,5 Mio. pro Jahr (neu)	8.550 qm (neu)

Tab. 9: Die hohen Besucherzahlen der Markenerlebniswelten sind Belege dafür, dass sich diese neuartigen Infotainment-Einrichtungen seit den 1990er-Jahren erfolgreich auf dem Freizeit- und Tourismusmarkt positionieren konnten. Für Konsumgüterunternehmen fungieren sie als ideale Kommunikationsplattformen, um den Konsumenten die Unternehmensphilosophie (corporate identity) anschaulich zu vermitteln.[319]

Offensichtlich ist es den Markenerlebniswelten gelungen, sich als *populäre Einrichtungen* im Markt der Freizeiteinrichtungen zu positionieren. Damit haben sie ihr zentrales Ziel erreicht - nämlich einen neuen kommunikativen Zugang zu den Konsumenten zu schaffen. Diesen Erfolg verdanken sie vor allem ihrem erlebnisorientierten und unterhaltsamen Angebots-Mix; gleichzeitig greifen sie aber auch auf traditionelle Formen der Informationsvermittlung im Industrietourismus zurück - nämlich *Betriebsbesichtigungen und Unternehmensmuseen*.

2.4.2   Historische Entwicklung, Typen und Standorte

Die Unternehmensgeschichte sowie Produkte und Herstellungsverfahren werden seit langem von produzierenden Unternehmen touristisch aufbereitet. Die Ursprünge dieser Entwicklung finden sich häufig in *Betriebsbesichtigungen und Werksführungen*. Wesentliche Ziele der Unternehmen sind eine generelle Öffentlichkeitsarbeit und eine Werbung für die eigenen Produkte. Diese Beweggründe liegen auch den *Unternehmensmuseen* zugrunde, in denen die Besucher durch Exponate über die Firmengeschichte und die Produktionsprozesse informiert werden (vgl. STEINECKE 2006, S. 254-258).

Historische Vorläufer von Markenerlebniswelten:
Betriebsbesichtigungen und Unternehmensmuseen

Die ersten Besichtigungen von Industriebetrieben fanden bereits im 17. und 18. Jahrhundert statt, als junge englische Aristokraten im Rahmen ihrer *Grand Tour* u. a. auch *Bergwerke und Manufakturen* besuchten. Ihre Reise durch Europa diente nämlich einerseits dem Erlernen von Sprachen, der Einübung gesellschaftlicher Umgangsformen und dem Vergnügen, anderseits aber auch der Vorbereitung auf

---

[319] Die Zahlen wurden nach Angaben aus seriösen Internetquellen zusammengestellt; dazu zählen Homepages der jeweiligen Markenerlebniswelten, Informationen der Online-Wirtschaftspresse sowie Daten in Wikipedia (Stand: August 2007).

eine spätere Tätigkeit im diplomatischen Dienst oder in der Leitung der eigenen landwirtschaftlichen und gewerblichen Betriebe. Vor diesem Hintergrund standen vor allem solche Einrichtungen auf dem Programm, die für die damalige Zeit als besonders innovativ galten. So wurden z. B. im *Salzbergwerk Dürrnberg* und in der *Saline in Hallein (Salzburger Land)*, die zu den größten Salzgewinnungs- und Salzverarbeitungsstätten in Mitteleuropa zählten, bereits im 17. Jahrhundert Führungen für Besucher durchgeführt (vgl. STADLER 1975, S. 127-147). Seit diesen Anfängen zählen Besucherbergwerke, Hütten- und Hammerwerke sowie Mühlen zu den „frühen industrietouristischen Besuchermagneten" (vgl. SCHRÖDER 2007, S. 213).

Gegenwärtig werden in Deutschland von zahlreichen Unternehmen Betriebsbesichtigungen für Fachbesucher, aber auch für die interessierte Öffentlichkeit angeboten. Allerdings ist die *Daten- und Forschungslage* zu diesem Thema unbefriedigend; eine systematische Übersicht bzw. nationale Vergleichsstudien liegen nicht vor. Es ist davon auszugehen, dass die touristische Bedeutung dieser Angebote zumeist unterschätzt wird. So bestand z. B. im Saarland bereits in den 1980er-Jahren „ein umfassender Reise- und Besichtigungsverkehr, der nahezu alle wichtigen Industriezweige zum Ziel hat" (SOYEZ 1986, S. 71).

In den Regierungsbezirken Köln, Koblenz, Trier und Kaiserslautern ermittelte BAUMANN (1999) *20 bekannte, traditionsreiche und größere Unternehmen*, die seit mehreren Jahren öffentliche Betriebsbesichtigungen durchführten. Das Spektrum der Firmen reichte dabei von Sektkellereien und Brauereien über Reifenhersteller und Keramikfabriken bis hin zu Zeitungsverlagen und Chemiekonzernen.

Mit der *Durchführung von Betriebsbesichtigungen* verbinden die Unternehmen mehrere Zielsetzungen: An der Spitze rangieren dabei die generelle Werbung sowie die Imagepflege und -verbesserung; dann folgt das Interesse, Informationen zu vermitteln und Aufklärungsarbeit zu leisten. Darüber hinaus soll auch Vertrauen geschaffen, Ängste und Vorurteile abgebaut sowie der Dialog mit der Bevölkerung gepflegt werden (vgl. BAUMANN 1999, S. 90-91). Diesen Zielen dient auch ein anderes Instrument der Öffentlichkeitsarbeit, das von Industrieunternehmen eingesetzt wird - nämlich das Unternehmensmuseum.

In Deutschland gibt es gegenwärtig *ca. 200 Unternehmensmuseen*; die folgende exemplarische Zusammenstellung macht deutlich, dass Betriebe aus zahlreichen Wirtschaftszweigen dieses Kommunikationsinstrument nutzen (vgl. BERG 2003):

- *Energie- und Wasserversorgung:*
  - „electrum - Das Museum der Elektrizität", Hamburg (Hamburgische Electricitäts Werke AG),
  - „Elektro-Museum Schleswag AG", Rendsburg,
  - „Museum für Energiegeschichte(n)", Hannover (Avacon AG).

- *Haushaltsgeräteindustrie:*
  - „Miele-Museum", Gütersloh,
  - „Historisches Nähmaschinen- und Bügeleisenmuseum", München (J. Strobel & Söhne GmbH & Co.).

- *Spielwaren- und Spielgeräteindustrie:*
  - „Gauselmann-Museum", Espelkamp,
  - „Deutsches Automaten Museum", Bingen (NSM AG),
  - „Märklin-Museum", Göppingen.

- *Glas- und Porzellanindustrie:*
  - „Glasmuseum Grünenplan", Delligsen (Deutsche Spiegelglas AG),
  - „Museum der Porzellanmanufaktur Fürstenberg", Fürstenberg (Weser),
  - „Hutschenreuther-Museum", Selb.

- *Möbelindustrie:*
  - „Museum Thonet", Frankenberg,
  - „Stuhlmuseum Burg Beverungen", Beverungen,
  - „Vitra Design Museum", Weil am Rhein.

Generell weisen diese Unternehmensmuseen hinsichtlich ihres *Angebotsprofils* große Unterschiede auf: Die Mehrzahl der Einrichtungen verfügt über ein klassisches museales Angebot (mit Informationstafeln, Exponaten und Vitrinen). Einige Museen - z. B. das „Schokoladenmuseum" in Köln oder das „Mercedes-Benz Museum" in Stuttgart - haben aber einen multifunktionalen und erlebnisorientierten Charakter; sie befinden sich damit an der Schnittstelle zu Markenerlebniswelten, die speziell seit den 1990er-Jahren von einigen Unternehmen entwickelt worden sind.

Markenerlebniswelten: Typen und Standorte

Unabhängig von der jeweiligen Branche, in der Markenerlebniswelten als Kommunikationsinstrumente eingesetzt werden, lassen sich hinsichtlich der strategischen Ausrichtung *unterschiedliche Typen von Einrichtungen* beobachten - nämlich informations- und bildungsorientierte bzw. spaß- und vergnügungsorientierte Markenerlebniswelten (vgl. STEINECKE 2004, S. 205-206):

- *Die informations- und bildungsorientierten Markenerlebniswelten* basieren auf dem Grundgedanken eines Firmenmuseums - meist kombiniert mit einer Betriebsbesichtigung: Die Besucher erhalten in diesen Einrichtungen auf unterhaltende, aber auch lehrreiche Weise Informationen über die Geschichte der Marke (bzw. des Unternehmens), den Herstellungs- und Vertriebsprozess sowie die Rezeptionsgeschichte des Markenproduktes *(Info-/Edutainment).*

Abb. 50: Bei dem „Ravensburger Spieleland" in Meckenbeuren handelt es sich um eine spaß- und vergnügungsorientierte Markenerlebniswelt: Mit zahlreichen Einzelattraktionen, die in sechs Themenbereiche gegliedert sind (z. B. „Grüne Oase", „Kunterbunte Spielewelt", „Käpt'n Blaubärs Wunderland"), ähnelt es einem traditionellen Themenpark.

Die zentralen Werte der Marke (z. B. Qualität, Umweltorientierung) werden dabei in vielfältiger Weise vermittelt - von der kognitiven Ansprache über Anregungen zu eigenen Aktivitäten bis hin zur emotionalen Berührtheit durch Kunstobjekte. Die Besucher dieser Einrichtungen gehören vor allem mittleren und höheren Alters-, Bildungs- und Einkommensgruppen an und ähneln damit dem Museumspublikum (vgl. SCHNEIDER 2001, S. 103-104). Typische Beispiele für informations- und bildungsorientierte Markenerlebniswelten sind das „Guinness Storehouse", die „Dr. Oetker Welt", das „Audi Forum" bzw. das Erlebniszentrum „The House of Villeroy & Boch".

- Die *spaß- und unterhaltungsorientierten Markenerlebniswelten* entsprechen in ihrer Angebotsstruktur eher den traditionellen Freizeit- oder Themenparks. Zumeist handelt es sich um großflächige Einrichtungen, deren gesamtes Angebot - nach dem Vorbild der „Disney"-Parks - in thematische „Welten" gegliedert ist: So verfügt z. B. das „Ravensburger Spieleland" auf einer Fläche von 25 ha über sechs Themenbereiche (z. B. „Grüne Oase", „Kunterbunte Spielewelt", „Käpt'n Blaubärs Wunderland") mit zahlreichen Einzelattraktionen (vgl. LUX/SCHMID

2001). Aufgrund seines Angebotsspektrums spricht es vor allem die Zielgruppe der Familien mit Kindern an (vgl. Abb. 50).

In engem Zusammenhang mit der jeweiligen strategischen Ausrichtung der Markenerlebniswelt steht auch die Standortwahl; dabei lassen sich *drei unterschiedliche Standorttypen* beobachten (vgl. KÜDDELSMANN 2001, S. 38-41):

- *Eigenständige Markenerlebniswelten an der Produktionsstätte:* Die „Swarovski-Kristallwelten" in Wattens bei Innsbruck oder „Die Welt von Steiff" in Giengen sind Beispiele für Markenerlebniswelten, die in direkter Nähe zum historischen Firmensitz errichtet wurden. Dieser Standort wird von vielen Firmen bevorzugt, da er mehrere Vorteile bietet. So können die Besucher in Form von Werksführungen den Produktionsprozess auf authentische Weise kennen lernen. Für den Bau dieser Einrichtungen, die nur einen relativ geringen Flächenanspruch aufweisen, müssen die Unternehmen kein zusätzliches Baugelände pachten oder erwerben, sondern können Reserveflächen nutzen. *Global player* betonen durch die Standortwahl außerdem ihre historischen Wurzeln und ihre lokale Verbundenheit - eine Strategie, die auch bei den Beschäftigten und der Bevölkerung meist auf große Zustimmung stößt. Als nachteilig erweist sich allerdings manchmal das unattraktive, industriell geprägte Umfeld bzw. der periphere Standort der Produktionsstätten.

- *Eigenständige Markenerlebniswelten an anderen Standorten:* Die spaß- und vergnügungsorientierten Markenerlebniswelten finden sich meist an neuen Standorten (z. B. das „Legoland" in Günzburg oder die „Playmobil FunParks"). Aufgrund ihres dominierenden Freizeitcharakters spielt das authentische Erlebnis der Marke und damit die unmittelbare Nähe zum traditionellen Firmensitz nämlich keine zentrale Rolle; außerdem benötigen diese Einrichtungen für ihre Fahrgeschäfte und Spielgeräte ausreichend große Flächen. Für sie gelten deshalb dieselben Standortbedingungen wie für die klassischen Freizeit- und Themenparks - nämlich günstige Bodenpreise, eine gute Verkehrsanbindung sowie ein großes Nachfragepotenzial im engeren Einzugsgebiet (→ 2.1.2).

- *Filialen von Markenerlebniswelten in Freizeit- und Themenparks:* Neben eigenständigen Markenerlebniswelten finden sich entsprechend inszenierte Einrichtungen auch als Filialen in Freizeit- und Themenparks. Im Rahmen von Kooperationsprojekten hat z. B. der Kosmetik- und Pharmakonzern „Beiersdorf AG" (Hamburg) den Bau eines „Nivea-Kinderland" sowohl im „Heide-Park" in Soltau als auch im „Europa-Park" in Rust initiiert.[320]

---

[320] Das „Nivea-Kinderland" im „Heide-Park" wird von ca. 40 % aller Parkgäste besucht - vor allem von Familien mit kleinen Kindern (bis zu 8 Jahren). Befragungen dieser Zielgruppe am Parkausgang ergaben einen hohen Sympathie- und Erinnerungsgrad (vgl. KIPP 2004, S. 193).

Abb. 51: Neben eigenständigen Markenerlebniswelten finden sich entsprechend inszenierte Einrichtungen auch als integrierte Filialen in Freizeit- und Themenparks. So ist z. B. der Lebensmittelkonzern „Kraft Jacobs Suchard" (Bremen) im „Europa-Park" mit seinem „Chocoland" vertreten, in dem die Welt der „Milka"-Schokolade thematisiert wird.

Der Lebensmittelkonzern „Kraft Jacobs Suchard" (Bremen) ist im „Europa-Park" mit seinem „Lila Chocoland" vertreten, in dem die Welt der Milka-Schokolade thematisiert wird (vgl. KIPP 2004, S. 190-191; Abb. 51). Die Präsentation von Unternehmen und Markenprodukten im Kontext eines Themenparks ist dabei nicht neu. Bereits im „Epcot-Center", das im Jahr 1982 als ein Themenpark des „Walt Disney World Resort" in Florida geschaffen wurde, konnten sich Industriekonzerne in eigenen Themenpavillons präsentieren - z. B. „General Motors", „Kodak", „Exxon", „Nestlé" (vgl. KONRATH 2000, S. 100; MEINICKE 2003, S. 76-80).

Ob eigenständige Einrichtung oder integrierte Attraktion, ob informations- oder spaßorientierter Angebotsausrichtung - in jedem Fall handelt es sich bei den Markenerlebniswelten um Freizeiteinrichtungen, in denen die Unternehmensphilosophie und die Markenbotschaft auf unterhaltsame Weise vermittelt werden, d. h. in Form von Infotainment oder Edutainment. „Die *„Tainments"* stellen (…) die Verknüpfung von Primärnutzen mit dem Sekundärnutzen Unterhaltung dar. Wobei im Sinne einer erfolgreichen Umsetzung eines Freizeitprojektes immer klar der Primärnutzen im Zentrum der Planung stehen sollte" (PROBST 2000, S. 110).

Im Fall der Markenerlebniswelten besteht der *Primärnutzen* vor allem aus kommunikationspolitischen Zielen und weniger aus hohen Umsätzen bzw. einem rentablen Betrieb, denn für die Unternehmen handelt es sich bei diesen Einrichtungen vorrangig um *Kommunikationsplattformen* und nicht um Profitcenter.

2.4.3   Markenerlebniswelten: Plattformen der Unternehmenskommunikation

Markenerlebniswelten sind vorrangig keine Vertriebs-, sondern Kommunikationsinstrumente (vgl. ROOST 2008, S. 27-28). Diese Tatsache lässt sich anschaulich am Beispiel der „Autostadt" verdeutlichen, denn in Abstimmung mit der Händlerorganisation organisiert die „Volkswagen AG" dort zwar die Übergabe von Neufahrzeugen, aber es findet kein Verkauf von Personen- oder Nutzfahrzeugen statt.[321] Auch die Markenerlebniswelten anderer Unternehmen dienen nicht vorrangig dem Verkauf von Konsumgütern. So geht es nach Aussage des „Legoland"-Geschäftsführers John Jakobsen z. B. bei dieser Einrichtung darum, „die Idee von Lego zu vermitteln, lebenslanges Lernen und spielerische Kreativität zu fördern".[322] Gleichzeitig findet natürlich auch in Markenerlebniswelten ein *Konsum von Merchandising-Artikeln* statt, der durchaus zu beträchtlichen Umsätzen führen kann.

Aufgrund ihrer primären Zielsetzung und ihres stationären Charakters als Freizeitimmobilien lassen sich Markenerlebniswelten zum einen von *thematisierten Vertriebsformen* und zum anderen von *singulären Markenevents* abgrenzen (vgl. Abb. 52):

- Bei den *flagship stores* der internationalen Designermarken (z. B. an der 5th Avenue in New York), den *theme stores* von „Disney", „Warner Brothers", „NBA" etc. und den *brand stores* von „Nike", „Wolford", „Sisley" etc. handelt es sich vorrangig um spezialisierte Einzelhandelsgeschäfte, die dem Vertrieb von Markenprodukten dienen (vgl. RIEWOLD 2002; KILIAN 2007, S. 385-387).

- Die Markenevents wie die *„Red Bull Flugtage"* oder die *„Adidas Streetball Challenge"* sind Veranstaltungen, die zwar auch der Markenkommunikation dienen, aber nur sporadisch stattfinden und auch nicht über spezielle Infrastruktureinrichtungen verfügen (Gebäude, Fahrgeschäfte etc.).

Zugleich ist allerdings darauf hinzuweisen, dass auch in diesen Shops bzw. bei diesen Events ähnliche Inszenierungstechniken zum Einsatz kommen wie in den Markenerlebniswelten.

Für den Boom thematisierter Shops und neuartiger Markenerlebniswelten seit den 1990er-Jahren sind mehrere wirtschaftliche und gesellschaftliche Veränderungen verantwortlich; dazu zählen u. a. die *Marktsättigung im Konsumgüterbereich*, die *Informationsüberlastung der Konsumenten* sowie die *Strategie internationaler Konzerne, symbolische Orte der Identifikation für Kunden, Mitarbeiter und Partner zu schaffen.*

---

[321] vgl. Das Kraftfahrzeug als Kultobjekt. - In: FAZ, 27. Oktober 1999
[322] zitiert nach HERR, J. (2002): Günzburg erwartet einen Ansturm auf das deutsche Legoland. - In: FAZ, 14. Mai

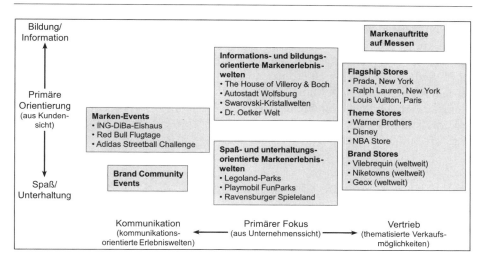

Abb. 52: Markenerlebniswelten dienen vorrangig als Plattformen der Unternehmenskommunikation. Damit lassen sie sich einerseits von thematisierten Einzelhandelsgeschäften abgrenzen (Flagship Stores, Theme Stores, Brand Stores). Aufgrund ihres dauerhaften, stationären Charakters unterscheiden sie sich andererseits auch von Markenevents und Brand Community Events (Quelle: Eigene Darstellung nach Angaben in KILIAN 2007, S. 385; inhaltlich modifiziert).

Gesättigte Märkte für Konsumgüter und Dienstleistungen

„Es gibt von allem viel zuviel" - dieser simple Satz von BOSSHART (1997, S. 32) charakterisiert zutreffend die Situation der Konsumgüter- und Dienstleistungsmärkte. In den meisten Produktbereichen findet sich ein *Überangebot an Waren und Dienstleistungen*:

- Ein Beleg für diese Tatsache ist die *wachsende Zahl von Marken*, die in Deutschland beworben werden. Sie stieg von 32.800 Marken im Jahr 1980 auf 64.000 im Jahr 2006 (vgl. KÜDDELSMANN 2001, S. 16; ZAW 2007, S. 9).

- Die Marktsättigung spiegelt sich auch im *hohen Ausstattungsbestand der bundesdeutschen Haushalte mit langlebigen Gebrauchsgütern* wider: Er belief sich im Jahr 2001 auf 147,4 bei Fernsehgeräten, auf 116,4 bei Kühl-/Gefrierkombinationen, auf 101,7 bei stationären Telefonen und auf 98,2 bei Personenkraftwagen.[323]

Das stetig wachsende Produktangebot und vor allem die zunehmend homogene Produktqualität führten dazu, dass der produktbezogene Wettbewerb der 1960er-

---

[323] Ausstattungsbestand = Anzahl der in den Haushalten vorhandenen langlebigen Gebrauchsgüter je 100 Haushalte; vgl. www.bmas.bund.de/BMAS/Redaktion/Binaer/ Statistiken/2004/Stb6__4.xls,property=blob,bereich=bmas,sprache=de,rwb=true.xls vom 28. August 2007

Jahre im folgenden Jahrzehnt zunächst durch die Zielgruppenkommunikation ab-
gelöst wurde. Seit den 1990er-Jahren findet ein *Kommunikationswettbewerb* statt,
bei dem der Versuch unternommen wird, durch Kommunikationspolitik strategische Wettbewerbsvorteile zu erreichen (vgl. KÜDDELSMANN 2001, S. 18-20). Die
besonderen Vorteile von Markenerlebniswelten bestehen darin, dass die Unternehmenswerte und die Markenbotschaft auf eine innovative und einzigartige Weise vermittelt werden können - und vor allem mit einer deutlich höheren Kontakt-
dauer als durch die klassischen Werbemedien.

Informationsüberlastung in Kommunikation und Werbung

Die Kommunikationssituation wird in jüngerer Zeit durch *steigende Ausgaben für
Werbung* sowie eine *Zunahme von TV- und Hörfunksendern* gekennzeichnet:

- Nach einer mehrjährigen Rezessionsphase fand im Zeitraum 2004-2006 ein
  kontinuierlicher Anstieg der Werbeinvestitionen von 29,2 Mrd. Euro auf
  30,2 Mrd. Euro statt, der vor allem den gängigen Werbeträgern wie TV, Werbung per Briefpost, Außenwerbung, Anzeigenblättern, Kinowerbung, Hörfunk,
  Printmedien, Online-Plattformen etc. zugute kam (vgl. ZAW 2007, S. 9).

- Die *Zahl der TV-Sender* mit nationaler, regionaler und lokaler Reichweite stieg
  in Deutschland von 11 im Jahr 1984 auf 193 im Jahr 2006;[324] darüber hinaus
  gibt es gegenwärtig 156 Kleinstsender (vgl. KÜDDELSMANN 2001, S. 14; ZAW
  2007, S. 204; GOLDHAMMER/WIEGAND 2006).

- Eine vergleichbare Expansion vollzog sich bei *Radiosendern*: Während es im
  Jahr 2001 bereits 231 Hörfunkprogramme gab, belief sich ihre Zahl im Jahr
  2006 auf 340 (vgl. ZAW 2007, S. 204).

Eine Folge war nicht nur ein allgemeines Überangebot an Informationen, sondern
vor allem auch eine *Überlastung der Konsumenten mit Werbung*. Vor dem Hintergrund dieser Entwicklungen hat die Effizienz der klassischen Werbemedien in den
letzten Jahren deutlich nachgelassen. Es ist deshalb davon auszugehen, dass es
künftig zu einer Umschichtung der Kommunikationsbudgets kommen wird: Dabei
werden *emotionale, kreative, innovative und bildbetonte Kommunikationsinstrumente* an Bedeutung gewinnen, mit denen die jeweiligen Zielgruppen präzise angesprochen werden können (vgl. KÜDDELSMANN 2001, S. 17-18).

---

[324] Diese Angaben beziehen sich auf werbefinanzierte Sender, die werktäglich mindestens
30 Minuten ein originäres Programm ausstrahlen.

Abb. 53: Mit dem Betrieb von Markenerlebniswelten können Unternehmen sowohl kommunikative als auch ökonomische und politische Ziele verfolgen. Innerhalb des Zielspektrums spielt dabei die Unternehmenskommunikation eine herausragende Rolle, denn in diesen Einrichtungen kann den Kunden, Mitarbeitern und Geschäftspartner die Kernkompetenz des Unternehmens anschaulich vermittelt werden (Quelle: Eigene Darstellung nach Angaben in KIPP 2004, S. 197).

Aufgrund ihrer Freizeitorientierung und ihrer spektakulären Angebotsgestaltung können Markenerlebniswelten diese Rolle als neue Kommunikationsplattformen übernehmen (vgl. Abb. 53).[325] Vor dem Hintergrund des zunehmend globalisierten Marktauftritts vieler Unternehmen der Konsumgüterbranche wird diese *Scharnierfunktion zwischen Unternehmen, Konsumenten und Partnern* künftig an Bedeutung gewinnen.

Symbolische Orte für global players

Nach umfangreichen Übernahmen und Fusionen in den 1990er-Jahren agieren viele Unternehmen der Konsum- und Dienstleistungsbranche zunehmend als *global player*; sie benötigen deshalb *neue symbolische Orte der Identifikation für Mitarbeiter, Geschäftspartner und Kunden*. Die weltweiten Aktivitäten lassen sich am Beispiel der „Volkswagen AG" verdeutlichen. Dieser Konzern beschäftigt weltweit in 60 Gesellschaften mehr als 320.000 Mitarbeiter. Er verfügt über 44

---

[325] Nach Einschätzung von BRUNNER (2008, S. 135) stellen Markenerlebniswelten allerdings nur „Ergänzungen eines Marketing-Mix" dar; sie gehören zu den *below the line*-Konzepten.

Fertigungsstätten auf vier Kontinenten und in zahlreichen Ländern; seine Produkte werden in 150 Ländern verkauft.[326]

Auch bei den anderen Betreibern von Markenerlebniswelten handelt es sich zumeist um *global player* (z. B. „Coca-Cola", „Guinness", „Kellogg's", „Cadbury"). Für sie stellen Markenerlebniswelten eine Möglichkeit dar, den Konsumenten die Eigenschaften von Marken zu signalisieren, die innerhalb des Globalisierungs- und Technisierungsprozesses verloren gegangen sind, nämlich „die unmittelbare Nähe zur Produktion, die Glaubwürdigkeit und die Überzeugungskraft" (MIKUNDA 2002, S. 49). Zugleich können in diesen Einrichtungen auch den Beschäftigten und Partnern die historischen Wurzeln des Unternehmens, die erfolgreiche Entwicklung und die Zukunftsorientierung anschaulich verdeutlicht und ein „Heimat-, gar ein Familiengefühl" (RAUTERBERG 2000, S. 137) vermittelt werden.

Es sind also vielfältige gesellschaftliche und wirtschaftliche Veränderungen, die für das Entstehen und vor allem für den Boom der Markenerlebniswelten in den 1990er-Jahren verantwortlich sind. Ihren kontinuierlichen Erfolg verdanken diese Einrichtungen aber vor allem den *innovativen Inszenierungstechniken*, die zur Präsentation der Marken eingesetzt werden.

2.4.4   Techniken der Inszenierung in Markenerlebniswelten

Generell kommt in den Markenerlebniswelten ein breites Spektrum an Inszenierungstechniken zum Einsatz - von kulissenartigen Inszenierungen über *Hands-on*-Ausstellungen bis hin zu Simulatoren:

- *Architektur:* Eine besondere Rolle spielt dabei die *Architektur*, in der die *corporate identity* zum Ausdruck gebracht wird. Für sie hat der Architekt Gunter Henn den Begriff der *corporate architecture* geprägt: „Betrachtet man ein Gebäude als soziale Tatsache, dann bedeutet Corporate Architecture, einen Raum und einen Ort zu schaffen, der die Authentizität des Unternehmens sichtbar und erlebbar macht und den Bürger ungezwungen teilnehmen lässt" (HENN 2000a, S. 5).[327] Innerhalb dieser *corporate architecture* kommen auch Grundprinzipien früherer Kunstwelten zum Einsatz - wie z. B. der französischen Barockgärten des 17. und 18. Jahrhunderts. So verläuft durch das Gebäude des „KonzernForum" und der gesamten Anlage der „Autostadt" eine diagonale Achse, mit der eine Sichtverbindung zwischen der Innenstadt und dem Wolfsburger Schloss (als *Point de vue*) hergestellt wird (vgl. Abb. 54).

---

[326] vgl. LEWANDOWSKI, J. (2002): Das Reich, in dem die Sonne niemals untergeht. - In: Autostadt in Wolfsburg, Hamburg, S. 58-60 (Merian Extra)

[327] vgl. auch MESSEDAT (2007) zu Grundprinzipien der *corporate architecture*

Abb. 54: In der corporate architecture der Markenerlebniswelten kommen auch Gestaltungsprinzipien früherer Kunstwelten zum Einsatz. So verläuft z. B. durch die „Autostadt" in Wolfsburg eine diagonale Achse, mit der eine Sichtverbindung zwischen der Innenstadt und dem Wolfsburger Schloss (als Point de vue) hergestellt wird. Dabei handelt es sich um ein typisches Element barocker Parkanlagen des 17. und 18. Jahrhunderts.[328]

In vielen Markenerlebniswelten wird die Architektur dazu genutzt, *Landmarken* zu schaffen. Die *„Swarovski-Kristallwelten"* in Wattens bei Innsbruck liegen z. B. in einer Gartenanlage mit Labyrinth und Wasserspielen; der Zugang führt durch den mit Gras bewachsenen und Wasser speienden Kopf eines Riesen mit leuchtenden Glasaugen, der die ausgestellten Kristallschätze zu bewachen scheint (vgl. HELLER 1996).

- *Theater:* Aus dem Theaterbereich stammen vor allem die *kulissenhaften Inszenierungen exotischer Welten*: So findet sich z. B. im „Playmobil FunPark" in Zirndorf bei Nürnberg der 500 qm große Nachbau eines indianischen Dorfes mit Tipis, Holztrommeln und einem Totempfahl.[329] Ein weiteres theatralisches Element sind die vielfältigen Formen der *Animation*, die - nach dem Vorbild der „Disney"-Parks und anderer Themenparks - zum Einsatz kommen. Im „Ravensburger Spieleland" arbeiten z. B. in allen Bereichen Animateure, die den Besuchern spielerische Anregungen geben und sie bei ihren Aktivitäten begleiten (vgl. LUX/SCHMID 2001).

---

[328] Die Wiedergabe des Photos erfolgt mit freundlicher Genehmigung der „Autostadt GmbH" vom 02. November 2007.

[329] Golf trifft Fantasie. - In: Amusement Technologie & Management, (2002) 3, S. 32-33

- *Museen:* Im „Museum mobile" des *„Audi Forums"* in Ingolstadt, das mit einem Aufwand von 22 Mio. Euro vom Münchner Architekten Gunter Henn geschaffen wurde, wird anhand von 80 Autos, Motorrädern sowie anderen historischen und technischen Exponaten die Geschichte des Automobils in einem zylindrischen Schauturm präsentiert.[330] Das *„Musée Cointreau"* in Saint-Barthelémy zeigt - am Standort der Produktionsanlage - auf einer Ausstellungsfläche von 3.000 qm ca. 4.000 Dokumente und Exponate zur Geschichte des Unternehmens, zum Herstellungsprozess und zur Entwicklung der Unternehmenskommunikation. Damit ergänzt es die vier Themenschwerpunkte dieser Marken-Erlebniswelt - nämlich Produkt, Unternehmen, Werbung und Verköstigung (vgl. GÜNTHER 2000).

- *Technik:* Vor allem in den spaß- und vergnügungsorientierten Markenerlebniswelten finden sich Fahrgeschäfte, die generell zum Ausstattungsstandard von Themenparks gehören: Das *„Legoland"* in Günzburg verfügt z. B. über 20 Fahrattraktionen - u. a. einen Aussichtsturm mit rotierender Besucherkabine, eine Wildwasserbahn und eine Autoscooter-Rennstrecke (vgl. KÖSTER-HETZENDORF 2002).[331] Eine neu entwickelte *Technologie der Duftanimation (scentcontroller)* vermittelt den Besuchern des *„Mercedes-Benz-Museum"* in Stuttgart die Illusion, eine historische Autowerkstatt (um 1900) zu betreten. Mit einem öligen Gummi-Alteisen-Geruch werden sie durch den Eingangstunnel zum ersten Exponat geleitet - einem Ottomotor.[332] Zu den Inszenierungsinstrumenten gehören u. a. auch *Simulatoren, Hands-on-Ausstellungen und Experimente,* in denen die Besucher aktiviert werden und dadurch neuartige, multisensuelle Erfahrungen machen (vgl. Abb. 55).

Generell greifen die Markenerlebniswelten bei der multimedialen Präsentation von Produkten vor allem auf die *Grundprinzipien des Event-Marketing* zurück; dazu zählen Einmaligkeit, Emotionalität, Aktivierung und Kommunikation. Markenerlebniswelten stellen dauerhafte Veranstaltungsorte des Event-Marketing dar: In ihrer Eigenschaft als Kommunikationsplattform ermöglichen sie zum einen den Dialog des Unternehmens mit internen und externen Partnern, zum anderen aber den Dialog der externen Partner untereinander.

---

[330] vgl. Bei Audi soll der Kunde nicht nur sein Auto abholen. - In: FAZ, 18. Dezember 2000; FETH, G. G. (2000): Spät entdeckt Audi die eigene automobile Geschichte. - In: FAZ, 19. Dezember

[331] vgl. auch THOMAS, P. (2002): Legoland Deutschland - Der kleinste der Steine ist das Maß der Dinge. - In: FAZ, 12. Februar; MAAK, N. (2002): Et in arcadia Lego. Im Land der viereckigen Körper. - In: FAZ, 18. Mai; BARTL, A. (2002): Diese eckige Welt ist nun ums Rund gebaut. - In: FAZ, 23. Mai; Stein für (Ein)Stein zum Erfolg?! - In Freizeit Leisure Professional, (2002) 3, S. 23-25

[332] vgl. www.openpr.de/news/100651/Duft-im-Mercedes-Benz-Museum-transportiert-Besucher-sinnlich-ins-19-Jahrhundert.html vom 28. August 2007

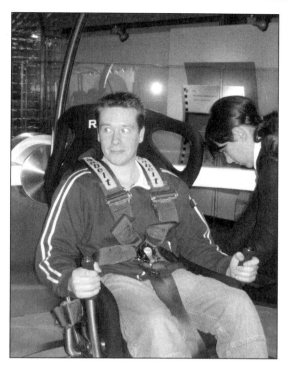

Abb. 55: Zu den Inszenierungsinstrumenten der Markenerlebniswelten gehören u. a. auch Hands-on-Ausstellungen, Spiele und Experimente, in denen die Besucher aktiviert werden und dadurch neuartige, multisensuelle Erfahrungen machen. In der „Autostadt" in Wolfsburg können die Gäste z. B. in Simulatoren die Wirkung von Sicherheitsgurten testen.

Um den Besuchern ständig neue Attraktionen bieten zu können und ihnen einen Anlass zu einem Wiederholungsbesuch zu geben, unterliegen die Markenerlebniswelten - wie die übrigen Themenwelten - dem Zwang zur kontinuierlichen Re-Attraktivierung in Form neuer Angebotselemente.[333]

2.4.5   Fallstudie: „Autostadt", Wolfsburg

Am 1. Juni 2000 wurde in Wolfsburg die „Autostadt" eröffnet. In modifizierter und aufwändigerer Form wurde damit ein Plan realisiert, der bereits auf das Jahr 1994 zurückging. Zu diesem Zeitpunkt wurden im Werk Wolfsburg jährlich ca. 300.000 Neufahrzeuge an Selbstabholer übergeben (vgl. SCHNEIDER 2001, S. 75).

---

[333] In einigen Marken-Erlebniswelten ist diese Notwendigkeit der Re-Attraktivierung bereits in das Basiskonzept integriert worden: So haben sich z. B. die „Swarovski-Kristallwelten" seit ihrer Eröffnung im Jahr 1995 als „company-theatre in progress" verstanden (BRAUN 1996, S. 108).

Dieses Potenzial an direkten Kundenkontakten sollte künftig besser genutzt werden. Bald wurde jedoch klar, dass ein einfaches Auslieferungszentrum nicht geeignet war, um strategische Ziele wie eine Emotionalisierung der Fahrzeugübergabe, eine Steigerung des Images, einen intensiven Dialog mit den Kunden, eine verbesserte Ansprache von Neukunden etc. zu erreichen.

Im Jahr 1996 fiel deshalb die Entscheidung für den Bau einer neuen Autoerlebniswelt, die zugleich der Beitrag der „Volkswagen AG" zur EXPO 2000 sein sollte. Direkt neben dem Werksgelände entstand seit 1998 auf einer Fläche von 25 ha und mit einem Investitionsvolumen von 430 Mio. Euro ein „einzigartiges Erlebnis- und Kompetenzzentrum"[334] der Automobilindustrie, für das es in Deutschland bis dahin keine Vorbilder gab (vgl. ALTENHÖNER 2001, S. 227-228; GROSS 2004, S. 187; Kultur im Kofferraum 2006, S. 13). Von den Medien wurde die „Autostadt" emphatisch gefeiert als „automobile Weltstadt",[335] „Bühne für die Markeninszenierung",[336] „Tempelanlage der automobilen Religion"[337] und „heile, strahlende Welt".[338]

Die Auslieferung von Neufahrzeugen an Selbstabholer stellt einen wichtigen Bestandteil der „Autostadt" dar; zugleich verknüpft die „Volkswagen AG" mit dieser Einrichtung aber weitergehende Zielvorstellungen: Vorrangig handelt es sich nämlich um eine Kommunikationsplattform, die von dem Unternehmen zur *Vermittlung der zentralen Markenwerte* genutzt wird - nämlich *Qualität, Sicherheit, soziale Verantwortung, Umweltschutz und Modernität*.[339] Darüber hinaus kann der Konzern in der Autostadt den *Dialog mit Kunden und Partnern* pflegen. Zur Umsetzung dieser Ziele wurde eine multifunktionale Markenerlebniswelt mit einem breiten Angebotsspektrum geschaffen (vgl. Abb. 56).

Angebotsprofil

Die „Autostadt" besteht aus einem Ensemble von spektakulären Gebäuden mit unterschiedlichen Funktionen, die in eine weitläufige Anlage mit Park- und Wasserflächen integriert sind (vgl. Abb. 56):

- „*KonzernForum*" und „*Piazza*": Das große gläserne Gebäude (mit 20 m hohen Flügeltüren) dient als Entrée zu dem gesamten Gelände; durch die Architektur sollen Offenheit und Stabilität signalisiert werden.

---

[334] Die Autostadt (Pressemitteilung der Volkswagen AG)

[335] SIEDENBURG, B. (1999): Wahrzeichen der Expo. - In: Focus, 26, S. 208-210

[336] Das Kraftfahrzeug als Kultobjekt. - In: FAZ, 27. Oktober 1999

[337] SCHÜMER, D. (1999): Märchen vom Fahren. - In: FAZ, 22. März

[338] KNOP, B./POLSTER, B. (2001): Ausgerechnet Wolfsburg! - In: Geo Saison, 2, S. 77

[339] vgl. Klassenziel Imagefaktor. - In: Amusement Technology & Management, (2000) 4, S. 37-39

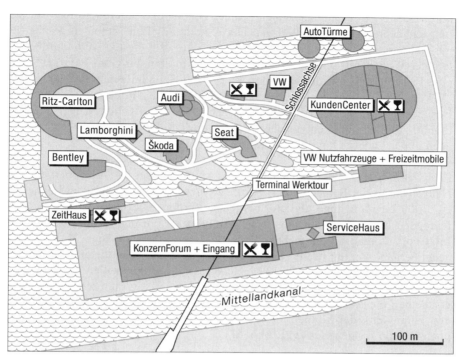

*Abb. 56: Die „Autostadt" in Wolfsburg besteht aus einem Ensemble spektakulärer Gebäu-
de, die in eine weitläufige Anlage mit Park- und Wasserflächen integriert sind. Dazu zählen u. a. die Pavillons der Automarken, die zur „Volkswagen AG" gehören. Auf dem 25 ha
großen Gelände befindet sich außerdem das Fünf-Sterne-Hotel „Ritz-Carlton" - der erste
Hotelneubau dieses Konzerns in Deutschland (Quelle: Eigene Darstellung nach Angaben
der Autostadt GmbH).*

Ein überdimensional großer Globus und zahlreiche thematisch gestaltete Globen
im gläsernen Fußboden geben Hinweise auf die Rolle des Volkswagen-Konzerns
als *global player*. In einem gesonderten Bereich (der „KonzernWelt") finden
sich Exponate, ein 360°-Kino, Simulatoren etc., in denen die zentralen Werte
des Unternehmens symbolisch veranschaulicht werden.

- *„ZeitHaus"*: Dieses Gebäude beherbergt ein Automobilmuseum mit zahlreichen
Exponaten zur Geschichte und Entwicklung des Automobils generell; es enthält
also nicht nur Modelle des Volkswagen-Konzerns. Dabei werden die Ausstel-
lungsgegenstände in kleine Szenen integriert. Ein Filmtheater, eine *Hands-on*-
Abteilung und Wechselausstellungen ergänzen das Angebot.

- *Pavillons der Konzernmarken:* Die einzelnen Marken der „Volkswagen AG"
präsentieren sich jeweils in einem eigenen Ausstellungspavillon; dabei werden
den Besuchern die zentralen Image-Elemente der Marke symbolisch und multisensuell vermittelt. Der „Bentley-Pavillon" signalisiert Exklusivität und Luxus

durch hochwertige Baumaterialien (grüner Granit) und durch luxuriöse Ausstattungselemente (Leder, Edelhölzer). Der „Škoda-Pavillon" betont in kleinen Figurenensembles die Herkunft und Geschichte des drittältesten Automobilherstellers der Welt. Kraft und Sportlichkeit werden im „Lamborghini-Pavillon" durch eine Inszenierung mit dramatischen Licht- und Soundeffekten verdeutlicht. Im „VW-Pavillon" steht das Streben nach Perfektion im Mittelpunkt: Es wird den Besuchern u. a. durch klare architektonische Formen (Kubus, Kugel) nahe gebracht. Ähnliche markentypische Inszenierungseffekte und -techniken kommen auch in den anderen Pavillons zum Einsatz.

- *„KundenCenter":* Zentrale Funktion dieses Gebäudes ist die Übergabe von Neuwagen an die Selbstabholer. An insgesamt 60 Übergabeplätzen können bis zu 1.000 Neufahrzeuge täglich übergeben werden. Die Beförderung der Neufahrzeuge aus den beiden gläsernen „Autotürmen" in das „KundenCenter" erfolgt vollautomatisch durch Fahrstühle und unterirdische Gänge. Bei der Fahrzeugübergabe kommt es zu einer „Mystifizierung des eigentlichen Kaufvorganges" (RAUTERBERG 2000, S. 139). Neben der geheimnisvollen Technik spielt dabei die personenbezogene Inszenierung des Ereignisses eine zentrale Rolle. So erscheinen die Namen der Kunden auf großen Anzeigetafeln (wie in Terminals von Flughäfen); der Moment der Fahrzeugübergabe wird durch einen Photographen im Bild festgehalten (vgl. Abb. 57).[340]

- *„Autotürme":* Die beiden 48 m hohen Autotürme fungieren als weithin sichtbare „Leuchttürme" der Autostadt Wolfsburg. In ihnen befinden sich jeweils bis zu 400 Neufahrzeuge, die im „KundenCenter" an die Käufer übergeben werden.

- *„The Ritz-Carlton", Wolfsburg:* Zum Leistungsangebot der Autostadt Wolfsburg zählt außerdem The Ritz-Carlton, Wolfsburg (174 Zimmer, 21 Suiten) - der erste Hotelneubau dieser US-amerikanischen Luxushotelgruppe in Deutschland. Die Inneneinrichtung des Fünf-Sterne-Hauses wurde von der französischen Innenarchitektin Andreé Putman entworfen. Die Auslastung des Hotels wird zu 40–60 % durch die „Volkswagen AG" und ihre Geschäftspartner gewährleistet.[341]

- *Verwaltungs- und Servicegebäude sowie weitere Einrichtungen:* Außerdem befinden sich auf dem Gelände der Autostadt Wolfsburg ein Verwaltungs- und Servicegebäude sowie zahlreiche weitere Einrichtungen (Restaurants, Shops etc.).

---

[340] Einer der wenigen gesellschaftskritischen Berichte über die Autostadt generell und speziell über die Inszenierung der Neuwagenübergabe stammt von KALBHENN, B. (2001): Zum Niederknien. Beobachtungen in der Autostadt, Hannover (Manuskript der Sendung „Glaubenssachen", Norddeutscher Rundfunk, Radio 3 vom 11. November 2001).

[341] vgl. MÜNSTER, M. (2000): Autostadt soll im Ritz die Betten füllen. - In: FVW, 14, S. 83

Abb. 57: Im „KundenCenter" der „Autostadt" findet die Übergabe der Neufahrzeuge an die Selbstabholer statt. An 60 Stationen können täglich bis zu 1.000 Fahrzeuge übergeben werden. Dieses Ereignis wird personalisiert und emotionalisiert: So erscheint der Name des Kunden auf großen Anzeigetafeln (wie in Terminals von Flughäfen). Um eine dauerhafte Erinnerung zu schaffen, hält ein Photograph den Moment der Fahrzeugübergabe im Bild fest.

Über das breite infrastrukturelle Angebot hinaus fungiert die „Autostadt" als eine *Bühne für Events*. Zu den regelmäßigen Veranstaltungen gehören z. B. die *„Movimentos Festwochen"* (mit Konzerten, Lesungen und Ballettaufführungen), die im Jahr 2007 zum fünften Mal stattfanden.[342]

Nachfragevolumen, Besucherstruktur und Bewertung

Mit ihrem vielfältigen Ausstellungs- und Veranstaltungsangebot konnte sich die „Autostadt" rasch als *attraktives Tagesausflugs- und Kurzreiseziel* positionieren:

- Im ersten Betriebsjahr kamen statt der erwarteten 1,0 Mio. Besucher mehr als 2,0 Mio. Gäste, auch der Umsatz war mit mehr als 30 Mio. Euro doppelt so hoch wie prognostiziert.[343] Bereits im Jahr 2005 belief sich die Gesamtbesucherzahl seit der Eröffnung auf 10 Mio. Besucher; seitdem kommen jährlich ca. 2,0 Mio. Gäste.[344]

---

[342] vgl. www.press.autostadt.de/staticfiles/Statische%20Dateien/PDF/Pressedatenbank%20 Mappe/Movimentos_Abschluss_PM_2007.pdf vom 30. August 2007

[343] vgl. ABELE, R. (2001): Für einen Tag in die heile Welt der Marken. - In: FAZ, 26. Mai

[344] Von Kritikern werden diese Angaben allerdings bezweifelt; sie werfen der Geschäftsführung vor, die Besucherzahl durch eine falsche Zählweise zu manipulieren (vgl. Auto-

- Das Angebot der „Autostadt" spricht generell ein breites Publikum aus unterschiedlichen Altersgruppen an. Mit einem *Durchschnittsalter von 36 Jahren* unterscheidet sich diese Themenwelt allerdings deutlich von Freizeit- und Themenparks, in denen generell Jugendliche, junge Erwachsene und Familien mit Kindern dominieren. So liegt z. B. das Durchschnittsalter im „Europa-Park" nur bei 27,9 Jahren (vgl. SCHNEIDER 2001, S. 103-104; → 2.1.2). Die Besucher in der „Autostadt" ähneln hingegen eher einem klassischen Museumspublikum.[345]

- Die *Motive für den Besuch der „Autostadt"* sind vielfältig: Nur 30 % der Besucher wollen sich speziell über die Produktion und Technik von VW-Modellen informieren. Weitere 34 % interessieren sich generell für Autos und 25 % möchten etwas über das Unternehmen bzw. dessen Marken erfahren. Jeder Sechste kommt nach Wolfsburg, weil er in seiner Freizeit gerne Freizeit- und Erlebnisparks besucht und 13 % nennen weitere Gründe - z. B. Interesse an der Architektur und Gestaltung der „Autostadt", Besuch im Rahmen eines Betriebs- bzw. Vereinsausfluges (vgl. KÜDDELSMANN 2001, S. 97).[346]

- Im Vergleich zu den klassischen Freizeit- und Themenparks verfügt die „Autostadt" über einen *sehr großen Einzugsbereich*: Im April 2001 haben 40 % der Besucher eine Anreise von mehr als 200 km in Kauf genommen; 43 % kamen aus einer Distanz von 70 km bis 200 km und nur 17 % der Gäste wohnten im näheren Umkreis von 70 km. Das dominierende Verkehrsmittel war dabei mit 81 % der Pkw (vgl. KÜDDELSMANN 2001, S. 96; SCHNEIDER 2001, S. 135-136).

- Für die Mehrzahl der auswärtigen Besucher, die nicht aus Wolfsburg und der Umgebung stammen, ist die „Autostadt" das *Ziel einer monofinalen Ausflugsfahrt* (77 %). Weitere 15 % sind im Rahmen des sekundären Ausflugsverkehrs gekommen (die Anreise hat also von ihrem Urlaubsort in der Region aus stattgefunden) und 8 % machen einen Stopp während der Durchreise (vgl. SCHNEIDER 2001, S. 134).

---

stadt findet ihre Zahlen „nicht relevant" = www.taz.de/index.php?idarchivseite&dig 2005/04/06/a0305 vom 29. August 2007; KREBS, C./PUSKEPELEITIS, D. [2005]: Autostadt wehrt sich gegen Vorwürfe = www.newsclick.de/index.jsp/menuid/2165/artid/3911848 vom 29. August 2007).

[345] Diese Daten beziehen sich ausschließlich auf die Besucher der „Autostadt" - also nicht auf die Selbstabholer. MEINICKE (2003) hat für das „Audi Forum" eine umfangreiche Analyse der Selbstabholer durchgeführt (soziodemographische Struktur, Motive, Einstellungen, Akzeptanz).

[346] Ein weiterer Beleg für das breite und diffuse Interessensspektrum ist die Tatsache, dass nur 6 % der Besucher die Anschaffung eines Neuwagens planen und sich deshalb in der „Autostadt" informieren wollen (vgl. SCHNEIDER 2001, S. 106-107).

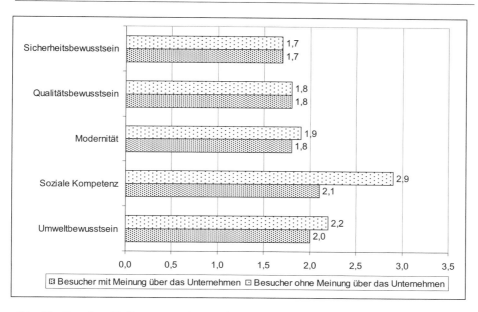

Abb. 58: Für die „Volkswagen AG" ist die „Autostadt" ein erfolgreiches Instrument der Unternehmenskommunikation. Mit Ausnahme der sozialen Kompetenz werden die fünf Markenbotschaften von den Besuchern nach der Besichtigung jeweils mit Schulnoten zwischen 1,7 und 2,2 bewertet - unabhängig davon, ob die Besucher bereits mit einer genauen Meinung über den Konzern angereist sind oder eher diffuse Vorstellungen hatten. (Quelle: Eigene Darstellung nach Angaben in KÜDDELSMANN 2001, S. 101).[347]

- Das Angebot wird von den Besuchern *generell positiv beurteilt.* Bei einer Bewertung mit Schulnoten werden der Erlebnisgehalt, die Faszinationskraft, der Unterhaltungswert, das Service-/Gastronomieangebot und die Familienfreundlichkeit jeweils mit „gut" bewertet. Nur der Informationsgehalt und das Angebot zum aktiven Mitmachen erhalten schlechtere Beurteilungen (2,2 bzw. 2,4). Angesichts des hohen Zufriedenheitsgrades werden 91 % der Besucher die „Autostadt" in jedem Fall an Freunde bzw. Verwandte weiterempfehlen und 72 % können sich vorstellen, diese Markenerlebniswelt noch einmal zu besuchen (vgl. KÜDDELSMANN 2001. S. 98-99; SCHNEIDER 2001, S. 125-126).[348]

- Für die „Volkswagen AG" ist natürlich von besonderem Interesse, inwieweit diese Markenerlebniswelt dazu beiträgt, den Besuchern die Unternehmensphilosophie und die Markenbotschaften zu vermitteln. In ihrer empirischen Untersuchung kommt KÜDDELSMANN (2001, S. 99-102) zu dem Ergebnis, dass dieser

---

[347] Die Berechnung der Mittelwerte basiert auf einer fünfstufigen Skala (1 = sehr gut; 5 = mangelhaft).

[348] vgl. SCHNETZLER (2008, S. 247-255) zu einer Besucher- und Zufriedenheitsanalyse des „Audi Forums", des „Playmobil Funparks" und des Erlebniszentrums „The House of Villeroy & Boch"

Kommunikationseffekt als gut bis sehr gut zu bewerten ist. Aus Sicht der Befragten werden die fünf Kompetenzen der „Volkswagen AG" nämlich nach der Besichtigung der „Autostadt" jeweils mit Schulnoten zwischen 1,7 und 2,2 bewertet - unabhängig davon, ob die Besucher bereits mit einer genauen Meinung über das Unternehmen angereist sind oder eher diffuse Vorstellungen hatten. Deutliche Unterschiede (Schulnoten 2,1 vs. 2,9) bestehen allenfalls hinsichtlich der Vermittlung der sozialen Kompetenz der „Volkswagen AG" - also des Engagements für Mitarbeiter und Partner (vgl. Abb. 58).

Die „Autostadt" in Wolfsburg ist ein Beispiel für eine populäre Markenerlebniswelt, die sich aufgrund ihres breiten Angebotsspektrums und ihrer hohen Servicestandards rasch zu einer erfolgreichen Destination im Tages- und Kurzurlaubstourismus entwickeln konnte. Da auch die Mehrzahl der anderen Markenerlebniswelten hohe Besucherzahlen verzeichnet, werden die *Zukunftsaussichten dieser Themenwelten* sehr positiv eingeschätzt (vgl. ROOST 2005, S. 70-72).

2.4.6   Internationale Entwicklungen und Trends

Für den Boom der Markenerlebniswelten in den 1990er-Jahren waren mehrere Faktoren verantwortlich: die Sättigung der Konsumgütermärkte, das Entstehen von *global players*, die Informationsüberlastung der Gesellschaft und der Erlebnishunger der Konsumenten. Diese Rahmenbedingungen haben sich auch zu Beginn des 21. Jahrhunderts nicht grundsätzlich verändert. Vor diesem Hintergrund lassen sich gegenwärtig mehrere Trends bei den Markenerlebniswelten beobachten - *die Filialisierung bestehender Einrichtungen, der Bau neuer Markenerlebniswelten und die Aufwertung von Handelseinrichtungen.*

Filialisierung der bestehenden Markenerlebniswelten

Diese Entwicklung basiert auf dem Grundprinzip anderer Kettenbetriebe (in der Gastronomie, im Einzelhandel etc.), die hohen Planungs- und Entwicklungskosten für den jeweiligen Prototyp durch eine Multiplizierung der Einrichtung zu minimieren. Am Beispiel der Firma „Lego" lässt sich dieser Trend verdeutlichen: Sie gründete im Jahr 1968 ihre erste Markenerlebniswelt im dänischen Billund. Nach einem erfolglosen Versuch, Anfang der 1970er-Jahre in der Nähe von Kiel eine ähnliche Einrichtung zu betreiben, errichtete der „Lego"-Konzern im Jahr 1996 in Windsor (Großbritannien) und im Jahr 1999 in Carlsbad (Kalifornien, USA) weitere Erlebniswelten. Seit Mai 2002 betreibt das Unternehmen im bayerischen Günzburg auf einer Fläche von 60 ha seinen vierten Park, der bereits im ersten Betriebsjahr 1,3 Mio. Besucher verzeichnete (vgl. KÖSTER-HETZENDORF 2002).[349]

---

[349] HERR, J. (2002): Günzburg erwartet einen Ansturm auf das deutsche Legoland. - In: FAZ, 14. Mai. Aufgrund wirtschaftlicher Probleme des „Lego"-Konzerns wurden die

Auch für das „Ravensburger Spieleland" bestehen Überlegungen, dieses Konzept einer interaktiven Marken-Erlebniswelt an anderen deutschen oder europäischen Standorten zu multiplizieren (vgl. Lux/Schmid 2001, S. 209).[350]

Bau neuer Markenerlebniswelten

Nachdem sich die „Volkswagen AG" mit der „Autostadt" in Wolfsburg ein Allein-stellungsmerkmal im Bereich der Marken- und Unternehmenskommunikation ge-schaffen hat, sind auch andere Automobilhersteller unter Druck geraten:

- So hat die „DaimlerChrysler AG" im Jahr 2006 ein neues *„Mercedes-Benz-Museum"* in Stuttgart eröffnet - in Kombination mit einem Verkaufszentrum. Bereits das frühere „Daimler-Benz-Museum" verzeichnete jährlich ca. 500.000 Besucher und zählte damit zu den erfolgreichsten Museen in Deutschland. In dem neuen Museumsbau werden auf einer Fläche von 17.000 qm mehr als 120 Autos präsentiert. Ausstellungen zu Themen wie „Faszination Technik", „Ren-nen und Rekorde" etc. ergänzen das Museumsangebot.[351]

- Der „BMW-Konzern" investierte 250 Mio. Euro in die *„BMW Welt"*, die im Herbst 2007 in München eröffnet wurde (vgl. Abb. 59). Das Angebot der multi-funktionalen Erlebniswelt umfasst neben Restaurants und Geschäften auch Kon-ferenz- und Vortragssäle sowie ein Auditorium mit 800 Plätzen. Außerdem sol-len dort jährlich 45.000 Autos an Selbstabholer ausgeliefert werden (vgl. Bürk-le 2007). Für das Jahr 2008 plant die „Porsche AG" die Fertigstellung einer ähnlichen Einrichtung in Stuttgart-Zuffenhausen.[352]

Aufwertung von Handelseinrichtungen

Als dritter Trend lässt sich - ebenfalls bei den Automobilherstellern - eine Aufwer-tung von Verkaufs- und Auslieferungszentren beobachten. Im Sinne einer Hierar-chisierung werden die *grundsätzlichen Prinzipien der Markenerlebniswelten* (Mul-tifunktionalität, Erlebnisorientierung, Einsatz von Inszenierungstechniken) von der Zentrale auf die Peripherie übertragen.

Parks im Jahr 2005 an den US-amerikanischen Kapitalfonds „Blackstone" verkauft (vgl. Burmester 2005).

[350] Mit einer Filialisierungsstrategie können *global players* ihre Markenkommunikation außerdem in allen Ländern praktizieren, in denen sie tätig sind.

[351] vgl. Maak, N. (2006): Bauen für das Auto. - In: FAZ, 18. Mai

[352] vgl. Anker, S. (2007): Die neuen Paläste der Autobauer. - In: Welt Kompakt, 16. Okto-ber; Herr, J. (2007): Der zweite Anlauf von BMW. - In: FAZ, 17. Oktober; Jacob, W. (2007): Derwisch der Schubkraft. - In: FAZ, 20. Oktober; Feth, G. G. (2007): Etwas Hollywood für einen neuen BMW. - In: FAZ, 12. Oktober

Abb. 59: Im Herbst 2007 wurde in München die „BMW Welt" eröffnet. Das Angebot der Markenerlebniswelt des bayerischen Autokonzerns umfasst neben Restaurants und Geschäften auch Konferenz- und Vortragssäle sowie ein Theater mit 800 Plätzen. Außerdem sollen dort jährlich 45.000 Autos an Selbstabholer ausgeliefert werden.

Diese Einrichtungen befinden sich an der Schnittstelle zwischen Markenerlebniswelten und *brand spots bzw. brand retails* (vgl. SCHÖMMEL 1999, S. 40); durch kurze Erlebnismomente bieten sie den Besuchern eine Intensivierung der Informations- bzw. Konsumsituation. Beispiele für diese Entwicklung sind u. a.:

- das Kundencenter der „DaimlerChrysler AG" in Rastatt,[353]
- das Omnibus-Auslieferungszentrum der „DaimlerChrysler AG" in Mannheim,[354]
- die Pavillons der „BMW Group" in München und Kapstadt,[355]
- die „Peugeot Avenue" in Berlin,[356]
- der „Toyota Showroom" in Paris.[357]

Trotz dieser positiven Trends im Bereich der Markenerlebniswelten ist gegenwärtig noch nicht abzuschätzen, ob sich die Veränderungen im Markenbewusstsein der Konsumenten (hybrides Kaufverhalten, „Schnäppchenmentalität" und abnehmende Markenorientierung) mittelfristig auch auf diese Einrichtungen auswirken

---

[353] vgl. www.mercedes-benz.de/content/germany/mpc/mpc_germany_website/de/home_mp c/passenger_cars/home/services/customer_centres/rastatt.htm vom 28. August 2007
[354] vgl. www.mercedes-benz.de/content/germany/mpc/mpc_germany_website/de/home_mp c/buses/home/bus_world/meet_mercedes-benz/mannheim_plant_stop.html vom 28. August 2007
[355] vgl. www.bmwgroup.com; www.thepavilion.co.za
[356] vgl. www.peugeot-avenue.de/avenue/allgemein/ vom 28. August 2007
[357] vgl. www.toyota.fr/rendezvous/index.aspx vom 28. August 2007

werden.[358] Darüber hinaus besteht bei einer wachsenden Zahl von Markenerlebniswelten die Gefahr von Sättigungserscheinungen.

Markenerlebniswelten: Fazit

- Das *Thema der Markenerlebniswelten* sind Produkte und Unternehmen, die auf nationaler bzw. internationaler Ebene über einen Markencharakter und einen hohen Bekanntheitsgrad verfügen.
- Bei den Markenerlebniswelten handelt es sich um Gebäudekomplexe bzw. großflächige Anlagen aus Bauten, Attraktionen und Freiflächen, in denen die Besucher auf unterhaltsame Weise über die Produkte des Unternehmens und den Herstellungsprozess informiert werden (*Infotainment/Edutainment*).
- Markenerlebniswelten kommen in *unterschiedlichen Branchen* als Kommunikationsinstrumente zum Einsatz - u. a. für Nahrungs- und Genussmittel, Automobile, Kristall-, Porzellan- und Glasprodukte, Spielwaren, Kleidung, Unterhaltungsmedien, Wärme-/Kältetechnik.
- Zu den *historischen Vorläufern* gehören Betriebsbesichtigungen und Firmenmuseen, die auch gegenwärtig in vielen Markenerlebniswelten zum Standardangebot zählen. Sie bilden aber nur Bausteine eines umfassenden multifunktionalen Angebots, das zahlreiche weitere Attraktionen umfasst - z. B. Fahrgeschäfte, Kinos, Experimente, Simulatoren, Restaurants, Shops.
- Hinsichtlich ihrer *strategischen Ausrichtung* lassen sich zwei Arten von Markenerlebniswelten unterscheiden - die spaß- und unterhaltungsorientierten bzw. die informations- und bildungsorientierten. Hinsichtlich der *Standorte und Betriebsformen* lassen sich drei Typen abgrenzen - eigenständige Einrichtungen an der Produktionsstätte oder an anderen Standorten sowie Filialen in Freizeit- und Themenparks.
- Bei Markenerlebniswelten handelt es sich vorrangig um *Plattformen der Unternehmenskommunikation*. Angesichts gesättigter Konsumgütermärkte und einer Informationsüberlastung der Kunden bieten sie die Möglichkeit, die Markenprodukte emotional aufzuladen und eine dauerhafte Bindung der Konsumenten an das Unternehmen bzw. die Marke herzustellen. International agierende Konzerne (*global player*) nutzen sie außerdem als symbolische Orte der Identifikation für Mitarbeiter, Kunden und Geschäftspartner.

---

[358] Das Kommunikationsbarometer von TNS Emnid Horizont kam im Frühjahr 2003 zu dem Ergebnis, dass der Anteil der markentreuen Käufer von 45,5 % im Jahr 2002 auf 44,2 % im Jahr 2003 zurückgegangen ist (vgl. www.horizont.net/knowhow/kommunikationsbarometer/pages/show.prl?id=40&backid=24 vom 28. August 2007). Neuere Untersuchungen gehen allerdings davon aus, dass sich das hybride Konsumverhalten aufgrund des demographischen Wandels künftig eher abschwächen wird (vgl. Gruner & Jahr 2005).

- In Markenerlebniswelten werden *vielfältige Techniken der Inszenierung* einsetzt. Die spektakuläre Architektur dient dazu, die Unternehmenswerte zu signalisieren und Landmarken zu schaffen *(corporate architecture).* Aus dem Theaterbereich stammen z. B. die kulissenartige Gestaltung einzelner „Welten" sowie der Einsatz von Animateuren. Darüber hinaus kommen auch neue Medien und innovative Technologien zum Einsatz, um die Besucher anschaulich zu informieren und multisensuell anzusprechen.
- Die *„Autostadt"* in Wolfsburg zählt mit 2 Mio. Besuchern/Jahr zu den besonders erfolgreichen Markenerlebniswelten in Deutschland. Die Besucher ähneln eher einem klassischen Museumspublikum als einem typischen Freizeit- und Themenparkpublikum (höherer Männeranteil, höherer Altersdurchschnitt). Die Kommunikationseffekte dieser Einrichtung - d. h. die Vermittlung der zentralen Unternehmenskompetenzen - sind als gut bis sehr gut zu bewerten.
- Die *Zukunftsaussichten der Markenerlebniswelten* werden generell sehr positiv eingeschätzt. Dabei zeichnen sich folgende Trends ab: die Filialisierung bestehender Einrichtungen, der Bau neuer Markenerlebniswelten und die thematische Aufwertung von Handelseinrichtungen.

2.5   Zoologische Gärten und Aquarien

> „Ein Zoo nach dem Geschmack des Publikums
> wäre eine paradoxe Sache: Die Tiere sollen ein
> naturbelassenes Leben führen, aber bitte nicht
> diese schrecklichen Dinge tun oder erleiden, bei
> denen Blut fließt."
> DWORSCHAK (2000, S. 185)

> „Wenn die Menschen eher bereit sind, Geld für
> Achterbahnen denn für Elefanten auszugeben,
> dann müssen Zoos eben lernen, Themenpark-
> Tools als Marketing-Instrument einzusetzen."
> Klaus-Michael Machens, Direktor
> des „Erlebniszoos Hannover"[359]

Bei Zoologischen Gärten und Aquarien handelt es sich traditionell nicht um erlebnisorientierte, kommerzielle Themenwelten, sondern um *museumsähnliche, öffentliche Einrichtungen,* in denen Wildtiere als Exponate in Käfigen und Gehegen präsentiert werden. Während die Verantwortlichen besonders die Ziele des Natur- und Artenschutzes sowie der Forschung und Bildung verfolgen, stellt der Zoobesuch aus Sicht der Besucher eine Freizeitaktivität dar, die möglichst unterhaltsam und vergnüglich sein soll. Aus diesem Grund unterliegen auch die Zoos den *Gesetzmäßigkeiten des Marktes*; parallel zu ihren wissenschaftlichen Aufgaben müs-

---

[359] zitiert nach Euro Amusement Professional, (2005) 6, S. 68

sen sie ihr Angebot besuchergerecht gestalten - also abwechslungsreich und erlebnisorientiert.

Ein Blick in die *Geschichte der Zoologischen Gärten* macht deutlich, dass sich deren Aufgaben im historischen Verlauf entfaltet und verändert haben. Die Präsentation wilder Tiere wurde einerseits durch die jeweiligen politischen Strukturen geprägt und andererseits durch das Verhältnis der Gesellschaft zur Natur - von den fürstlichen Menagerien über die bürgerlichen Zoos des 19. Jahrhunderts bis zu den Archen unserer Zeit ($\rightarrow$ 2.5.1).

Gegenwärtig sind Zoologische Gärten äußerst populäre Freizeiteinrichtungen, die wachsende Besucherzahlen verzeichnen. Dieser Erfolg lässt sich nicht zuletzt auf eine breite Berichterstattung in den Medien zurückführen, durch die einzelne Zootiere zu internationalen Kultfiguren geworden sind (z. B. der Eisbär Knut). Auf der Grundlage von Fallstudien in einzelnen Zoos können die weitgehend emotional geprägten *Erwartungen der Besucher* analysiert werden ($\rightarrow$ 2.5.2).

Die Besucherforschung dient den Zoologischen Gärten als wichtige Informationsquelle für ein *professionelles Marketing-Management* - z. B. für die Entwicklung neuer Formen der Tierpräsentation, für innovative Formen der Kommunikation oder für Spezialisierungsmaßnahmen. Darüber hinaus findet in vielen deutschen Zoos gegenwärtig eine *erlebnisorientierte Umgestaltung* statt, die sich vor allem an Vorbildern aus den USA und den Niederlanden, aber auch an den Konstruktionsprinzipien der Themenparks orientiert ($\rightarrow$ 2.5.3).

In Deutschland gilt der *„Erlebniszoo Hannover"* als Vorreiter dieser Entwicklung. An diesem Fallbeispiel sollen die Maßnahmen erläutert werden, die ein Zoo durchführen muss, um sich in der Wettbewerbssituation mit anderen Freizeiteinrichtungen erfolgreich zu behaupten ($\rightarrow$ 2.5.4).

Ungeachtet der zentralen Aufgabe von Zoologischen Gärten, bedrohte Tierarten zu schützen und zu erhalten, wird sich künftig der *Trend einer zunehmenden Kommerzialisierung der Tierpräsentation* noch verstärken, der sich bereits heute auf internationaler Ebene abzeichnet - z. B. durch die Gründung privatwirtschaftlicher Aquarien in Europa, aber auch durch die Präsentation von Tieren in US-amerikanischen Themenparks und Themenhotels ($\rightarrow$ 2.5.5).

2.5.1   Definition und historische Entwicklung

Zoologische Gärten sind für Besucher zugängliche Anlagen, in denen einheimische und exotische Tierarten gehalten werden. Sie bestehen aus einem Ensemble von Käfigen, Tierhäusern, Freigehegen und Freiflughallen, die häufig in weitläufigen Garten- bzw. Parklandschaften angeordnet sind. Gitter und Zäune, aber auch Wasser- und Trockengräben dienen dazu, Besucher und Tiere voneinander zu trennen.

Meist haben die Zoologischen Gärten ihren Standort in Großstädten; in der Mehrzahl handelt es sich dabei um öffentliche Einrichtungen (nur wenige Zoos befinden sich gegenwärtig im Privatbesitz).

Neben Zoologischen Gärten gibt es eine Reihe *anderer Tierschauanlagen*: Das Spektrum reicht dabei von Zirkustierschauen und Wildparks über Safariparks und Vogelparks bis hin zu Falknereien und Haustierhöfen (vgl. DGF 1986, S. 314). Diese unterschiedlichen Einrichtungen haben sich in *mehreren Organisationen* zusammengeschlossen:

- Der „*Verband Deutscher Zoodirektoren*" *(VDZ)* wurde bereits im Jahr 1887 gegründet; er ist damit die älteste Zoovereinigung der Welt. Gegenwärtig hat der Verband 160 Mitglieder aus 63 Zoos in Deutschland, Österreich und der Schweiz sowie anderen europäischen Ländern (vgl. www.zoodirektoren.de).

- Der „*Deutsche Wildgehege-Verband*" ist ein freiwilliger Zusammenschluss von privaten, kommunalen und staatlichen Tierschauanlagen; dazu gehören u. a. Wild- und Tierparks, Greifvogel- und Tierpflegestationen sowie Wildgehege (vgl. www.wildgehege-verband.de).

- Die „*Deutsche Tierparkgesellschaft*" *(DTG)* wurde im Jahr 1976 gegründet. In dieser Organisation haben sich 71 Tiergärten, Adlerwarten, Vogelparks etc. zusammengeschlossen. Meist handelt es sich um kleinere Betriebe mit 20.000-300.000 Besuchern/Jahr (vgl. www.deutsche-tierparkgesellschaft.de).

- Safariparks, Wildparks und Vogelparks gehören dem „*Verband Deutscher Freizeitparks und Freizeitunternehmen*" *(VDFU)* an, der im Jahr 2007 129 Mitglieder hatte - vor allem Freizeit- und Themenparks, aber auch Hallenspielbetriebe sowie Zuliefer- und Beratungsunternehmen (vgl. www.freizeitparks.de).

- Als internationaler Dachverband ist die „*World Association of Zoos and Aquariums*" *(WAZA)* tätig, in der 22 nationale und regionale Zooverbände, aber auch 213 individuelle Zoos und Aquarien aus 46 Ländern organisiert sind (vgl. www.waza.org).

Angesichts dieser Vielzahl von Akteuren und Organisationen ist es nicht verwunderlich, dass gegenwärtig *keine eindeutige und allgemein anerkannte Definition des Begriffs „Zoologischer Garten"* vorliegt. Aus diesem Grund variieren auch die Angaben zur Zahl der Zoologischen Gärten in Deutschland - sie schwanken zwischen 40 und über 1.000 Einrichtungen:[360]

---

[360] Eine Zoo-Datenbank im Internet enthält Angaben zu 750 Zoologischen Gärten und anderen öffentlichen Tierschauanlagen in Deutschland (vgl. www.zoo-infos.de; www.zoo-ag.de/liste.htm vom 11. September 2007).

Kontinent	Zahl der Zoologischen Gärten	Besucherzahl (1990; in Mio.)	Besucherzahl/ Zoo
Europa	300	125	416.000
Nordamerika	175	106	605.000
Lateinamerika	125	61	488.000
Asien	545	308	565.000
Afrika	25	15	600.000
Australien	30	6	200.000

Tab. 10: Weltweit gibt es ca. 10.000 Zoologische Gärten, von denen sich 1.200 in regionalen bzw. nationalen Organisationen zusammengeschlossen haben. Hinsichtlich der Zahl an Einrichtungen und hinsichtlich des Besucheraufkommens bestehen zwischen den Kontinenten große Unterschiede (Quelle: Eigene Darstellung nach Angaben in IUDZG/CBSG 1993, Box 3 und 4).

- In der *EU-Zoo-Richtlinie vom 29. März 1999* werden Zoologische Gärten als dauerhafte Einrichtungen definiert, in denen eine signifikante Zahl von Wildtieren bzw. -arten für die Dauer von mindestens sieben Tagen pro Jahr gehalten wird. Nach diesen Kriterien gibt es in Deutschland weit über 1.000 Zoos.

- In der Definition der „*American Zoo Association*" *(AZA)* werden folgende Merkmale zur Abgrenzung benutzt: der dauerhafte Betrieb und der geregelte Zugang, das professionelle Personal, die angemessene Tierhaltung, die ästhetische Präsentation der Tiere sowie die klaren Zielsetzungen (Erhaltung, Forschung und Bildung). Nach dieser Definition gelten ein paar Dutzend Tierschauanlagen in Deutschland als Zoologische Gärten; bei ca. 40 Zoos handelt es sich um große Einrichtungen, die jährlich mehr als 200.000 Besucher verzeichnen (vgl. Themata 2003, S. 109).

Ähnlich divergierende Angaben finden sich auch auf *internationaler Ebene*: Die Zahl der Tierschauanlagen wird weltweit auf mehr als 10.000 Einrichtungen geschätzt, doch nur ca. 1.200 Zoologische Gärten sind Mitglieder regionaler bzw. nationaler Organisationen (vgl. IUDZG/CBSG 1993, Box 3). Allein diese Zoos verzeichnen jährlich ca. 600 Mio. Besucher. Hinsichtlich der Zahl an Einrichtungen und auch des Besucheraufkommens bestehen zwischen den Kontinenten allerdings große Unterschiede, für die mehrere Faktoren verantwortlich sind - z. B. die Bevölkerungszahl und das Wohlstandsniveau, aber auch die generelle Einstellung zur Natur (vgl. DAVEY 2007, S. 223). Während Asien und Europa die meisten Zoologischen Gärten aufweisen, verfügen Afrika und Australien nur über wenige Anlagen. Die höchsten durchschnittlichen Besucherzahlen pro Zoo finden sich in Nordamerika, in Afrika und in Asien (vgl. Tab. 10).[361]

---

[361] vgl. KISLING Jr. (2000) zu einer umfassenden Darstellung der historischen Entwicklung von Zoologischen Gärten in einzelnen Ländern bzw. Kontinenten

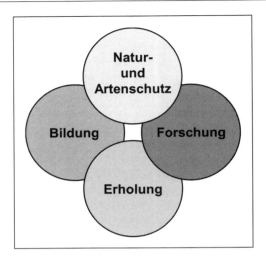

Abb. 60: Im Gegensatz zu zahlreichen anderen Tierschauanlagen stehen Zoologische Gärten unter einer wissenschaftlichen Leitung. Aus diesem Grund gehört die Forschung zu ihren zentralen Aufgabenbereichen - neben dem Natur- und Artenschutz, der Bildung und der Erholung.

Die folgenden Ausführungen basieren auf einem engeren Begriff des „Zoologischen Gartens". Unabhängig von der Größe und Besucherzahl wird dabei die *wissenschaftliche Leitung* als wesentliches Unterscheidungskriterium zwischen Zoologischen Gärten und anderen Tierschauanlagen betrachtet. Grundsätzlich lassen sich *vier zentrale Aufgabenbereiche der Zoos* abgrenzen: der Natur- und Artenschutz, die Forschung, die Bildung und die Erholung (vgl. Abb. 60).

Dieses Aufgabenspektrum hat sich im Lauf der Geschichte entwickelt und verändert: Während es zunächst nur um die Zurschaustellung exotischer Tiere ging, spielen in jüngerer Zeit die *Forschung* und der *Artenschutz*, aber auch das *Marketing* und eine *erlebnisreiche Tierpräsentation* (im Sinne von Themenwelten) eine wichtige Rolle.

Historische Entwicklung der Zoologischen Gärten

Die Zoologischen Gärten können auf eine mehr als 4.000-jährige Geschichte zurückblicken. In der Haltung und Präsentation wilder Tiere spiegelten sich immer auch die jeweiligen Herrschaftsstrukturen und das Verhältnis der Gesellschaft zur Natur wider:

- Zum einen lässt sich innerhalb der vergangenen 200 Jahre ein *Prozess der Demokratisierung* beobachten: Von einer elitären Vergnügung des höfischen Adels entwickelt sich der Zoobesuch zu einer Freizeitaktivität, an der alle Bevölkerungsgruppen teilhaben können.

- Zum anderen hat ein *Wandel des Naturverständnisses* stattgefunden: Vor dem Hintergrund der globalen Umweltbelastungen werden Wildtiere nicht mehr als exotische Attraktionen präsentiert, sondern als bedrohte Kreaturen, für deren Erhalt sich die Zoologischen Gärten einsetzen (vgl. BRAMBELL 1993, S. 31-32).

- Schließlich lässt sich aber auch ein *Trend zur Kommerzialisierung* feststellen: Angesichts schrumpfender öffentlicher Budgets müssen die Zoologischen Gärten nach neuen Einnahmequellen suchen - ähnlich wie Museen, Theater etc. Damit gewinnen Marketing und Fundraising an Bedeutung (vgl. CAIN/MERITT Jr. 1998; HUTCHINS/SMITH 2003).

Diese generellen Veränderungen sollen im Folgenden in einem kurzen *historischen Abriss* kurz erläutert werden:

- *Die Anfänge:* Erste Berichte über zooähnliche Tierhaltungen stammen aus *China*, wo am Hof eines Kaisers der Xia-Dynastie bereits um 2000 v. Chr. wilde Tiere zum Vergnügen und zur Bildung gehalten wurden. Um 1150 v. Chr. ließ ein Kaiser der Zhou-Dynastie den „Park der Intelligenz" anlegen - mit Säugetieren, Schildkröten, Fischen und Vögeln (vgl. KISLING Jr. 2001a, S. 16-17).[362]

- *Höfische Menagerien:* In Europa gab es erst seit dem Mittelalter in Klöstern sowie an fürstlichen und königlichen Höfen Wildgehege, in denen exotische und einheimische Tiere gehalten wurden - z. B. im Kloster St. Gallen oder im Tower of London (vgl. KEELING 2001, S. 50-56). Zu einem regelrechten Boom kam es im 17. Jahrhundert, als *König Ludwig XIV.* im Schlosspark von Versailles eine große Menagerie anlegen ließ (1663/1664). Dabei handelte es sich erstmals um ein eigenständiges, in sich geschlossenes Ensemble von Gebäuden. Um einen zentral gelegenen Pavillon herum waren strahlenförmig sieben Tiergehege angeordnet. Mit der Präsentation wilder Tiere ermöglichte der König seinen Gästen nicht nur, eine „symbolische Reise in fremde Länder" zu unternehmen, sondern er demonstrierte ihnen auch auf eindrucksvolle Weise seine außerordentliche Macht (vgl. PAUST 2001, S. 31-32). Nach dem Vorbild von Versailles entstanden auch an *anderen europäischen Höfen* ähnliche Anlagen - z. B. in Wien-Schönbrunn (1752), Schwetzingen (1763), Kassel-Aue (1764) und Nymphenburg (1778). Einige dieser Menagerien konnten bereits im 18. Jahrhundert von den Bürgern besichtigt werden (vgl. KIRCHSHOFER 1997, S. 5; DITTRICH 2001, S. 69).

- *Zoologische Gärten des Bürgertums:* Mit der Industrialisierung erlangte das Bürgertum zunehmende wirtschaftliche Macht und gesellschaftliche Bedeutung, die von ihm in zahlreichen Lebensbereichen symbolisch dokumentiert wurde. Neben Museen, Theatern, Reisen etc. zählten dazu auch Zoologische Gärten, die sich zunächst am Konzept höfischer Menagerien orientierten, d. h. die Tiere

---

[362] vgl. auch de.wikipedia.org/wiki/Zoo vom 10. September 2007

wurden im „Menageriestil" in kleinen Käfigen mit kahlen Ausläufen gehalten.
Neben dem öffentlichen Zugang für ein breites, vor allem bürgerliches Publikum
spielte aber auch die wissenschaftliche Leitung eine große Rolle (vgl. WIRTZ
1997). Nach dem Vorbild der „Zoological Gardens" in London (1828) kam es
im 19. Jahrhundert weltweit zu einer Welle von Zoogründungen - z. B. in Amsterdam (1839), Berlin (1844), Kopenhagen (1861), Moskau (1864) und Perth
(1866). Als Initiatoren fungierten häufig Zoologische Gesellschaften, von denen
die Zoos in Form von gemeinnützigen Organisationen bzw. Aktiengesellschaften
betrieben wurden (vgl. KEELING 2001, S. 68-72; RIEKE-MÜLLER 2001, S. 84).[363]

- *Tierpanoramen des Carl Hagenbeck:* Zu einer revolutionären Neuerung kam es
  im Jahr 1907, als der Tierhändler Carl Hagenbeck in Hamburg-Stellingen seinen
  privaten Tierpark eröffnete. Die Gehege waren in Form großflächiger (patentier-
  ter) „Panoramabauten" angelegt.[364] In diesen kulissenartig gestalteten Landschaften mit künstlichen Felsen wurden unterschiedliche Tierarten gemeinsam
  präsentiert.[365] So lebten z. B. im „Afrikagehege" Strauße und Antilopen scheinbar friedlich mit Löwen zusammen - nur durch Wasser- und Trockengräben voneinander getrennt (vgl. KIRCHSHOFER 1997, S. 8). Um die Tiere in ihrem kulturellen Kontext zu zeigen, veranstaltete Carl Hagenbeck auch große „Völkerschauen". Er brachte Inder-, Eskimo- und Indianer-Ensembles nach Europa, die
  nicht nur in seinem Tierpark, sondern auch in anderen Zoologischen Gärten gas-
  tierten (vgl. GRETZSCHEL 1999; ROTHFELS 2002, S. 81-142).[366] Diese Melange
  aus exotischen Tieren und Menschen anderer Kulturkreise, die in künstlerisch
  gestalteten „Welten" gezeigt wurde, löste beim Publikum große Begeisterung
  aus. Die anderen Zoodirektoren betrachteten die innovative Art einer Tierpräsentation hingegen als *„Hagenbeckerei"*; sie kritisierten eine unzureichende
  wissenschaftliche Begründung und fehlende pädagogische Ernsthaftigkeit (vgl.
  STREHLOW 2001, S. 103).[367] Erst in jüngerer Zeit kommen in den Erlebniszoos
  Prinzipien und Instrumente der Inszenierung zum Einsatz, die vor knapp 100
  Jahren von Carl Hagenbeck entwickelt worden sind.

---

[363] vgl. KISLING Jr. (2001, S. 369-390) zu einer detaillierten Liste der Gründungsdaten von
Zoologischen Gärten - differenziert nach Kontinenten und Ländern

[364] Bereits im Jahr 1904 präsentierte Carl Hagenbeck auf der Weltausstellung in St. Louis
(USA) ein „Arktis"-Panorama mit Seelöwen, Eisbären etc. Sein Konzept einer gitterlo-
sen Tierpräsentation wurde später von zahlreichen nordamerikanischen Zoos modifiziert
übernommen (vgl. HANSON 2002, S. 142-144).

[365] vgl. SCHNORBUS, A. (1998): Mit sechs Seehunden am Spielbudenplatz in St. Pauli begann es. - In: FAZ, 03. Juni; LANGROCK-KÖGEL, Chr. (2007): Barrierefreies Wildtier-
Watching. - In: Süddtsch. Ztg., 02. Juli; BAUR, D. (2007): Vergesst Knut! Hagenbeck
wird 100. - In: Spiegel Online, 03. Mai

[366] vgl. KUENHEIM, H. v. (2007): Ihr Auftritt, Frau Walross! - In: Die Zeit, 26. April

[367] Im Bereich der Themenwelten finden sich diese kontroversen Positionen - Kultur vs.
Unterhaltung - bis in die Gegenwart. Aus konservativer Sicht gelten alle Versuche, Bil-
dung und Vergnügen miteinander zu verknüpfen, inzwischen allerdings nicht mehr als
„Hagenbeckerei", sondern als „Disneyfizierung".

Abb. 61: Der Natur- und Artenschutz zählt zu den zentralen Aufgaben der Zoologischen Gärten. Angesichts der globalen Umweltzerstörung kommt dabei dem Erhalt bedrohter Tierarten eine wachsende Bedeutung zu. Das „Arabia's Wildlife Centre" in Sharjah (Vereinigte Arabische Emirate) ist Teil eines umfassenden Projekts, in dem die Präsentation heimischer Tiere mit aufwändigen Zuchtprogrammen kombiniert wird - z. B. des Arabischen Leoparden.[368]

- *Zoologische Gärten als Tierreviere und Archen:* In der zweiten Hälfte des 20. Jahrhunderts wurden neue Erkenntnisse der Zoologie, der Tierpsychologie und der Ökologie auf die Zootierhaltung übertragen (vgl. SCHMIDT 2001). Als Begründer einer interdisziplinären Tiergartenbiologie gilt der Schweizer Zoodirektor Prof. Dr. Heini Hediger. Seine Standardwerke „Wildtiere in Gefangenschaft" (1950), „Tierpsychologie im Zoo und im Zirkus" (1961) und „Mensch und Tier im Zoo" (1965) trugen dazu bei, dass die Gehege nun als *Reviere* gestaltet wurden, in denen die Tiere ihr gesamtes Verhaltensrepertoire ausüben konnten (z. B. graben, schwimmen, klettern, sich verstecken etc.). Darüber hinaus versuchen die Zoos in jüngerer Zeit, die Lebensbedingungen der Tiere im Sinne eines *behavioral enrichments* zu verbessern - u. a. durch die Notwendigkeit der Futter- und Wassersuche, durch Anregungen zu spielerischen Aktivitäten oder durch Körperpflege und Gebrauchsdressur (z. B. bei Elefanten).[369] Angesichts der globalen Umweltzerstörung hat in den letzten Jahrzehnten außerdem die Rolle der Zoos als *Archen* an Bedeutung gewonnen - also als Zufluchtsstätten für bedrohte Tierarten. Zu diesem Zweck betreiben die Zoologischen Gärten auf regionaler, nationaler und internationaler Ebene aufwändige Erhaltungszuchtprogramme

---

[368] vgl. www.breedingcentresharjah.com/About%20Us.htm vom 04. Oktober 2007
[369] vgl. HANSON 2002, S. 177-178; www.upali.ch/beschaeftigung.html vom 02. Oktober 2007

(vgl. KIRCHSHOFER 1997, S. 8-10; NOGGE 1993, S. 86-102; 2001, S. 182-185).
Auf diese Weise konnten mehrere Tierarten erhalten werden, die sonst bereits
ausgestorben wären - u. a. Wisente, Oryxantilopen und Przewalskipferde (vgl.
Abb. 61).[370] Darüber hinaus wurde im Jahr 1993 vom internationalen Zoodirek-
torenverband die „World Zoo Conservation Strategy" formuliert, in der die Aufgaben der Zoologischen Gärten im Rahmen des globalen Naturschutzes festgelegt wurden (vgl. IUDZG/CBSG 1993). Zunehmend findet auch eine Unterstützung der lokalen Naturschutzarbeit in den Entwicklungsländern *(in situ)* durch
Spenden von Zoos und Zoobesuchern aus den Industrieländern statt (vgl. EBER-
SOLE 2001; HUTCHINS 2003, S. 17-19; HATCHWELL/RÜBEL 2007; HATCHWELL
u. a. 2007).

- *Erlebniszoos als Themenwelten:* Zoologische Gärten sind aber nicht nur Archen
  sowie Orte der Forschung und der Bildung, sondern sie haben seit dem 19. Jahrhundert auch eine *wichtige Erholungsfunktion für die Bevölkerung.* Damit stehen sie aber in einer wachsenden Konkurrenz zu anderen Freizeiteinrichtungen
  und speziell zu kommerziellen Tierschauanlagen wie den „Sea Life Centern" ($\rightarrow$
  2.5.5).[371] Die öffentlichen Zoos müssen deshalb über ein zeitgemäßes Angebot
  verfügen, das den *Forderungen des Marktes* entspricht - dazu zählen u. a. Multifunktionalität, Erlebnisorientierung und Thematisierung. Bislang bezeichnen
  sich nur wenige Zoologische Gärten wie z. B. der „Zoo Hannover" als „Erlebniszoo"; dennoch wird in zahlreichen Einrichtungen versucht, die artgerechte
  Haltung und die erlebnisreiche Präsentation der Tiere miteinander zu verbinden
  ($\rightarrow$ 2.5.4). Diese Neuorientierung spiegelt sich zum einen in der *Unternehmensphilosophie* wider, in der die Interessen der Besucher stärker als bisher verankert
  sind (z. B. in Form eines *mission statement*). Zum anderen kommt sie in einer
  Inszenierung der gesamten Anlage zum Ausdruck - z. B. durch eine Gliederung
  in thematisch gestaltete „Welten" anstelle einer systematischen Tierpräsentation
  unter wissenschaftlichen Kriterien (vgl. GORONZY 2004, S. 31-34). Schließlich
  nutzen die Zoologischen Gärten *neue Geschäftsmodelle* und *zusätzliche Einnahmequellen,* um auch bei sinkenden öffentlichen Zuschüssen weiterhin erfolgreich arbeiten zu können - z. B. durch die Umwandlung in eine GmbH, durch
  den Verkauf von Merchandising-Artikeln oder durch die Nutzung von Gehegen
  als *locations* für Veranstaltungen ($\rightarrow$ 2.5.3; Abb. 62).[372]

---

[370] vgl. de.wikipedia.org/wiki/Zoo vom 10. September 2007

[371] Die wachsende Konkurrenz auf dem Freizeitmarkt wird als *ein* Grund dafür genannt,
dass die Zahl der Zoobesucher in mehreren europäischen Ländern sowie in Australien,
Neuseeland und den USA im Zeitraum 1961-1998 rückläufig war (vgl. DAVEY 2007,
S. 220-223).

[372] Im Jahr 2004 erhielten z. B. die beiden Zoologischen Gärten in Berlin öffentliche Zuschüsse in Höhe von 10 Mio. Euro; jeder Zoobesuch(er) wurde mit 2,98 Euro subventioniert. Angesichts der hohen Verschuldung des Landes Berlin gibt es Pläne, die Fläche
des innerstädtischen „Zoologischen Gartens" intensiver zu nutzen bzw. die Kosten
durch Nutzung von Synergieeffekten zu senken (vgl. www.zoopresseschau.info/presse-
schau-2006-03-23.htm vom 05. Oktober 2007).

Abb. 62: Nach dem Vorbild kommerzieller Freizeit- und Themenparks nutzen auch die öffentlichen Zoologischen Gärten inzwischen das Merchandising als zusätzliche Einnahmequelle. Der „Zoo Zürich" verknüpft dabei Konsum und Entwicklungshilfe: Im Shop der „Masoala"-Erlebniswelt - einer Halle mit Pflanzen und Tieren des Tropischen Regenwaldes auf Madagaskar - werden zahlreiche Fair-Trade-Produkte verkauft, deren Erlöse teilweise dem Land zugute kommen.[373]

Auch künftig wird sich dieser Trend einer *wachsenden Marktorientierung von Zoologischen Gärten* fortsetzen. Wesentliche Grundlage eines professionellen Marketing-Managements sind genaue Kenntnisse der Besucher - ihrer soziodemographischen Merkmale, ihrer Motive und ihrer Aktivitäten.

2.5.2   Die Zoobesucher: Merkmale - Erwartungen - Zufriedenheit

Grundsätzlich ist die Datenlage zur Besucherstruktur in Zoologischen Gärten und Aquarien recht unbefriedigend, da diese Einrichtungen nicht von der amtlichen Statistik erfasst werden. Die folgenden Ausführungen beziehen sich deshalb zum einen auf *Repräsentativuntersuchungen zum Freizeitverhalten* und zum anderen auf *Fallstudien in einzelnen Zoologischen Gärten* (aufgrund einer defizitären Forschungslage in Deutschland wird dabei auch auf internationale Untersuchungen Bezug genommen).[374]

---

[373] Aus den Umsätzen des Shops und des Restaurants sowie aus Spenden fließen jährlich Spenden in Höhe von 100.000 US-Dollar an den Nationalpark in Madagaskar (vgl. BÖHRINGER, Chr. [2007]: Zürich: Kurzbesuch im Regenwald. - In: Die Zeit, 26. April).

[374] vgl. DAVEY (2006) zu einem aktuellen Überblick über Methoden und Fragestellungen der Besucherforschung in Zoologischen Gärten

Zoologischer Garten	Besucherzahl			
	1998	2000	2002	2004
Zoologischer Garten Berlin und Aquarium	1.658.035	2.760.842	1.600.000*	2.240.488
Wilhelma Stuttgart	1.736.849	2.005.000	2.000.000	1.804.513
Tierpark Hellabrunn (München)	1.309.809	1.279.376	1.280.000	1.387.732
Zoo Leipzig	744.749	751.620	1.200.000	1.164.392
Tierpark Berlin	1.023.326	1.112.850	1.068.000	1.112.168
Zoologischer Garten Karlsruhe	966.066	966.066	990.000	1.018.900
Zoo Duisburg	892.229	936.469	907.000	1.010.612
Erlebniszoo Hannover	921.000	1.051.487	989.000	1.010.201
Tiergarten Nürnberg	890.372	941.000	975.000	908.857
Allwetterzoo Münster	779.773	822.474	838.000	895.200
Zoo Köln	793.086	980.000	896.000	883.286
Tierpark Hagenbeck (Hamburg)	721.743	700.000	795.000	750.000

* ohne Aquarium

Tab. 11: Bei den Zoologischen Gärten handelt es sich um populäre Freizeiteinrichtungen, deren Besucherzahlen in den letzten Jahren gestiegen sind. Allerdings weist die Nachfrage erhebliche Schwankungen auf, die durch unterschiedliche Faktoren ausgelöst werden können - z. B. durch das Wetter, die Eröffnung neuer Gehege bzw. Themenbereiche oder besondere Events wie die Geburt von Tierbabys.[375]

Bei Zoologischen Gärten handelt es sich um *äußerst populäre Besucherattraktionen*: Eine bundesweite Erhebung des BAT-Freizeitforschungsinstituts kam im Jahr 2006 zu dem Ergebnis, dass 38 % der Deutschen in den letzten 12 Monaten mindestens einmal einen Zoo besucht hatten (vgl. OPASCHOWSKI/PRIES/REINHARDT 2006, S. 126).[376] Damit rangieren diese traditionellen Freizeiteinrichtungen an zweiter Stelle der Beliebtheitsskala - nach den Volksfesten (61 %), aber vor den Erlebniseinkaufszentren (36 %), den Freizeitparks (33 %) und den Erlebnisbadelandschaften (30 %).

In den letzten Jahren verzeichneten die Zoologischen Gärten in Deutschland eine *Steigerung der Besucherzahlen* (vgl. Tab. 11). Zu dieser positiven Entwicklung

---

[375] zusammengestellt nach Angaben in Themata (2003, S. 110); Zoos and Aquariums of the World. - In: International Zoo Yearbook, 47 (2007), S. 381-482; Internet-Recherchen

[376] Das Nachfragepotenzial für Zoos ist erheblich größer, denn nur bei ca. 5-6 % der Bevölkerung handelt es sich um grundsätzliche Nichtzoobesucher, die aus ethischen Gründen gegen eine Haltung von Wildtieren unter Zoobedingungen sind (vgl. DITTRICH 1993, S. 129).

hat sicherlich auch die offensivere Kommunikationspolitik der Zoos beigetragen, durch die eine breite Berichterstattung in den Medien ausgelöst wurde. Traditionell wurden Zoos nur in den regionalen Medien erwähnt - z. B. im Rahmen von Veranstaltungstipps oder durch Meldungen über besondere Zuchterfolge. Seit 2003 gibt es aber mehrere *bundesweit ausgestrahlte TV-Serien*, die ein Massenpublikum erreichen („Elefant, Tiger & Co.", „Panda, Gorilla & Co.", „Pinguin, Löwe & Co." etc.).[377]

Wie in Museen weist die Nachfrage in den Zoos allerdings von Jahr zu Jahr *erhebliche Schwankungen* auf, für die unterschiedliche Faktoren verantwortlich sein können - z. B. das Wetter, die Eröffnung neuer Gehege bzw. Themenbereiche oder besondere Ereignisse:

- So löste z. B. das *Eisbärenbaby „Knut"* im „Zoologischen Garten Berlin" einen Besucheransturm aus, der nur durch spezielle Lenkungsmaßnahmen bewältigt werden konnte; gegenüber dem Vorjahr stieg die Zahl der Zoobesucher im Jahr 2007 um ca. 27 %.[378]

- Der „Zoo Köln" verzeichnete im Zeitraum 2005-2006 einen Anstieg der Besucherzahl um 27,9 %. Als Gründe wurden u. a. die *erste Elefantengeburt* im Kölner Zoo sowie eine Elefanten-Webcam des WDR während der Schwangerschaft genannt.[379]

Diese emotional geprägten Reaktionen zeigen, dass sich generell viele Menschen für Wildtiere interessieren und begeistern - unabhängig vom Alter, vom Geschlecht oder von der Bildung. Entsprechend breit ist auch die Zielgruppe der Zoobesucher; allerdings weist sie *einige typische Merkmale* auf (vgl. OPASCHOWSKI/PRIES/ REINHARDT 2006, S. 130-131):

- *Familien mit Kindern (unter 14 Jahren)* sind die Kernzielgruppe der Zoologischen Gärten. Ihre Besuchsintensität liegt mit 67 % deutlich über dem Durchschnittswert von 38 %. Für junge Erwachsene ohne Kinder und für Senioren sind diese Einrichtungen hingegen von geringerem Interesse.[380] Aus diesem Grund werden Zoobesuche auch überwiegend am *Wochenende (speziell am Sonntag)* unternommen, während sie an den übrigen Wochentagen nur eine untergeordnete Bedeutung als Ausflugsziele haben (vgl. Abb. 63).

---

[377] Die Darstellung von Wildtieren in den Medien hat sich dabei in den letzten Jahrzehnten erheblich gewandelt - von einer Bestialisierung („King-Kong"-Motiv) zu einer Humanisierung (vgl. INGENSIEP 2001, S. 151-153; ARTINGER 1995, S. 97-101).

[378] vgl. FAZ, 11. Juni 2008

[379] vgl. NRW-Tournews vom 18. September 2007

[380] Angesichts des demographischen Wandels (Überalterung) stehen die Zoos vor der Herausforderung, ihr Angebot künftig stärker auf die Bedürfnisse und Interessen älterer Menschen auszurichten (vgl. TURLEY 1999, S. 352).

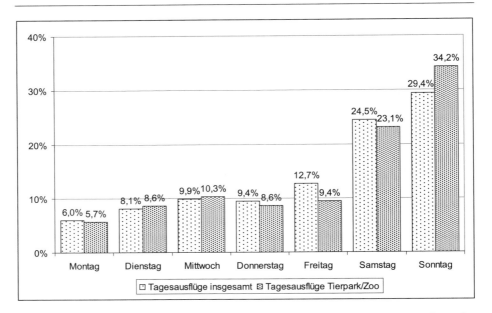

Abb. 63: Familien mit Kindern unter 14 Jahren sind die Kernzielgruppe der Zoologischen Gärten und Tierparks. Aus diesem Grund werden Zoobesuche im Rahmen von Tagesausflügen vor allem am Wochenende unternommen - speziell am Sonntag. Die Zoos können durch preispolitische Maßnahmen (z. B. Vergünstigungen an anderen Wochentagen) eine gleichmäßigere Verteilung der Nachfrage erreichen (Quelle: Eigene Darstellung nach Angaben in ZEINER 2006, Folie 8).

- Außerdem verfügen die Zoobesucher über ein *relativ hohes Einkommen* und ein *höheres Bildungsniveau* (wie bei anderen kostenpflichtigen Freizeitattraktionen). Hinsichtlich der Informationsvermittlung stehen Zoologische Gärten damit vor einer großen Herausforderung, denn einerseits müssen sie kind- und jugendgerechte Materialien und Methoden entwickeln (z. B. Zooführer, Zoorallyes). Andererseits sollten sie aber auch auf das umfassende und differenzierte Informationsinteresse der Erwachsenen eingehen, die bereits über Kenntnisse verfügen (vgl. BIRNEY 1988; DITTRICH 1993, S. 129; TURLEY 2001; RANDLER/ HÖLLWARTH/SCHAAL 2007).

- Darüber hinaus hängt der Zoobesuch vom Angebot bzw. der Erreichbarkeit ab. Für *Großstädter* ist er meist ohne erheblichen Zeit-Kosten-Mühe-Aufwand möglich (als Halbtagsausflug); sie weisen deshalb eine deutlich höhere Besuchsintensität auf als die kleinstädtische bzw. ländliche Bevölkerung (45 % vs. 36 %). Grundsätzlich handelt es sich bei Zoologischen Gärten allerdings um *klassische Tagesausflugsziele*, denn 60-80 % der Besucher kommen aus dem Umland bzw. besuchen den Zoo im Rahmen einer (Kurz-)Urlaubsreise. Zoos stellen also auch *wichtige städtetouristische Attraktionspunkte* dar.[381] Zugleich lösen sie *erhebliche wirtschaftliche Effekte* aus, da der Zoobesuch an den Wochentagen häufig mit Einkäufen, Restaurantbesuchen etc. kombiniert wird. Im Sinne einer (schwer zu bestimmenden) Umwegrentabilität profitieren vor allem der örtliche Einzelhandel und die Gastronomie von diesen Ausgaben (vgl. DITTRICH 1993, S. 129, 131).

- Schließlich wird der Zoobesuch durch *regionale Traditionen* beeinflusst. In der ehemaligen DDR gehörten Zoobesuche angesichts fehlender Alternativen (z. B. Freizeit- und Themenparks) zu den besonders beliebten Freizeitaktivitäten. Obwohl sich die Angebotssituation in den letzten Jahren erheblich verändert hat, ist die Besuchsintensität in den Neuen Bundesländern immer noch deutlich höher als in den Alten Bundesländern (43 % vs. 37 %; vgl. OPASCHOWSKI/PRIES/REINHARDT 2006, S. 131).

Das wesentliche *Motiv* für den Besuch eines Zoologischen Gartens ist natürlich die *Begegnung mit Tieren;* die Besucher wollen sie aus der Nähe beobachten, mit ihnen zusammen sein und nach Möglichkeit sogar berühren oder füttern. Dabei legen sie großen Wert darauf, dass die Tiere gesund sind und sie unter „artgerechten" Bedingungen gehalten werden - darunter verstehen Laien meist angemessen große Gehege (vgl. RYAN/SAWARD 2004, S. 252).[382]

Seit der Gründung der ersten Zoologischen Gärten haben sich die Vorstellungen des Publikums, wie Zootiere leben sollen, allerdings ständig verändert. In vielen Zoos spiegelt sich dieser Wandel deutlich in der *Architektur der Tierhäuser* und *der Anlage der Gehege* wider (vgl. GEWALT 1993, S. 120-121):

- Im 19. Jahrhundert dominierte eine *romantische Sichtweise*. Es wurde erwartet, dass die Tiere in historisch gestalteten Kulissen lebten. So wurden Eulen in künstlichen Ruinen und Bären in burgähnlichen Verliesen präsentiert. Populär waren auch mittelalterlich anmutende Bärengräben, die - z. B. in Bern - bis in die Gegenwart erhalten geblieben sind (vgl. FURRER/SAURER/WEBER 1997, S. 50; STREHLOW 2001, S. 78-80).[383]

---

[381] Trotz ihrer offensichtlichen Bedeutung für den Städtetourismus ist der Stellenwert der Zoologischen Gärten als Touristenattraktionen bislang von der Forschung kaum untersucht worden (vgl. MASON 2000).

[382] GEWALT (1993) setzt sich fundiert mit den Begriffen „Artgerechtigkeit", „Freiheitsdurst" und „Flächenbedarf" auseinander, die in der öffentlichen Diskussion über die Zoohaltung von Wildtieren von zentraler Bedeutung sind - aus seiner Sicht allerdings unsachgerecht und unreflektiert verwendet werden (eine Gegenposition vertritt u. a. ETZOLD, S. [2007]: Die menschengerechte Wildnis. - In: Die Zeit, 26. April).

[383] Die Zootiere (speziell Affen, Löwen, Elefanten) wurden im 19. und frühen 20. Jahrhundert zu Sujets einer boomenden Tiermalerei. In der künstlerischen Darstellung kommen jeweils gesellschaftlich-ideologische Strömungen zum Ausdruck; sie veränderten sich

Abb. 64: In der Architektur der Zoogebäude spiegeln sich die zeitgenössischen Prinzipien der Tierhaltung wider. Zu Beginn des 20. Jahrhunderts entstanden exotisch anmutende Gehege, mit denen der jeweilige Kulturkreis imitiert wurde, aus dem die Tiere stammen - z. B. das indianisch-russische Blockhaus im „Zoo Berlin" für amerikanische Bisons und eurasische Wisente.

- Später errichteten die Zoos *exotisch anmutende Gebäude,* mit denen der jeweilige Kulturkreis imitiert wurde, aus dem die Tiere stammten - z. B. birmanische Pagoden für asiatische Elefanten oder indianisch-russische Blockhäuser für amerikanische Bisons und eurasische Wisente (vgl. Abb. 64).

- In den 1920-Jahren setzte sich eine *funktionalistische Architektur* durch; die Zootiere wurden nun auf sachlich gestalteten Bühnen präsentiert, die keinerlei historische, kulturelle oder natürliche Bezüge aufwiesen.

- In den 1960-Jahren breitete sich wieder ein *romantisches Naturverständnis* aus; nun wurde vom Publikum erwartet, dass die Tiere in naturnah erscheinenden, weitläufigen Anlagen lebten (üppig bepflanzt sowie ohne Gitter und Zäune).

- In jüngerer Zeit spielen die *Präsentation vollständiger Lebensräume (Habitat)* und *die direkte Nähe zu den Tieren* sowie die *persönlichen Begegnungen mit Tieren* eine immer größere Rolle.

Die Wahrnehmung der Zootiere durch die Besucher ist nicht nur *historisch und kulturell geprägt*; sie hat auch einen *anthropozentrischen und selektiven Charak-*

---

von einer romantischen Verklärung über eine liberale Wahrnehmung bis hin zu einer imperialistischen Weltsicht (vgl. ARTINGER 1995).

ter. Die Zoobesucher interessieren sich nämlich nicht für die besonders seltenen Lebewesen, sondern vor allem für Tiere, die sie aus den Medien kennen (und die tagsüber aktiv sind). Aus diesem Grund rangieren die *Affen* weit oben in der Beliebtheitsskala der Zootiere.[384] Außerdem sind *die* Tiere besonders populär, die in der *Spiel- und Märchenwelt von Kindern* eine große Bedeutung haben - z. B. Bären, Pinguine und Pferde (vgl. DITTRICH 1993, S. 121-122).

Zoologische Gärten stehen deshalb vor der gleichen Problematik wie viele Museen und andere Kultureinrichtungen (vgl. STEINECKE 2007, S. 22): Ihre *langfristigen, systematischen und wissenschaftlichen Zielsetzungen* (z. B. Sammlung, Erhalt, Forschung) decken sich nur teilweise mit den *situativen, emotional geprägten und selektiven Interessen der Besucher*; deren Interesse richtet sich z. B. bei den Zoos vor allem auf:

- spektakuläre und bekannte Tiere (Eisbärenbaby „Knut"),
- den direkten Kontakt zu Tieren (Streichelzoo),
- auf besonders eindrucksvolle, aktive bzw. possierliche Tiere (Elefanten, Papageien, Seehunde etc.).

Eine geeignete Möglichkeit, diesen Gegensatz zu überbrücken, ist eine *zielgruppengerechte, anschauliche und zeitgemäße Form der Information* - denn die Besucher wollen nicht nur Tiere beobachten, sondern auch etwas Neues lernen. In Australien hat WOODS (2002) mit einem qualitativen *„Critical Incident"*-Ansatz die *besonders positiven* und die *besonders negativen Erfahrungen* erfasst, an die sich Zoobesucher erinnern können - unabhängig davon, wann der Besuch stattgefunden hat.[385]

Mit deutlichem Abstand rangiert die *Freude an der Begegnung mit den Tieren* vor allen anderen Nennungen (vgl. Abb. 65). Zu den besonders positiven Erfahrungen zählt aber auch die *Möglichkeit, etwas Neues zu lernen;* sie wurde von jedem fünften Befragten genannt. Hier besteht für Zoologische Gärten der Ansatzpunkt, über ein breites Spektrum an Informationsmaterialien die eigenen Ziele zu kommunizieren, die Besucher an den Zoo zu binden und sie für Umwelt- und Naturschutzmaßnahmen zu sensibilisieren.

---

[384] vgl. INGENSIEP (2001) zum speziellen Unterhaltungs- und Schauwert von Gorillas, aber auch zur ethischen Problematik der Haltung von Menschenaffen in Zoologischen Gärten

[385] Die „Critical Incident"-Methode ist u. a. ein Instrument der Kundenzufriedenheitsforschung, mit dessen Hilfe Situationen erfasst werden, die den Prozess der Dienstleistungserstellung besonders negativ oder positiv beeinflusst haben. Auf der Basis der Resultate können Handlungsempfehlungen zur Professionalisierung der Dienstleistung und damit zur Steigerung der Kundenzufriedenheit formuliert werden.

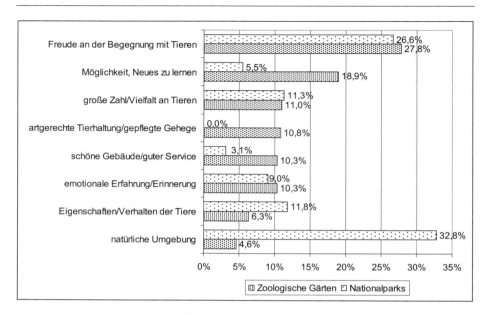

Abb. 65: Nach einem Zoobesuch bleiben generell gute und schlechte Erfahrungen in Erinnerung. Unter den besonders positiven Eindrücken rangiert die Freude an der Begegnung mit Tieren an erster Stelle; dazu gehört die Beobachtung wilder Tiere aus nächster Nähe, aber auch das Streicheln und Füttern. Jeder fünfte Besucher erinnert sich gern daran, etwas Neues gelernt zu haben (Quelle: Eigene Darstellung nach Angaben in WOODS 2002, S. 349).

Die Zoologischen Gärten können die Resultate von Besucherbefragungen und Zufriedenheitsanalysen als *Basis für ein professionelles Marketing-Management* nutzen.[386] Darüber hinaus verwenden sie aber auch *spezielle Inszenierungstechniken,* die aus dem Repertoire kommerzieller Themenwelten stammen. Zentrale Zielsetzung der Zoos ist es, sich auch künftig als attraktive Freizeiteinrichtungen auf dem hart umkämpften Freizeit- und Tourismusmarkt zu behaupten.

2.5.3   Marketing-Management und Techniken der Inszenierung in Zoologischen Gärten

In der Mehrzahl handelt es sich bei Zoologischen Gärten um *öffentliche Einrichtungen,* deren Budget zu wesentlichen Teilen aus Zuschüssen besteht. Angesichts der angespannten Finanzsituation von Städten und Gemeinden wächst allerdings der Druck, in stärkerem Maß als früher eigene Einnahmen aus anderen Quellen zu erwirtschaften. Vor diesem Hintergrund lässt sich bei den Zoos in den letzten Jahren eine wachsende Professionalisierung und Ökonomisierung beobachten.

---

[386] vgl. HOLZER/SCOTT/BIXLER (1998), MORGAN/HODGKINSON (1999) und LUEBKE (2004) zu Fallstudien in US-Zoos

Abb. 66: Zeitgemäße Zoologische Gärten arbeiten auf der Basis eines professionellen Marketing-Konzepts, zu dem u. a. auch ein klares Leitbild (mission statement) gehört, in dem das Selbstverständnis und die strategischen Ziele formuliert werden - z. B. im „Singapore Zoo", der jährlich 1,4 Mio. Besucher verzeichnet.[387]

Dabei greifen sie auf das *Instrumentarium des Marketing-Managements* zurück. Exemplarisch soll im Folgenden auf *Maßnahmen des Marketing-Mix* sowie auf unterschiedliche *Formen der Spezialisierung* hingewiesen werden.

Marketing-Mix

Wie Wirtschaftsunternehmen setzen auch Zoologische Gärten die strategische Planung sowie die Produkt-, Kommunikations-, Vertriebs- und Preispolitik ein, um höhere Einnahmen zu erzielen und die Kundenzufriedenheit zu steigern:[388]

- Ein wesentlicher Bestandteil der *strategischen Planung* ist ein *Leitbild*, in dem das Grundverständnis und die mittelfristigen Ziele eines Unternehmens schriftlich fixiert werden; es fungiert für alle Mitarbeiter als zentraler Bezugspunkt bei der eigenen Arbeit. So umfasst z. B. das *mission statement* des „Singapore Zoo" Aussagen zum angestrebten Standard der Einrichtung, zur Qualität der Gehege sowie zu den grundsätzlichen Aufgaben der Erholung, der Bildung und des Artenschutzes (vgl. Abb. 66).

---

[387] vgl. www.zoo.com.sg/about/fastfacts.htm vom 10. September 2007
[388] vgl. COE/BEATTIE (1998) zum Management-Marketing in ausgewählten US-amerikanischen Zoologischen Gärten

Abb. 67: Durch die Renovierung bestehender Gehege und den Neubau von Anlagen versuchen die Zoologischen Gärten, den steigenden Ansprüchen der Besucher an eine authentisch erscheinende Tierpräsentation gerecht zu werden. So hat der „London Zoo" - der älteste Zoo in Europa - vor kurzem den neuen australischen „Outback"-Themenbereich eröffnet, in dem Wallabies und Emus gehalten werden.

- Im Bereich der *Produktpolitik* versuchen die Zoologischen Gärten einerseits durch die *Renovierung bestehender Gehege* und den *Neubau von Anlagen*, den steigenden Ansprüchen der Besucher an die Tierpräsentation gerecht zu werden vgl. Abb. 67). Andererseits bieten sie regelmäßige *Events* an - von Tierfütterungen mit Beutesimulatoren über Tiervorführungen und -dressuren bis hin zu Elefantenritten.[389] Schließlich fungieren Zoologische Gärten zunehmend als *locations* für Tagungen, Empfänge, Kindergeburtstage etc. So vermietet z. B. der „Tierpark Hellabrunn" (München) abends mehrere Tierhäuser für private Feierlichkeiten. Im „Dschungelzelt" können bis zu 100 Gäste in Gesellschaft von Löwen und Panthern dinieren - nur durch eine Glasscheibe von den Raubtieren getrennt.[390]

- Um im gesättigten Freizeitmarkt überhaupt wahrgenommen zu werden, müssen die Zoologischen Gärten über ein klares Profil verfügen. In diesem Zusammenhang kommt der *Kommunikationspolitik* eine besondere Rolle zu. Neben den klassischen Formen der Plakatwerbung und der Anzeigen in Tageszeitungen

---

[389] Zu den ungewöhnlicheren Events zählen u. a. Seminare für Führungskräfte, die der „Tierpark Hellabrunn" in München anbietet. Durch den Kontakt mit Schlangen und Spinnen sollen Manager lernen, ihre Ängste zu überwinden und zu kontrollieren (vgl. Welt Online, 22. Juni 2007).

[390] vgl. FINKENZELLER, R. (1997): Plötzlich Auge in Auge der Löwin gegenüber. - In: FAZ, 10. November; www.tierpark-hellabrunn.de/index.php?id=34 vom 10. September 2007

versuchen mehrere Zoos, ihr Alleinstellungsmerkmal bereits durch einen *aussagekräftigen Slogan* zu kommunizieren - z. B. „Zoom Erlebniswelt Gelsenkirchen", „Zoo Hannover - Einzigartig in Europa", „Zoo Leipzig - Der Natur auf der Spur", „Zooh! Zürich", „San Diego Zoo - Where the animals are the stars" oder „John G. Shedd - The World's Aquarium".

- Da es sich bei Zoologischen Gärten um relativ preisgünstige Tagesausflugsziele handelt, die regelmäßig geöffnet sind, bestehen innerhalb der *Vertriebspolitik* und der *Preispolitik* nur geringe Handlungsspielräume. Bei den Eintrittspreisen findet meist die klassische Differenzierung statt, die auch in anderen öffentlichen Einrichtungen üblich ist - d. h. es gibt *Ermäßigungen* für Kinder, Senioren, Behinderte, Familien, Gruppen etc. Einige Zoos nutzen inzwischen auch das Internet für den Vertrieb von *Online-Tickets*.

Spezialisierung: Nachtzoos und Kinderzoos

Neben diesen Maßnahmen des Marketing-Mix können sich Zoologische Gärten aus der breiten Masse anderer Freizeitangebote auch hervorheben, indem sie eine *Spezialisierungsstrategie* verfolgen - z. B. durch ungewöhnliche Öffnungszeiten *(Nachtzoos)* oder durch Konzentration auf eine Zielgruppe *(Kinderzoos)*.

Im Jahr 1994 wurde mit der *„Night Safari"* in Singapur der erste *Nachtzoo* der Welt gegründet. Dabei handelt es sich nicht um einen Teil des „Singapore Zoo", sondern um eine eigenständige Anlage, die täglich von 19.30 Uhr bis 24.00 Uhr geöffnet ist. Auf einer Fläche von 40 ha können die Besucher auf speziell beleuchteten Pfaden mehr als 1.200 nachtaktive Tiere beobachten (vgl. Singapore Zoological Gardens o. J.). Seit der Eröffnung verzeichnete die „Night Safari" mehr als 11 Mio. Besucher.[391] Es gibt weltweit nur *wenige Beispiele anderer Nachtzoos*; dazu gehören u. a.:

- der *„Changlong Night Zoo"* in Guangzhou (Volksrepublik China), in dem nach der Wiedereröffnung ca. 10.000 Tiere gezeigt werden sollen,[392]
- die *„Chiang Mai Night Safari"* *(Thailand)* - eine weitläufige Anlage mit einem eigenen Resorthotel,[393]
- der *„Cairns Night Zoo"* *(Australien)*, dessen Angebot aus einer Musik- und Dinner-Show mit Tiervorführungen besteht,[394]

---

[391] vgl. www.nightsafari.com.sg/whatsnew/11millionthvisitor.htm vom 05. Oktober 2007
[392] vgl. www.de.asiarooms.com/travel-guide/china/guangzhou/wildlife-&-national-parks-in-guangzhou/changlong-night-zoo-in-guangzhou.html vom 04. Oktober 2007
[393] vgl. www.chiangmainightsafari.com vom 05. Oktober 2007
[394] vgl. www.cairnsnightzoo.com/home.htm vom 05. Oktober 2007

- der *„Nachtzoo Salzburg"*, bei dem es sich vorrangig um eine Marketing-Aktion handelt (im Sommer 2007 war der *„Zoo Salzburg"* jeweils freitags und samstags länger geöffnet).[395]

Eine weitere Möglichkeit der Spezialisierung sind die *Kinderzoos*, die vor allem in den USA verbreitet sind. Sie orientieren sich in der Anlage, der Auswahl der Tiere und der pädagogischen Arbeit an den Fähigkeiten und Interessen von Kindern. Wie bei den Kindermuseen wird in diesen Anlagen besonders großer Wert auf eine anschauliche Informationsvermittlung und eine erlebnisreiche Aktivierung der Besucher gelegt (vgl. STEINECKE 2007, S. 134). So können z. B. die Kinder im *„Lacerte Family Children's Zoo"* in Dallas (Texas) mehrere Habitats erkunden (vgl. HANSON 1997, S. 37-39):[396]

- *das Habitat „Bauernhof"*, in dem die Herkunft der Lebensmittel erläutert wird (Milch, Brot, Honig etc.),

- *das Habitat „Wildnis"*, das die Phantasievorstellungen der Kinder von geheimnisvollen Orten aufgreift und in dem sie Tiere unterschiedlicher Lebensräume beobachten können,

- *das „Discovery House"*, in dem den Kindern auf spielerische Weise Kenntnisse über die Lebensbedingungen von Tieren vermittelt werden.

Bei den Kinderzoos handelt es sich teilweise um Anlagen, die in traditionelle Zoos integriert sind (also eine Weiterentwicklung von Streichelzoos), und teilweise um eigenständige Einrichtungen. Als weitere Beispiele für *Kinderzoos in den USA sowie in anderen Ländern* sind zu nennen:
- „Tisch Children's Zoo", New York,
- „Lincolns Children's Zoo", Nebraska,
- „Fort Wayne Children's Zoo", Indiana,
- „Animal Zone" bei Kapstadt (Südafrika),
- „Knies Kinderzoo", Rapperswil (Schweiz),
- „Jako-o Kinderzoo" im Tiergarten der Stadt Nürnberg.[397]

Über die Spezialisierung und die generellen Maßnahmen des Marketing-Managements hinaus nutzen die Zoologischen Gärten bei der Angebotsgestaltung zunehmend die Erfahrungen von Freizeit- und Themenparks (→ 2.1). Zu den typi-

---

[395] vgl. www.stadt-salzburg.at/pdf/nachtzoo_2007.pdf vom 04. Oktober 2007

[396] vgl. www.dallaszooed.com/zooactivities/childrenzoo.html vom 08. Oktober 2007

[397] Dieser Kinderzoo ist in den „Tiergarten" der Stadt Nürnberg integriert; es handelt sich um ein Kooperationsprojekt mit der Firma „Jako-o" - einem Versandhaus für Kinderartikel (vgl. www.mamilade.de/nuernberg/kinderzoo/2006620-zoonuernberg_kinder.html vom 08. Oktober 2007). Ähnliche Allianzen zwischen Freizeiteinrichtungen und Unternehmen der Konsumgüterbranche finden sich auch in zahlreichen Freizeit- und Themenparks (→ 2.1.3).

schen Inszenierungstechniken von Zoos gehören vor allem die *klare Gliederung in einzelne Themenbereiche* und eine *erlebnisorientierte Präsentation der Tiere.*

Thematisierung und Gliederung in „Welten" (immersion design)

In den letzten Jahren war in den Zoologischen Gärten in Deutschland eine „Investitionswelle" (Themata 2003, S. 109) zu beobachten; zu den großen Bauvorhaben zählten u. a.:
- ein Orang-Utan-Haus (4,5 Mio. Euro) und ein Tropen-Aquarium (20,5 Mio. Euro) im „Tierpark Hagenbeck",[398]
- ein Giraffenhaus im „Zoo Osnabrück" (2,15 Mio. Euro),
- ein Pinguin- und Giraffengelände im „Zoo Berlin" (19 Mio. Euro).

> ### *Zoologische Gärten: Techniken der Inszenierung*
>
> ✓ *Gliederung in Themenbereiche (immersion design)*
> ✓ *animative Informationsvermittlung (Fütterungen, Shows)*
> ✓ *ungewöhnliche Öffnungszeiten (Nachtzoos)*
> ✓ *neuartige Perspektiven*
> ✓ *direkte Begegnungen mit Tieren*
> ✓ *multisensuelle Ansprache der Besucher*
> ✓ *Einbindung der Tiere in einen ökologischen und ethnologischen Kontext*

Mit der Errichtung neuer Tierhäuser/-gehege war häufig auch ein grundlegender Umbau verbunden - weg von einer zoologisch-systematischen Präsentation der Tiere hin zu einer *thematischen Gestaltung des gesamten Zoogeländes.* Als Vorbilder fungierten dabei Zoologische Gärten in den USA wie der *„Bronx Zoo"* und der *„San Diego Zoo",*[399] aber auch in den Niederlanden - z. B. der *„Burger's Zoo"* in Arnheim (vgl. HOOFF 2000).[400]

In Deutschland gilt der *„Zoo Hannover"* als Vorreiter einer stringenten Thematisierung und Erlebnisorientierung (→ 2.5.4); inzwischen haben auch mehrere andere Zoologische Gärten diese Grundprinzipien umgesetzt:

- In Gelsenkirchen wird der ehemalige „Ruhr-Zoo" seit 2001 mit einem Aufwand von 90 Mio. Euro sukzessive zur *„Zoom Erlebniswelt"* umgebaut. Die Gesamtfläche von 30 ha ist in vier große Themenbereiche gegliedert: Afrika, Asien, Alaska und den Grimberger Hof (einen typischen westfälischen Bauernhof mit

---

[398] vgl. Tierische Perspektiven. - In: Euro Amusement Professional, (2007) 1, S. 42
[399] vgl. REHFELD, N. (2007): Paaren sich eigentlich nur glückliche Tiere? - In: FAZ, 16. Juli
[400] BEARDSWORTH/BRYMAN (2001) ordnen die Thematisierung der Zoos in den umfassenderen Prozess der *disneyization* ein - also einen strukturellen Wandel von Freizeiteinrichtungen, der außerdem die Kombination von Konsumbereichen, das Merchandising und die emotionale Arbeit der Beschäftigten umfasst (→ 1.4.1).

Streichelzoo). Das neue Konzept löste einen Besucherboom aus - die Zahl stieg von 250.000 (2003) auf fast 790.000 (2006).[401]

- Der *„Zoo Leipzig"* wurde im Jahr 2000 von einem städtischen Eigenbetrieb in eine GmbH umgewandelt und in drei Entwicklungsphasen in einen Erlebniszoo umgewandelt (vgl. JUNHOLD/OBERWEMMER 2002). Mit einem Investitionsaufwand von 95 Mio. Euro entstanden Themenbereiche wie die Menschenaffenanlage „Pongoland" und die Löwensavanne „Makasi Simba", aber auch ein neuer Gastronomiekomplex („Hacienda Las Casas"). Die Besucherzahl stieg von 744.749 (1998) auf 1.759.963 (2006).[402]

- Für den *„Zoo Zürich"* wurden im „Masterplan 1992-2020" die Planungsrichtlinien für den Umbau festgelegt. Künftig findet eine Gliederung in geographische Zonen statt (Kontinente), die weiter nach bioklimatischen Prinzipien unterteilt werden (Lebensräume). Zu den besonders aufwändigen Projekten gehört das *„Masaola-Regenwaldhaus"*, in dem auf einer Fläche von 10.800 qm ein madegassischer Nationalpark mit seinen autochthonen Tieren und Pflanzen gezeigt wird (u. a. Lemuren, Schildkröten und Flughunde). In der 26 m hohen Halle wird das „Erlebnis einer exotischen Naturwelt perfektioniert" (KIENAST 1997, S. 32). Um diese Wirkung zu erzielen, sind allerdings nicht nur Pflanzenimporte aus Madagaskar notwendig, sondern auch Hightech-Verfahren bei der Bodendrainage und der Temperatursteuerung.

Erlebnisorientierte Präsentation der Tiere: spektakuläre Perspektiven -
direkte Begegnungen - animative Informationsvermittlung

In der Mediengesellschaft des 21. Jahrhunderts spielen visuelle Eindrücke eine zunehmend größere Bedeutung; gleichzeitig sind viele Bilder durch ihre ständige Reproduktion hinlänglich bekannt und weitgehend abgenutzt. Diese Tatsache gilt nicht nur in der Konsumgüterwerbung, sondern auch bei der Präsentation von Tieren. Elefanten, Papageien und Affen sind gängige Motive auf Postkarten und Plakaten, in Photobüchern und Journalen (vgl. WIESNER 2001, S. 173).

Um die Schönheit und Einzigartigkeit der Tiere wieder bewusst wahrnehmen zu können, bedarf es einer andersartigen und überraschenden Wahrnehmung - durch eine *spektakuläre Perspektive*, eine *größere Nähe* oder eine *animative Informationsvermittlung*.

---

[401] vgl. Zoom. Die Wildnis ist näher, als du denkst. - In: Amusement Technologie & Management, 2/2001, S. 52-55; Step-by-step zum Großstadt-Dschungel. - In: Freizeit Leisure Professional, (2005) 4, S. 27; SCHRAMM, S. (2007): Gelsenkirchen: Rettung in letzter Minute. - In: Die Zeit, 26. April

[402] vgl. Step-by-step zum Großstadt-Dschungel. - In: Freizeit Leisure Professional, (2005) 4, S. 24; www.zoo-leipzig.de/index.php?strg=8_11&baseID=11& vom 28. Januar 2008

Abb. 68: Viele Zoologische Gärten nutzen inzwischen große Glasscheiben zur Abgrenzung der Gehege. Auf diese Weise können die Zoobesucher die Tiere ohne störende Zäune oder Gitterstäbe beobachten - z. B. den Panther im „Tierpark Hellabrunn" in München.

Generell wird in den Zoologischen Gärten besonders großer Wert darauf gelegt, dass sich *Tiere und Menschen auf gleicher Höhe* befinden (bzw. die Tiere sogar oberhalb der Menschen). Zum einen können die Tiere dadurch in ihrer eindrucksvollen Größe präsentiert werden; zum anderen wird vermieden, dass die Besucher auf die Tiere herabblicken - auch in einem übertragenen Sinne. Das Publikum soll die Tiere nämlich nicht als spektakuläre Schauobjekte wahrnehmen, sondern als würdevolle Lebewesen, die gemeinsam mit den Menschen die Erde bevölkern (vgl. COE 1985, S. 202-204; VETSCH 1997, S. 23).[403]

Darüber hinaus können *bauliche und landschaftsgärtnerische Maßnahmen* dazu genutzt werden, den Blick der Besucher zu lenken *(forced perspective)*. Auf diese Weise wird ihnen nicht nur eine neuartige, verblüffende Wahrnehmung der Tiere ermöglicht, sondern auch die Illusion vermittelt, sich in der Welt der Tiere aufzuhalten:

- *Glasscheiben*: Im Münchner „Tierpark Hellabrunn" findet die Abgrenzung der Gehege häufig durch große Glasscheiben statt. Auf diese Weise können die Besucher die Tiere ohne störende Gitterstäbe beobachten - z. B. die Gorillas beim Spielen oder die Raubtiere bei der Fütterung (vgl. Abb. 68). In der Mauer des Löwengeheges im „Zoo Hannover" gibt es mehrere verglaste Sichtlöcher, hinter denen sich beheizte Bodenflächen befinden. Da die Löwen bei niedrigen Tempe-

---

[403] Dieses Prinzip kam z. B. auch bei der Umgestaltung des historischen Bärengrabens in Bern in den Jahren 1995-1996 zum Einsatz (vgl. FURRER/SAURER/WEBER 1997, S. 50).

raturen gern dort lagern, können die Besucher die Tiere aus nächster Nähe betrachten. Besonders reizvoll sind auch *split level views,* die einen Einblick aus unterschiedlichen Perspektiven ermöglichen und dadurch die Neugier der Gäste anregen. So können z. B. die Eisbären im „Singapore Zoo" einerseits durch eine Glasscheibe beim Schwimmen beobachtet werden und andererseits von einer Plattform aus, wenn sie sich in ihrem Gehege befinden (vgl. SALZERT 2004, S. 9).

- *Sichtfenster in der Bepflanzung und Beobachtungsplattformen:* Vor allem in Tierparks wird der Gehegezaun häufig durch breite Hecken- und Buschpflanzungen verdeckt. Durch einzelne Sichtfenster sowie durch die Anlage von Gräben können den Besuchern *zaunfreie Einblicke* in die Gehege ermöglicht werden - z. B. im „Wildpark Langenberg" in der Schweiz (vgl. ENGEL/STOCKER 1997; HOFMANN 1997). Durch den *Verleih von Ferngläsern* lassen sich die Tiere in weitläufigen Anlagen oder in großen Volieren besser beobachten; außerdem werden die Gäste wie auf einer Safari aktiviert. Eine ungewöhnliche Perspektive bieten auch *Beobachtungsplattformen:* So befinden sich die Besucher des Giraffengeheges im „Zoo Hannover" und in der „Zoom Erlebniswelt" in Gelsenkirchen auf Augenhöhe mit den Tieren und können sie aus geringer Entfernung beim Fressen beobachten.[404]

- *Habitat immersion:* Im „Zoo Zürich" ist der Besucherbereich der neuen Anlage für Brillen- und Nasenbären mit denselben Materialien und Pflanzen gestaltet worden wie das Gehege. Die Besucher erhalten so den Eindruck, sich gemeinsam mit den Tieren im südamerikanischen Bergnebelwald zu befinden (vgl. RÜBEL 1997, S. 15; VETSCH 1997, 1997a).[405] Diese neuartige Form der Tierpräsentation stößt auf eine *positive Resonanz.* Obwohl die Tiere in der weitläufigen Anlage vielfältige Rückzugsmöglichkeiten haben und deshalb schwerer zu beobachten sind, halten 92 % der Besucher sie für schön bzw. gut, 20 % für artgerecht und 14 % für natürlich (vgl. FLURY-KLEUBLER/GUTSCHER 1997, S. 28-29).[406] Als weiteres Instrument der Illusionsvermittlung werden z. B. im „San Diego Zoo" über ein aufwändiges Soundsystem *Tierlaute von Affen, Vögeln und Insekten* abgespielt, die im afrikanischen Regenwald aufgezeichnet worden sind (vgl. OGDEN/LINDBURG/MAPLE 1993).

Zu den spektakulärsten Formen der Präsentation zählen sicherlich die *direkten Begegnungen mit Tieren.* Immer mehr Zoologische Gärten und Wildparks bieten den Besuchern die Möglichkeit, wilde Tiere ohne trennende Gräben, Zäune oder Gitter hautnah zu erleben (vgl. COE/MENDEZ 2005). Da die Teilnehmerzahl aus

---

[404] vgl. SCHÄFER, Chr. (2007): Pimp my zoo. - In: Süddtsch. Ztg., 31. Juli
[405] vgl. COE (2007) zu den generellen Möglichkeiten einer ökologischen Gestaltung von Zoologischen Gärten
[406] vgl. auch DAVEY (2005) zu einer vergleichenden Studie über das Besucherverhalten an unterschiedlichen Gehegetypen

Sicherheitsgründen beschränkt werden muss, handelt es sich bei diesen *animal encounters* um exklusive und damit prestigeträchtige Angebote, mit denen die Parks höhere Einnahmen erwirtschaften können:

- In der *„Zoom Erlebniswelt"* in Gelsenkirchen können maximal zwei Besucher an einem vierstündigen „Schnupperkurs für Tierpfleger" teilnehmen; die Kosten belaufen sich pro Person auf 110 Euro (zzgl. Eintritt). Aufgrund der großen Nachfrage sind diese Kurse über Monate im Voraus ausgebucht.[407]

- Die Teilnehmerzahl an einem abendlichen Spaziergang mit Elefanten im *„Knysna Elephant Park" (Südafrika)* ist auf 10 Personen beschränkt. Statt des üblichen Eintritts in Höhe von 13 Euro müssen die Gäste für dieses besondere Vergnügen 50 Euro bezahlen (vgl. Abb. 69).[408]

- Der *„Singapore Zoo"* bietet für maximal 21 Besucher einen „Lunch with lions" an, bei dem die Gäste nach einer Tour durch den Zoo in direkter Nähe zu den Löwen speisen - in einem klimatisierten Restaurant. Auch bei diesem *animal encounter* liegen die Kosten mit 48 Euro deutlich über dem normalen Eintrittspreis von acht Euro.[409]

Zur Erlebnisorientierung gehört auch die *multisensuelle Ansprache der Besucher.* Die meisten Zoologischen Gärten verfügen über Streichelzoos, in denen vor allem Kinder haptische Erfahrungen beim Streicheln von Ziegen, Zebus oder Muntjaks sammeln können. Im „Tierpark Hagenbeck" gibt es das beliebte Ritual, den Indischen Elefanten eine Münze zu reichen, die sie mit ihrem Rüssel dann an die Pfleger weitergeben.[410]

Schließlich trägt eine *animative Informationsvermittlung* dazu bei, dass der Zoobesuch auf unterhaltsame Weise lehrreich ist. Die Zoologischen Gärten haben inzwischen ein breites Spektrum an zoopädagogischen Maßnahmen entwickelt:[411]

- Auf *Informationstafeln* werden die Besucher über das Verhalten der Tiere, aber auch über die Management-Maßnahmen der Zoologischen Gärten aufgeklärt (Besonderheiten, Schwierigkeiten etc.). Spannende Überschriften, kurze Texte und attraktive Illustrationen tragen dazu bei, dass die Informationen auch von einem breiten Publikum verstanden werden, das nicht über besondere Vorkenntnisse verfügt (vgl. WEISER 2002; KREISEL 2002).

---

[407] vgl. www.zoom-erlebniswelt.de/Angebote/schnupperkurs.asp vom 23. Oktober 2007
[408] vgl. www.knysnaelephantpark.co.za/tours.htm vom 23. Oktober 2007
[409] vgl. www.zoo.com.sg/events/lunchlions.htm vom 23. Oktober 2007
[410] vgl. WILLMANN, U. (2007): Hamburg: Immer ran ans Fell. - In: Die Zeit, 26. April
[411] vgl. FREERICKS u. a. (2005, S. 132-162) zur Evaluation von Lerneffekten in den Zoologischen Gärten in Leipzig, Osnabrück und Hannover sowie ANDERSEN (2003) zu Erfahrungen in den Zoos von Kopenhagen und Bronx (New York)

Abb. 69: Immer mehr Zoologische Gärten und Wildparks bieten den Besuchern die Möglichkeit, wilde Tiere ohne trennende Gräben, Zäune oder Gitter hautnah zu erleben - z. B. auf einem abendlichen Spaziergang mit Elefanten im „Knysna Elephant Park" (Südafrika). Da die Teilnehmerzahl aus Sicherheitsgründen beschränkt werden muss, handelt es sich bei diesen animal encounters um exklusive Events, mit denen die Parks höhere Einnahmen erwirtschaften können.

- Besonders beliebt sind aber auch regelmäßige *keeper talks* - also alle Formen der persönlichen Information, die direkt an den Tiergehegen gegeben werden (z. B. im Rahmen von Fütterungen, Dressuren oder Shows). Diese Erläuterungen können von den zuständigen Tierpflegern, aber auch von Zoopädagogen oder freiwilligen Zoomitarbeitern gegeben werden (vgl. MAAS 2002, S. 203-204; Abb. 70).[412]

- In vielen Zoologischen Gärten gibt es *„Zooschulen"*, die spezielle, altersgerechte Lernangebote für Kinder und Jugendliche entwickelt haben - z. B. Beobachtungsaufgaben, Zoorallyes, Spiele und Experimente (vgl. BEUTH 2002; BEUTH/ BITSCH 2002; BEYER 2002; MATTHIEU/RÖTTGER 2002; WINTER 2002).[413] Vielfach können in Zoos auch Kindergeburtstage veranstaltet werden, bei denen die Kinder im Rahmen einer Führung zunächst ihre Lieblingstiere besuchen, einen Blick hinter die Kulissen werfen und dann ein gemeinsames Picknick machen (vgl. WOLF-KALTENHÄUSER 2002).

---

[412] *Keeper talks* und Tiervorführungen haben zur Folge, dass sich die Besucher länger an den Gehegen aufhalten und ihr Wissen über die Tiere erweitern; damit steigt auch ihre Bereitschaft, Natur- und Tierschutzmaßnahmen zu unterstützen (vgl. ANDERSON u. a. 2003).

[413] vgl. auch KIRCHSHOFER (2001) zur Rolle der Zoologischen Gärten als außerschulische Lernorte

Abb. 70: Zoobesucher haben ein großes Interesse an der Begegnung mit Tieren, aber sie wollen auch etwas Neues lernen. Neben Informationstafeln, Broschüren und Führungen stellen keeper talks (also Kurzvorträge von Tierpflegern an den Gehegen) eine gute Möglichkeit dar, diese Neugier auf authentische und anschauliche Weise zu befriedigen - z. B. im „Masoala"-Regenwaldhaus des „Zoo Zürich".

Die zahlreichen Beispiele zur Animation, zu *animal encounters* und zur *habitat immersion* machen deutlich, dass sich die Zoologischen Gärten zunehmend auf die *erlebnisorientierten Ansprüche der Besucher* einstellen (ohne die anderen Kernaufgaben wie Forschung, Natur- und Artenschutz sowie Bildung zu vernachlässigen). Wie erfolgreich eine *strategische Neuausrichtung* nach den Prinzipien der Thematisierung, Erlebnisvielfalt und Multifunktionalität sein kann, soll im Folgenden am Beispiel des „Erlebniszoo Hannover" verdeutlicht werden.

2.5.4 Fallstudie: „Erlebniszoo Hannover"

In Deutschland war der „Zoo Hannover" ein Vorreiter bei der thematischen Gliederung und erlebnisorientierten Gestaltung von Zoologischen Gärten (vgl. MACHENS 2000). Vor dem Hintergrund rückläufiger Besucherzahlen und sinkender öffentlicher Zuschüsse entwickelten Zoofachleute, Architekten und Freizeitexperten in gemeinsamer Arbeit das Konzept „Zoo 2000". Mit einer Gesamtinvestition von 50 Mio. Euro wurde der traditionelle Zoo mit seinen artspezifischen Gehegen und Käfigen vollständig umgestaltet. Der neue Erlebniszoo besteht aus *vier thematischen Szenarien*, die zum einen die natürlichen Lebensräume der Tiere nachbilden und zum anderen den Besuchern einen ungewöhnlichen Blick und eine direkte Begegnung mit den Tieren ermöglichen (vgl. Abb. 71):

- der „Gorillaberg" (Menschenaffen-Anlage),
- der „Dschungelpalast" (Anlage für Elefanten, Tiger, Leoparden),
- „Meyers Hof" (rekonstruierte niedersächsische Bauernhäuser mit seltenen Haustierrassen),
- die Savannenlandschaft „Sambesi" (Anlage für Kudus, Giraffen, Löwen).

Außerdem gehören gastronomische Einrichtungen und Einkaufsmöglichkeiten zu den zentralen Bestandteilen des Konzepts.

Nach dem Vorbild der Freizeit- und Themenparks wurde das *Prinzip der Thematisierung* und der *Schaffung von Illusionen* in jedem Bereich konsequent und perfekt umgesetzt:

- So ist z. B. der „Dschungelpalast" im Stil eines verfallenen indischen Fürstensitzes - also als Ruine - neu erbaut worden.[414] Die Kellner im Restaurant tragen indisch anmutende Kleidung und selbst die Kacheln und Waschbecken in den Toiletten sind in einem indischen Stil gestaltet worden. Die Besucher sollen sich in eine authentisch erscheinende *indische Mikrowelt* versetzt fühlen. Durch die sorgfältige Gestaltung der Details sollen Illusionsbrüche vermieden werden.

- Der rückwärtige Bereich des „Gorillabergs" wird durch *Bäume und Sträucher* visuell abgegrenzt. Auf diese Weise erhalten die Besucher den Eindruck, die Menschenaffen im zentralafrikanischen Regenwald beobachten zu können. Ihnen ist nicht mehr bewusst, dass der Zoo direkt an Straßen und an die städtische Bebauung grenzt (vgl. MACHENS 2002, S. 172-173).

- In der Themenwelt „Sambesi" können die Besucher eine Bootsfahrt durch die gesamte Anlage unternehmen, bei der das Boot - ähnlich wie in Themenparks - als *ride* auf unsichtbaren Schienen durch den Fluss gesteuert wird. Neben einem ungewöhnlichen, direkten Blick auf die Tiere wird ihnen auch das Gefühl vermittelt, an einer aufregenden Safari teilzunehmen (vgl. MACHENS 2002, S. 177).[415]

---

[414] Diese Methode zur Schaffung einer historischen Illusion stammt aus dem 19. Jahrhundert. In den Landschaftsparks, die nach englischen Vorbildern angelegt wurden, finden sich häufig Ruinen, Tempel, Grotten etc. So gibt es z. B. auf der Pfaueninsel im Wannsee (bei Berlin) eine Meierei, die im gotischen Stil als Ruine errichtet wurde (→ 1.2.2).

[415] Einen ähnlichen *ride* gibt es in der „Zoom Erlebniswelt" in Gelsenkirchen mit der „African-Queen-Bootssafari" (vgl. SCHÄFER, Chr. [2007]: Pimp my zoo. - In: Süddtsch. Ztg., 31. Juli; SCHRAMM, S. [2007]: Gelsenkirchen: Rettung in letzter Minute. - In: Die Zeit,

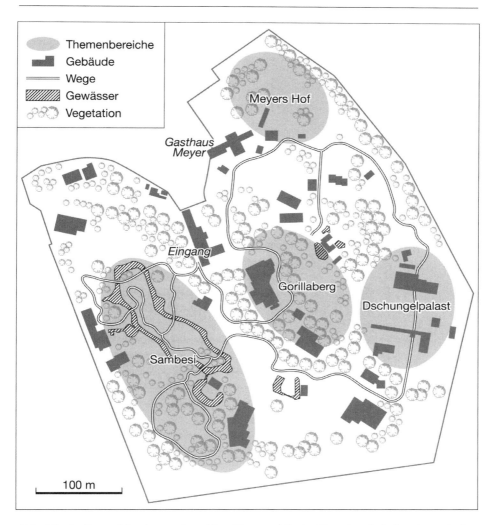

Legende:
- Themenbereiche
- Gebäude
- Wege
- Gewässer
- Vegetation

Meyers Hof

Gasthaus Meyer

Eingang

Gorillaberg

Dschungelpalast

Sambesi

100 m

Abb. 71: In Deutschland war der „Zoo Hannover" ein Vorreiter bei der thematischen Gliederung von Zoologischen Gärten. Nach dem Vorbild von Themenparks besteht der neue „Erlebniszoo" aus vier „Welten". Durch Kulissenbauten, Bepflanzung und Begrünung, Bootssafaris, split level views etc. wird den Besuchern die Illusion vermittelt, die Tiere in ihren natürlichen Lebensräumen beobachten zu können (Quelle: Eigene Darstellung auf der Basis von Informationen der Zoo Hannover GmbH).

Trotz deutlich gestiegener Eintrittspreise stößt diese Thematisierungsstrategie beim Publikum auf eine *positive Resonanz* (vgl. MACHENS 2001):

---

26. April 2007). Kritiker befürchten allerdings, dass durch diese Erlebnisfahrten die Zootiere zu „Randfiguren" werden (vgl. HOFMANN 2002, S. 185).

- Die Besucherzahlen sind in den letzten Jahren erheblich gestiegen - von 633.473 im Jahr 1994 auf 1.228.775 im Jahr 2006 (vgl. Abb. 72). 90,2 % der Gäste bewerten den „Erlebniszoo" mit den Noten „sehr gut" und „gut".

- Bei 45,7 % der Besucher handelt es sich um auswärtige Gäste, die einen längeren Anfahrtsweg in Kauf nehmen. Für die Mehrzahl handelt es sich dabei um eine monofinale Ausflugsfahrt (der „Erlebniszoo" stellt also das einzige Ziel dar).

Dieser Erfolg ist auch auf eine Reihe begleitender Marketing-Maßnahmen zurückzuführen, die Bestandteile des Konzepts „Zoo 2000" sind; dazu gehören u. a.:[416]

- ein professioneller Internet-Auftritt (vgl. www.zoo-hannover.de),
- die Sympathiefigur „Tatzi Tatz", die als *character* des Zoos fungiert (nach dem Vorbild von Comic-Figuren wie Mickey, Goofy etc. in den „Disney"-Parks),
- Direkt-Mailing-Aktionen,
- die Nutzung des Zoos als *location* für Feste, Feiern, Events etc. (für max. 1.200 Teilnehmer; vgl. DIETERLE/SCHÜTTE 2002),
- zahlreiche Merchandising-Produkte, die in vier Shops verkauft werden,
- die regelmäßige Durchführung von Besucherbefragungen und Kundentrackings (vgl. MACHENS 2002, S. 181).

Der „Erlebniszoo Hannover" hat mit der Umgestaltung konsequent und erfolgreich Techniken der Themenparks aufgenommen und umgesetzt *(immersion design, rides)*. Der folgende Blick auf internationale Trends der Tierhaltung und -präsentation zeigt, dass diese neuartige Kombination unterschiedlicher Attraktionen künftig an Bedeutung gewinnen wird.

2.5.5   Internationale Entwicklungen und Trends

Artenschutz und Entertainment - diese gegensätzlichen Pole werden auch künftig die Diskussion über die Haltung und Präsentation wilder Tiere bestimmen. Angesichts einer fortschreitenden Zerstörung der „letzten Paradiese" durch Raubbau, Rodungen und Siedlungen gehört der Erhalt seltener Tierarten weiterhin zu den zentralen Aufgaben von Zoologischen Gärten.[417] RABB/SAUNDERS (2005, S. 19) plädieren deshalb dafür, Zoologische Gärten als *„churches or temples for the biota"* zu gestalten. Durch die Begegnung mit den Tieren sollen die Besucher zu einem globalen ökologischen Denken und zu einem persönlichen Engagement im Naturschutz angeregt werden.

---

[416] vgl. GORONZY (2004, S. 33-34) zu den Geschäftsmodellen der Erlebniszoos generell

[417] Mitte der 1990er-Jahre waren 5 % der Fische, 11 % der Vögel, 18 % der Säugetiere und nahezu alle Großtiere wie Menschenaffen, Nashörner, Elefanten etc. von der Ausrottung bedroht (vgl. CONWAY 2000). Der Bestand an Elefanten wurde z. B. im Zeitraum 1972-1980 von 32.000 auf 1.500 Tiere reduziert (vgl. BERTRAM 1993, S. 22).

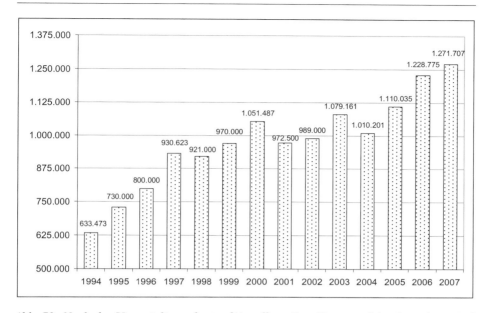

Abb. 72: Nach der Umgestaltung des traditionellen „Zoo Hannover" in einen thematisch gegliederten und gestalteten „Erlebniszoo" sind die Besucherzahlen erheblich gestiegen, obwohl die Eintrittspreise aufgrund der hohen Investitionen deutlich erhöht wurden. Dieser Erfolg geht auch auf innovative Marketing-Maßnahmen zurück - z. B. einen professionellen Internet-Auftritt, Direkt-Mailing-Aktionen und die Nutzung des Zoos als location für Veranstaltungen.[418]

Mit der Bedrohung exotischer Tiere steigt aber (paradoxerweise) auch deren Attraktivität. Eine breite Berichterstattung in den Medien sowie zahlreiche Spiel- und Zeichentrickfilme - von „Bambi" über „Nemo" bis zu „Der Fuchs und das Mädchen" - sorgen dafür, dass sich immer mehr Menschen in ihrer Freizeit für Tiere interessieren. Für sie sollte ein Zoobesuch aber nicht nur aus Information und Bildung bestehen, sondern vor allem auch aus Unterhaltung und Vergnügen.

Auf diese Grundbedingungen des Marktes haben die *traditionellen Zoologischen Gärten* bereits reagiert, indem sie ihr Angebot besuchergerecht umgestalten, ohne ihre wissenschaftlichen Aufgaben zu vernachlässigen (z. B. in Form von Erlebniszoos). Gleichzeitig lässt sich aber eine *zunehmende Kommerzialisierung der Tierhaltung* beobachten:

- zum einen durch den Marktauftritt privatwirtschaftlicher Aquarien,
- zum anderen durch Themenparks und Kasino-/Themenhotels, in denen exotische Tiere als zusätzliche Attraktionen präsentiert werden.

---

[418] Quelle: Eigene Darstellung nach Angaben in Zoo Hannover (Hrsg.): Jahresabschlüsse 2002-2006; GORONZY 2004, S. 34; www.zoodirektoren.de/magazin/artikel.php?artikel =1195&type=&menuid=10&topmenu=10 vom 07. Februar 2008

Da die Tierhaltung in diesen Unternehmen unter denselben ökonomischen Bedingungen wie in anderen Wirtschaftsbereichen erfolgen muss *(shareholder value)*, befürchten Zooexperten, dass die Prinzipien einer artgerechten Haltung im Zweifelsfall zugunsten des wirtschaftlichen Erfolges vernachlässigt werden (vgl. LINGE 1992, S. 116; KNOWLES 2003, S. 33).[419]

Marktauftritt privatwirtschaftlicher Aquarien

Traditionell sind Aquarien ein Bestandteil vieler öffentlicher Zoologischer Gärten - z. B. in Berlin, Stuttgart, Köln, Frankfurt a. M. Seit den 1990er-Jahren hat in Deutschland und Europa ein Gründungsboom von privatwirtschaftlichen Großaquarien stattgefunden.[420] Der Marktführer im Bereich dieser *Stand-alone*-Aquarien sind die *„Sea Life Centers"*, die zur international agierenden „Merlin Entertainment Group" gehören.

Im Rahmen einer *Filialisierungsstrategie* betreibt dieses Unternehmen in Europa insgesamt 22 Großaquarien und 17 weitere Besucherattraktionen. Das Portfolio der „Merlin Entertainment Group" umfasst neben den „Sea Life Centers" weitere Marken wie „Legoland", „The Dungeons" und „Madame Tussaud's". Das Unternehmen gilt in Europa als größter Betreiber von Freizeiteinrichtungen und weltweit als sechstgrößter Freizeitkonzern (Hauptanteilseigner ist die internationale Finanzierungsgesellschaft „Blackstone Group").[421]

In Deutschland gab es im Jahr 2007 neun „Sea Life Centers". Bevorzugte Standorte sind einerseits *Großstädte mit einem hohen Einwohnerpotenzial* (Berlin, Oberhausen) und andererseits *Tourismusdestinationen mit einem hohen Übernachtungsaufkommen* (Timmendorfer Strand, Konstanz; vgl. Abb. 73). Für diese kommerziellen Einrichtungen gelten generell die gleichen *Standortvoraussetzungen* wie für Freizeit- und Themenparks: Neben der Frequenzstärke spielen vor allem große, zentral gelegene Flächen (2.000-5.000 qm), günstige Pachtbedingungen und eine gute Verkehrsanbindung eine zentrale Rolle. Die Finanzierung der Aquarien erfolgt ausschließlich durch die Umsätze aus Eintritt, Gastronomie und Merchandising (also ohne öffentliche Zuschüsse). Bei einem Investitionsvolumen von mehr als 10 Mio. Euro ist ein rentabler Betrieb erst ab einer Jahresbesucherzahl von ca. 300.000 Gästen möglich (vgl. OTTENSTRÖER 2005, S. 40-41; → 2.1.2).

---

[419] Missstände finden sich allerdings auch in öffentlichen Zoologischen Gärten - vor allem in den osteuropäischen Ländern (vgl. ORMROD 1994).

[420] Neben Großaquarien sind in jüngerer Zeit auch mehrere kommerzielle botanische Themenwelten eröffnet worden - z. B. das „Regenwaldhaus" in Hannover, die „botanika" in Bremen, die „Biosphäre" in Potsdam und das „Eden Project" in Cornwall (vgl. SCHERREIKS 2005, S. 71-129 zur Geschichte der botanischen Glaspaläste).

[421] vgl. www.merlinentertainments.biz/de/press/new_force.aspx vom 25. Oktober 2007

Abb. 73: In den letzten Jahren sind in Europa zahlreiche privatwirtschaftliche Aquarien entstanden. Marktführer ist das international agierende Unternehmen „Sea Life Center", das in Deutschland gegenwärtig neun Stand-Alone-Aquarien betreibt. Bevorzugte Standorte sind neben Großstädten vor allem traditionelle Tourismusdestinationen - z. B. Konstanz am Bodensee.

Während die Fische in den traditionellen öffentlichen Aquarien meist in kleinen Becken unter fachlich-systematischen Gesichtspunkten gezeigt werden, findet in den „Sea Life Centers" eine *erlebnisorientierte Präsentation* statt; zu den typischen Instrumenten zählen u. a. (vgl. OTTENSTRÖER 2005, S. 40):[422]

- *Durchgängige Thematisierung:* So verfolgen die Besucher z. B. im „Sea Life Center" in Konstanz den Lauf des Rheins von der Quelle durch den Bodensee bis zur Mündung im Meer.

- *Multisensuale Ansprache:* Die Besucher fühlen Temperaturunterschiede, hören Unterwassergeräusche und können die Seesterne, Muscheln etc. in *touch pools* berühren.

- *Ungewöhnliche Perspektiven:* Durch Bullaugen und Unterwassertunnel wird den Besuchern ein spektakulärer Blick auf die Fische aus unterschiedlichen Perspektiven und aus nächster Nähe ermöglicht (*split level views*).

---

[422] Vorbilder für die spektakuläre Präsentation von Fischen waren vor allem öffentliche US-amerikanische Aquarien wie das „Monterey Bay Aquarium" oder das „John G. Shedd Aquarium" in Chicago (vgl. SAUR, M./BLAISE, O. [1997]: Hai Noon in Monterey. - In: Zeit Magazin, 21. November, S. 36-39).

Das *multifunktionale Angebot* der „Sea Life Centers" umfasst neben den zahlreichen Becken auch ein Restaurant sowie einen Souvenirshop. Darüber hinaus werden die Aquarien als *locations* für Events genutzt (Kindergeburtstage etc.).

Diese neuartige Form einer kommerziellen Tierpräsentation stößt auf *großes Interesse*: So verzeichneten die 22 „Sea Life Center" in Europa ca. 4 Mio. Besucher (2006). In Oberhausen kamen im ersten Betriebsjahr 2004/2005 mehr als 750.000 Gäste.[423]

Gegenwärtig liegen in Deutschland *Planungen* für acht weitere Aquarien vor - sowohl von kommerziellen als auch von öffentlichen Betreibern. Darüber hinaus sehen Experten noch *Marktchancen* für maximal fünf Großaquarien, bei denen es sich um eigenständige Einrichtungen handeln kann, aber auch um Attraktionen, die in Mixed-Use-Center bzw. Hafenrevitalisierungen eingebunden werden (vgl. OTTENSTRÖER 2005, S. 42)

Präsentation exotischer Tiere in Themenparks und Kasino-/Themenhotels

Eine weitere Form der *kommerziellen Nutzung exotischer Tiere* findet in mehreren US-amerikanischen Themenparks und Themen-/Kasinohotels statt. Im Gegensatz zu traditionellen Zoologischen Gärten stehen die Tiere dabei nicht im Mittelpunkt der Freizeiteinrichtungen, sondern sind nur *ein* Bestandteil eines komplexen multifunktionalen Angebots.

In den *Freizeitparks zu den Themen „Natur und Tiere"* sind die Tiergehege in weitläufige Parkanlagen integriert, in denen es außerdem - wie in klassischen Themenparks - mehrere Achterbahnen und andere Fahrattraktionen, Shows, Restaurants und Shops gibt:

- So werden z. B. in den *„SeaWorld"-Themenparks* in Kalifornien, Florida und Texas Killerwale, Haie, Seehunde und andere Meerestiere präsentiert. Obwohl die Besucher auch auf unterhaltsame Weise Informationen über die Tiere erhalten, sind die erlebnisorientierten Tiervorführungen in großen Shows die herausragenden Attraktionen (vgl. DAVIS 1997; DESMOND 1999, S. 217-250). Die Themenparks, die zur „Busch Entertainment Corporation" gehören (einem Tochterunternehmen des US-amerikanischen Brauereikonzerns „Anheuser-Busch"), zählen zu den besucherstärksten Freizeiteinrichtungen in den USA: Im Jahr 2005 verzeichnete „SeaWorld" in Orlando 5,6 Mio. Besucher (vgl. Tab. 4).[424]

---

[423] vgl. „Sea Life" Oberhausen: Presseinformation vom 29. Juli 2005
[424] vgl. de.wikipedia.org/wiki/Seaworld vom 01. Januar 2008

Abb. 74: Neben Themenparks nutzen auch Kasino-/Themenhotels die Attraktivität wilder Tiere, um öffentliche Aufmerksamkeit zu erlangen. Im Garten des Hotels „Mirage" in Las Vegas können die Besucher neben Delfinen auch die weißen Tiger, Löwen und Elefanten besichtigen, die in der berühmten Zaubershow „Sarmoti" von Siegfried und Roy mitwirkten.

- Mit 250 ha Fläche ist *„Animal Kingdom"* der größte Themenpark innerhalb des „Walt Disney World Resort" in Florida; er wurde im Jahr 2005 von 8,2 Mio. Gästen besucht. Auch dieser Park besteht aus einer Mischung von Tiergehegen, Safarifahrten und Fahrattraktionen (mit der „Expedition Everest" verfügt er u. a. über die teuerste Achterbahn der Welt). Zu den Besonderheiten des „Animal Kingdom" zählt die Mischung aus realen Tieren und Pflanzen einerseits und tier- bzw. pflanzenähnlichen Replika und *audio-animatronics* andererseits.[425] Als Wahrzeichen des Parks gilt der *„Tree of life"* - die überdimensionale Nachbildung eines Baumes, in dem ein 3D-Kino untergebracht ist. Für die Besucher

---

[425] Eine ähnliche Entwicklung ist auch in einigen US-amerikanischen Zoos zu beobachten. So gibt es z. B. im „San Diego Wild Animal Park" neben den traditionellen Tiergehegen den Themenbereich „Dino Mountain" mit Figuren von Dinosauriern, die durch technische Effekte animiert werden: Sie stoßen Dampf aus ihren Nüstern, schnauben laut und bluten aus Wunden, die sie sich beim Kampf mit Rivalen zugezogen haben.

werden durch diese „Hybridisierung" (GORONZY 2004, S. 37) die Grenzen zwischen Realität und Illusion vollständig aufgehoben.[426]

Neben Themenparks nutzen auch *Kasino-/Themenhotels* die Attraktivität wilder Tiere, um öffentliche Aufmerksamkeit zu erlangen. Vor allem in *Las Vegas* finden sich mehrere Beispiele für eine Präsentation exotischer Tiere in Hotelanlagen:

- Im *Kasino-/Themenhotel „Mirage"* fand von 1990 bis 2003 die berühmte Zaubershow „Sarmoti" von Siegfried und Roy statt, in der u. a. weiße Tiger, Löwen und Elefanten mitwirkten. Die Tiger wurden tagsüber in einem luxuriös gestalteten Gehege im Eingangsbereich des Hotels präsentiert. Seit dem unfallbedingten Ende der Show können die Tiere in einem kleinen Zoo besichtigt werden, der in die Hotelanlage integriert ist - dem „Siegfried & Roy's Secret Garden and Dolphin Habitat" (vgl. Abb. 74).

- Das *„MGM Grand Hotel"* nutzt den brüllenden Löwen als Logo, der dem Publikum aus dem Vorspann der Spielfilme des Metro-Goldwyn-Mayer-Studios hinlänglich bekannt ist. Im Hotel werden mehrere Löwen direkt neben den Spieltischen, Shows und Bars in einer gläsernen Käfigkonstruktion präsentiert, unter der die Besucher entlang gehen. Die Löwen liegen auf den geheizten Glasscheiben - unmittelbar über den Köpfen der Gäste und zum Greifen nah. Um die Erwartungshaltung der Besucher nicht zu enttäuschen, wird ständig Löwengebrüll vom Band abgespielt.

In diesen kommerziellen Formen der Tierpräsentation spiegelt sich ein genereller *Trend zur Privatisierung von Natur* wider.[427] Die Attraktivität besonders seltener Tierarten (weiße Tiger, Orcas, Schildkröten etc.) wird von Aquarien, Themenparks und Kasinohotels dazu genutzt, um im gesättigten Freizeit- und Tourismusmarkt über Alleinstellungsmerkmale zu verfügen. Der begrenzte, exklusive Zugang sorgt dafür, dass die Situation eines Begehrenskonsums entsteht, in der hohe Umsätze erzielt werden können (da die Preissensibilität der Konsumenten sinkt). Eine ähnliche *Limitierungsstrategie* verfolgen auch die traditionellen Zoologischen Gärten, indem sie ihre Gehege als *locations* für Events vermieten.

Der *Zoo der Zukunft* wird sich zwangsläufig an diesen Vorbildern orientieren. Die wilden Tieren dienen zwar noch als wichtige Attraktionsfaktoren, doch die Besucher erwarten nicht nur Gehege und Käfige, sondern eine attraktive Mischung aus Tierbeobachtungen, Freizeiteinrichtungen, Gartenanlagen, Shops und Restau-

---

[426] vgl. COE (2007a) zu einem kreativen Zukunftsszenario für einen Zoo der Zukunft

[427] Andere Beispiele für privatisierte Zugänge zur Natur sind z. B. die „Private Game Reserves" im südlichen Afrika (Botswana, Namibia, Südafrika). Diese privaten Naturschutzgebiete verfügen über luxuriöse Unterkünfte, die meist in einem kolonialen „Out-of-Africa"-Stil inszeniert werden. Unter der Leitung speziell ausgebildeter Ranger findet die Tierbeobachtung auf exklusiven Pirschfahrten mit wenigen Teilnehmern statt.

rants.[428] Damit werden sich die Zoologischen Gärten zu neuartigen Menagerien entwickeln, die dem Vergnügen dienen und „in which urban humans can experience a quasified form of the ‚wild' with maximum comfort, convenience and safety" (vgl. BEARDSWORTH/ BRYMAN 2001, S. 100-101).

Zoologische Gärten: Fazit

- Die zentralen Aufgaben der Zoologischen Gärten umfassen den *Natur- und Artenschutz, die Forschung, die Bildung und die Erholung.* Durch die wissenschaftliche Leitung unterscheiden sie sich von anderen Tierschauanlagen (Wild-, Vogel-, Safariparks, Zootierschauen etc.).
- Zu den Vorläufern der modernen Zoos zählen die *fürstlichen Menagerien*, die seit dem 17. Jahrhundert an zahlreichen europäischen Höfen entstanden. Im 19. Jahrhundert kam es zu einer Welle von Zoogründungen, die vor allem auf *bürgerliches Engagement* zurückgingen (häufig in Form von Aktiengesellschaften).
- Mit seinen *„Tierpanoramen"* entwickelte der *Tierhändler Carl Hagenbeck* im Jahr 1907 neue, thematisierte Formen der Tierhaltung. In kulissenartig gestalteten Anlagen wurden unterschiedliche Tierarten gemeinsam präsentiert - nur durch Gräben voneinander und von den Besuchern getrennt.
- Gegenwärtig zählen die Zoos in Deutschland zu den *populärsten Freizeiteinrichtungen.* Sie werden vor allem von Familien mit Kindern besucht (meist an den Wochenenden). Die Freude an der Begegnung mit wilden Tieren, aber auch der Wunsch, Neues zu lernen, sind die wichtigsten Besuchsmotive.
- Da die Zoos im Wettbewerb mit anderen Freizeitattraktionen stehen, setzen sie zunehmend *Maßnahmen des Marketing-Managements* ein: Besucherforschung, Leitbild, Werbung, Events, Merchandising, Werbung etc., aber auch neue Formen der Spezialisierung (Kinder- bzw. Nachtzoos).
- Darüber hinaus greifen sie auf *Konstruktionsprinzipien und Inszenierungstechniken der Themenparks* zurück: Gliederung in „Welten" (*immersion design*), neuartige Perspektiven (*split level views*), animative Informationsvermittlung, direkte Begegnungen mit Tieren und multisensuelle Ansprache der Besucher.
- Die Entwicklung thematisch konzipierter Zoos orientiert sich an *Vorbildern aus den USA und den Niederlanden* - z. B. dem „Bronx Zoo", „San Diego Zoo" bzw. „Burger's Zoo" in Arnheim. In Deutschland übernahm der „Erlebniszoo Hannover" im Jahr 2000 eine Vorreiterrolle für andere Zoologische Gärten (Gelsenkirchen, Leipzig).

---

[428] In diesem Angebots-Mix werden künftig auch mediale Vermittlungsformen wie Filme, Webcams etc. eine große Bedeutung haben (*electronic zoo*) (vgl. PECHLANER 1993, S. 176-179; CROKE 1997, S. 248-249).

- Neben der Umgestaltung traditioneller Zoos ist weltweit ein *Trend zur Privatisierung der Tierhaltung* zu beobachten. So betreibt die britische „Merlin Entertainment Group" im Rahmen einer Filialisierungsstrategie 22 Großaquarien in mehreren europäischen Ländern. In den USA nutzen Themenparks und Hotels die Attraktivität exotischer Tiere, um ihr Angebotsspektrum zu erweitern - z. B. die „SeaWorld"-Marineparks und der „Disney"-Park „Animal Kingdom" sowie die Kasino-/Themenhotels „Mirage" und „MGM Grand" in Las Vegas.

3 Die Zukunft der Themenwelten - die Themenwelten der Zukunft

> „Das Grundprinzip des Konsums hat längst sämtliche Bereiche unseres Lebens erfasst. Kultur, Unterhaltung, Sex, Politik, ja selbst der Tod werden immer mehr zur Ware, und der Konsum bestimmt mehr und mehr unser Verständnis von der Welt."
> CRAWFORD (1992, S. 76)

> „Die Disneyfizierung der Welt bedeutet - Ironie der Geschichte - nicht den Triumph, sondern den Tod des herkömmlichen Themenparks."
> HOFFMANN (2004, S. 164)

Die kleine Tour d'horizon durch den Markt der Themenwelten, die in diesem Studienbuch unternommen wird, stellt eine *Momentaufnahme* dar. Sie zeigt, dass es sich bei den ausgewählten Beispielen (Themenparks, Themenhotels, Urban Entertainment Centern, Markenerlebniswelten und Zoologische Gärten) um *typische Themenwelten zu Beginn des 21. Jahrhunderts* handelt, deren Anfänge aber bis in das 17. Jahrhundert zurückreichen.

Da diese Branche weltweit eine große Dynamik aufweist, stellt sich die Frage nach der Zukunft der Themenwelten und den Themenwelten der Zukunft. Um Aussagen über die Perspektiven machen zu können, ist es sinnvoll, erneut einen Blick auf die *wirtschaftlichen und gesellschaftlichen Steuerfaktoren* zu werfen, die für den bisherigen Boom dieser Einrichtungen verantwortlich waren (→ 1.3.1).

Dabei zeichnen sich *mehrere Trends auf der Nachfrage- und Angebotsseite* ab, die in den nächsten zehn Jahren marktbestimmend sein werden (vgl. Abb. 75):

- Die *Konsumenten* sind zwar weiterhin unterhaltungs- und erlebnisorientiert, aber gleichzeitig auch reiseerfahren und verwöhnt. Die klassischen Inhalte und schrillen Inszenierungen von Themenwelten sind ihnen längst vertraut; sie suchen deshalb nach neuen, andersartigen Erfahrungen. Angesichts einer wachsenden Anonymisierung und Segmentierung der Gesellschaft wächst bei ihnen weiterhin der Wunsch nach Gemeinschaft, Zugehörigkeit und Nähe. Da sie inzwischen „Abschied von der Spaßgesellschaft" (ROMEIß-STRACKE 2003) genommen haben, stoßen Angebote einer neuen Muße im Tourismus auf immer größeres Interesse - von Gesundheits- und Wellness-Reisen über das Wandern auf traditionellen Pilgerwegen bis hin zum Urlaub in Klöstern (vgl. LEDER 2007).[429]

---

[429] Vor dem Hintergrund der Überalterung der Gesellschaft, eines steigendes ökologischen Bewusstseins und einer globalen Verunsicherung entsteht - nach Einschätzung von RO-MEIß-STRACKE (2003, S. 114-140) - eine neue „Sinngesellschaft", die durch Intimität, Introversion, Integration und Intensität gekennzeichnet wird.

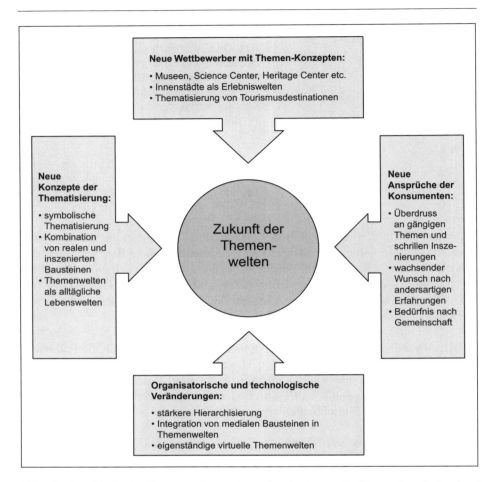

Abb. 75: Der Markt für Themenwelten weist weltweit eine große Dynamik auf, die durch mehrere Steuerfaktoren beeinflusst wird; dazu gehören brancheninterne Entwicklungen, der Auftritt neuer Wettbewerber mit Themen-Konzepten, die veränderten Ansprüche der Konsumenten sowie organisatorische und technologische Innovationen.

- Auf diesen aktuellen Wertewandel der Konsumenten - weg von Fun, Thrill etc. und hin zur Erfahrungs- und Sinnsuche - hat die *Themenwelten-Branche* bereits auf vielfältige Weise reagiert. Statt einer kulissenartigen Inszenierung setzen die neuen Einrichtungen vielmehr auf eine symbolische Thematisierung, bei der eine anspruchsvolle Architektur im Mittelpunkt steht. Zu den neuen Konzepten zählt auch die Integration von realen Bausteinen in Themenwelten sowie die Schaffung von Alltagswelten mit „themenparkartige(n) Qualitäten" (ROOST 1998a, S. 326). Speziell in den USA sind in den letzten Jahren mehrere thematisierte Arbeits- und Wohnwelten geschaffen worden - als *umgestaltete Stadtquartiere* bzw. als *neue Siedlungen und Städte* (→ 3.1).

- Neben der Entwicklung neuer Konzepte vollzieht sich innerhalb der Themen-welten-Branche auch ein *organisatorischer und technologischer Wandel*. Dazu gehören einerseits die zunehmende Kommerzialisierung und Professionalisie-rung des Freizeitanlagenmarktes, aber auch die wachsende Internationalisierung und Verflechtung von Freizeitgroßunternehmen (vgl. FRANCK 1999, S. 83-87; 2000, S. 33-36). Angesichts der hohen Ansprüche der Konsumenten und des ständigen Re-Investitionsbedarfs kommt es zu einem Verdrängungswettbewerb und damit zu einer stärkeren Hierarchisierung: Wenigen internationalen Mega-Attraktionen stehen viele kleine Anbieter gegenüber, die allenfalls regionale Ni-schenmärkte bedienen können. Zu den technologischen Veränderungen zählen die zunehmende Integration medialer Bausteine in Themenwelten sowie die Schaffung eigenständiger virtueller Themenwelten.

- Schließlich wird die künftige Entwicklung des Marktes durch *neue Konkurren-ten* beeinflusst, die ihr Angebot nach den Grundprinzipien der Themenwelten gestalten (Multifunktionalität, Erlebnisorientierung, Thematisierung). Das Spektrum der öffentlichen Akteure reicht dabei von Freizeit- und Kultureinrich-tungen über Innenstädte bis hin zu Tourismusdestinationen (→ 3.2).

3.1   Die Themenwelten der Zukunft: Alltagsorte, Quartiere und Siedlungen

„Vor wenigen Jahren versuchte man, reine Kulissenwelten zu inszenieren im Stil des Wilden Westens, von Science-Fiction, des Abenteuerfilms. (…) Doch diese künstlichen Themenwelten sind unter dem Einfluss von Rezession und Jahrtausendwende nicht mehr erfolgreich. (…) Heute setzt man stattdessen auf Echtheit."

Interview Mikunda (2003, S. 7)

„Das inszenierte Herz der Stadt ist leer und kraftlos. Ein wirkliches Herz gibt es nur dann, wenn es einen Ort gibt, wo Gesellschaft nicht gespielt wird, sondern tatsächlich geschieht."

HOFFMANN-AXTHELM (1992, S. 116)

3.1.1   Themenwelten als Alltagsorte

In der Vergangenheit handelte es sich bei den Themenwelten um *typische Freizeit-einrichtungen*: Mit ihrem Angebots-Mix aus Fahrgeschäften, Shows, Animations-programmen etc. und ihrer kulissenartigen Thematisierung standen sie in einem

klaren Kontrast zur alltäglichen Wohn-, Arbeits- und Lebenssituation der Gäste.[430]
Der Besuch erfolgte im Rahmen eines Tagesausflugs und diente ausschließlich der
Unterhaltung, dem Spaß und Vergnügen.

In jüngerer Zeit hat eine *Neupositionierung der Themenwelten* stattgefunden - weg
von Freizeitorten und hin zu Alltagsorten; dabei zeichnen sich u. a. folgende Entwicklungen ab:

- *Kombination von inszenierten und realen Bausteinen*: Die Verwendung themen-
  spezifischer Baumaterialien und der Einsatz ausländischer Facharbeiter, die über
  traditionelle handwerkliche Kenntnisse verfügen, gehören seit langem zu den Inszenierungstechniken von Themenwelten. Diese Maßnahmen dienen zum einen
  dazu, den Anspruch auf Authentizität zu kommunizieren; zum anderen sollen Illusionsbrüche vermieden werden (→ 1.2.2). In jüngerer Zeit nutzen die Themenwelten aber Natur und Kultur direkt als Ressourcen, indem sie Tiere und
  Kunstwerke in ihr Angebot integrieren. So verfügt z. B. das Themenhotel „Santa
  Isabel" im „Europa-Park" (Rust) über eine eigene Kapelle, in der ein authenti-
  scher Altar aus Südspanien steht (vgl. Abb. 76).[431] Im „Disney"-Themenpark
  „Animal Kingdom" in Florida finden sich nicht nur Fahrgeschäfte und *audio-
  animatronics*, sondern auch Gehege mit exotischen Tieren (→ 2.1.4). Als Folge
  dieser neuen strategischen Ausrichtung wird es immer schwieriger, die (angeblich) künstlichen Themenwelten von der realen Welt außerhalb der Einrichtungen abzugrenzen.

- *Symbolische Thematisierung*: Der bisherige Erfolg der Themenwelten basiert
  auf einem begrenzten Repertoire an Inhalten, die mit Hilfe aufwändiger Techniken perfekt inszeniert wurden - von Pharaonen und Rittern über exotische Länder und Kulturen bis hin zu Mythen der Populärkultur (→ 1.2.1). Mit einer zunehmenden Ubiquität dieser Themen besteht aber für die Anbieter die Notwendigkeit, entweder neue Inhalte zu finden oder einen anderen Stil der Inszenierung zu verwenden. In dieser Situation tritt die Kulissenarchitektur immer mehr
  in den Hintergrund, während die *Ikonenarchitek*tur bzw. *signature architecture*
  eine zunehmende Bedeutung erhält. Dieser Trend lässt sich nicht nur bei den
  Hotelneubauten in Las Vegas beobachten, die in einer reduzierten, modernen
  Formensprache errichtet werden, sondern speziell auch bei den Erlebniswelten
  der großen Konsumgüter- und Medienkonzerne (→ 2.4.4).

---

[430] Eine Ausnahme stellen die Urban Entertainment Center dar, in denen traditionell eine
alltägliche Aktivität wie das Einkaufen mit Unterhaltungselementen angereichert wird
(→ 2.3).

[431] Bislang handelt es sich bei der St. Jakobus-Kapelle noch um einen säkularen Raum, da
sie noch nicht konsekriert worden ist. Allerdings finden im „Europa-Park" bereits
Trauungen im Nachbau einer norwegischen Stabkirche statt.

Abb. 76: Themenwelten integrieren zunehmend auch authentische Elemente der Alltags- und Hochkultur in ihr Freizeitangebot. So verfügt das Themenhotel „Santa Isabel" im „Europa-Park" (Rust) über eine eigene Kapelle - die St. Jakobus-Kapelle, in der ein Originalaltar aus Südspanien steht.

So wurden die „Autostadt" in Wolfsburg, die „BMW-Welt" in München oder das „Sony Center" in Berlin im Stil einer neuartigen *corporate architecture* errichtet, in der Unternehmenswerte wie Qualität, Umweltbewusstsein, soziale Verantwortung etc. nicht durch naive, leicht entschlüsselbare Zeichen kommuniziert werden, sondern durch spektakuläre, symbolische Gebäude (vgl. STEINE-CKE 2008a, S. 164-167). Mit dieser Aufgabe werden zunehmend internationale Stararchitekten betraut, deren Renommee auf dem Entwurf bekannter Kultureinrichtungen, Hochhäuser oder Verwaltungsgebäude basiert (vgl. Abb. 77).[432]

- *Themenwelten als Kommunikationszentren*: Eine Alltagsorientierung der Themenwelten findet jedoch nicht nur in der Architektur und im Angebots-Mix statt, sondern auch im Management - durch die *Erschließung neuer Zielgruppen* jenseits des klassischen Freizeitpublikums. Mit dem Bau von Konferenzeinrichtungen unterschiedlicher Größe haben sich speziell die Themenparks zu wichtigen Veranstaltungszentren entwickelt, in denen Tagungen mit Unterhaltungsangeboten kombiniert werden (*Confertainment*).

---

[432] Der Architekt Daniel Libeskind hat z. B. im Jahr 1989 das Jüdische Museum in Berlin in einem symbolischen, narrativen Stil entworfen (in Form eines zerbrochenen Davidsterns). Er war in den letzten Jahren u. a. auch für die Planung des Shopping Centers „Berner Westside" verantwortlich, das als überdimensionale geöffnete Hand gestaltet wird (vgl. Interview Mikunda 2003, S. 7).

Abb. 77: Themenwelten werden nicht mehr in einer naiven, leicht entschlüsselbaren Kulissenarchitektur errichtet, sondern zunehmend in einer spektakulären, symbolischen Formensprache. Speziell die Konsumgüter- und Medienkonzerne nutzen diese neuartige corporate architecture, um eindrucksvolle Landmarken zu schaffen - z. B. das „Sony Center" am Potsdamer Platz in Berlin.

Das Spektrum reicht von kleinen Fachseminaren bis hin zu Jahreshauptversammlungen und Parteitagen.[433] Darüber hinaus bieten sich die Themenwelten als Kommunikationszentren für *Schüler und Studenten* an - z. B. durch „Science Days", bei denen Universitäten ihre Forschungsergebnisse einem breiten Publikum auf verständliche Weise präsentieren, oder durch ein „Science House", in dem naturwissenschaftliche Experimente durchgeführt werden können. Zur Alltagsorientierung der Themenwelten gehört schließlich die *Einbindung der Religion*: Im „Europa-Park" (Rust) werden interessierte Besucher durch einen katholischen und einen protestantischen Diakon seelsorgerisch betreut; im Juli 2007 fand im „CentrO" (Oberhausen) der 50. Jugendtag der Neuapostolischen Kirche Nordrhein-Westfalens statt.[434]

- *Themenwelten als Schauplätze medialer Events*: Die Themenwelten präsentieren sich aber nicht nur auf direkte Weise als Alltagsorte, sondern auch in einer medial vermittelten Form - indem sie als Schauplätze von TV-Sendungen und Filmen fungieren und damit zu einem *festen Bestandteil der alltäglichen Populär-*

---

[433] So verfügt z. B. der „Europa-Park" in Rust über 20 Veranstaltungsräume mit 10-1.400 Plätzen, in denen im Jahr 2007 mehr als 1.000 Veranstaltungen stattfanden (vgl. www. presse.europapark.de/lang-de/c818/m359/d6928/default.html vom 14. Juli 2008).

[434] vgl. www.nak.de/news.de/20060121-384-de.html vom 15. Juli 2008; www.kirche-im-europa-park.de; SCHROM, M. (2008): Kirche im Freizeitpark. - In: Christ in der Gegenwart, 60/31, S. 337-341

kultur werden. So wurden in den USA mehrere Spielfilme in Urban Entertainment Centern gedreht - z. B. „Chopping Mall" (1986), „Phantom of the Mall" (1989) und „Scenes from a Mall" (1991). Außerdem sind Themenwelten bereits zum Gegenstand literarischer Werke geworden - z. B. „Mall" von Eric Bogosian oder „Beverly Center" von Ryan Woodward (vgl. CRAWFORD 1992, S. 79). In Deutschland hat sich der „Europa-Park" (Rust) mit jährlich mehr als 200 TV-Übertragungen zum Marktführer in diesem Bereich entwickelt. Besonders populär sind die ARD-Live-Sendungen „Immer wieder sonntags", die jeweils hohe Einschaltquoten verzeichnen (und damit auch eine effiziente Werbemaßnahme für den Park darstellen).[435]

Während also einerseits die Themenwelten immer mehr alltägliche Elemente in ihren Angebots-Mix einbauen und auch durch Marketing-Maßnahmen zu Alltagsorten werden, ist gleichzeitig eine gegenläufige Entwicklung festzustellen - die *Übertragung der Konstruktionsprinzipen von Themenwelten auf alltägliche Wohn- und Lebenssituationen*.

3.1.2 Thematische Umgestaltung traditioneller Stadtquartiere

Erste Ansätze einer Thematisierung innerstädtischer Quartiere finden sich in den USA bereits in den 1960er-Jahren, als historische Gebäudekomplexe wie funktionslose Fabrikanlagen, Markt- und Veranstaltungshallen zu *festival markets* umgestaltet wurden - also zu Einkaufs- und Erlebniszentren, die unter einem zentralen Management stehen ($\rightarrow$ 2.3.2).

Während es sich bei den *festival markets* überwiegend um relativ kleine Einrichtungen handelte, werden inzwischen in den USA, aber auch in anderen Ländern *großflächige Geschäfts- und Wohnviertel* nach dem Vorbild der Themenwelten in attraktive Einkaufs-, Freizeit-, Wohn- und Geschäftsquartiere umgewandelt. Dabei arbeiten private Investoren und öffentliche Einrichtungen im Rahmen von *public-private-partnerships* eng zusammen.

Aus diesem Grund hat der Strukturwandel auch große politische und soziale Implikationen. Es findet eine *ausschließlich konsumorientierte Organisation* statt, die mit einer *Privatisierung des öffentlichen Raumes* einhergeht - durch die fundamentale Bürgerrechte eingeschränkt werden. Aus Stadträumen, die bisher jedem Bewohner offen standen, werden nun private Einrichtungen, in denen die Besitzer über das Hausrecht verfügen. Damit gelten spezielle Nutzungsbedingungen: Nichtkonformen gesellschaftlichen Gruppen wie z. B. Stadtstreichern, Straßenhändlern oder Demonstranten kann der Zutritt verweigert werden.

---

[435] Die große Popularität dieser Sendung und speziell des Moderators Stefan Mross spiegelt sich u. a. in der Tatsache wider, dass es spezielle Merchandising-Produkte sowie einen eigenen Fanclub gibt (vgl. www.erster-immer-wieder-sonntags-fanclub.de).

Abb. 78: Mit der thematischen Umwandlung traditioneller Stadtviertel findet gleichzeitig eine Privatisierung des öffentlichen Raumes statt. Da es sich bei Quartieren wie dem „Sony Center" am Potsdamer Platz in Berlin um private Einrichtungen handelt, verfügt das Center-Management über das Hausrecht. Missliebige bzw. nicht-konforme gesellschaftliche Gruppen können von der Nutzung ausgeschlossen werden. Außerdem ist nicht mehr die Polizei, sondern ein privater Wachdienst für die Sicherheit zuständig.[436]

Außerdem ist nicht mehr die Polizei für die Sicherheit in diesen Einrichtungen zuständig, sondern ein privater Wachdienst (vgl. BERMAN 2006; TONNELAT 2007; → 2.3.3; Abb. 78).[437]

Als Beispiele für die thematische Umgestaltung traditioneller Stadtquartiere in den USA, aber auch in anderen Ländern sind u. a. zu nennen:

---

[436] Lt. Hausordnung des „Sony-Center" ist es den Besuchern z. B. untersagt, auf Treppenstufen zu sitzen bzw. alkoholische Getränke außerhalb der Gaststätten zu konsumieren. Die „Durchführung von Demonstrationen und politischen Aktionen aller Art" bedarf der schriftlichen Genehmigung des Center-Managements.

[437] In den USA machte im Jahr 2008 ein Vorfall am Times Square in New York weltweit Schlagzeilen. Dort wurde ein Passant vom privaten Wachdienst verhaftet, weil er „mit einer Anzahl anderer Individuen" herumstand und in den Himmel schaute (vgl. BRINKBÄUMER, K. [2008]: Die Weltkreuzung. - In: Der Spiegel, 2, S. 118).

Abb. 79: Die „Victoria & Alfred Waterfront" in Kapstadt gehört zu den kommerziellen Urban Entertainment Districts, die seit den 1990er-Jahren weltweit in zahlreichen Groß-städten entstanden sind. Im Rahmen von Revitalisierungsmaßnahmen wurden dabei inner-städtische Quartiere zu neuen Unterhaltungsvierteln umgebaut.

- *„42nd Street Development Project"* in New York,
- *„Third Street Promenade"* in Santa Monica/Kalifornien (vgl. LOCKWOOD 1997; KATZ 1999),
- *„Peabody Place"* in Memphis/Tennessee (vgl. BODENSCHATZ 2000),
- *„Universal CityWalk"* in Hollywood/Kalifornien (vgl. Jerde Partnership 1992; HANNIGAN 1998, S. 112-113; EMMONS 1999),
- *„Darling Harbour"* in Sydney,
- *„Victoria & Alfred Waterfront"* in Kapstadt (vgl. BORCHARD 1994; KILIAN/ DODSON 1996; WORDEN 1996; WORDEN/HEYNINGEN 1996; FERREIRA/VISSER 2007; Abb. 79),
- *„Sony Center"* und *„Potsdamer Platz Arkaden"* in Berlin (vgl. ROOST 1998; ROSSI 1998; ZIEMANN 2002; REHBERG 2002; LEHRER 2003; ADELHOF 2004; COCHRANE 2006; KRAJEWSKI 2006),[438]
- *„Aker Brygge"* in Oslo (vgl. PRIEBS 1994),
- *„Temple Bar"* in Dublin,
- *„Weststadt"* in Essen (vgl. TAPPE 1999; ODENTHAL 2002).

---

[438] Speziell das „Sony-Center" folgt dem „American urban model of the entertainment, leisure or shopping centre as one large, enclosed, single-architect building" (WATSON 2006, S. 102; vgl. auch GÖTTLICH/WINTER 2002, S. 110-113; ADELHOF 2004, S. 24).

Anhand von *drei Beispielen* soll dieser städtebauliche, ökonomische und soziale Strukturwandel im Folgenden erläutert werden: *„42nd Street Development"* in New York, *„Darling Harbour"* in Sydney und *„Temple Bar"* in Dublin.

„42nd Street Development Project" in New York

Das Quartier der 42nd Street, des Times Square und des Broadway liegt mitten in Manhattan. Aufgrund dieser günstigen Lage entwickelte es sich seit 1890 zu einem *bevorzugten Standort der Unterhaltungsbranche*. Zunächst fanden sich hier mehr als zwölf Theater, in denen weltbekannte Musicals und Stücke aufgeführt wurden, und später zahlreiche Kinos, Restaurants, Bars etc. Mit der Abwanderung der weißen Mittelschicht in die Vororte geriet das Viertel, das einst als *„Cross-roads of the World"* ein Synonym der US-amerikanischen Großstadtkultur war, seit den 1950er-Jahren in eine „Abwärtsspirale" (ROSENFELD 1999, S. 55). Es siedelten sich immer mehr Pornokinos und Peepshows an; Obdachlose, Prostituierte und Drogendealer prägten das Straßenbild. Gleichzeitig stieg die Zahl von Raubüberfällen und Diebstählen (vgl. EECKHOUT 2001, S. 385-387).[439]

Da keine ausreichenden öffentlichen Mittel zur Revitalisierung des Viertels vorhanden waren, wurde Anfang der 1980er-Jahre eine *public-private-partnership* gegründet, an der neben dem Bundesstaat New York und der Stadt New York auch private Projektentwickler beteiligt waren (vgl. ROOST 1998, S. 12; ROSENFELD 1999, S. 56).[440] Diese Organisation verfolgte das Ziel, eine attraktive Mischung aus hochwertigen Unterhaltungs- und Einzelhandelsangeboten sowie Hotel- und Büronutzungen zu schaffen. Dabei sollte vor allem die hohe Passantenfrequenz am Times Square genutzt werden, der jährlich von mehreren Millionen Touristen, Büroangestellten und Pendlern passiert wird.

Nach anfänglichen Schwierigkeiten erhielt das Projekt eine neue Dynamik, als die *„Disney-Company"* im Jahr 1994 Interesse an der Renovierung des traditionellen „New Amsterdam Theatre" und an der Eröffnung eines eigenen *theme stores* zeigte (vgl. GOLD 1997, S. 14-15; HANNIGAN 1998, S. 110). Das saubere, familien- und touristenfreundliche Image der „Walt Disney Company" sorgte dafür, dass in den folgenden Jahren weitere renommierte Investoren gefunden werden konnten - dazu zählten auch zahlreiche TV-Sender und Medienkonzerne (ABC, Bertelsmann, AOL Time Warner etc.). Seitdem wurde dieses Viertel zu einem Vergnü-

---

[439] Angesichts dieser negativen Entwicklungen, aber auch seiner urbanen Vielfalt war der Times Square ein „Ort, der die sozialen Spannungen und Widersprüchlichkeiten der amerikanischen Städte versinnbildlichte wie kein anderer" (ROOST 2000, S. 40).

[440] Als administratives Instrument fungieren dabei generell *business improvement districts* (BID): In diesen Vierteln müssen Grundbesitzer und Geschäftsleute zusätzliche Pflichtbeiträge entrichten, mit denen u. a. private Sicherheits- und Reinigungsdienste sowie Verschönerungsmaßnahmen finanziert werden (vgl. HOUSTON 1999; ROOST 2000a, S. 104-105; KOZLOFF 2002, S.106).

gungs- und Geschäftszentrum umgebaut, das alle Merkmale eines Urban Entertainment Centers aufweist - spezialisierte und thematisierte Einzelhandelsgeschäfte, Themenrestaurants, Hotels, Musical-Theater, Multiplexkinos etc., aber auch zahlreiche Büroflächen (vgl. ROSENFELD 1999, S. 61-71; ROOST 2000, S. 35-65).[441]

Aus Sicht von Kritikern hat New York mit diesem Strukturwandel einen Teil seiner unverwechselbaren Stadtkultur verloren.[442] Der Times Square ist nun ein „disneyfizierter Stadtteil" (ROOST 2000, S. 57) und ein „Amphitheater der Werbeagenturen, ein Ausstellungspark des Corporate America"[443] geworden - und damit ein *austauschbares Stadtquartier*, dessen dauerhafte Attraktivität allenfalls durch spektakuläre Events erreicht werden kann (so wird z. B. jeweils zum Jahreswechsel eine überdimensionale Kugel mit 672 Waterford-Kristallen und mehr als 9.000 Leuchtdioden auf den Platz herabgelassen).

Wie berechtigt diese Kritik von Stadtsoziologen und Architekten ist, zeigt u. a. der Blick auf ein *thematisiertes Stadtviertel in Australien*, das - trotz einer andersartigen historischen Entwicklung - gegenwärtig eine vergleichbare Angebotsstruktur aufweist wie der New Yorker Times Square: das ehemalige Hafengelände „Darling Harbour" in Sydney.[444]

„Darling Harbour" in Sydney

Shopping Center, IMAX-Kino, Restaurantzeile und Hotels - mit diesen Einkaufs- und Vergnügungsbausteinen weist „Darling Harbour" in Sydney einen *ähnlichen Angebots-Mix* auf wie andere Urban Entertainment Districts. In diesem Fall handelt es sich um ein *ehemaliges Hafengelände*, das zu einem großflächigen innerstädtischen Unterhaltungsviertel umgebaut worden ist (vgl. Abb. 80).[445]

Seit dem 19. Jahrhundert war „Darling Harbour" der *wichtigste australische Hafen*, in dem Wolle, Gold und Schafe als Exportgüter sowie Industrieprodukte als Importwaren umgeschlagen wurden. Mit der zunehmenden Bedeutung des Containerverkehrs in der internationalen Frachtschifffahrt geriet er jedoch in den 1970er-Jahren in *Schwierigkeiten*: Zum einen stand nicht genügend Raum für zeitgemäße Hafenanlagen und Gewerbeflächen zur Verfügung, zum anderen wurde der An-

---

[441] vgl. NEFFE, J. (1998): Das gezähmte Monstrum. - In: Der Spiegel, 49, S. 124-134; SCHWEITZER, E. (2000): Größer, höher, bunter. - In: Der Spiegel, 15, S. 110-112

[442] vgl. den Sammelband von TAYLOR (1996) zu einer kritischen Bestandsaufnahme

[443] vgl. BRINKBÄUMER, K. (2008): Die Weltkreuzung. - In: Der Spiegel, 2, S. 118

[444] vgl. FREESTONE (2004) zur generellen „americanization of Australian planning"

[445] Seit den 1980er-Jahren sind weltweit zahlreiche Hafenviertel für neue Nutzungsarten revitalisiert worden - z. B. in London, Dublin, Hongkong, Tokio, Toronto, Amsterdam (vgl. MALONE 1996; PRIEBS 1998). In Deutschland ist die „HafenCity" in Hamburg als aktuelles Projekt zu nennen.

schluss an das nationale Eisenbahnnetz stillgelegt (vgl. HOFMEISTER 1994, S. 352-354).

Im Jahr 1984 beschloss die australische Regierung, das insgesamt 54 ha große Hafengelände als *neues Stadtviertel* und *touristische Attraktion* zu revitalisieren. Mit dieser Entscheidung wurden sowohl wirtschaftliche als auch städtebauliche Ziele verfolgt (vgl. SCHRÖDER 2006, S. 52-56):

- Angesichts einer krisenartigen Entwicklung auf dem Immobilienmarkt und im Finanzsektor versuchte Australien, den *internationalen Tourismus* stärker als Einnahmequelle zu nutzen. Dabei konnte das Land sowohl auf seine naturräumlichen Potenziale als auch auf eine gut ausgebaute Infrastruktur zurückgreifen. Gleichzeitig mussten aber neue, zeitgemäße Attraktionspunkte geschaffen werden. Die dazu notwendigen privatwirtschaftlichen Investitionen wurden vom Staat u. a. durch die Gründung einer *public-private-partnership* unterstützt (vgl. DALY/MALONE 1996, S. 98).[446]

- Mit der Neugestaltung von „Darling Harbour" sollte aber auch ein *Reurbanisierungsprozess* eingeleitet werden - als Reaktion auf die bisherige Suburbanisierung Sydneys, die zu einem erheblichen Flächenwachstum der Stadt geführt hatte und mit großen Verkehrsproblemen sowie Umweltbelastungen verbunden war (vgl. BRAUN/GROTZ/SCHÜTTEMEYER 2001, S. 56-57). Da das Hafengelände direkt an den Central Business District der australischen Metropole grenzt, wurde zugleich eine Aufwertung dieses innerstädtischen Bereichs als Geschäfts- und Wohnviertel angestrebt.

Mit einem Investitionsaufwand von mehr als 600 Mio. Euro wurden seit 1984 Teile des ehemaligen Hafengeländes in ein *städtisches Erlebnis-, Geschäfts- und Wohnquartier* umgestaltet. Zu den Angebotsbausteinen gehören u. a.:

- *Kultur- und Freizeiteinrichtungen* („Harbourside Amphitheater", „Sydney Entertainment Centre", „Australian National Maritime Museum", „Pumphouse Museum", „IMAX-Theatre", „Sydney Aquarium", „Outback Centre" u. a.),
- *Shopping Center* („Harbour Side Shopping Centre", „Market City", „Paddy's Market"),
- *Gastronomiebetriebe* (mehr als 170 verschiedene Restaurants, Nachtclubs etc.),
- *Apartmenthäuser* (sieben Komplexe mit mehr als 3.000 Wohnungen),
- *Hotels* (zehn Hotels mit ca. 3.000 Zimmern),
- *Konferenzeinrichtungen* („Sydney Convention and Exhibition Centre").

---

[446] Von Seiten des Staates liegt die Umsetzung des Projekts in Händen der „Sydney Harbour Foreshore Authority" (SHFA), die dem Ministerium für Infrastruktur und Planung unterstellt ist. Diese Organisation verwaltet mehr als 400 ha Fläche und ist damit einer der „biggest landholders in Sydney" (vgl. www.shfa.nsw.gov.au/sydney-About_Us.htm vom 24. Juli 2008).

Abb. 80: Das ehemalige Hafengelände „Darling Harbour" in Sydney wurde seit den 1980er-Jahren zu einem Urban Entertainment District umgestaltet. Mit dieser Maßnahme sollte zum einen die Innenstadt revitalisiert werden; zum anderen wollte die australische Regierung eine neue Attraktion für die internationalen Touristen schaffen.

Mit diesem umfangreichen Angebot stößt „Darling Harbour" bei ausländischen Touristen und auch bei der einheimischen Bevölkerung auf *große Akzeptanz*:

- Im Jahr 2007 verzeichnete das Hafenviertel *mehr als 27,9 Mio. Besucher*, bei denen es sich zu 19 % um australische Touristen und zu 19 % um ausländische Gäste handelte. Damit zählt „Darling Harbour" zu den größten Besucherattrak-tionen Sydneys und zu den beliebtesten touristischen Zielen in Australien.[447]

- Unter den Besuchern dominieren die jungen Erwachsenen (18-29 Jahre), die mit dem Angebot *sehr zufrieden* sind. Obwohl ihnen der touristische Charakter des Viertels bewusst ist, wird es als typisch australisch und als einzigartig wahrge-nommen. Mehr als 90 % der Gäste sind so begeistert, dass sie „Darling Har-bour" als Ausflugsziel weiterempfehlen werden (vgl. SCHRÖDER 2006, S. 101).

Von *Fachleuten* wird „Darling Harbour" (wie alle Urban Entertainment Districts) hingegen unterschiedlich beurteilt:

- Nach *Einschätzung der Kritiker* ist mit „Darling Harbour" ein ahistorisches und pseudo-urbanes Viertel entstanden, indem selbst Einheimische zu Touristen wer-

---

[447] Die Angaben zu Besucherzahlen basieren auf Erhebungen, die mit Hilfe von automati-schen Bewegungszählern durchgeführt werden (vgl. www.shfa.nsw.gov.au/uploads/do-cuments/Darling%20Harbour%202007%20Visitor%20Snapshot.pdf vom 24. Juli 2008).

den. Aufgrund des hohen Preisniveaus findet eine *gentrification* durch Mittel-
und Oberschichtangehörige statt; damit trägt das Projekt zur sozialen Segregation innerhalb der Stadt bei. Zu den Kritikpunkten zählen außerdem die *unzureichende Einbindung der Bevölkerung in den Planungsprozess* sowie die *hohen
Defizite*, die aufgrund von Fehlplanungen entstanden sind (vgl. HUXLEY 1991,
S. 149; DALY/MALONE 1996, S. 101; PUNTER 2005, S. 71-73).[448]

- Aus *Sicht der Befürworter* handelt es sich um ein erfolgreiches urbanes Revitali-
  sierungsprojekt (vgl. HOFMEISTER 1994, S. 361). Sie verweisen u. a. auf die infrastrukturelle Anbindung des Hafengeländes an die Innenstadt, die Aufwertung
  des traditionellen Central Business Districts, den Bau von Wohnungen, die
  Schaffung von Arbeitsplätzen und die hohen Sicherheitsstandards.[449]

Unabhängig von diesen fachinternen Diskussionen ist weltweit ein Trend zur thematischen Umgestaltung traditioneller Stadtquartiere zu beobachten. Für diese
Projekte gilt generell das Motto der Entwicklungsgesellschaft „Merlin International", die auch für die Konzeption und das Management des „Harbourside Festival
Marketplace" in Sydney verantwortlich war: *„Making Cities Fun"* (vgl. HUXLEY
1991, S. 141). Das zentrale Thema dieser neuen Unterhaltungsviertel ist dabei eine
neugeschaffene, optimierte Form von Urbanität, die sich am Vorbild der europäischen Stadt des 19. Jahrhunderts orientiert - mit ihrer Mischung unterschiedlicher
städtischer Funktionen, mit Fußgängerzonen, Plätzen, Brunnen etc. sowie mit
Unterhaltungs- und Erlebniselementen.

Anhand des dritten Beispiels - „Temple Bar" in Dublin - soll verdeutlicht werden,
dass Stadtplaner und Projektentwickler bei der thematischen Revitalisierung von
Stadtvierteln aber auch andere Themen aufgreifen und inszenieren: die *Gegenwartskultur* und das *nationale Heritage*.

„Temple Bar"- „Dublin's Cultural Quarter"

Das Stadtviertel „Temple Bar" liegt im Zentrum Dublins - am Südufer des Flusses
Liffey und in direkter Nähe zu bekannten Landmarken wie dem Trinity College
oder der Bank of Ireland (dem früheren Parlamentsgebäude). Seine lange Geschichte spiegelt sich u. a. in *mittelalterlichen Straßenzügen* und *engen Gassen*
wider. Allerdings konnte das Viertel nicht am wirtschaftlichen Aufschwung der

---

[448] Das Konzept sah zunächst auch den Bau eines Kasinos vor. Mit den Einnahmen aus
dem Spielbetrieb sollten die staatlichen Investitionen refinanziert werden. Allerdings
mussten diese Planungen eingestellt werden, als bekannt wurde, dass die US-amerikanische Betreibergesellschaft „Harrah" über Kontakte zum kriminellen Milieu verfügte
(vgl. DALY/MALONE 1996, S. 102).

[449] Wie in den Urban Entertainment Centern findet auch in „Darling Harbour" eine ständige
Überwachung der Besucher durch Sicherheitskräfte und Videokameras statt (vgl.
SCHRÖDER 2006, S. 62).

irischen Hauptstadt partizipieren, da sich die städtebauliche Entwicklung im 19. und 20. Jahrhundert auf andere Straßen und Stadtteile konzentrierte.

In den 1980er-Jahren wurde „Temple Bar" durch eine überalterte Baustruktur und zahlreiche leer stehende Gebäude geprägt, so dass die staatliche irische Transportgesellschaft „Córas Iompair Éireann" (CIE) Pläne für den *vollständigen Abriss der Häuser* und die *Errichtung des zentralen Dubliner Busbahnhofs* vorlegte. Da die Mieten in der Planungsphase deutlich sanken, zogen zahlreiche Künstler, Designer, Galerien und kleine Geschäfte in das Viertel, die sich später - mit Unterstützung der irischen Denkmalschutzorganisation *„An Taisce"* (National Trust of Ireland) - erfolgreich für den Erhalt der Gebäude einsetzten.

Nachdem Dublin von der Europäischen Union zur „Kulturstadt Europas 1991" ernannt worden war, wurde das Viertel von der irischen Regierung als *„Dublin's Cultural Quarter"* zum nationalen Flaggschiff-Projekt erklärt - obwohl dort nur einige Büros von Kulturorganisationen ihren Standort hatten, während sich renommierte Kultureinrichtungen wie das „National Museum of Ireland" oder die „National Gallery of Ireland" in anderen Dubliner Stadtteilen befinden.

In den folgenden Jahren hat in „Temple Bar" ein *umfangreicher Revitalisierungsprozess* stattgefunden, der durch EU-Zuschüsse und staatliche Steuererleichterungen in Höhe von 32,3 Mio. Euro finanziert wurde. Außerdem gründete der irische Staat zwei eigene Organisationen, um die städtebauliche Entwicklung zu kontrollieren: „Temple Bar Properties Ltd." und „Temple Bar Renewal Ltd.". Mit Hilfe der *Fördermittel* wurden vorrangig folgende Bereiche unterstützt (vgl. MONTGOMERY 1995, S. 157):[450]

- kulturelle Aktivitäten,
- touristische Betriebe (Hotels, Restaurants etc.),
- kleine Unternehmen mit weniger als 20 Beschäftigten,
- Dienstleistungsbetriebe mit lokalem Bezug,
- Bau von Wohnungen für Einheimische.

Gegenwärtig haben einige nationale Kulturinstitutionen ihren Sitz in „Temple Bar" - vom „Irish Photography Center" über die „Gallery of Photography" bis hin zum „Irish Film Center". Allerdings hat sich der Stadtteil aufgrund seiner zahlreichen Restaurants und Pubs vor allem zu einem *Unterhaltungs- und Vergnügungsviertel* entwickelt, das besonders bei ausländischen Touristen sehr beliebt ist, während „Dublin people don't really go there" (JORGENSEN 2003, S. 148).

Diese touristische Attraktivität basiert vorrangig auf der *Thematisierung des typischen „Irish Heritage"* - z. B. der schmalen Gassen mit ihrem Kopfsteinpflaster,

---

[450] vgl. Urban Regeneration, Dublin o. J. (www.templebar.ie/docs/urban_regeneration.pdf vom 18. Juli 2008)

der kleinen Häuser mit ihren farbenfrohen Fassaden und der gemütlichen Kneipen mit ihrer traditionellen Musik. Wie die „Irish Pubs", die in den letzten Jahren weltweit als Themenkneipen entstanden sind (→ 2.2.3), entspricht auch „Temple Bar" den *klischeeartigen Erwartungen der Touristen*. Das historische Heritage-Image des neu geschaffenen Viertels wird durch entsprechende *Marketing-Maßnahmen* noch verstärkt:

- So firmiert z. B. der Pub „The Oliver St. Gogarty", der im Stil des späten 19. Jahrhunderts eingerichtet ist, als *„Traditional Irish Pub"*, obwohl er erst im Jahr 1994 eröffnet wurde.

- Bei der *„Cow's Lane"* handelt es sich um eine kleine Straße, die im Jahr 2001 angelegt wurde. In den Werbematerialien der „Temple Bar Properties Ltd." wird der Straßenname aber damit erklärt, dass in früheren Zeiten Kühe vom Dublin Castle durch diese Straße zum Fluss Liffey getrieben worden sind (vgl. MCMANUS 2005, S. 245-246).

Die Beliebtheit des Viertels als touristische Attraktion hat Ende der 1990er-Jahre dazu geführt, dass „Temple Bar" weniger als Kulturviertel wahrgenommen wurde, sondern eher als *„synonymous with pubs, rowdy-ism and Hen Nights"* (MCMANUS 2005, S. 245).[451] Als Reaktion auf diese negative Entwicklung hat die Organisation „Traders in the Area Supporting the Cultural Quarter" (TASCQ), in der sich die lokalen Geschäftsleute und Gastronomen zusammengeschlossen haben, im Jahr 2005 die Initiative *„Play Nice in Temple Bar"* gestartet. So werden die Gäste z. B. auf Schildern darum gebeten, sich nachts leise zu verhalten und das Viertel sauber zu halten. Außerdem verpflichten sich die Pub-Besitzer, ihre Mitarbeiter besser auszubilden und darauf zu achten, dass die Gäste keine alkoholischen Getränke mit auf die Straße nehmen.[452]

Ungeachtet dieser Probleme hat sich „Temple Bar" innerhalb von zwei Jahrzehnten von einem *innerstädtischen Problemviertel* zu einer *international bekannten Marke* entwickelt - als „Dublin's Cultural Quarter" und damit als touristischer Attraktionspunkt. Mit dieser Neupositionierung, die auf einer konsequenten Thematisierung der Gegenwartskultur und des typischen „Irish Heritage" basiert, ist das Viertel zum „ultimate example of commodification of place - the epitome of place marketing" geworden (MCMANUS 2005, S. 245).[453]

---

[451] Bei den *Hen Nights* handelt es sich um Abschiedsabende, die in Großbritannien und Irland von einer angehenden Braut gemeinsam mit Freundinnen verbracht werden. Während die *Hen Nights* traditionell im Elternhaus der Braut stattfanden, werden sie gegenwärtig überwiegend - mit erheblichem Alkoholkonsum - in Pubs gefeiert.

[452] vgl. Play Nice in Temple Bar! (www.tacp.ie/sh761X5328.html vom 18. Juli 2008)

[453] Zu den Skurrilitäten dieser Entwicklung zählt die Tatsache, dass in den 80 Restaurants und „Traditional Irish Pubs" des Viertels überwiegend ausländische Teilzeitbeschäftigte arbeiten, die ihre Englischkenntnisse verbessern wollen (vgl. PÉCHENART 2003, S. 249).

Die Beispiele aus Irland, Australien und den USA zeigen, dass bislang vorwiegend innerstädtische Quartiere unter thematischen Gesichtspunkten umgestaltet worden sind. Allerdings zeichnet sich gegenwärtig auch ein *Trend zur Umstrukturierung traditioneller Dörfer* ab. So hat der Touristikkonzern „TUI" (Hannover) im Jahr 2007 das verlassene italienische Dorf Tenuta de Castelfalfi in der Toskana erworben. Mit einer Gesamtinvestition von mehr als 250 Mio. Euro soll der Ort mit seiner Burg und Wehrmauer in den nächsten Jahren zu einer 11 qkm großen Resort-Anlage mit mehreren Hotels, einem „Robinson Club", Boutiquen, Restaurants sowie privaten Villen umgebaut werden.[454]

Die Übertragung von Konstruktionsprinzipien der Themenwelten lässt sich jedoch nicht nur bei diesem Projekt und generell bei der Thematisierung traditioneller Stadtviertel beobachten, sondern - speziell in den USA - auch beim *Bau thematischer Siedlungen und Städte*.

3.1.3   Bau neuer thematischer Siedlungen und Städte

In einer illusionären Themenwelt täglich zu leben und dort nicht nur gelegentlich die Freizeit zu verbringen - diesen Wunsch können sich Konsumenten seit einiger Zeit in den USA erfüllen. Zu den Vorreitern beim Bau thematischer Siedlungen zählt die „Walt Disney-Company", die im Jahr 1996 in Florida die *Modellstadt Celebration* gründete. Seitdem haben auch andere Projektentwicklungsgesellschaften ähnliche Siedlungen für ein „themed living" gebaut (BEARDSLEY 1997, S. 79).

Celebration (Florida)

Bereits in den 1960er-Jahren hatte Walt Disney mit dem Projekt „EPCOT" (Experimental Prototype Community of Tomorrow) Planungen für eine *Modellstadt der Zukunft* entwickelt. EPCOT sollte zunächst als Siedlung für die Beschäftigten der damaligen „Disney World" (Florida) fungieren und später - durch den Bau weiterer Wohn- und Gewerbeviertel - eine funktionsfähige Stadt mit 20.000 Einwohnern werden. Zu den Grundprinzipien zählten dabei zum einen *technische Innovationen* (z. B. eine Monorailbahn für den Nahverkehr) und zum anderen eine *umfassende soziale Kontrolle der Bewohner*. Da die Stadt als privatwirtschaftliches Unternehmen organisiert werden sollte, wäre die „Walt Disney Company" für alle Bereiche des Gemeinwesen zuständig gewesen - von der Vermietung der Wohnungen und

---

[454] vgl. SCHÖNAU, B. (2007): Das verkaufte Dorf. - In: Die Zeit, 07. Juni; TUI kauft komplettes Dorf (www.n-tv.de/804177.html); www.alt.engelvoelkers.com/castelfalfi-toskana vom 15. Juli 2008

Geschäfte über die Einstellung von Arbeitskräften bis hin zur Verwaltung von Schulen und Kultureinrichtungen (vgl. ROOST 2000, S. 72-77).[455]

Nach dem Tod Walt Disneys im Jahr 1966 wurden diese Pläne zunächst nicht weiter verfolgt; an die umfassende städtebauliche Vision erinnert nur noch der gleichnamige *Themenpark „Epcot"* in Orlando, der mit seinen Länder- und Firmenpavillons den Charakter einer dauerhaften Weltausstellung hat. Allerdings wurde die Grundidee, eine neue thematisierte Idealstadt zu schaffen, in den 1990er-Jahren von der „Walt Disney Company" wieder aufgenommen. Dabei konnte sie einerseits auf die *Planungserfahrungen in den konzerneigenen Themenparks* zurückgreifen und andererseits auf die *Kompetenzen als Projektentwicklungsgesellschaft*, da das Unternehmen in Florida bereits zahlreiche konventionelle *gated communities* errichtet hatte.

Im Gegensatz zu den üblichen *suburbs* wurde Celebration (engl. für Fest, Feierlichkeit) nicht als autogerechte Siedlung mit einheitlichen Einfamilienhäusern auf großen Grundstücken errichtet, sondern im *Stil einer traditionellen amerikanischen Kleinstadt* - mit einem dicht bebauten Ortskern, einer Hauptstraße mit breiten Bürgersteigen und einer abwechslungsreich gestalteten Architektur (vgl. ROOST 2000, S. 79-83). Der Masterplan war damit den Prinzipien des *new urbanism* verpflichtet. Diese US-amerikanische Architekturbewegung setzt sich seit den 1980er-Jahren kritisch mit dem *urban sprawl* und seinen negativen Folgen auseinander (Flächenwachstum, Ressourcenverbrauch, Anonymität etc.); stattdessen propagiert sie kleinstädtische Siedlungsstrukturen - mit kurzen, fußläufigen Wegen und engen nachbarschaftlichen Beziehungen (vgl. DAY 2003, S. 84-85).[456]

Wie die ursprünglichen „EPCOT"-Planungen basiert auch das Konzept für Celebration auf einer *Mischung aus konservativen Wertvorstellungen und technologischen Fortschrittsideen*; dazu gehören u. a. (vgl. ROOST 2000, S. 67-92):[457]

- *Anspruchsvolle Architektur*: Für die Erstellung des Masterplans und die Entwürfe der öffentlichen Gebäude waren international bekannte Architekten verantwortlich - z. B. Robert A. M. Stern, Jacquelin T. Robertson, Robert Venturi, Denise Scott Brown, Philip Johnson. Die Wohnhäuser wurden in einem historisierenden und romantisierenden Architekturstil errichtet, der sich an Vorbildern aus Südstaaten-Städten wie Charleston oder Savannah orientiert. In vier Preiskategorien (von „Townhouses" bis „Estate Homes") wurden den Kaufinteressenten

---

[455] In der Modellstadt sollten z. B. detaillierte Verhaltensregeln für die Bewohner gelten; neben der Haustierhaltung und dem übermäßigen Alkoholkonsum sollten auch außereheliche Lebensgemeinschaften verboten sein.

[456] Aus Sicht von Kritikern handelt es sich bei dem *new urbanism* allerdings um eine „myopic form of nostalgia" (SAAB 2007, S. 191; vgl. auch MARSHALL 2003).

[457] vgl. LUEKEN, V. (1997): Idylle vom Reißbrett. - In: FAZ, 19. April; JACOBS, L. (1997): Disneys Denker entwerfen das digitale Amerika. - In: Die Zeit, 10. Oktober

sechs unterschiedliche Haustypen angeboten, die nach einem Baukastensystem individuell gestaltet werden konnten (vgl. Abb. 81).[458] Aufgrund des hohen Qualitätsniveaus der Siedlung lagen die Preise für die Häuser um ca. 20-30 % über den Marktpreisen für vergleichbare Immobilien in der Region Orlando (vgl. PHILLIPS 1997, S. 26).

- *Gute Schulausbildung*: Angesichts der desolaten Lage der öffentlichen Schulen in den USA legte die „Walt Disney Company" großen Wert auf ein innovatives und hochwertiges Bildungsangebot. In Kooperation mit anerkannten Pädagogen wurden dazu neuartige Unterrichtsformen entwickelt (Lerngruppen, Teamarbeit etc.); außerdem spiegelt sich dieser Anspruch in der Gestaltung des Schulgebäudes wider - z. B. in Form von Gemeinschaftsräumen bzw. Kaminecken zur Entspannung (vgl. ROOST 2000, S. 89).[459]

- *Gesicherte medizinische Versorgung*: Mit „Celebration Health" verfügt die Stadt über ein eigenes Gesundheitszentrum, das neben einem Krankenhaus und einer Unfallklinik auch Arzt- und Zahnarztpraxen sowie ein Fitness-Center umfasst (vgl. MYCEK 1995, S. 6-7). Darüber hinaus kooperiert die „Celebration Company" mit dem Krankenhaus-Konzern „Adventist Health System" und dem Pharma-Unternehmen „Astra Merck" bei der Entwicklung eines umfangreichen Vorsorgeprogramms, mit dem die Bewohner auf eine *„fürsorgliche und zugleich autoritäre Weise"* zu einer gesunden, aktiven Lebensweise aktiviert werden sollen (vgl. ROOST 2000, S. 90).

- *Moderne Technologie*: In Zusammenarbeit mit dem „AT & T"-Konzern wurde für Celebration ein modernes Telekommunikationsnetz entwickelt, mit dessen Hilfe das Gemeinschaftsgefühl innerhalb der Stadt gefördert werden soll. So sind alle Wohnungen, Arbeitsplätze, Schulen, öffentlichen Einrichtungen, Geschäfte und Restaurants durch ein eigenes Glasfasernetz online miteinander verbunden. Mit der Nutzung verpflichten sich die Einwohner aber dazu, dass sämtliche Daten von der „Celebration Company" gespeichert und für interne Zwecke genutzt werden können (vgl. KERSTING 2002, S. 29).

---

[458] Allerdings unterliegt auch die persönliche Gestaltung der Fenster, Dächer, Gauben etc. präzisen Vorgaben der „Celebration Company", die in einem speziellen *pattern book* festgelegt sind (vgl. DUNLOP 1996, S. 193; KNACK 1996, S. 11).

[459] Für die „Celebration Company" wurde dieses progressive pädagogische Konzept allerdings zu einer „painful lesson" (KROLOFF 1997, S. 116). Behördliche Auflagen, eine unzureichende Bezahlung der Lehrer und Proteste konservativer Eltern hatte zur Folge, dass es nicht konsequent umgesetzt werden konnte. Aufgrund des Konflikts um die Schule verkauften mehrere Familien ihre Häuser in Celebration und verließen die Stadt (vgl. SHEARMUR 2002, S. 21).

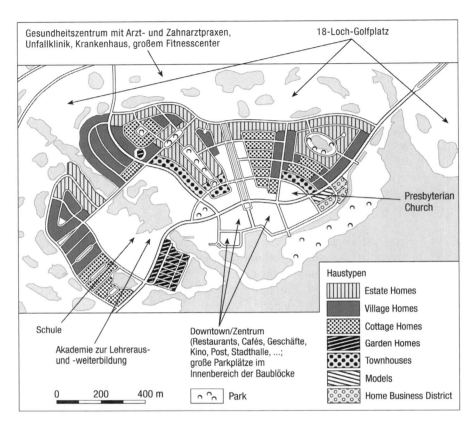

*Abb. 81: In den USA beschränkt sich die Thematisierung längst nicht mehr auf den Frei-
zeitbereich, sondern hat sich längst auch auf alltägliche Lebenswelten ausgedehnt. Zu den
Vorreitern dieser Entwicklung zählt die „Disney-Company", die im Jahr 1996 in Florida
die Stadt Celebration gründete (Quelle: Eigene Darstellung nach Angaben in KERSTING
2002, S. 30).*

- *Sicheres Leben in einer funktionierenden Gemeinschaft*: Eine zentrale Bedeutung innerhalb des städtebaulichen Konzepts nimmt schließlich der *community*-
Gedanke ein.[460] Im Gegensatz zu den üblichen *suburbs*, in denen die Menschen
häufig ohne Kontakte zu ihren Nachbarn leben, werden die Einwohner von Celebration durch zahlreiche Maßnahmen dazu animiert, eine Gemeinschaft zu bilden. Neben der digitalen Vernetzung sorgt z. B. die *„Celebration Foundation"*
dafür, dass regelmäßig Events, Wohltätigkeitsveranstaltungen und Anwohner-
Partys stattfinden, bei denen sich die Nachbarn kennenlernen können.[461] Außerdem gibt es in der Stadt zwei Zeitungen, von denen eine - die monatlich erschei-

---

[460] SPRIGINGS/ALLEN (2005) setzen sich am Beispiel von Großbritannien kritisch mit der
stadtplanerischen Zielsetzung auseinander, in mobilen, global orientierten Gesellschaften (*„beyond-place societies"*) eine neue Form von *community* zu schaffen
[461] vgl. Heile Welt garantiert. - In: Focus, 09. Februar 1998, S. 79-82

nende *Celebration News* - von der „Celebration Company" herausgegeben wird
(vgl. SHEARMUR 2002, S. 21-22). Zu den Sicherheitsaspekten der Stadt gehört
auch die - im Vergleich zu anderen *suburbs* - *niedrige Kriminalitäsrate*.

Das Konzept von Celebration löste bei den US-Amerikanern *große Begeisterung*
aus:[462] Als im Jahr 1996 die ersten 470 Wohneinheiten zum Verkauf standen,
lagen nahezu 5.000 Bewerbungen von Interessenten vor, so dass die Kaufoptionen
medienwirksam verlost werden mussten (vgl. KNACK 1996, S. 10). Zunächst verzeichnete Celebration 2.000 Einwohner, diese Zahl stieg auf 5.000 (2002) und
weiter auf 9.500 (2007); in der Ausbauphase sollen *20.000 Menschen* in der Stadt
leben (vgl. SHEARMUR 2002, S. 19; MACDONALD 2007, S. 44).

Gleichzeitig stieß das Konzept der „Walt Disney Company" allerdings auch auf
deutliche Kritik, die sich sowohl auf die *architektonische und stadtplanerische Ge-*
staltung als auch auf den *privatwirtschaftlichen Charakter* von Celebration bezog:

- Aus Sicht von *Architekten* und *Stadtplanern* handelt es sich bei der Modellstadt
  um ein „keimfreie(s) Vorkriegsidyll vom Reißbrett"[463], die „Vision einer ideali-
  sierten Vergangenheit"[464] bzw. die „Wiedergeburt der Idealstadt aus dem Geist
  der Kulissenarchitektur".[465] Tatsächlich hat es diesen Typ einer amerikanischen
  Kleinstadt mit ihrer anheimelnden Schönheit, ihrer gemütlichen Atmosphäre und
  ihren harmonischen nachbarschaftlichen Beziehungen nie gegeben. Sie erweist
  sich vielmehr als ein *verdichtetes Konglomerat medial vermittelter Mythen*, die
  ursprünglich aus der amerikanischen Literatur und Malerei stammen (z. B. den
  Gemälden von Norman Rockwell) und später von Walt Disney in den Themenparks klischeeartig inszeniert wurden. Den potentiellen Celebration-Kunden ist
  aber nur dieses reproduzierte Idealbild einer *hometown* mit ihrer *main street* vertraut, da sie überwiegend in austauschbaren *suburbs* aufgewachsen sind und nie
  die urbanen Qualitäten einer älteren amerikanischen Stadt kennengelernt haben
  (vgl. ROOST 1998a, S. 329; PHILIPS 2002, S. 39). Darüber hinaus wird die neu
  gegründete Siedlung den Ansprüchen des *new urbanism* nicht gerecht, da es sich
  trotz des andersartigen Konzepts um eine weitere autogerechte Siedlung handelt,
  die zur Zersiedlung der Landschaft und zur Steigerung des Verkehrsaufkommens
  beiträgt - auch innerhalb des Ortes, denn Celebration verfügt nicht über ein eigenes ÖPNV-System (vgl. PHILLIPS 1997, S. 25; ROOST 1998a, S. 320).

---

[462] Diese hohe Akzeptanz ist sicherlich auch auf begleitende Marketingmaßnahmen der
„Walt Disney Company" zurückzuführen. So werden im Vorspann der beliebten TV-
Serie „Home Improvements" („Hör mal, wer da hämmert") kurz - und für den Zu-
schauer kaum wahrnehmbar - architektonische Elemente der unterschiedlichen Haustypen eingeblendet. KERSTING (2002, S. 29) betrachtet Celebration deshalb als „eines der
ersten medial inszenierten Stadtplanungsvorhaben."

[463] vgl. SCHÄFER, J. (1996): Wohnen wie bei Mickymaus: Die Disney-Stadt (www.zeit.de/
1996/31/disney.txt.19960726.xml? vom 27. Juli 2008)

[464] vgl. LUEKEN, V. (1997): Idylle vom Reißbrett. - In: Die Zeit, 19. April

[465] vgl. MAAK, N. (1999): Jenseits von Entenhausen. - In: Süddtsch. Ztg., 16./17. Januar

- Außerdem wird der privatwirtschaftliche Charakter der Stadt kritisiert, durch den die demokratischen Mitbestimmungsrechte eingeschränkt werden und außerdem die *soziale Segregation* verstärkt wird. So hat das hohe Preisniveau der Immobilien dazu geführt, dass überwiegend weiße Mittel- und Oberschichtangehörige in Celebration leben (vgl. FRANTZ/COLLINS 2000, S. 216-219). Deren Zusammenleben wird von der „Celebration Company" durch *zahlreiche Verhaltensregeln* bestimmt, an die sich alle Bewohner zu halten haben - von der Farbgestaltung der Vorhänge über die Auswahl der Pflanzen in den Vorgärten und die Häufigkeit des Rasenmähens bis hin zum Abstellen von Bootsanhängern (vgl. BEARDSLEY 1997, S. 93)[466] Gleichzeitig verfügen die Bewohner über *keine Möglichkeit einer kommunalpolitischen Mitbestimmung*. So ist die eindrucksvolle „Town Hall" auch nicht der Sitz der kommunalen Verwaltung und Versammlungsort des Stadtparlaments, sondern nur eine Veranstaltungshalle (vgl. KROLOFF 1997, S. 114). Auf diese Weise scheinen die Einwohner nur *Komparsen* in einem Ort zu sein, „den sie nicht aufgebaut haben und der sie einzig dazu braucht, um seinen größten Ehrgeiz zu erfüllen: auszusehen wie die ideale Stadt."[467]

Allerdings greift diese Kritik teilweise zu kurz; sie muss in zweierlei Hinsicht *relativiert* werden

- Auch in anderen US-amerikanischen Siedlungen, die von Projektentwicklungsgesellschaften konzipiert werden, gibt es *Verhaltensregeln*, die teilweise sogar strikter sind als in Celebration. Sie werden jedoch von den Bürgern (und nicht von einem Unternehmen wie der „Walt Disney Company") beschlossen, kontrolliert und gegebenenfalls auch modifiziert. Schätzungen zufolge leben bereits mehr als 17 % der Amerikaner in privaten Siedlungen mit einem derartigen Regelwerk (vgl. SHEARMUR 2002, S. 21).

- Speziell in der Kritik an der romantisierenden Architektur von Celebration schwingt auch eine „Prise pauschaler Anti-Amerikanismus, Anti-Popkultur und Familienfeindlichkeit" mit (BODENSCHATZ 2008, S. 140), denn in der großen Popularität (angeblich) historisch gestalteter Gebäude kommt indirekt auch die *Unzufriedenheit mit der zeitgenössischen Architektur* zum Ausdruck, die oftmals als rational, kühl und abweisend empfunden wird. In einer globalisierten und unübersichtlichen Welt gibt es bei den Konsumenten offensichtlich eine Sehnsucht nach Identifikationsorten, nach Gebäuden mit einer menschlichen, vertrauten Formensprache und nach einem Gemeinschaftsgefühl.

Seit ihrer Gründung ist die Stadt, deren Konzept auf den Prinzipien von Themenparks - also Freizeit- und Tourismuseinrichtungen - basiert, selbst zu einer *touristischen Attraktion* geworden:

---

[466] vgl. It's a small town, after all. - In: Economist, (1995), 337/7942, S. 27-28
[467] LUEKEN, V. (1997): Idylle vom Reißbrett. - In: FAZ, 19. April

- Bereits während der Erschließung des Geländes fand ein *Baustellentourismus* statt: In dem kleinen *preview center* informierten sich monatlich mehr als 10.000 Besucher über die Planungen (vgl. ROOST 2000, S. 86).

- Celebration ist keine typische *gated community* - mit hohen Sicherheitszäunen und einem kontrollierten Zugang. Mit Ausnahme eines Parks, zu dem nur die Bewohner Zugang haben, handelt es sich um eine *offene Stadt*, die auch von Touristen besucht werden kann.[468] Das Hotel, die Geschäfte und der Golfplatz sind sogar auf die externen Nachfrageeffekte angewiesen (vgl. SHEARMUR 2002, S. 22).

- Über den *Umfang der touristischen Nachfrage* liegen keine veröffentlichten Daten vor, doch bereits im Jahr 1996 wurde eine spezielle Broschüre für diese Zielgruppe veröffentlicht - die „Architectural Walking Tour", in der Informationen zu den einzelnen öffentlichen Gebäuden gegeben werden (vgl. Celebration Company 1996).

Die große Popularität und der wirtschaftliche Erfolg von Celebration hatten zur Folge, dass die Stadt zu einem *Vorbild für Projektentwickler und Stadtplaner* beim Bau *weiterer thematisierter Siedlungen* geworden ist.

Weitere Beispiele thematisierter Siedlungen in den USA und in Europa

Der *Trend zum Bau thematisierter Siedlungen* war bislang vor allem in den USA zu beobachten, doch in jüngerer Zeit gibt es auch in Europa Beispiele für nostalgische Siedlungen, deren Planung auf den Prinzipien des *new urbanism* basiert:

- So bietet z. B. die *„Taylor Woodrow Company"* in Kalifornien Siedlungen zum Verkauf an, deren Name Programm ist. Ortsbezeichnungen wie „Traditions", „Old Town", „Tranquillity" etc. signalisieren dabei die jeweilige thematische Ausrichtung.[469] Für jede Neubausiedlung wird darüber hinaus eine spezielle Story formuliert, die den Hauskäufern einen spezifischen Lebensstil und eine (real nicht vorhandene) Geschichte des Ortes vermitteln soll.[470]

---

[468] Aufgrund der Lage konnten die Stadtplaner auf die üblichen Sicherheitsvorkehrungen verzichten. Celebration ist von einem See, einem dichten Vegetationsgürtel sowie Golfplätzen umgeben, die nachts beleuchtet werden. Da nur zwei Straßen in die Stadt führen, lässt sich außerdem der Zugangsverkehr einfach kontrollieren (vgl. KERSTING 2002, S. 29).

[469] vgl. www.taylorwoodrowna.com vom 27. Dezember 2007

[470] In der neu gegründeten Stadt „The Villages" (Florida) wurden an einigen Häusern sogar Gedenktafeln angebracht (im Stil der offiziellen *historical marker*); auf ihnen wird die Lebensgeschichte (fiktiver) Bewohner erzählt (vgl. BARTLING 2006, S. 391-392).

- In Florida entsteht gegenwärtig auf einer Fläche von 5.000 ha die neue *Universitätsstadt Ave Maria*, in der später einmal 25.000 strenggläubige Katholiken leben sollen. Als architektonisches Symbol dieser „katholische(n) Kunstwelt für erzkonservative Familien"[471] dient eine große Kathedrale, um die sich Wohnviertel, Geschäfte und ein großer Campus gruppieren.[472]

- Ein besonders skurriles Beispiel ist die Neubausiedlung „*The Village - A Thomas Kinkade Community*", die im Jahr 2001 nördlich von San Francisco gebaut wurde. Sie orientiert sich in ihrer architektonischen Gestaltung an den „historisierenden Phantasien"[473] des US-amerikanischen Künstlers Thomas Kinkade. Bevorzugte Sujets dieses Malers, der sich selbst als „Painter of Light" bezeichnet, sind idyllische Dörfer mit reetgedeckten Cottages, üppigen Blumengärten und ruhigen Dorfstraßen (vgl. ISENBERG 2008, S. 155-156). Nach seinen Entwürfen wird in den nächsten Jahren eine ähnliche thematisierte *gated community* in Columbia (Missouri) entstehen.[474]

- In *Großbritannien* hat der britische Thronfolger Prince Charles bereits im Jahr 1996 - in Zusammenarbeit mit dem Architekten Rob Krier - den Masterplan für den Stadtteil *Poundbury* in Dorchester entworfen, in dem einmal 5.000 Menschen leben sollen. Mit seiner (angeblich) traditionellen Architektur und seinem kleinstädtischen Leben in einer überschaubaren Gemeinschaft wirkt der Ort wie ein europäisches Zitat der „Disney"-Planungen für Celebration (bis hin zu einem speziellen *pattern book*, in dem architektonische Details festgelegt werden). Als Innovation erweist sich dabei die nachhaltige Bauweise mit Solaranlagen, Wärmeisolierung, Begrünung der Dächer etc.; sie ist auch für die *Ökostadt Sherford* geplant, die bis zum Jahr 2020 an der Küste von Devon errichtet werden soll.[475]

Diese aktuellen Entwicklungen geben deutliche Hinweise auf die Zukunft der Erlebnis- und Konsumwelten. Thematisierung und Erlebnisorientierung werden sich künftig nicht mehr auf einzelne Freizeit- und Konsumeinrichtungen beschränken, sondern alltägliche Wohn- und Arbeitswelten erfassen. Dabei wird sich der Trend zur *Entgrenzung von Lebensbereichen* fortsetzen, der sich in den Erlebnis- und Konsumwelten der Gegenwart bereits abzeichnet. In den thematisierten Quartieren der Zukunft werden sich nicht mehr nur die Versorgungs-, Unterhaltungs- und Urlaubsinteressen der Menschen materialisieren, sondern vor allem auch *umfassendere Lebensbedürfnisse* - nach Sicherheit, nach Gemeinschaft und nach Heimat.

---

[471] HORNIG, F.: In Gottes Namen. - In: Der Spiegel, 22. Dezember 2007
[472] vgl. www.heise.de/tp/r4/artikel/22/22187/1.html vom 27. Dezember 2007
[473] SITZLER, S.: Aus dem Rahmen gefallen. - In: Die Zeit, 29. September 2005
[474] vgl. www.buildingonline.com/news/viewnews.pl?id=5359 vom 27. Dezember 2007
[475] vgl. RÖTZER, F. (2008): Zurück in die Gartenstädte (www.heise.de/tp/r4/artikel/27/278 56/1.html vom 03. August 2008); www.poundbury.info vom 03. August 2008; www. princes-foundation.org vom 03. August 2008

Die Themenwelten fungieren jedoch nicht nur als Modelle für traditionelle Stadtteile und neu errichtete Siedlungen, sondern auch als *Vorbilder für Kultureinrichtungen, Städte und Tourismusdestinationen*; in den letzten Jahren ist weltweit eine zunehmende Thematisierung touristischer Angebote zu beobachten.

3.2 Die Thematisierung des Raumes: Marken, Themenrouten, Events und Kampagnen

> „Das Hochland ist auch so eine Vorstellung. Viele Menschen waren noch nie in einem Hochland, aber sie verbinden damit sofort saubere Luft, kraftvolle Menschen - eine Art von Assoziation, die eine regionale Herkunft von Produkten ermöglicht."
> MARGREITER (2001, S. 31)

> „Every themed environment stands at the intersection of enjoyable personal experience and corporate profit making."
> GOTTDIENER (2001, S. 167)

Für die touristischen Anbieter hat sich die Wettbewerbssituation seit den 1990er-Jahren erheblich verschärft, da die Themenwelten mit ihrem Mix aus Freizeit- und Kulturattraktionen, Shops, Restaurants etc. *attraktive Substitutionsprodukte* für die traditionellen Angebote darstellen - speziell im Kurzurlaubsreisemarkt (vgl. STEINECKE 2002a).

Angesichts dieser neuartigen Konkurrenz standen die öffentlichen Akteure vor *mehreren Herausforderungen*, auf die sie mit *unterschiedlichen Wettbewerbsstrategien* reagiert haben:

- Um im gesättigten Freizeit- und Tourismusmarkt weiterhin als attraktive Ausflugs- und Reiseziele wahrgenommen zu werden, müssen sie ein *klares, zielgruppengerechtes Profil* aufweisen. Als erfolgreiche Möglichkeit der Profilierung hat sich dabei die *Markenbildung* mit Hilfe von Bild- und Textmarken erwiesen, die den Kunden aus der Konsumgüterindustrie hinlänglich bekannt ist ($\rightarrow$ 3.2.1).

- Wie die Themenwelten müssen auch die Destinationen über ein *multifunktionales Angebot „aus einer Hand"* verfügen, über das sich die Nachfrager schnell informieren können und das ohne Aufwand zu buchen ist (*convenience*). Im Rahmen einer *Vernetzungsstrategie* haben z. B. zahlreiche Städte ihre Attraktionen in Form von *City* bzw. *Destination Cards* gebündelt, mit deren Erwerb die Besucher reduzierte Eintritte in Freizeit- und Kultureinrichtungen erhalten (z. B. „Berlin Welcome Card", „Bodensee-Erlebniskarte").

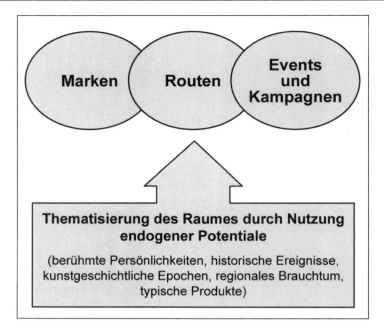

Abb. 82: Durch den Boom der kommerziellen Themenwelten hat sich die Wettbewerbssituation für die öffentlichen Akteure im Tourismusmarkt seit den 1990er-Jahren erheblich verschärft. In dieser Situation verfolgen immer mehr Kultureinrichtungen und Destinationen inzwischen eine Thematisierungsstrategie, bei der sie ihr endogenes Potenzial in Form einer Markenbildung sowie mit Hilfe von Themenrouten, Events und Kampagnen touristisch nutzen.

Eine weitere Form der Vernetzung sind *Themenrouten* - ausgeschilderte *self-guided tours* zu einzelnen Attraktionen, an denen die Gäste Informationen zu einem Thema mit regionalem Bezug erhalten (→ 3.2.2).[476]

- Schließlich verstehen sich immer mehr Kultureinrichtungen und Destinationen als *Bühnen*, auf denen regelmäßig neue Produktionen inszeniert werden, um das anspruchsvolle und erlebnisorientierte Publikum zu einem Wiederholungsbesuch zu animieren (in den Themenwelten finden dazu regelmäßig Werbe- und Verkaufsaktionen, Shows etc. statt und das Angebot wird ständig um neue Attraktionen erweitert).[477] Zu den Produktionen der öffentlichen Akteure zählen u. a. *Sonderausstellungen, Festspiele, Events sowie Kampagnen* - wie z. B. die Ausstellung des New Yorker „Museum of Modern Art" in Berlin im Jahr 2004, die

---

[476] Zu den Vernetzungsstrategien zählen auch *organisatorische Zusammenschlüsse*, bei denen Museen und Städte unter einem Dachthema kooperieren - z. B. „Museumsverbund Südniedersachsen", „Schlesisch-Oberlausitzer Museumsverbund", „Magic Cities", „Historic Highlights of Germany" (vgl. STEINECKE 2007, S. 32-33, 231).

[477] So werden Museen, Schlösser, Gärten etc. zunehmend als *locations* für Events genutzt (vgl. STEINECKE 2007, S. 81, 101; MEIGHÖRNER 2000, S. 256).

„Richard-Wagner-Festspiele" in Bayreuth oder die Aktion „Europäische Kultur-hauptstadt" in wechselnden europäischen Städten (→ 3.2.3).

Markenbildung, Themenrouten sowie Events und Kampagnen - diese Wettbe-werbsstrategien basieren jeweils auf der Grundlage einer *durchgängigen Themati-sierung des Angebots*. Die touristischen Akteure orientieren sich dabei direkt am Vorbild der erfolgreichen Themenwelten, indem sie eigene Themen entwickeln und in marktfähige Produkte umsetzen (vgl. Abb. 82).

Im Gegensatz zum Themenrepertoire der kommerziellen Konkurrenten, das vor-wiegend aus exotischen Themen und medial vermittelten modernen Mythen be-steht, können Städte und Destinationen jedoch auf ihr *endogenes, authentisches Potenzial* zurückgreifen - speziell auf materielle und immaterielle Elemente der Hoch- und Alltagskultur. Das *Spektrum möglicher Themen* ist nahezu unbegrenzt: Es reicht von herausragenden Persönlichkeiten über historische Ereignisse und kunstgeschichtliche Epochen bis hin zum regionalen Brauchtum und zu typischen Produkten.

3.2.1   Markenbildung von Tourismusdestinationen

„Es gibt von allem viel zuviel. Wir wollen nicht mehr vom selben, sondern etwas anderes" (BOSSHART 1995, S. 4) - diese einfache Beschreibung des Konsumgü-termarktes trifft seit den 1990er-Jahren auch auf die Freizeit- und Tourismusbran-che zu. Angesichts des breiten und unübersichtlichen Angebots sind die Nachfra-ger tendenziell verunsichert. Vor diesem Hintergrund entsteht der Wunsch nach *Markttransparenz, Produktsicherheit* und *Reduktion von Komplexität*, aber vor allem auch nach einer *„Erlebnisgesamtheit"* (HAEDRICH/TOMCZAK 1988, S. 35).

In dieser Situation werden nur noch *die* Akteure wahrgenommen, die den Konsu-menten ein *neuartiges, emotional aufgeladenes Produktversprechen* machen und eine *solide Leistung zu einem angemessenen Preis* bieten können. Diese Funktion können Markenprodukte übernehmen: Sie signalisieren den Nachfragern einen klaren Nutzen, bieten eine gute Orientierung und können sogar zu „bedeutenden Sinnstiftern im Leben der Menschen"[478] werden. Der große Erfolg von Themen-welten, Hotelketten, Schnellrestaurants etc. basiert nicht zuletzt auf der Fähigkeit, den Kunden diese Entscheidungs- und Kaufhilfe, aber auch diesen *emotionalen Zusatznutzen* zu bieten: Ihre Leistung ist einerseits effizient, prognostizierbar, berechenbar und kontrollierbar (vgl. RITZER 2006), hat aber andererseits auch einen mythischen Kultcharakter (vgl. HORX/WIPPERMANN 1995).

Während das *branding* bei Hotel- und Luftverkehrsgesellschaften sowie bei Reise-veranstaltern zum unternehmerischen Standard zählt, steckt die Entwicklung *re-*

---

[478] DINGLER, R. (1997): Warum der Cowboy reitet und reitet. - In: FVW, 22, S. 112

gionaler Dachmarken bislang noch in den Anfängen (vgl. STEINECKE 2001a, S. 10-12). Generell besteht sie aus einem Bündel an unterschiedlichen Maßnahmen; dazu zählen u. a.:

- die *Entwicklung einer rechtlich geschützten Bild- und Textmarke*, die nur gegen Zahlung einer Lizenzgebühr verwendet werden darf;
- die *Durchführung publikumswirksamer Events*, um den Bekanntheitsgrad der Marke zu steigern;
- die *Bildung von Allianzen mit Partnern aus anderen Wirtschaftsbereichen*, um die regionalwirtschaftlichen Effekte zu erhöhen;
- die *Schaffung von Merchandising-Produkten*, um die Wertschöpfung der Marke zu steigern.

Grundsätzlich lassen sich zwei Strategien der Markenbildung von Destinationen unterscheiden - die *Nutzung traditioneller Landschaftsnamen* und die *Entwicklung neuer thematischer Dachmarken*.

Nutzung traditioneller Landschaftsnamen zur Markenbildung

Die *mental map* der Nachfrager besteht aus großflächigen Natur- bzw. Kulturräumen, mit denen jeweils ein spezifischer Urlaubsnutzen assoziiert wird; dabei handelt es sich um einen vagen Mix aus Bildern, Klischees, Emotionen und Einstellungen. Traditionelle Regionsbezeichnungen wie Eifel, Bodensee, Harz etc. sind den Konsumenten bereits vertraut - z. B. aus dem Schulunterricht, aus Medienberichten sowie aus Erzählungen von Freunden und Bekannten (vgl. STEINECKE 2003, S. 6-7). Die Mehrzahl der Destinationen greift deshalb bei der Markenbildung auf diese *historisch vorgegebenen, authentischen Landschaftsnamen* zurück, wie zwei Beispiele aus Österreich und Deutschland zeigen:

- Zu den Vorreitern eines entsprechenden *branding* gehört das *österreichische Bundesland Tirol*, das bereits seit 1974 über ein eigenes Logo verfügt. Die Verwendung dieses Bild-/Schriftzeichens wird von einem eigenen Unternehmen - der „Marke Tirol Management GmbH" - mit Hilfe von Lizenz- und Sponsorvereinbarungen kontrolliert. Zahlreiche regionale Firmen nutzen dieses Logo im Rahmen ihrer Kommunikationspolitik - darunter international bekannte Unternehmen wie der Lodenhersteller „Giesswein", die Fluggesellschaft „Tyrolean Airways" oder der Kristallhersteller „Swarovski". Außerdem wird das Logo bei Sport- und Kulturevents in Österreich, aber auch in den wichtigen internationalen Quellmärkten eingesetzt, um für Tirol als Tourismusdestination zu werben (vgl. MARGREITER 2001, S. 32-34; 2002, S. 47-50).[479]

---

[479] Seit 2003 verfolgt z. B. auch die Destination Südtirol (Italien) eine ähnliche Strategie. Im Mittelpunkt der Markenbildung steht dabei das gemeinsame Marketing für touristi-

Abb. 83: In Deutschland gehört der „Rothaarsteig" zu den Vorreitern einer Markenbildung von Destinationen. Das Logo wird nicht nur zur Ausschilderung des Wanderwegs benutzt, sondern findet sich auch auf themenspezifischen Merchandising-Produkten wie Wandersocken, Rucksäcken etc.[480]

- Im Jahr 2001 wurde im Sauerland die *regionale Dachmarke „Rothaarsteig - der Weg der Sinne"* kreiert - als innovativer Begriff für einen 154 km langen Wanderweg, der von Brilon (Nordrhein-Westfalen) über den Höhenkamm des Rothaargebirges nach Dillenburg (Hessen) führt. In dem markanten Logo wird die geschwungene Landschaftssilhouette des Mittelgebirges symbolisch dargestellt (vgl. Abb. 83). Neben einer einheitlichen Ausschilderung verfügt der Weg über neuartige Sitz- und Ruhebänke, Kunstobjekte und Erlebnisstationen. Zu den *Merchandising-Produkten* gehören Wandersocken, Rucksäcke, Lebensmittel etc., die mit dem Logo versehen sind und auch über einen Online-Shop vertrieben werden. Um ein einheitliches Angebotsniveau sicherzustellen, wurde ein spezielles *Gütesiegel für Unterkunftsbetriebe* entwickelt („Qualitätsbetrieb Rothaarsteig"). Zu den Partnern des Projekts zählen die „Volksbanken", die Brauerei „Veltins" und der Outdoor-Ausstatter „Tatonka".[481]

Entwicklung neuer thematischer Dachmarken

Eine regionale Markenbildung findet jedoch nicht nur auf der Grundlage traditioneller Landschaftsnamen statt, sondern zunehmend auch in Form thematischer Dachmarken. In den letzten Jahren sind in der Schweiz neuartige Destinationen geschaffen worden, deren Bezeichnung und Logo sich auf *berühmte (fiktive) Persönlichkeiten* bzw. *typische Produkte* beziehen:

---

sche Ziele und landwirtschaftliche Produkte wie Äpfel, Schinken, Wein etc. (vgl. www. provinz.bz.it/dachmarke/brand/project_milestones_de.html vom 08. August 2008).

[480] Die Wiedergabe des Logos erfolgt mit freundlicher Genehmigung des „Rothaarsteig Verein e. V." vom 15. August 2008.

[481] vgl. www.rothaarsteig.de vom 10. August 2008

Abb. 84: Die ostschweizerische Destination „Heidiland" nutzt die große internationale Popularität der „Heidi"-Romane von Johanna Spyri (die in dieser Bergregion spielen), um ein emotional besetztes Alleinstellungsmerkmal zu schaffen. In der Kommunikations- und Produktpolitik wird dabei das „Heidi"-Thema als Leitmotiv verwendet - vom „Original Heidi-Haus"über das „Heidi"-Musical bis hin zum „Heidi-Erlebnisweg".[482]

- Seit 1997 positionieren sich die ostschweizerischen Regionen Sarganserland, Walensee und Wartau unter der Dachmarke *„Heidiland"*. Die Bergwelt ist Schauplatz der „Heidi"-Romane von Johanna Spyri (1827-1901), die weltweit in 50 Sprachen übersetzt worden sind und eine Auflagenhöhe von 50 Mio. Exemplaren erreicht haben. Einer marktpsychologischen Studie zufolge weist die fiktive „Heidi"-Figur einen ähnlich hohen Bekanntheitsgrad auf wie Boris Becker oder Coca Cola. Diese große internationale Popularität wird von der Destination dazu genutzt, ein emotional besetztes Alleinstellungsmerkmal zu schaffen.[483] In der Kommunikations- und Produktpolitik dient das „Heidi"-Thema dabei als Leitmotiv (vgl. Abb. 84). Auf den Spuren der Romanfiguren „Heidi", „Geissenpeter" und „Almöhi" können die Urlauber die Region erkunden - vom „Original Heidi-Haus" über das „Heidi-Musical" und den „Heidi-Erlebnisweg" bis hin zum „Geissentrekking".[484]

- Eine ähnliche *Thematisierungsstrategie* verfolgen zwei weitere schweizerische Regionen - allerdings nicht auf der Grundlage von literarischen Figuren, sondern von typischen Produkten: Im Jurabogen zwischen Genf und Basel haben zahlreiche renommierte Uhrmanufakturen ihren Standort. Auf der Basis dieses typischen endogenen Potenzials wurde im Jahr 2000 die Dachmarke *„Watch Valley*

[482] Die Wiedergabe des Photos erfolgt mit freundlicher Genehmigung der Geschäftsstelle der „Ferienregion Heidiland" vom 11. August 2008.
[483] vgl. www.heidiland.ch/de/press_news.cfm vom 10. August 2008
[484] vgl. GNAM, S. (1999): Wo beginnt das Heidiland? - In: FAZ, 21. Januar

- *das Land der Präzision"* kreiert. Zu den Attraktionen zählt u. a. eine 200 km lange „Uhrmacherstraße" mit 38 Stationen (Museen, Betriebe etc.).[485] Im Talkessel von Schyz haben 40 Einzelpersonen und Unternehmen im Jahr 2002 die *„Swiss Knife Valley AG"* gegründet, um diesen Wirtschafts- und Kulturraum touristisch intensiver zu vermarkten. In dieser Region produziert das Unternehmen „Victorinox" die weltbekannten Schweizer Offiziersmesser und Uhren; diese Produkte werden u. a. im Online-Shop der Organisation vertrieben.[486]

- In *Deutschland* befindet sich die thematische Markenbildung erst in den Anfängen. Im Jahr 2007 wurde von 150 Unternehmen in der Lüneburger Heide die Dachmarke *„Heide World"* geschaffen.[487] Mit dieser Inititative soll vor allem die touristische Attraktivität der Region verbessert werden, die nach Einschätzung lokaler Akteure bislang ein „Image wie Mottenkugeln" hat.[488] Außerdem wird ein effizienter Marktauftritt angestrebt - u. a. durch die Zusammenarbeit mit öffentlichen Tourismusorganisationen.

Im Gegensatz zu kommerziellen Themenwelten, die unter einem einheitlichen Management stehen und deshalb einfach zu positionieren sind, bestehen für Destinationen aber *spezifische Herausforderungen bei der Markenbildung* (vgl. STEINECKE 2001a, S. 13-14; 21-24):

- Zum einen sind hier die *internen Strukturprobleme des öffentlichen Tourismus* zu nennen. Dazu zählt u. a. das Kirchturmdenken der Akteure, die Abhängigkeit von politischen Entscheidungsträgern, die Vielzahl von Unternehmen sowie die fehlenden Kontroll- und Sanktionsmöglichkeiten für Tourismusorganisationen (vgl. BRYSCH 2001, S. 37-38). Vor diesem Hintergrund erweist es sich für Destinationen als relativ schwierig, einen breit akzeptierten Markennamen zu entwickeln sowie ein einheitliches Produkt- und Serviceniveau sicherzustellen.

- Zum anderen haben Touristen und Einheimische jeweils *unterschiedliche Raumwahrnehmungen*. Die Touristen sind auf der Suche nach dem Andersartigen und dem Typischen, das ihnen aus den Medien oder aus Erzählungen von Freunden und Bekannten vertraut ist. Ihre Sichtweise wird deshalb durch *nostalgische, klischeehafte und einfache Bilder* geprägt - nach denen z. B. das Reiseland Spanien vorrangig aus Stränden, Flamenco, Sangria und „Weißen Dörfern" zu bestehen scheint. Gleichzeitig versuchen die *Einheimischen* (speziell in ländlichen Gebieten), diese traditionellen Klischees zu überwinden, um am allgemeinen wirtschaftlichen und gesellschaftlichen Fortschritt teilzuhaben.

---

[485] vgl. www.watchvalley.ch/d/ueberuns vom 05. August 2008
[486] vgl. www.swissknifevalley.ch vom 05. August 2008
[487] vgl. WAHBA, R. (2007): Heide World hat Startprobleme. - In: Hamburger Abendblatt, 20. September
[488] vgl. www.landeszeitung.de/dokumente/interv20070810.pdf vom 10. August 2008

Vor diesem Hintergrund kommt es bei der (thematischen) Markenbildung von Destinationen häufig zu *Konflikten zwischen den Tourismusverantwortlichen und der einheimischen Bevölkerung*:

- Im Jahr 2001 versuchte z. B. der Kanton Graubünden, einen neuen Markenbegriff für die Region zu entwickeln. Der Vorschlag der beauftragten Werbeagentur - *„Bündner Land"* - erschien aus externer Marktsicht als sinnvoll, denn er ermöglichte Synergieeffekte zwischen Tourismus, Landwirtschaft und Einzelhandel (z. B. bei der Vermarktung des „Bündner Fleisches" und anderer „Bündner" Produkte im Rahmen touristischer Angebote). Bei der Bevölkerung des Kantons löste er hingegen einen Sturm der Entrüstung aus, da er im bisherigen Sprachgebrauch nicht existierte.[489]

- Noch dramatischer wird der Widerspruch zwischen der klischeeartigen Sichtweise der Touristen und dem Fortschrittswunsch der Einheimischen, wenn eine regionale Dachmarke in Form von *Events* umgesetzt werden soll. Es erweist sich als schwierig, die Einwohner einer Destination dauerhaft als aktiv Mitwirkende oder Statisten in einer regionalen Inszenierung zu gewinnen. Dieser Antagonismus kann nur durch eine ungewöhnlich hohe Professionalität (z. B. bei den „Passionsspielen" in Oberammergau) oder durch die Fähigkeit zur Selbstironie aufhoben werden (z. B. bei den Aufführungen des „Rattenfängers von Hameln").

Diese Beispiele zeigen, dass die kommerziellen Themenwelten - im Vergleich zu den öffentlichen Destinationen - über deutliche Wettbewerbsvorteile verfügen. In *klar abgegrenzten und einheitlich kontrollierten Räumen* lassen sich Themen sehr viel einfacher als in offenen Regionen inszenieren - z. B. durch Kulissenarchitektur, Licht- und Toneffekte sowie Mitarbeiter, die als *character* mit thematisch stimmigen Kostümen und Verhaltensweisen eingesetzt werden. Auf diese Weise können die klischeeartigen Erwartungen der Touristen ohne Illusionsbrüche erfüllt werden. In der fragmentierten baulichen und sozialen Realität der Destinationen ist es hingegen kaum möglich, eine perfekte Illusion zu schaffen.

Trotz dieser schwierigen Wettbewerbssituation sind die kommerziellen Themenwelten nicht nur bei der Markenbildung Vorbilder für die öffentlichen Freizeit-, Kultur- und Tourismusanbieter, sondern auch bei der Nutzung endogener Themen - z. B. in Form von *Themenrouten*.

3.2.2   Themenrouten

Das Goethehaus in Weimar, das Schlachtfeld von Waterloo oder die Zeche Zollverein XII in Essen - diese Beispiele zeigen, dass mit berühmten Persönlichkeiten, historischen Ereignissen und regionalen Besonderheiten immer auch *Gebäude,*

---

[489] vgl. FVW, 04. Mai 2001, S. 158

Relikte und Schauplätze verbunden sind. Aus Sicht der Tourismusverantwortlichen in den Destinationen handelt es sich um kulturtouristische Potenziale, die als Grundlage zur Entwicklung thematischer Produkte genutzt werden können.

Speziell die Geburtshäuser, Lebens- und Wirkungsstätten berühmter Künstler, Wissenschaftler und Personen der Zeitgeschichte verzeichnen als *solitäre Besucherattraktionen* hohe Besucherzahlen; als Beispiele sind u. a. zu nennen:

- das Geburtshaus von Ludwig van Beethoven in Bonn,
- das Geburtshaus von Wolfgang Amadeus Mozart in Salzburg (vgl. LUGER 1994),
- das Anne-Frank-Haus in Amsterdam,
- das Geburtshaus von Mao Zedong in Shaoshan (vgl. PAPE 2003),
- die Villa „Graceland" von Elvis Presley in Memphis (Tennessee).

In vielen Regionen gibt es aber kulturelle Attraktionen, die - für sich genommen - keine hinreichende thematische Alleinstellung am Markt möglich machen. In diesem Fall findet eine *Verknüpfung unterschiedlicher Einrichtungen in Form von Themenrouten* statt; diese Netzwerke weisen folgende Merkmale auf (vgl. HEY 1993, S. 213-214; Abb. 85):

- eine bestimmte *Thematik*, die in der Bezeichnung der Route genannt wird,
- einen *festgelegten Weg*, der auf unterschiedliche Weise zurückgelegt werden kann (zu Fuß bzw. mit Verkehrsmitteln),
- mehrere *Stationen*, an denen die Thematik durch unterschiedliche Medien vermittelt wird (Informationstafeln, Broschüren etc.),
- die Möglichkeit der *individuellen Nutzung (self-guided tour)* ohne zeitliche Einschränkungen und ohne Führungspersonal,
- eine *klare Routenführung* (Ausschilderung durch Wegweiser, Linien auf dem Bürgersteig etc.).

Hinsichtlich der räumlichen Erstreckung und inhaltlichen Gestaltung kann zwischen *thematischen Lehrpfaden (trails), Themenrouten* und *Ferienstraßen* unterschieden werden:

- *Lehrpfade (trails)* sind lokale Angebote - üblicherweise in Form von relativ kurzen Wander- bzw. Fahrradwegen. An einzelnen Stationen können sich die Besucher mit Hilfe von Tafeln, Broschüren bzw. elektronischen Medien über das Objekt informieren. Die Themen, die auf Lehrpfaden vermittelt werden, weisen ein breites Spektrum auf - z. B. „Women's Heritage Trail" in Boston, „Goethewanderweg" in Ilmenau, „Bergbauwanderweg Muttental" in Witten bzw. „Historischer Lehrpfad zum ehemaligen KZ-Außenlager Walldorf".

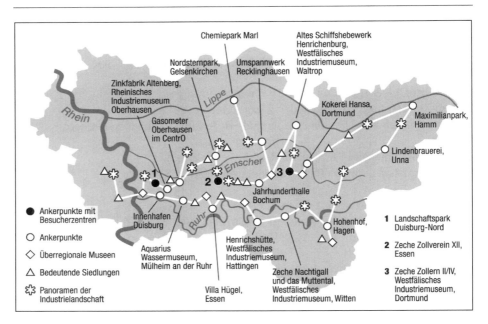

Abb. 85: Die „Route der Industriekultur" in Nordrhein-Westfalen ist ein Beispiel für eine Themenroute, bei der unterschiedliche Attraktionen unter einem Dachthema miteinander vernetzt werden - von Museen über Aussichtspunkte bis hin zu Arbeitersiedlungen (Quelle: Eigene Darstellung nach Angaben in www. route-industriekultur.de/primaer/karte.htm).

- Bei den *Themenrouten* handelt es sich um längere Pkw- oder Fahrradrouten (mit einer linearen bzw. netzartigen Streckenführung), die als regionale Angebote konzipiert werden. Sie weisen einen intensiven Bezug zur Region auf und bereiten das namensgebende Thema durchgängig sowie mit ausführlichen Informationen an zahlreichen Stationen auf (im Sinne eines *storytelling*). Außerdem machen sie das Thema für die Gäste in Form von Veranstaltungen, Führungen etc. erlebbar (vgl. MEYER-CECH 2003, S. 259).

- Die *Ferienstraßen* sind thematische Angebote, bei denen der Straßen-Charakter dominiert. Sie verfügen in der Mehrzahl nur über eine Beschilderung und bestimmte Sehenswürdigkeiten, aber nicht über informative und erlebnisorientierte Angebote. In den 1990er-Jahren gab es in Deutschland ca. 150 Ferienstraßen - z. B. die „Alte Salzstraße", die „Romantische Straße" oder die „Oberschwäbische Barockstraße" (vgl. ADAC 1996, S. 9; QUACK/STEINECKE 2003, S. 83-85; Abb. 86).

Bei der Einrichtung von Lehrpfaden (*trails*), Ferienstraßen und Themenrouten werden sowohl Elemente der Hochkultur als auch der Alltagskultur miteinander vernetzt - von klassischen Kulturdenkmälern über historische Schauplätze bis hin zu typischen landwirtschaftlichen Produkten. Als Beispiele sind u. a. zu nennen:[490]

- *Themenrouten zu berühmten Personen - z. B.:*
  - „Straße der Staufer" in Baden-Württemberg,
  - „Klassikerstraße" in Thüringen (vgl. EISENSTEIN/FINKBEINER 1994),
  - „Europäische Goethe-Straße".

- *Themenrouten zu (kunst)geschichtlichen Epochen - z. B.:*
  - „Straße der Römer an der Mosel" (vgl. STEINECKE/WACHOWIAK 1994),
  - „Straße der Romanik in Sachsen-Anhalt" (vgl. BECKER 2000; ANTZ 1994, 2003; MWA 2002),
  - „Europäische Route der Backsteingotik" (vgl. DV o. J.).

- *Themenrouten zu lokalen bzw. regionalen Besonderheiten - z. B.:*
  - „Käsestraße Bregenzerwald" (vgl. MEYER-CECH 2003),
  - „Route der Industriekultur" (vgl. EBERT 1999),
  - „Vorpommersche Dorfstraße",
  - „Fußball Route NRW".

Nach dem Vorbild der kommerziellen Themenwelten fungieren auch die öffentlichen Themenrouten als *neuartige Vertriebswege* und als *Bühnen für Events*:

- Speziell im ländlichen Raum bieten die Themenrouten den Akteuren die Möglichkeit, ihre Produkte *direkt zu vermarkten* (und damit höhere Preise zu erzielen). Die „Käsestraße Bregenzerwald" hat z. B. eine breite Palette an Produkten entwickelt, die nicht nur in den örtlichen Meiereien und auf den Bauernhöfen der Region verkauft werden, sondern auch über einen Online-Shop und in der Autobahnraststätte „Rosenberger" in Hohenems.[491]

- Darüber hinaus finden an den einzelnen Stationen regelmäßig *themenbezogene Events* statt. Im Ruhrgebiet wird z. B. jährlich die Veranstaltung „ExtraSchicht - die Mittsommernacht der Industrie" durchgeführt, die im Jahr 2008 mehr als 160.000 Besucher verzeichnete. Zu den 40 Schauplätzen der 120 Events zählten dabei auch Stationen der „Route der Industriekultur" - u. a. Zechen, Museen und Stahlwerke.[492]

---

[490] vgl. auch die Sammelbände von MAIER (1994) und SCHMUDE/TRONO (2003) zu regionalen Fallbeispielen in Deutschland, Italien, Portugal und Griechenland

[491] vgl. www.gsiberger.at/kaesestrasse vom 11. August; www.rosenberger.cc/htm_restaurants/hohenems.htm vom 11. August 2008

[492] vgl. www.extraschicht.de vom 11. August 2008

Abb. 86: Die „Oberschwäbische Barockstraße" - mit einer Putte als Logo - gehört zu den ca. 150 Ferienstraßen in Deutschland. Im Gegensatz zu den Themenrouten verfügen diese thematischen Angebote in der Mehrzahl nur über eine einheitliche Beschilderung und einzelne Attraktionen (z. B. die Klosterkirche Birnau am Bodensee), aber nicht über erlebnisorientierte Zusatzangebote.

Die Durchführung von Events ist jedoch nicht ausschließlich an Themenrouten gebunden; dieses Instrument wird von Kultureinrichtungen und Destinationen auch im Rahmen einer *generellen Thematisierungsstrategie* eingesetzt.

3.2.3   Events und Kampagnen

Seit den 1990er-Jahren hat in vielen Tourismusdestinationen eine *„Politik der Festivalisierung und die Festivalisierung der Politik"* (HÄUßERMANN/SIEBEL 1993, S. 7) stattgefunden.[493] Wie bei der thematischen Umgestaltung traditioneller Stadtquartiere handelt es sich häufig um thematische Großprojekte, die in Form von *public-private-partnerships* organisiert werden - also als Kooperationen zwischen öffentlichen Institutionen und privaten Unternehmen. Dabei werden vor allem die Innenstädte als Bühnen für neue Freizeit- und Kulturveranstaltungen genutzt.

Das Spektrum der Events reicht von Mega-Ausstellungen über Festspiele bis hin zu regionalen Kampagnen. Die Veranstaltungen konzentrieren sich auf einen beschränkten Zeitraum; durch diese bewusste Verknappung des Angebots wird die

---

[493] Nach Einschätzung von LLOYD/CLARK (2001, S. 357) werden Städte deshalb künftig als „entertainment machine[s]" fungieren.

mediale Aufmerksamkeit stimuliert und die touristische Nachfrage gesteigert (Prinzip des Begehrenskonsums). Diese „Spektakel der punktuell inszenierten Außeralltäglichkeit"[494] dienen vor allem dazu, wirtschaftliche Impulse auszulösen und das Image der Standorte zu verbessern (vgl. HEINTSCHEL 2002; WIRTH/HÖDL 2002; LUCAS 2005).[495]

Als *Basis von Events und Kampagnen* fungieren - wie bei der thematischen Markenbildung und der Einrichtung von Themenrouten - erneut berühmte Persönlichkeiten, bedeutende historische Ereignisse, regionales Brauchtum und typische Produkte; an dieser Stelle sollen nur einige Veranstaltungen exemplarisch genannt werden:

- *Veranstaltungen, Ausstellungen und Kampagnen zu berühmten Personen - z. B.:*
  - „König-Ludwig-Jahr" 1995 in Oberbayern (vgl. KRÖNIGER 1997),
  - „Luther-Jahr" 1996 in Deutschland (vgl. WOLFF 1997; SCHWARK 2000),
  - Europaratsausstellung „Otto der Große, Magdeburg und Europa" 2001 in Magdeburg (vgl. ANTZ 2003),
  - „Mozart-Jahr" 2006 in Österreich.[496]

- *Veranstaltungen zur Erinnerung an historische Ereignisse - z. B:*
  - „Passionsspiele Oberammergau" (vgl. LIEB 2000),
  - „Landshuter Hochzeit 1475" (vgl. WEINZIERL 1997),
  - „Reenactment der Schlacht von Austerlitz 1805/2005".[497]

- *Festspiele mit einem lokalen bzw. regionalen Bezug - z. B.:*
  - „Schleswig-Holstein Musikfestival" (vgl. BITTNER 1991),
  - „Rheingau-Musikfestival" (vgl. KLOSE 2001),
  - „Antikenfestspiele Trier" (vgl. NIEDEN 1999).

- *regionale Kampagnen - z. B.:*
  - „Bauernjahr" 1992/93 in Ostbayern (vgl. LINDSTÄDT 1994),
  - „Gold im Herzen Europas" 1996/97 in Ostbayern
  - „Das Westfälische Jahrzehnt" im Münsterland (vgl. STEINER 1997; KRANZ 1997).

---

[494] vgl. www.kunstaspekte.de/index.php?tid=17267&action=termin vom 13. November 2006

[495] Der Erfolg von Events basiert - nach OPASCHOWSKI (2002, S. 247) - auf drei Faktoren: dem Paukenschlag-Effekt (Einmaligkeit und Einzigartigkeit), der Kontinuitätsgarantie (Wiederholung in regelmäßigen Abständen) und dem Innovationsanspruch (Neuigkeit und Glaubwürdigkeit).

[496] Anlässlich des 250. Geburtstags fanden im Jahr 2006 allein in Mozarts Geburtsstadt Salzburg 26 Opernproduktionen, 260 Konzerte, 55 Mozart-Messen, acht Ausstellungen, zehn Tagungen, 99 Kunstprojekte und 400 Workshops für Kinder und Jugendliche statt (vgl. FAZ, 05. Januar 2006).

[497] vgl. www.austerlitz2005.com/de/projektausterlitz/vom 12. August 2008

Angesichts der Fülle von derartigen Veranstaltungen ist es unmöglich, einen vollständigen und systematischen Überblick über diesen Markt zu geben. Anhand von zwei Beispielen sollen *unterschiedliche Instrumente dieser Thematisierungsstrategie* erläutert werden - der *Initiative „Europäische Kulturhauptstadt"* und der *Kampagnen des „Tourismusverband Ostbayern".*

Initiative „Europäische Kulturhauptstadt" als Beispiel für eine internationale Thematisierungsstrategie

Bei der Initiative *„Europäische Kulturhauptstadt"* handelt es sich um eine Thematisierungs- und Festivalisierungsstrategie auf internationaler Ebene. Die Idee geht auf eine Initiative der damaligen griechischen Kulturministerin Melina Mercouri zurück. Für den Zeitraum von einem Jahr präsentiert mindestens eine europäische Stadt ihre *kulturellen Besonderheiten* (vgl. KOCH 1993). Auf diese Weise soll zum einen der kulturelle Zusammenhalt innerhalb Europas verstärkt und zum anderen ein vielfältiges Bild der europäischen Kultur nach außen vermittelt werden.

Den Anfang machte Athen im Jahr 1985; im Jahr 2007 war Luxemburg die „Kulturhauptstadt Europas" (vgl. Abb. 87).[498] Im Lauf der Zeit hat sich die Initiative grundsätzlich gewandelt. Während es sich zunächst um städtische Sommerfestivals mit einer kurzen Planungsphase und ohne internationales Marketing handelte, war in den letzten Jahren eine *zunehmende touristische Ausrichtung* zu beobachten:

- So wurden zunächst die Veranstaltungen auf das ganze Jahr ausgedehnt - z. B. in Amsterdam (1987), Dublin (1991) und Madrid (1992).

- Berlin (1988) und Antwerpen (1993) erweiterten ihr eigenes Angebot um Veranstaltungen internationaler Künstler und führten ein zentrales Marketing für die Aktion ein; sie akquirierten auch Sponsoren aus der Wirtschaft.

- Glasgow (1990) und speziell Kopenhagen (1996) arbeiteten mit einem langen Planungsvorlauf; sie verstanden die Initiative als grundsätzliche Möglichkeit, das Image der Städte sowie das Kulturangebot zu verbessern und touristisch zu vermarkten.

Inzwischen ist aus der ursprünglich lokalen Aktion ein großes, internationales Kultur-Event geworden, das von den Städten als *Instrument zur Entwicklung von Tourismus, Wirtschaft, Infrastruktur und Stadtentwicklung* eingesetzt wird (vgl. RICHARDS 1996, S. 27-31).[499]

---

[498] vgl. de.wikipedia.org/wiki/Kulturhauptstadt_Europas zum Vergabeverfahren und zu den künftigen „Kulturhauptstädten Europas"

[499] HARDT-STREMAYR (2005) und BERNER (2005) haben die touristischen und wirtschaftlichen Effekte am Beispiel der „Kulturhauptstädte" Graz bzw. Lille bilanziert. Auch mit

Abb. 87: Bei der Initiative „Europäische Kulturhauptstadt" handelt es sich um eine The-matisierungs- und Festivalisierungsstrategie auf internationaler Ebene. Seit 1985 kann mindestens eine europäische Stadt ihre kulturellen Besonderheiten ein Jahr lang präsentie-ren (z. B. Luxemburg im Jahr 2007). Die ursprünglich lokale Aktion hat sich inzwischen zu einem großen kulturtouristischen Event entwickelt.

Kampagnen des „Tourismusverband Ostbayern" als Beispiel für eine regionale Thematisierungsstrategie

Seit Mitte der 1980er-Jahre wurden auch in mehreren ländlichen Regionen in Deutschland *erfolgreiche Themenkampagnen* umgesetzt: Darunter sind Marketing-Aktionen zu verstehen, an denen zahlreiche touristische Betriebe, aber auch Ak-teure aus Wirtschaft, Kultur und Gesellschaft teilnehmen; die Koordination und Leitung liegt dabei in den Händen der regionalen Tourismusorganisation. Im Ge-gensatz zu Events, die nur wenige Tage dauern, handelt es sich bei Kampagnen um mittelfristig angelegte Veranstaltungsreihen von längerer Dauer.

Als Vorreiter dieser Entwicklung gilt der *Tourismusverband Ostbayern (Regens-burg)*: Diese Region wies lange Zeit ein unspezifisches Image auf (Wald, Wiesen,

anderen Mega-Events werden inzwischen übergeordnete Ziele wie die Verbesserung der Infrastruktur und die Aufwertung von Stadtquartieren verfolgt (vgl. EVANS [1996] zum „Millenium Festival" in London).

Ruhe und Erholung) und unterschied sich damit nicht von den benachbarten Regionen Oberbayern und Franken (vgl. SCHEMM/UNGER 1997, S. 30). Seit 1986 wurde das regionale touristische Angebot z. B. unter folgenden (Mehr)-Jahresthemen gebündelt:

- „Asam-Jahr" (1986/87),
- „Der Gläserne Wald" (1988),
- „Mittelalter in Ostbayern" (1989),
- „Bauernjahr" (1992/93),
- „Gold im Herzen Europas" (1996/97) u. a.

Mit diesen Kampagnen wurden *mehrere Ziele* verfolgt: Zum einen wollte man neue Gäste gewinnen, zum anderen sollte das Programm die Stammgäste zu weiteren Besuchen motivieren und schließlich wollte man das Regionalbewusstsein der einheimischen Bevölkerung stärken. Um diese Ziele zu erreichen, wurden *mehrere Marketing-Maßnahmen* eingesetzt:

- Zu den *produktpolitischen Maßnahmen* gehörten Ausstellungen, Konzerte und Feuerwerke, aber auch Tagungen und Symposien. Um ein breites (auch bildungsfernes) Publikum anzusprechen, wurden außerdem themenspezifische Rad- und Dampfertouren konzipiert sowie Pauschalangebote zusammengestellt.

- Das *kommunikationspolitische Instrumentarium* umfasste u. a. spezielle Signets, ein Urlaubsmagazin, Zeitungsbeilagen sowie Pressekonferenzen, Pressereisen, Pressedienste etc. Aufgrund dieser Maßnahmen erfuhren die Kampagnen eine breite öffentliche Resonanz.[500]

Durch eine professionelle Erfolgskontrolle konnten die *touristischen und regionalwirtschaftlichen Effekte der Kampagnen* erfasst werden; dazu zählten u. a. (vgl. UNGER 1993, S. 118-119; SCHEMM/UNGER 1997, S. 44-46; Abb. 88):

- eine überdurchschnittliche Zunahme der touristischen Nachfrage,
- die Ansprache einer neuen, einkommensstarken Zielgruppe,
- eine Steigerung der Einnahmen (nicht nur in den gastgewerblichen Betrieben, sondern auch in anderen regionalen Unternehmen),
- eine Steigerung des Bekanntheitsgrads der Region und eine Verbesserung des regionalen Images,
- ein wachsendes Bewusstsein der Bevölkerung für die eigene Kultur.

---

[500] So erschienen z. B. über das „Asam-Jahr", in dessen Mittelpunkt das Leben und Wirken des bedeutenden bayerischen Barockkünstlers Cosmas Damian Asam (1687-1739) stand, mehr als 800 Artikel in den Printmedien (mit einer Gesamtauflage von 200 Mio. Exemplaren).

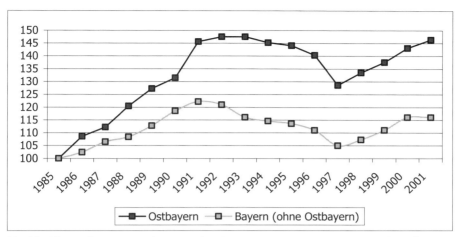

Abb. 88: Themenkampagnen lösen in den Destinationen positive touristische Effekte aus. Im Zeitraum 1985-2001 verzeichnete z. B. die Region Ostbayern - im Vergleich zum Bundesland Bayern - einen überdurchschnittlich hohen Anstieg der Übernachtungszahlen, der u. a. auf die Umsetzung mehrerer Jahresthemen zurückzuführen ist (Indexwerte: 1985 als Bezugspunkt; Quelle: Eigene Darstellung nach Angaben in SEIDL 2003, S. 139).[501]

Aufgrund der Erfahrungen in unterschiedlichen Regionen lassen sich mehrere *Erfolgsfaktoren von Themenkampagnen* identifizieren (vgl. SCHEMM/UNGER 1997, S. 120-121; KRANZ 1997, S. 43; STEINER 2003, S. 29-30):

- die klare Koordinierung aller Aktivitäten durch *eine* Organisation,
- die Nutzung von Synergieeffekten zwischen Tourismus, Kultur und Wirtschaft,
- die Einbeziehung der Bevölkerung,
- die qualifizierte und zugleich erlebnisorientierte Aufbereitung des Jahresthemas,
- die Finanzierung durch Sponsoren aus der Region.

Diese regionalen Erfolgsfaktoren zeigen, dass die Thematisierung des Raumes in Form von Marken, Routen, Events und Kampagnen den gleichen *Grundprinzipien* folgt, die auch den Boom der kommerziellen Themenwelten ausgelöst haben: ein zentrales Center-Management, eine multifunktionale Produktpalette und eine erlebnisorientierte Angebotsgestaltung.[502]

---

[501] Der dramatische Rückgang im Jahr 1997 war eine Folge der Gesundheitsreform.

[502] SCHEURER (2003) hat erfolgreiche Inszenierungsstrategien von Themenwelten analysiert und auf dieser Grundlage ein differenziertes Konzept des „Erlebnis-Settings" entwickelt; es kann Tourismusdestinationen dazu genutzt werden, das Angebot zeitgemäßer und erlebnisreicher zu gestalten. Wesentliche Bestandteile sind das Thema, das Inszenierungskonzept, die Besucher, die Attraktionen und Aktivitäten, die Szenerie und die Besucherlenkung.

Mit dieser Entwicklung werden die Grenzen zwischen den (angeblich) künstlichen Themenwelten und den (angeblich) authentischen Realwelten hinfällig: Die Themenwelten der Zukunft werden *unterhaltsame Alltagswelten* sein und die Zukunft von Kultureinrichtungen und Destinationen liegt im *alltäglichen Entertainment*.

Zukunft der Themenwelten - Themenwelten der Zukunft: Fazit

- Der Markt der Themenwelten weist weltweit eine große Dynamik auf, die durch mehrere *Steuerfaktoren* beeinflusst wird; dazu zählen u. a. der Wunsch der Konsumenten nach andersartigen Erfahrungen, der Marktauftritt neuer touristischer Wettbewerber mit Themen-Konzepten, die Umgestaltung von Themenwelten in Alltagsorte, der Bau thematisierter Siedlungen und Städte sowie organisatorische und technologische Veränderungen (virtuelle Welten).
- Speziell die *Themenparks* (also klassische Freizeiteinrichtungen) positionieren sich zunehmend als *Alltagsorte*, indem sie authentische Elemente der Hoch- und Alltagskultur in ihr Angebot integrieren. Außerdem fungieren sie als neuartige Kommunikationszentren (*Confertainment*) und als Schauplätze medialer Events. In der Architektur lässt sich ein Trend zur symbolischen Thematisierung beobachten - weg von der bisherigen Kulissenarchitektur und hin zu einer Ikonenarchitektur bzw. *corporate architecture*.
- Während die Themenwelten alltägliche Elemente in ihren Angebots-Mix einbauen, werden ihre Konstruktionsprinzipien (Multifunktionalität, Erlebnisorientierung, Thematisierung) weltweit auf *innerstädtische Quartiere* übertragen. Im Rahmen von *public-private-partnerships* entstehen dabei neuartige Urban Entertainment Districts. In diesen privatisierten (ehemals öffentlichen) Räumen gelten spezielle Nutzungsbedingungen, die zum Ausschluss nicht-konformer gesellschaftlicher Gruppen führen.
- Darüber hinaus entstehen aber auch neue *thematische Siedlungen und Städte*, die überwiegend auf den Planungsprinzipien des *new urbanism* basieren. Dabei handelt es sich ebenfalls um privatwirtschaftliche Projekte, in denen die demokratischen Mitbestimmungsrechte der Einwohner stark eingeschränkt sind; ihr Zusammenleben wird außerdem durch einen Katalog von Verhaltensregeln bestimmt.
- Parallel dazu findet eine *generelle Thematisierung des Raumes* statt, denn immer mehr Kultureinrichtungen, Städte und Destinationen orientieren sich am Vorbild der Themenwelten - durch die Schaffung von Marken, die Einrichtung von Themenrouten und die Durchführung von Events. Dabei nutzen sie ihr endogenes Potenzial (herausragende Persönlichkeiten, historische Ereignisse, kunstgeschichtliche Epochen, regionales Brauchtum, typische Produkte).
- Die *Markenbildung von Destinationen* kann auf zweierlei Weise erfolgen - entweder durch die Nutzung traditioneller Landschaftsnamen (z. B. Tirol, Rothaarsteig) oder durch die Schaffung neuer thematischer Dachmarken (z. B. „Heidiland", Watch Valley").

In jedem Fall umfasst die *Markenbildung* nicht nur die Entwicklung einer rechtlich geschützten Bild- und Textmarke, sondern auch die Durchführung von Events, die Bildung von Allianzen mit Partnern aus anderen Wirtschaftsbereichen und die Schaffung von Merchandising-Produkten.

- Auf diese Instrumente greifen auch die *Themenrouten* zurück, bei denen Gebäude, Relikte bzw. Schauplätze in Form einer *self-guided tour* miteinander vernetzt werden. Die Besucher können sich an einzelnen Stationen über unterschiedliche Aspekte des Themas informieren.
- Schließlich findet eine Thematisierung in Form einer *Festivalisierungsstrategie* statt, bei der Städte und Tourismusdestinationen als Bühnen für Events und Kampagnen fungieren (z. B. Aktion „Europäische Kulturhauptstadt", Kampagnen des „Tourismusverband Ostbayern"). Für diese Angebote gelten die gleichen *Erfolgsfaktoren,* die den Boom der kommerziellen Themenwelten ausgelöst haben: ein zentrales Management, eine multifunktionale Produktpalette und eine erlebnisorientierte Angebotsgestaltung.
- Mit dieser Entwicklung werden die Grenzen zwischen den (angeblich) künstlichen Themenwelten und den (angeblich) authentischen Realwelten hinfällig: Die Themenwelten der Zukunft werden *unterhaltsame Alltagswelten* sein und die Zukunft von Kultureinrichtungen und Destinationen liegt im *alltäglichen Entertainment.*

Literaturverzeichnis

Abkürzungen

Abh. = Abhandlung(en)
Abt. = Abteilung
aktual. = aktualisiert(e)
angew. = angewandt(e)
Arb. = Arbeit(en)
Ass. = Association
Aufl. = Auflage
bearb. = bearbeitet(e)
Bd. = Band
Ber. = Bericht(e)
Beitr. = Beitrag, Beiträge
Bibliogr. = Bibliographie(n)
Diss. = Dissertation
Dok. = Dokumente, Dokumentation
dtsch. = deutsch(es, en)
d. = der, des, dem
Entwickl. = Entwicklung
erg. = ergänzt(e)
erw. = erweitert(e)
Ertr. = Erträge
erw. = erweitert(e)
ETI = Europäisches Tourismus Institut GmbH an der Universität Trier
f. = für
Fachr. = Fachreihe
Fak. = Fakultät
FB = Fachbereich
Forsch. = Forschung(en)
FVW = Fremdenverkehrswirtschaft International
geogr. = geographische(r)
Geogr. = Geographie
H. = Heft(e)
Hrsg. = Herausgeber
Inst. = Institut
Inform. = Information(en)
Int. = International(es, er)
J. = Journal
Jb. = Jahrbuch
Kartogr. = Kartographie
Manuskr. = Manuskript(e)

Mat. = Material(ien)
Mitt. = Mitteilung(en)
o. = ohne
räuml. = räumlich(e)
Raumpl. = Raumplanung
Rdsch. = Rundschau
Schr. = Schriften
Schriftenr. = Schriftenreihe
Stud. = Studie(n)
u. = und
überarb. = überarbeitet(e)
Unterl. = Unterlagen
Univ. = Universität
unveröffentl. = unveröffentlicht(e)
veröffentl. = veröffentlicht(e)
Veröffentl. = Veröffentlichung(en)
vollst. = vollständig
westf. = westfälisch(e)
Wiss. = Wissenschaft, wissenschaftlich
Yb. = Yearbook
z. = zum, zur
Zeitschr. = Zeitschrift

A

ACKER, K./HAHN, B. (2006): Inszenierte Einkaufswelten. - In: Institut für Länderkunde (Hrsg.): Nationalatlas Deutschland, Bd. Leben in Deutschland, Heidelberg/Berlin, S. 34-35

ACKERMANN, V./LANZERATH-FLESCH, C. (1999): Urban Entertainment Centers. Das Beispiel „CAP Kiel", Dortmund (Arbeitspapiere z. Gewerbeplanung; 1)

ADAC (Allgemeiner Deutscher Automobil-Club) (Hrsg.; 1996): Touristische Routen in Deutschland, München

ADELHOF, K. (2004): Potsdamer Platz - Wohlfühlen in der Retortenstadt. - In: Praxis Geogr., 34/9, S. 24-28

AGRICOLA, S. (2002): Wirtschaftsfaktor Freizeitindustrie. - In: Öko-Institut (Hrsg.): Freizeitgesellschaft zwischen Umwelt, Spaß und Märkten, Freiburg, S. 157-187

Almdorf Seinerzeit (Hrsg.; o. J.): Almdorf Seinerzeit - wo die Liebe wohnt, Patergassen

ANFT, M. (1993): Flow. - In: HAHN/KAGELMANN, S. 141-147

ALTENHÖNER, N. (2000): „Brand Lands" - die dreidimensionale Inszenierung von Markenwelten. - In: ISENBERG/SELLMANN, S. 25-30

ALTENHÖNER, N. (2001): Brand Lands - Markenführung mit Appeal: Die Autostadt in Wolfsburg. - In: HINTERHUBER/PECHLANER/MATZLER, S. 223-234

ANDERSEN, L. L. (2003): Zoo education: from formal school programmes to exhibit and interpretation. - In: Int. Zoo Yb., 38, S. 75-81

ANDERSON, U. S. u. a. (2003): Enhancing the zoo visitor's experience by public animal training and oral interpretation at an otter exhibit. - In: Environment and Behavior, 35/6, S. 826-841

ANDERTON, F./CHASE, J. (1997): Las Vegas. The success of excess, Köln

ANTZ, Chr. (1994): Straße der Romanik - Entdeckungsreise in das deutsche Mittelalter. - In: MAIER, S. 75-92

ANTZ, Chr. (2003): Otto der Große als Baustein für Tourismus und Image Sachsen-Anhalts. Die Europaratsausstellung „Otto der Große, Magdeburg und Europa" und das Landesprojekt „Auf den Spuren Ottos des Großen" 2001. - In: SCHMUDE, S. 149-157

Architekturzentrum Wien (Hrsg.; 2005): Architekturen der Freizeit. Leisure Spaces. 13. Wiener Architektur Kongress 11.-13. November 2005, Wien

ARTINGER, K. (1995): Von der Tierbude zum Turm der Blauen Pferde. Die künstlerische Wahrnehmung der Wilden Tiere im Zeitalter der Zoologischen Gärten, Berlin

B

BACHLEITNER, R. (1998): Erlebniswelten: Faszinationskraft, gesellschaftliche Bedingungen und mögliche Effekte. - In: RIEDER/BACHLEITNER,/KAGELMANN, S. 43-57

BACHLEITNER, R. (2004): „Erlebnis" kritisch betrachtet. - In: KAGELMANN/BACHLEITNER/RIEDER, S. 16-20

BACKES, N. (1997): Reading the Shopping Mall City. - In: J. of Popular Culture, 31/3, S. 1-17

BAETZ, U./HERING, S. (1997): Lust auf Schokolade - Neues von der Schokoladenseite der Kölner Museen. - In: STEINECKE/TREINEN, S. 155-173

BAGAEEN, S. (2007): Brand Dubai: The instant city; or the instantly recognizable city. - In: Int. Planning Stud., 12/2, S. 173-197

BAIRD, G. (2004): Urbanität im Wandel: Re-visiting Las Vegas - eine aktuelle Bestandsaufnahme. In: Graz Architecture Magazine, 1, S. 44-63

BANCEL, N./BLANCHARD, P./LEMAIRE, S. (2001): Ein sozialdarwinistisches Disneyland. - In: BITTNER, S. 194-203

BARTLING, H. (2006) Tourism as every life: An inquiry into The

Villages, Florida. - In: Tourism Geogr., 8/4, S. 380-402

BATZ, K. (2001): 7 Erfolgsfaktoren bei der Entwicklung von Freizeitprojekten. - In: Amusement Technologie & Management, 2, S. 46-48

BAUMANN, B. (1999): Bestandsanalyse des Industrietourismus zu produzierenden Unternehmen im Südwesten Deutschlands. - In: FONTANARI/TREINEN/WEID, S. 79-103

BAUMGARTNER, Chr. (1999): Auswirkungen und Bewertung - der Versuch einer Relativierung. Beiträge zu einer Entscheidungshilfe in der Planungsphase. - In: Integra, 4, S. 34-36

BAUMGARTNER, Chr. (1999a): Burgidylle im Tirolerischen? - In: Integra, 4, S. 24-25

BAUMGARTNER, Chr. (1999b): Themenwelten - ein definitorischer Überblick. - In: Integra, 4, S. 16-17

BAUMGARTNER, Chr./REEH, T. (2001): Erlebniswelten im ländlichen Raum. Ökonomische und soziokulturelle Auswirkungen - mit Leitlinien zu einer ex-ante Beurteilung, München/Wien

BAY, P. de/BOLTON, J. (2000): Gartenkunst im Spiegel der Jahrtausende, München

BEARDSLEY, J. (1997): A Mickey Mouse utopia. - In: Landscape Architecture, 87/2, S. 76-93

BEARDSWORTH, A./BRYMAN, A. (1999): Late modernity and the dynamics of quasification: the case of the themed restaurant. - In: The Sociological Review, 47/2, S. 228-257

BEARDSWORTH, A./BRYMAN, A. (2001): The wild animal in late modernity: The case of the Disneyization of zoos. - In: Tourist Stud., 1, S. 83-104

BECKER, Chr. (1984): Neue Entwicklungen bei den Feriengroßprojekten in der Bundesrepublik Deutschland - Diffusion und Probleme einer noch wachsenden Betriebsform. - In: Ztschr. f. Wirtschaftsgeogr., 28/3+4, S. 164-185

BECKER, Chr. (2000): Feriengroßprojekte in Deutschland. - In: IfL, S. 72-73

BECKER, Chr. (2000a): Neue Tendenzen bei der Errichtung touristischer Großprojekte in Deutschland. - In: Geogr. Rdsch., 52/2, S. 28-33

BECKER, Chr./HOPFINGER, H./STEINECKE, A. (Hrsg.; 2007): Geographie der Freizeit und des Tourismus: Bilanz und Ausblick, 3., unveränderte Aufl. München/Wien

BECKER, Chr./STEINECKE, A. (Hrsg.; 1993): Kulturtourismus in Europa: Wachstum ohne Grenzen? Trier (ETI-Stud.; 2)

BECKER, Chr./STEINECKE, A. (Hrsg.; 1993a): Megatrend Kultur? Chancen und Risiken der touristischen Vermarktung des kulturellen Erbes, Trier (ETI-Texte; 1)

BECKER, P. (2000): Themenstraßen - am Beispiel der „Straße der Romanik". - In: DREYER, S. 137-150

BECKMANN, K. J. (2004): Verkehrskonzepte für Freizeitgroßeinrichtungen. - In: IfMo, S. 199-226

BELK, R. W. (1996): Hyperreality and globalization: Culture in the age of Ronald McDonald. - In: J. of Int. Consumer Marketing, 8/3+4, S. 23-37

BERG, M. (2003): Firmenmuseen, Barntrup (www.martinaberg.com/infoseiten/index.htm vom 24. August 2007)

BEYARD, M. D. (1999): Revitalisierung von Innenstädten und Urban Entertainment Projekte in den USA. - In: MASSKS, S. 29-42

BERNER, A. (2005): Lille - Kulturhauptstadt Europas 2004: Bilanz und Perspektiven. - In: Messe München/Projektleitung CBR (Hrsg.): Neue Wege im Kultur-Städte-Tourismus. Dokumentation, München/Wien, S. 64-71 (8. CBR-Tourismus-Symposium)

BERNHARD, B. J./GREEN, M. S./ LUCAS, A. F. (2008): From maverick to mafia to MBA. Gaming industry leadership in Las Vegas from 1931 through 2007. - In: Cornell Hospitality Quarterly, 49/2, S. 177-190

BERMAN, M. (2006): A Times Square for the New Millennium - Life on the cleaned-up boulevard - In: Dissent, 2, S. 79-84

BERTRAM, B. (1993): The future of zoos: arks or distractions? - In: International Zoo News, 40/3, S. 22-24

BESEMER, S. (2004): Shopping-Center der Zukunft: Planung und Gestaltung, Wiesbaden

BESEMER, S. (2008): Urban Entertainment Center (UEC). - In: FUCHS/MUNDT/ZOLLONDZ, S. 741-742

BEUTH, M. (2002): Ethnologische Exkursionen in ausgewählten Zoos mit Schülerinnen und Schülern der gymnasialen Oberstufe. - In: GANSLOßER, S. 41-52

BEUTH, M./BITSCH, S. (2002): Verhaltenskundliche Untersuchungen unter Zoobedingungen: Jugend forscht und Schüler experimentieren im Tiergarten. - In: GANSLOßER, S. 57-68

BEYER, P.-K. (2002): Facharbeiten im Zoo. - In: GANSLOßER, S. 53-56

BEYER, R. (2001): Urban Entertainment Center: Freizeitlust statt Einkaufsfrust! Ludwigshafen (www.pfalz.ihk24.de vom 30. April 2008)

BfLR (Bundesforschungsanstalt für Landeskunde und Raumordnung) (Hrsg.; 1994): Freizeit- und Ferienzentren - Umfang und regionale Verteilung, Bonn (Mat. z. Raumentwickl.; 66)

BIEGER, T./LAESSER, Chr. (Hrsg.; 2003): Attraktionspunkte. Multioptionale Erlebniswelten für wettbewerbsfähige Standorte, Bern/ Stuttgart/Wien

BIEGER, T./PECHLANER, H./STEINECKE, A. (Hrsg.; 2001): Erfolgskonzepte im Tourismus: Marken - Kultur - Neue Geschäftsmodelle, Wien (Schriftenr. Management u. Unternehmenskultur; 5)

BIRNEY, B. A. (1988): Criteria for successful museum and zoo visits: Children offer guidance. - In: Curator, 31, S. 292–316

BITTNER, G. (1991): Marketingkonzeption für ein kulturelles Ereignis: „Schleswig-Holstein Musik Festival" (SHMF). - In: SEITZ, E./ WOLF, J. (Hrsg.): Tourismusmanagement und -marketing, Landsberg/Lech, S. 663-674

BITTNER, R. (2001): Urbane Paradiese. Zur Kulturgeschichte modernen Vergnügens, Frankfurt a. M./New York

BLOTEVOGEL, H. H./DEILMANN, B. (1989): „World Tourist Center" Oberhausen. Aufstieg und Fall der Planung eines Megazentrums. - In: Geogr. Rdsch., 41/11, S. 640-645

BLOMEYER, G. R./TIETZE, B. (1982): ... grüßt Euch Eure Anneliese, die im Lunazauber schwelgt. Lunapark 1904-1934, eine Berliner Sonntagsarchitektur. - In: Stadt, 4, S. 32-36

BLUME, T. (2001): Oder die Welt gerät Tempo, Tempo vollständig aus den Fugen. - In: BITTNER, S. 36-52

BLÜM, C. (2001): Die amerikanische Shopping Mall, Delmenhorst

BMUNR (Bundesministerium für Umwelt, Naturschutz und Reaktorsicherheit) (1995): Ferienzentren der zweiten Generation. Ökologische, soziale und ökonomische Auswirkungen. - In: TMA, S. 139-152

BODENSCHATZ, H. (2000): Downtown Memphis. Die Wiederfindung des Stadtzentrums als Entertainment Center. - In: Bauwelt, 48, S. 40-45

BODENSCHATZ, H. (2008): Micky Maus und Miesmacher. - In: ROMEIß-STRACKE, S. 137-140

BÖRSCH-SUPAN, H. (1978): Die Pfaueninsel, Berlin

BOLZ, N. (1999): Die Stadt als Marke. Fünf urbane Trends (www.wz.nrw.de/magazin vom 30. April 2008)

BOLZ, N. (2000): Kultmarketing - Von der Erlebnis- zur Sinngesellschaft. - In: ISENBERG/SELLMANN, S. 95-98

BORCHARD, K. (1994): Die Victoria- und Alfred-Waterfront in Kapstadt. - In: Dtsch. Bauztschr.,

11, S. 93-100

BORGHARDT, J. u. a. (Hrsg.; 2002): ReiseRäume. Touristische Entwicklung und räumliche Planung, Dortmund (Dortmunder Beitr. z. Raumpl.; 109)

BOSSHART, D. (1995): Lernen von Las Vegas. Die Zukunft des Shopping liegt zwischen Handel, Unterhaltung und Multimedia. - In: gdi-impuls, 3, S. 3-12

BOSSHART, D. (1996): Zwischen Preisen und Kulten - Markdifferenzierungen im Konsum- und Tourismusbereich. - In: STEINECKE, S. 7-18

BOSSHART, D. (1997): Die Zukunft des Konsums. Wie leben wir morgen? Düsseldorf/München

BRAMBELL, M. (1993): The evolution of a modern zoo. - In: Int. Zoo News, 40/7, S. 27-34

BRAUER, G. (Hrsg.; 2002): Architektur als Markenkommunikation, Basel

BRAUN, A. (1996): Symbolische Reisen in neue Orte - am Beispiel der Swarovski-Kristallwelten. - In: STEINECKE, S. 103-108

BRAUN, B./GROTZ, R./SCHÜTTE-MEYER, A. (2001): Von der flächenhaften zur verdichteten Stadt: Ansätze der nachhaltigen Stadtentwicklung in Sydney. - In: Petermanns Geogr. Mitt., 145/5, S. 56-65

BRAUN, R. E. (1995). Exploring the urban entertainment center universe. - In: Urban Land Institute (Hrsg.): Urban land: News and trends in land development, Washington, D. C. (Supplement; August)

BRAUN-LATOUR, K. A./HENDLER, F./HENDLER, R. (2006): Digging deeper: Art museums in Las Vegas? - In: Annals of Tourism Research, 33/1, S. 265-268

BRESINSKY, A. (2005): Echt inszeniert…? Die Bedeutung von Authentizität und Inszenierung für Freizeitdestinationen. - In: Euro Amusement Professional, 4, S. 51-54

BRITTNER, A. (1999): Inszenierung als Mittel zur Angebotsprofilierung im Gesundheitstourismus - das Rogner-Bad Blumau. - In: BRITTNER, A. u. a. (Hrsg.): Kurorte der Zukunft. Neue Ansätze durch Gesundheitstourismus, interkommunale Kooperation, Gütesiegel „Gesunde Region" und Inszenierung im Tourismus, Trier, S. 168-235 (Mat. z. Fremdenverkehrsgeogr.; 49)

BRITTNER, A. (2002): Freizeit und Urlaub in künstlichen Welten. - In: Praxis Geogr., 10, S. 30-36

BRITTNER, A. (2002a): Zur Natürlichkeit künstlicher Ferienwelten. Eine Untersuchung zur Bedeutung, Wahrnehmung und Bewertung von ausgewählten Ferienparks in Deutschland, Trier (Mat. z. Fremdenverkehrsgeogr.; 57)

BRITTNER, A. (2007): Feriengroßprojekte und ihre regionalpolitische Bedeutung - In: BECKER/ HOPFINGER/STEINECKE, S. 415-427

BRITTNER-WIDMANN, A./QUACK, H.-D./WACHOWIAK, H. (Hrsg.; 2004): Von Erholungsräumen zu Tourismusdestinationen. Facetten der Fremdenverkehrsgeographie, Trier (Trierer Geogr. Stud.; 27)

BRITTNER-WIDMANN, A./SCHRÖDER, A. (2006): Las Vegas. Roulette ums Wasser in der Wüste - Ein Ressourcennutzungskonflikt. - In: Praxis Geogr., 3, S. 37-41

BRIX, M. (1998): Französische Gärten. - In: SARKOWICZ, H. (Hrsg.): Die Geschichte der Gärten und Parks, Frankfurt a. M./Leipzig, S. 152-172

BROWN, S./PATTERSON, A. (2000): Knick-knack Paddy-whack, Give a Pub a Theme. - In: J. of Marketing Management, 16, S. 647-662

BRUNNER, M. (2008): Erlebniswelten im Marketing-Mix. - In: PECHLANER/HAMMANN/FISCHER, S. 129-137

BRUNNER-SPERDIN, A. (2006): Das Phänomen des „Flow"-Erlebens, Emotionen und Kundenzufriedenheit. - In: WEIERMAIR/BRUNNER-SPERDIN, S. 23-34

BRUNSING, J. (2002): Neue Mitte Oberhausen. Bereicherung oder Belastung für das Ruhrgebiet? - In: BORGHARDT u. a., S. 281-291

BRYMAN, A. (1999): The disneyization of society. - In: Sociological Review, 47, S. 25-47

BRYMAN, A. (2003): McDonald's as a disneyized institution. - In: American Behavioral Scientist, 47/2, S. 154-167

BRYSCH, A. (2001): Markenbildung im Deutschlandtourismus - Beispiele, Erfahrungen, Herausforderungen. - In: BIEGER/PECHLANER/ STEINECKE, S. 35-40

BURGHOFF, Chr./KRESTA, E. (1995): Schöne Ferien. Tourismus zwischen Biotop und künstlichen Paradiesen, München (Beck'sche Reihe; 1096)

BÜRKLE, Chr. (2007): Dekonstruktive Corporate Architecture. - In: archithese, 6, S. 58-63

BURMESTER, M. (2005): Freizeit-parks in der Krise? - In: DW-World - Deutsche Welle aus der Mitte Europas, 29. Juni (www.dw-world.de/dw/article/0,1564,16313 96,00.html vom 30. April 2007)

BUTLAR, A. v. (1998): Englische Gärten. - In: SARKOWICZ, H. (Hrsg.): Die Geschichte der Gärten und Parks, Frankfurt a. M./ Leipzig, S. 173-187

BUTLER, R. W. (1991): West Edmonton Mall as a tourist attraction. - In: The Canadian Geographer, 35/3, S. 287-295

C

CALLIES, Chr. (1999): Das geplante Multi-Themen-Center am Dortmunder Hauptbahnhof: Chance oder Risiko für die Innenstadt als Einzelhandelsstandort? Dortmund (IRPUD Arbeitspapier; 170)

CAPODAGLI, B./JACKSON, L. (1999): Disney. Der Mäusekonzern. Zehn Strategien wie Ihr Unternehmen Zaubern lernt, Freiburg u. a.

CAIN, L. P./MERITT Jr., D. A. (1998): The growing commercialism of zoos and aquariums. - In: J. of Policy Analysis and Management, 17/2, S. 298-312

CC Africa (Hrsg.; 2004): Your personal Africa, Johannesburg

Celebration Company (Hrsg.; 1996): Downtown Celebration architectural walking tour, Celebration (Florida)

CERVER, F. A. (1994): Landscapes of recreation II (Amusement parks). World of environmental design. Barcelona

CERVER, F. A. (1997): Theme and amusement parks, New York

COCHRANE, A. (2006): Making up meanings in a capital city. Power, memory and monuments in Berlin. - In: European Urban and Regional Stud., 13/1, S. 5-24

COE, J. (1985): Design and perception: Making the zoo experience real. - In: Zoo Biology, 4, S. 197-208

COE, J. (2007): Deep green design for zoos and aquariums. - In: EAZA News, 57, S. 16-17

COE, J. (2007a): Zoo 2027 and the monkeys run the monkey house! - In: Australasian Regional Association of Zoological Parks and Aquaria (Hrsg.). Proceedings (www.zoolex.org/publication/coe/ Zoo2027.pdf vom 03. Januar 2008)

COE, J./BEATTIE, T. (1998): Twenty-first century management systems für twenty-first century zoo exhibits. - In: AZA (Hrsg.): Convention Proceedings (www.joncoedesign. com/pub/PDFs/TwentyFirstCentury.pdf vom 03. Januar 2008)

COE, J./MENDEZ, R. (2005): The unzoo alternative. - In: ARAZPA (Hrsg.): Conference Proceedings (www.zoolex.org/publication/coe/ unzoo150805.pdf vom 03. Januar 2008)

COMMENT, B. (2000): Das Panorama, Berlin

CONWAY, W. (2000): Die sich wandelnde Rolle der Zoos im 21. Jahrhundert. - In: ZGAP Mitt., 16/1, S. 3-7

CRAWFORD, M (1992): Warenwelten. - In: Arch+: Ztschr. f. Architektur, 114/115, S. 73-80

CRAWFORD, M. (2000): The world in a Shopping Mall. - In: SORKIN, S. 3-30

CROKE, V. (1997): The modern ark, the story of zoos: past, present and future, New York

CRONIN, M./O'CONNOR, B. (Hrsg.; 2003): Irish Tourism. Image, culture and identity, Clevedon u. a. (Tourism and Cultural Change; 1)

D

DALDRUP, E. L. (2000): Leipzig: Urban Entertainment Center im Wartestand. - In: Bauwelt, 48, S. 24-29

DALY, M./MALONE, P. (1996): The economic and political roots of Darling Harbour. - In: MALONE, S. 90-109

DAMBERG, M./MÜLLIGAN, CHR./ WEITZEL, J. (2005): Shopping Center - Maßnahmen zur Revitalisierung von Innenstädten? - In: Geogr. heute, 236, S. 45-56

DAVEY, G. (2005): Relationships between exhibit naturalism, animal visibility and visitor interest in a Chinese zoo. - In: Applied Animal Behaviour Science, 96, S. 93-102

DAVEY, G. (2006): Visitor behaviour in zoos: A review. - In: Anthrozoös, 19/2, S. 143-157

DAVEY, G. (2007): An analysis of country, socio-economic and time factors on worldwide zoo attendance during a 40 year period. - In: Int. Zoo Yb., 41, S. 217-225

DAVIS, S. G. (1997): Spectacular nature. Corporate Culture and the Sea World experience, Berkeley/ Los Angeles/London

DAY, K. (2003): New Urbanism and the challenges of designing for diversity. - In: J. of Planning Education and Research, 23, S. 83-95

DESMOND, J. C. (1999): Staging tourism. Bodies on display from Waikiki to Sea World, Chicago/ London

Deutsches Seminar für Fremdenverkehr (Hrsg.; 1997): Erlebnis-Marketing - Trendangebote im Tourismus. Ein Lesebuch für Praktiker, aktual. Ausgabe Berlin

DGF (Deutsche Gesellschaft für Freizeit) (Hrsg.; 1986): Freizeit-Lexikon, Ostfildern

D'HAUTESERRE, A.-M. (1999): The French mode of social regulation and sustainable tourism development: The case of Disneyland Paris. - In: Tourism Geogr., 1/1, S. 86-107

DIETERLE, B./SCHÜTTE, S. (2002): „Mit allen Sinnen genießen" - das Erlebniskonzept des Zoo Hannover. - In: NAHRSTEDT u. a., S. 135-136

DITTRICH, L. (1993): Menschen im Zoo. - In: POLEY, S. 119-153

DITTRICH, L. (2001): Fürstliche Menagerien im deutschsprachigen Raum ab den 1760er Jahren bis zur Gründung der Zoologischen Gärten Mitte des 19. Jahrhunderts. - In: DITTRICH/ENGELHARDT/RIEKE-MÜLLER, S. 67-81

DITTRICH, L./ENGELHARDT, D. v./ RIEKE-MÜLLER, A. (Hrsg.; 2001): Die Kulturgeschichte der Zoos, Berlin (Ernst-Haeckel-Haus-Stud. - Monographien z. Geschichte d. Biowiss. u. Medizin; 3)

DOGTEROM, R. J. (2000): Die thematische Inszenierung eines touristischen Großprojektes: Der Ferienpark „Heide-Metropole" Soltau. - In: STEINECKE, S. 145-156

DOGTEROM, R. J./SIMON, M. (1997): Ferienzentren 2015. - In: STEINECKE/TREINEN, S. 118-128

DÖRHÖFER, K. (2008): Shopping Malls und neue Einkaufszentren. Urbaner Wandel in Berlin, Berlin

DOUGLASS, W. A./RAENTO, R. (2004): The tradition of invention. Conceiving Las Vegas. - In: Annals of Tourism Research, 31/1, S. 7-23

DREYER, A. (Hrsg.; 2000): Kulturtourismus, München/Wien, S. 137-150

DTV (Deutscher Tourismusverband) (Hrsg.; 2001): Dokumentation der Tagung des DTV-Städte- und Kulturforums 2001, Bonn (Neue Fachreihe d. DTV; 26)

DUNLOP, B. (1996): Building a dream. The art of Disney architecture, New York

DV - German Association for Housing, Urban and Spatial Development (Hrsg.; o. J.): European Route of Brick Gothic. Local marketing strategies for the innovative application of cultural heritage, Berlin

DWORSCHAK, M. (2000): Palast der Elefanten. - In: Der Spiegel, 5, S. 182-186

E

EBELING, A. (1994): Das Markenbewusstsein von Kindern und Jugendlichen, Münster/Hamburg (Spuren der Wirklichkeit; 6)

EBERHARDT, S./LEHMBERG, V./LIEWALD, T. (1998): Lokale Auswirkungen des Center Parcs Bispinger Heide - eine Zwischenbilanz. - In: Integra, 1, S. 11-16

EBERSOLE, R. S. (2001): The new zoo. - In: Audubon, November/Dezember, S. 64-72

EBERT, R. (1998): Vergnügungsparks: „Das ist ja besser als eine Weltreise!" Entwicklungsgeschichte und Zukunft großflächiger Vergnügungsparks. - In: HENNINGS/MÜLLER, S. 193-212

EBERT, W. (1999): Industrietourismus - am Beispiel des Ruhrgebietes. - In: FONTANARI/TREINEN/WEID, S. 59-77

EBSTER, C./GUIST, I. (2004): The role of authenticity in ethnic theme restaurants. - In: J. of Foodservice Business Research, 7/2, S. 41-52

EECKHOUT, B. (2001): The "disneyfication" of Times Square: Back to the future? - In: GOTHAM, K. F. (Hrsg.): Critical perspectives on urban redevelopment, Amsterdam u. a., S. 379-428 (Research in Urban Sociology; 6)

150 Jahre Faszination Weltausstellung (1998), Stuttgart (Damals Spezial; o. Bd.)

EISENDRATH, D. u. a. (2008): Fear and managing in Las Vegas. An analysis of the effects of September 11, 2001, on Las Vegas Strip gaming volume. - In: Cornell Hospitality Quarterly, 49/2, S. 145-162

EISENSTEIN, B./FINKBEINER, J. (1994): Die „Klassikerstraße Thüringen" - Zielsystem, Organisations- und Marketingansätze. - In: MAIER, S. 51-74

EISLEB, J. (2000): Die „Mall of America". Das größte amerikanische Konsumzentrum. - In: Geogr. heute, 21/184, S. 8-11

ELSELL, M./TIETZE, B. (1984): Berlin-Lunapark. Vom Kult der Zerstreuung. Teil 1. - In: Berliner Bauvorhaben, 35/3, S. 1-4

ELSELL, M./TIETZE, B. (1984a): Berlin-Lunapark. Vom Kult der Zerstreuung. Teil 2. - In: Berliner Bauvorhaben, 35/4, S. 1-4

ELSELL, M./TIETZE, B. (1984b): Berlin-Lunapark. Vom Kult der Zerstreuung. Teil 3. - In: Berliner Bauvorhaben, 35/5, S. 1-4

ELÜSTÜ, F. (2007): Differenzierungsstrategien im Tourismus - dargestellt am Beispiel der Themenhotels in der Türkei, Paderborn (Univ. Paderborn, unveröffentl. Magisterarb.)

EMMONS, N. (1999): Universal Studios City Walk Hollywood set for 93.000-square foot expansion. - In: Amusement Business, 111/51, S. 70-71

ENGEL, G./STOCKER (1997): Visionen für den Wildpark Langenberg. - In: anthos, 36/4, S. 54-57

ENOMOTO, M. (1997): History of Las Vegas. The story of glittering streams. - In: MUTO, S. 73-176

ERMLICH, G. (1989): Es wandelt niemand ungestraft unter Palmen. Center Parcs holt die Tropen in die Lüneburger Heide. - In: EULER, C. (Hrsg.): „Eingeborene" - ausgebucht. Ökologische Zerstörung durch Tourismus, Gießen, S. 57-70

ERNST, Chr. (2002): Auf ins Vergnügen! Das Freizeit-Einkaufs-Erlebnis-Center „Hallen am Borsigturm" in Berlin-Tegel. - In: Geogr. heute, 23/198, S. 16-19

EVANS, G. (1996): The Millenium Festival and urban regeneration. - In: ROBINSON, M./EVANS, N./CALLAGHAN P. (Hrsg.): Managing cultural resources for the tourist, Sunderland (GB), S. 79-98

F

FAIRBAIRN, K. J. (1991): West Edmonton Mall: Entrepreneurial innovation and consumer response - In: The Canadian Geographer, 35/3, S. 261-268

FARKAS, D. (1998): Theme dreams. - In: Restaurant Hospitality, 1, S. 36-44

F.A.Z.-Institut für Management-, Markt- und Medieninformationen GmbH (Hrsg.; 2003): Tourismus. Perspektivenwechsel für die Reisebranche, Frankfurt a. M.

Künstliche Ferien - Leben und Erleben im Freizeitreservat (1999), Köln (Voyage - Jb. f. Reise- und Tourismusforschung)

FERREIRA, S./ VISSER, G. (2007): Creating an African Riviera: Revisiting the impact of the Victoria and Alfred Waterfront development in Cape Town. - In: Urban Forum, 18/3, S. 227-246

FICHTNER, U. (1997): Freizeitparks - traditionell inszenierte Freizeitwelten vor neuen Herausforderungen?- In: STEINECKE/TREINEN, S. 78-97

FICHTNER, U. (2000): Freizeit- und Erlebnisparks. - In: IfL, S. 80-83

FICHTNER, U./MICHNA, R. (1987): Freizeitparks. Allgemeine Züge eines modernen Freizeitangebots, vertieft am Beispiel des Europa-Park in Rust/Baden, Freiburg

FINN, A./ERDEM, T. (1995): The economic impact of a mega-multimall: estimation issues in the case of West Edmonton Mall. - In:

Tourism Management, 16/5, S. 367-373

FINN, A./RIGBY, J. (1992): West Edmonton Mall: Consumer combined-purpose trips and the birth of the mega-multi-mall? - In: Canadian J. of Administrative Sciences, 9/2, S. 134-145

FISCHER, W. (1976): Freizeitparks im westlichen Oberfranken. Einzugsbereiche und Besucherstrukturen. - In: Mitt. d. Fränkischen Geogr. Gesell., 21/22, S. 513-526

FISCHLER, R.: (1996): The urban fringe. Montreal: Planning and politics, Quebec style. - In: Berkeley Planning J., 11, S. 106-112

FLITNER, M./LOSSAU, J. (Hrsg.; 2005): Themenorte, Münster (Geogr.; 17)

FLURY-KLEUBLER, P./GUTSCHER, H. (1997): Diskrete Gäste im Lebensraum der Tiere. - In: anthos, 36/4, S. 26-29

FONTANARI, M. L./TREINEN, M./ WEID, M. (Hrsg.; 1999): Industrietourismus im Wettbewerb der Regionen, Trier (ETI-Texte; 14)

FRANCK, J. (1999): Urban Entertainment Centers. Entwicklung nationaler und internationaler Freizeitmärkte - In: TMA, S. 75-123

FRANCK, J. (2000): Erlebnis- und Konsumwelten: Entertainment Center und kombinierte Freizeit-Einkaufs-Center. - In: STEINECKE, S. 28-43

FRANCK, J. (2000a): „Als beträte man eine andere Welt …" - Urban Entertainment Centers. - In: ISENBERG/SELLMANN, S. 35-40

FRANCK, J./PETZOLD, S./WENZEL, C.-O. (1997): Freizeitparks, Ferienzentren, virtuelle Attraktionen: die Ferien- und Freizeitwelt von

morgen? - In: STEINECKE/TREINEN, S. 174-187

FRANCK, J./WENZEL, C.-O. (2001): Urban Entertainment Center bieten touristische Impulse. - In: Der Städtetag, 7-8, S. 16-19

FRANTZ, D./COLLINS, C. (2000): Celebration, U.S.A. Living in Disney's brave new town, New York

FRECHEN, J. (2007): Urban Entertainment Center: Neue Dimension des Shopping. - In: ZENTES, J. (Hrsg.): Faszination Handel. 50 Jahre Saarbrücker Handelsforschung, Frankfurt a. M., S. 559-582 (Zukunft im Handel; 23)

FREERICKS, R. u. a. (2005): Projekt Aquilo. Aktivierung und Qualifizierung erlebnisorientierter Lernorte, Bremen (IFKA-Schriftenr.; 21)

FREERICKS, R./BRINKMANN, D. (2006): Zwischen Thrill und Zauberland: Freizeit in inszenierten Erfahrungsräumen. - In: REUBER/ SCHNELL, S. 181-191

FREESTONE, R. (2004): The americanization of Australian planning. - In: J. of Planning History, 3/3, S. 187-214

FREHN, M. (1995): Erlebniseinkauf in Kunstwelten (Shopping-Malls) und in Realkulissen (City-Einkauf) vor dem Hintergrund einer ökologisch-verträglichen Mobilität. 1. Arbeitsbericht, Dortmund (Arbeitspapier; 5.1)

FREHN, M. (1996): Erlebniseinkauf in Kunstwelten (Shopping-Malls) und in Realkulissen (City-Einkauf) vor dem Hintergrund einer ökologisch-verträglichen Mobilität. 2. Arbeitsbericht: Durchführung und Ergebnisse der empirischen Erhebung, Dortmund (Arbeitspapier; 5.2)

FREHN, M. (1996a): Erlebniseinkauf in Kunstwelten und in inszenierten Realkulissen. Raum- und mobilitätsstrukturelle Auswirkungen sowie planerische Handlungsansätze. - In: Inf. z. Raumentwickl., 6, S. 317-330

FREITAG, E. (2003): Multiplex-Kinos in Deutschland: Marktsituation, Akzeptanz und Entwicklungsperspektiven. - In: KAGERMEIER/STEINECKE, S. 45-64

FREITAG, E./KAGERMEIER, A. (2002): Multiplex-Kinos als neues Angebotssegment im Freizeitmarkt. - In: STEINECKE, S. 43-55

FRICKE, D. (2001): Das Fleesensee-Projekt in Mecklenburg-Vorpommern: Konzept, Partner, Perspektiven. - In: KREILKAMP/PECHLANER/STEINECKE, S. 75-87

FUCHS, W./MUNDT, J. W./ZOLLONDZ, H.-D. (Hrsg.): Lexikon Tourismus, München 2008

FUHS, B. (2002): Städtischer Tourismus, Kur und Sport. Zum exklusiven Leben in Wiesbaden im 19. Jahrhundert. - In: Tourismus J., 6/3, S. 397-416

F.U.R. (Forschungsgemeinschaft Urlaub und Reisen) (Hrsg., 2008): Die 38. Reiseanalyse RA 2008. Erste Ergebnisse ITB 2008, Berlin

FURRER, A./SAURER, L./WEBER, T. (1997): Bärengraben und Tierpark Dählhölzli Bern. - In: anthos, 36/4, S. 50-53

G

GANSLOßER, U. (Hrsg.; 2002): Zoopädagogik. Tiergartenbiologie III, Fürth

GAUSMANN, D. (1996): Stadt und Erlebnis - eine Beziehungskrise. - In: Inform. z. Raumentwickl., 6, S. 331-343

GDI (Gottlieb Duttweiler Institut) (Hrsg.; 2007): Die Shopping-Stadt der Zukunft, Rüschlikon (Medienmitteilung; 2)

GERHARD, U. (1998): Erlebnis-Shopping oder Versorgungseinkauf? Eine Untersuchung über den Zusammenhang von Freizeit und Einzelhandel am Beispiel der Stadt Edmonton/Kanada, Marburg (Marburger Geogr. Schr.; 133)

GERHARD, U. (2001): Shopping and leisure: New patterns of consumer behaviour in Canada and Germany. - In: Die Erde, 132, S. 205-220

GERHARD, U. (2001a): Stadt in der Stadt. Die West Edmonton Mall in Edmonton/Kanada. - In: Praxis Geogr., 5, S. 8-11

GEWALT, W. (1993): Tiere im Zoo. - In: POLEY, S. 25-78

GFI (Gesellschaft für Immobilienwissenschaftliche Forschung (Hrsg.; 2000): Ausgesuchte Begriffs- und Lagedefinitionen der Einzelhandels-Analytik. Grundlagen für die Beurteilung von Einzelhandelsprojekten, Wiesbaden

GLASER, R./SCHENK, W. (1995): Glücksspiel als Entwicklungsfaktor in der Stadtregion von Las Vegas. - In: Geogr. Rdsch., 47/7+8, S. 457-463

GLASZE, G. (2001): Privatisierung öffentlicher Räume? Einkaufszentren, Business Improvement Districts und geschlossene Wohnkomplexe. - In: Ber. z. dtsch. Landeskunde, 75/2+3, S. 160-177

GLEITER, J. H. (1999): Exotisierung des Trivialen. Japanische Themenparks. - In: Künstliche Ferien, S. 48-66

GOLD, S. (1997): The Disney difference. - In: American Theatre, 14/10, S. 14-18, 50-52

GOLDHAMMER, K./WIEGAND, A. (2006) Struktur und wirtschaftliche Situation des Lokalfernsehens in Deutschland, München (www.goldmedia.com/uploads/media/2006_Lokalfernsehen_BLM_Workshop.pdf vom 28. August 2007)

GOLDMANN, R./PAPSON, S. (2000): Nike Culture, 2. Aufl. London/Thousand Oaks/New Delhi

GORONZY, F. (2003): Erleben in Erlebniswelten. Ergebnisse und weiterführende Forschungsfragen aus einer Inhaltsanalyse von Erlebniswelten. - In: Tourismus J., 7/2, S. 219-235

GORONZY, F. (2004): Erlebniszoos: das Tier als Erlebnis. - In: KAGELMANN/BACHLEITNER/RIEDER, S. 29-38

GORONZY, F. (2006): Spiel und Geschichten in Erlebniswelten. Ein theoriegeleiteter Ansatz und eine empirische Untersuchung zur Angebotsgestaltung von Freizeitparks, Münster (Tourismus. Beitr. z. Wissenschaft u. Praxis; 6)

GORONZY, F. (2007): Kommunikationsstrategien von Erlebniswelten. - In: GÜNTHER, S. 156-160

GOSS, J. (1993): The „Magic of the Mall": An analysis of form, function and meaning in the contemporary retail built environment. - In: Annals of the Ass. of American Geogr., 89/1, S. 45-75

GOSS, J. (1999): Once-upon-a-time in the commodity world: An unofficial guide to the Mall of America. - In: Annals of the Ass. of American Geogr., 89/1, S. 45-75

GOTHAM, K. (2001): Critical perspectives on urban development, Amsterdam u. a. (Research in urban sociology; 6)

GOTTDIENER, M. (2001): The theming of America. American dreams, media fantasies, and themed environments, 2. Aufl. Boulder (Colorado)

GOTTDIENER, M./COLLINS, C. C./DICKENS, D. R. (2000): Las Vegas. Social production of an All-American city, Malden/Oxford

GÖTTLICH, U./WINTER, R. (2002): Einheit durch Konsum? Der Potsdamer Platz aus der Perspektive der „Cultural Studies". - In: Ästhetik u. Kommunikation, 33/116, S. 109-113

Gran Dorado (Hrsg.; 1994): Gran Dorado und die Umwelt, Kelberg (Pressemappe)

GRAVES, M. (1992): Schwan Hotel. - In: Arch+: Ztschr. f. Architektur, 114/115, S. 96-97

GREEN, R. (1993): The city and entertainment: Coney Island and Haus Vaterland. - In: KLEIHUES, J. P./RATHGEBER, Chr. (Hrsg.): Berlin - New York. Like and unlike. Essays on architecture and art from 1870 to present, New York, S. 211-223

GRETZSCHEL, M. (1999): Die Ferne in die Nähe geholt. Carl Hagenbecks künstliche Erlebniswelten. - In: Künstliche Ferien, S. 67-73

GRONAU, W. (2002): Implikationen der Freizeitmobilitätsstilforschung für verkehrslenkende Maßnahmen im Freizeitverkehr. - In: GATHER, M./KAGERMEIER, A. (Hrsg.): Freizeitverkehr. Hintergründe, Probleme, Perspektiven, Mannheim, S. 105-118 (Stud. z. Mobilitäts- u. Verkehrsforsch.; 1)

GROSS, H. (2004): Brand Lands: Erlebnis von Marken und neue Unternehmenskommunikation. - In: KAGELMANN/BACHLEITNER/ RIEDER, S. 181-192

GRÖTSCH, K. (2006): Design und Architektur als Instrumente der Innovation im Tourismus. - In: PIK-KEMAAT, B./PETERS, M./WEIER-MAIR, K. (Hrsg.): Innovationen im Tourismus. Wettbewerbsvorteile durch neue Ideen und Angebote, Berlin, S. 277-287

GRÖTSCH, K. (2006a): Aha - Ein Erlebnis! Über Erlebnisinszenierung und Emotionmanagement. - In: WEIERMAIR/BRUNNER-SPER-DIN, S. 49-79

Gruner & Jahr (Hrsg.; 2005): Wird der Konsument immer zappeliger? Hamburg (www.gujmedia.de/_ content/20/48/204806/Wird_der_ Konsument_immer_zappeliger_ Dez05.pdf vom 28. August 2007)

GUGGENBERGER, B. (2001): Die Welt der Wochenenden. Auf dem Weg in die Freizeitgesellschaft. - In: KEMPER, P. (Hrsg.): Der Trend zum Event, Frankfurt a. M., S. 27-43 (Suhrkamp Taschenbuch; 3096)

GÜNTHER, A. (2006): 20 Jahre Erlebnisgesellschaft - und mehr Fragen als Antworten. Zwischenbilanz oder Abgesang auf die Erlebniswelten-Diskussion. - In: REU-BER/SCHNELL, S. 47-62

GÜNTHER, A. u. a. (Hrsg., 2007): Tourismusforschung in Bayern. Aktuelle sozialwissenschaftliche Beiträge, München/Wien

GÜNTHER, F. (2000): „Voulez-vous Cointreau avec moi?" Musée Cointreau in Angers neueröffnet. - In: Industriekultur, 2, S. 28-29

GUTERSON, D. (1993): Enclosed. Encyclopedic. Endured. One week at the Mall of America. - In: Harper's, 287, S. 49-56

H

HAEDRICH, G. u. a. (Hrsg.; 1998): Tourismus-Management, Tourismus-Marketing und Fremdenverkehrsplanung, 3. Aufl. Berlin/New York

HAEDRICH, G./TOMCZAK, T. (1988): Erlebnis-Marketing: Angebots-Differenzierung durch Emotionalisierung. - In: Thexis, 1, S. 35-41

HÄNNSLER, K. H. (1999): Betriebsarten und Betriebstypen des Gastgewerbes. - In: HÄNNSLER, K. H. (Hrsg.): Management in der Hotellerie und Gastronomie. Betriebswirtschaftliche Grundlagen, 3., völlig überarb. Aufl. München/ Wien, S. 41-58

HAHN, B. (1996): Die Privatisierung des öffentlichen Raumes in nordamerikanischen Städten. - In: STEINECKE, A. (Hrsg.): Stadt und Wirtschaftsraum, Berlin, S. 259-269 (Berliner Geogr. Stud.; 44)

HAHN, B. (1997): Einkaufszentren in Kanada. Bedeutungsverlust und Umstrukturierung. - In: Geogr. Rdsch., 49/9, S. 523-528

HAHN, B. (2000): Power centres: A new retail format in the United States of America. - In: J. of Retailing and Customer Services, 7, S. 223-231

HAHN, B. (2001): Erlebniseinkauf und Urban Entertainment Centers. Neue Trends im US-amerikanischen Einzelhandel. - In: Geogr. Rdsch., 53/1, S. 19-25

HAHN, B. (2002): 50 Jahre Shopping Center in den USA. Evolution und Marktanpassung, Passau (Geogr. Handelsforsch.; 7)

HAHN, B. (2005): Die USA: Vom Land der Puritaner zum Spielerparadies. - In: Geogr. Rdsch., 57/1, S. 22-29

HAHN, B./PUDEMAT, P. (1998): Factory Outlet Centers in den USA. - In: Marketing J., 3, S. 174-177

HAHN, H./KAGELMANN, H. J. (Hrsg.; 1993): Tourismuspsychologie und Tourismussoziologie. Ein Handbuch zur Tourismuswissenschaft, München

HALLERBACH, L. (2006): Scheinpalast. Das „Caesars Palace" in Las Vegas. - In: build, 2, S. 48-49

HALLSWORTH, A. (1988): West Edmonton Mall. Canada's shopping fantasyland. - In: Retail & Distribution Management, 16/1, S. 26-29

HANNIGAN, J. (1998): Fantasy city. Pleasure and profit in the postmodern metropolis, London/New York

HANNIGAN, J. (2007): Casino cities. - In: Geography Compass, 1/4, S. 959-975

HÄNNSLER, K. H. (1999): Betriebsarten und Betriebstypen des Gastgewerbes. - In: HÄNNSLER, K. H. (Hrsg.): Management in der Hotellerie und Gastronomie. Betriebswirtschaftliche Grundlagen, 3., völlig überarb. Aufl. München/Wien, S. 41-58

HANSON, B. (1997): Interessen junger Zoobesucher. - In: anthos, 36/4, S. 35-39

HANSON, E. (2002): Animal attractions. Nature on display in American zoos, Princeton/Oxford

HÄNTZSCHEL, J. (2001): Das Paradies in der Wüste - Las Vegas. - In: BITTNER, S. 297-302

HARDT-STREMAYR, D. (2005): Graz - Kulturhauptstadt 2003. - In: LANDGREBE, S./SCHNELL, P. (Hrsg.): Städtetourismus, München/Wien, S. 297-310

HASSE, J. (1995): Das künstliche Paradies. Eutrophie der Wünsche. - In: TMA, S. 163-174

HATCHWELL, M. u. a. (2007): Conclusion: the future of zoos. - In: ZIMMERMANN u. a., S. 343-360

HATCHWELL, M./RÜBEL, A. (2007): The Masoala rainforest: A model partnership in support of *in situ* conservation in Madagascar. - In: ZIMMERMANN u. a., S. 205-219

HATZFELD, U. (1997): Die Produktion von Erlebnis, Vergnügen und Träumen. - In: Archiv f. Kommunalwiss., II, S. 282-308

HATZFELD, U. (1998): Malls und Mega-Malls. Globale Investitionsstrategien und lokale Verträglichkeit. - In: HENNINGS/MÜLLER, S. 32-50

HATZFELD, U. (2001): Freizeitsuburbanisierung: Löst sich die Freizeit aus der Stadt? - In: BRAKE, K./DANGSCHAT, J. S./HERFERT, G. (Hrsg.): Suburbanisierung in Deutschland. Aktuelle Tendenzen, Opladen, S. 81-96

HATZFELD, U./TEMMEN, B. (1993): Die „Auto"matisierte Freizeit. Kommerzielle Freizeitgroßeinrichtungen als Verkehrsproblem. - In: Inform. z. Raumentwickl., 5/6, S. 363-376

HATZFELD, U./TEMMEN, B. (1994): Raumplanung in „fun-tastischen" Zeiten. Anmerkungen zur Steuerung kommerzieller Freizeitgroßeinrichtungen. - In: Der Städtetag, 2, S. 80-90

HÄUßERMANN, H./SIEBEL, W. (1993): Die Politik der Festivalisierung und die Festivalisierung der Politik. Große Ereignisse in der Stadtpolitik. - In: HÄUßERMANN, H./SIEBEL, W. (Hrsg.): Festivalisierung der Stadtpolitik. Stadtentwicklung durch große Projekte, Opladen, S. 7-31 (Leviathan; Sonderheft 13/1993)

HÄUßLER, O. (1997): Reisen in der Hyperrealität. Baudrillard und das Problem der Authentizität. - In: Voyage - Jb. f. Reise- u. Tourismusforschung, S. 99-107

HEINDL, G. (2005): Bin City, Las Vegas. - In: J. of Architectural Education, S. 5-12

HEINEBERG, H./MAYR, A. (1996): Jüngere Shopping-Center-Entwicklung in Deutschland. Beispiele aus dem Rhein-Ruhr-Gebiet. - In: Praxis Geogr., 5, S. 12-16

HEINRICH-JOST, I. (1985): Wer will noch mal? Wer hat noch nicht? Aus der Geschichte der Berliner Rummelplätze, Berlin

HEINTSCHEL, H.-Chr. (2002): Kulturmarketing - Event: Zwischen Identität und Sinnvermittlung mit Mehrwert, Wien 2002 (www.kdz. or.at/kdz/grundlagen/sttg2002/ heintschel.pdf vom 22. November 2006)

HELLER, A. (1990): Der Einfall touristischer Horden führt zur Ausrottung des Schönen ... - In: LUDWIG, K./HAS, M./NEUER, M. (Hrsg.): Der neue Tourismus. Rücksicht auf Land und Leute, München, S. 158-163 (Beck'sche Reihe; 408)

HELLER, A. (Hrsg.; 1996): Swarovski Kristallwelten, Wien

HEMMER, M. (1998): Hollywood im Ruhrgebiet. Geographische Analyse von Warner Bros. Movie World. - In: Geogr. heute, 19/165, S. 14-17

HENGSBACH, A. (1976): Der Untergang von Pompeji in Halensee. - In: Jb. f. brandenburgische Landesgeschichte; 27, S. 55-65

HENN, G. (Hrsg.; 2000): Corporate Architecture. Autostadt Wolfsburg - Gläserne Manufaktur Dresden, Berlin

HENN, G. (2000a): Corporate Architecture. - In: HENN, S. 2-5

HENNIG, Chr. (1997): Reiselust. Touristen, Tourismus und Urlaubskultur, Frankfurt a. M./Leipzig

HENNIG, Chr. (1997a): Der schöne Schein: Gemeinsamkeiten von „authentischen Reisen" und „künstlichen Urlaubswelten". - In: STEINECKE/TREINEN, S. 98-105

HENNINGS, G. (2000): Erlebnis- und Konsumwelten: Steuerungsfaktoren - Akteure - Planung. - In: STEINECKE, S. 55-75

HENNINGS, G. (2000a): Freizeit- und Erlebniswelten und Raumplanung: Erfahrungen aus der Bundesrepublik Deutschland. - In: Forum Raumpl., 2, S. 31-41

HENNINGS, G. (2000b): Fremdbestimmung des Raumes durch Kunstwelten? Aspekte des Verhältnisses von künstlichen Erlebniswelten und tourismusorientierter Stadtentwicklung. - In: Tourismus J., 4/4, S. 510-518

HENNINGS, G./MÜLLER, S. (Hrsg.; 1998): Kunstwelten. Künstliche Erlebniswelten und Planung, Dortmund (Dortmunder Beitr. z. Raumpl.; 85)

HERBRAND, N. O. (Hrsg.; 2008): Schauplätze dreidimensionaler Markeninszenierung: Innovative Strategien und Erfolgsmodelle erlebnisorientierter Begegnungskommunikation. Brand Parks - Museen - Flagship Stores - Messen - Events, Stuttgart

HERWIG, O./HOLZHERR, F. (2006): Dream Worlds. Architecture and entertainment, München u. a.

HESS, A. (1993): Viva Las Vegas. After-hours architecture, San Francisco

HESS, A. (1999): Eine kurze Geschichte von Las Vegas. - In: Bauwelt, 36, S. 1980-1987

HEY, B. (1993): Der Weg ist das Ziel: Historische Kulturrouten. - In: BECKER/STEINECKE, S. 212-232

HINTERHUBER, H./PECHLANER, H./MATZLER, K. (Hrsg.; 2001): IndustrieErlebnisWelten - vom Standort zur Destination, Berlin

HINZ, H.-M. (1987): Walt Disney World in Florida. Spannungsfeld von Ökonomie und Ökologie. - In: Praxis Geogr., 7-8, S. 18-22

HLAVAC, Chr. (2002): Ökonomische, soziopolitische und soziokulturelle Auswirkungen von Erlebniswelten im ländlichen Raum. - In: SCHMUDE, S. 59-71

HOFFMANN, U. (2004): Destination Disney: Die japanischen Erfahrungen. - In: IfMo, S. 153-166

HOFFMANN-AXTHELM, D. (1992): Der Weg zu einer neuen Stadt. -

In: Arch+: Ztschr. f. Architektur, 114/115, S. 114-116

HOFMANN, B. (1997): Vom Tiergarten zum Wild-Park. - In: anthos, 36/4, S. 58-61

HOFMANN, R. (2002): Der moderne Zoo: Ökosystem oder Erlebnispark? - In: NAHRSTEDT u. a., S. 184-185

HOFMEISTER, B. (1994): Die Umgestaltung von Sydneys Darling Harbour. - In: Die Alte Stadt, 21/4, S. 352-361

HOHMUTH, J. (2003): Labyrinthe & Irrgärten, München

HOLBROOK, M. B. (2001): Times Square, Disneyphobia, Hegemickey, the Ricky Principle, and the downside of the entertainment economy. - In: Marketing Theory, 1/2, S. 139-163

HOLMES, C. (Hrsg.; 2001): Gartenkunst! Die schönsten Gärten der Welt. München/London/New York

HOLZER, D./SCOTT, D./ BIXLER, R. D. (1998): Socialization influences on adult zoo visitation. - In: J. of Applied Recreation Research, 23/1, S. 43-62

HOLZNER, L. (1996): Stadtland USA: Die Kulturlandschaft des American Way of Life, Gotha (Petermanns Geogr. Mitt.; Ergänzungsheft 291)

HOOFF, J. J. J. M. van (2000): Burger's Zoo. - In: STEINECKE, S. 279-288

HOPFINGER, H. (2004): Theorien im Tourismus. Anmerkungen zur theoriebezogenen Anschlussfähigkeit der Freizeit- und Tourismusgeo-graphie. - In: BRITTNER-WIDMANN/QUACK/WACHOWIAK, S. 29-48

HOPFINGER, H. (2007): Geographie der Freizeit und des Tourismus: Versuch einer Standortbestimmung. - In: BECKER/HOPFINGER/ STEINECKE, S. 1-24

HOPKINS, J. S. P. (1990): West Edmonton Mall: Landscape of myths and elsewhereness. - In: The Canadian Geographer, 34/1, S. 2-17

HOPKINS, J. S. P. (1991): West Edmonton Mall as a centre for social interaction. - In: The Canadian Geographer, 35/3, S. 268-289

HORNY, Chr. (2002): Touristische Großprojekte als Allheilmittel für strukturschwache Räume? Die Auswirkungen von Ferienparks in Ostdeutschland. - In: BORGHARDT u. a., S. 199-212

HORX, M./WIPPERMANN, P. (1995): Markenkult. Wie Waren zu Ikonen werden, Düsseldorf

HOUSTON, L. (1999): Business Improvement Districts, Urban Entertainment Centers und Kulturelle Zentren. - In: MASSKS, S. 96-104

HUTCHINS, M. (2003): Zoo and aquarium animal management and conservation: current trends and future challenges. - In: Int. Zoo Yb., 38, S. 14-28

HUTCHINS, M./SMITH, B. (2003): Characteristics of a world-class zoo or aquarium in the 21st century. - In: Int. Zoo Yb., 38, S. 130-141

HUXLEY, M. (1991): Making cities fun: Darling Harbour and the immobilisation of spectacle. - In: CARROLL, P. u. a. (Hrsg.): Tourism in Australia, Sydney, S. 141-152

HUXTABLE, A. L. (1996): Re-inventing Times Square: 1990. - In: TAYLOR, S. 365-370

IfE (Institut für Entwicklungsforschung im ländlichen Raum Ober- und Mittelfrankens) (Hrsg.; 2003): Auf der Suche nach kreativen Formen eines ländlichen Tourismus, Bamberg (15. Heiligenstädter Gespräche)

IfL (Institut für Länderkunde) (Hrsg.; 2000): Nationalatlas Bundesrepublik Deutschland. Bd. 10. Freizeit und Tourismus, Leipzig

IfMo (Institut für Mobilitätsforschung) (Hrsg.; 2004): Erlebniswelten und Tourismus, Berlin u. a.

ILS (Institut für Landes- und Stadtentwicklungsforschung des Landes Nordrhein-Westfalen) (Hrsg.; 1993): Großflächige Freizeiteinrichtungen im Freiraum. Freizeitparks und Ferienzentren, Düsseldorf (ILS-Schriften; 75)

ILS (Institut für Landes- und Stadtentwicklungsforschung des Landes Nordrhein-Westfalen) (Hrsg.; 1994): Kommerzielle Freizeitgroßanlagen. Planungshilfen und Arbeitshinweise für Städte und Gemeinden, Düsseldorf

INGELHEIM, J. v. (2000): Neue Partnerschaften im Tourismus: Wie ein Autohersteller innovative Akzente in der Freizeitmobilität setzt. - In: JOB, H./SCHWAIGER, M. (Hrsg.): Jb. f. Fremdenverkehr 2000, München, S. 73-89

INGENSIEP, H. W. (2001): Kultur- und Zoogeschichte des Gorillas. Beobachtungen zur Humanisierung von Menschenaffen. - In: DITTRICH/ENGELHARDT/RIEKE-MÜLLER, S. 151-170

INGRAM, S./REISENLEITNER, M. (Hrsg.; 2003): Placing history. Themed environments. Urban consumption and the public entertainment sphere, Wien (Reihe Kultur. Wissenschaften; 7)

Interview Mikunda (2003). - In: Persönlich, Oktober, S. 6-12

IRAZÁBAL, C./CHAKRAVARTY, S. (2007): Entertainment-Retail Centres in Hong Kong and Los Angeles: Trends and lessons. - In: Int. Planning Stud., 12/3, S. 241-271

IRB (Fraunhofer-Informationszentrum Raum und Bau) (Hrsg.; 1995): Freizeitparks, 3., erw. Aufl. Stuttgart (IRB-Literaturauslese; 2788)

ISENBERG, W. (2002): Freizeitwelten - Markt, Hintergründe, Akzeptanz, Beispiele. - In: Institut für Mobilitätsforschung (Hrsg.): Motive und Handlungsansätze im Freizeitverkehr, Berlin/Heidelberg/New York, S. 101-121

ISENBERG, W. (2004): Freizeit- und Erlebniswelten: Die nordamerikanischen Erfahrungen. - In: IfMo, S. 139-152

ISENBERG, W. (2008): Erlebnisökonomie. Streifzüge durch Trends und Konzepte emotionalisierter Welten. - In: ROMEIß-STRACKE, S. 141-157

ISENBERG, W./SELLMANN, M. (2000): Konsum als Religion? Über die Wiederverzauberung der Welt, Mönchengladbach

IUDZG (The World Zoo Organization)/CBSG (Captive Breeding Specialist Group) (Hrsg.; 1993): The World Zoo Conservation Strategy. The role of the zoos and aquaria of the world in global concervation, o. O. (www.waza.org/conservation/wczs.php vom 11. September 2007)

J

JACKSON, E. L. (1991): Shopping and leisure: Implications of West Edmonton Mall for leisure and leisure research. - In: The Canadian Geographer, 35/3, S. 280-287

JACKSON, E. L./JOHNSON, D. B. (1991): Geographic implications of mega-malls, with special reference to West Edmonton Mall. - In: The Canadian Geographer, 35/3, S. 226-232

JANSON, A. (2004). Die Welt als Erlebnis. - In: Der Architekt, 5 (www.bdada.de vom 19. Dezember 2007)

JANSSEN, M. (2007): Malls' drive for tourists. - In: Retailtraffic, April, S. 84-87

JASCHKE, K./ÖTSCH, S. (Hrsg.; 2003): Stripping Las Vegas. A contextual review of casino resort architecture, Weimar

JENCKS, C. (1992): Unterhaltungsarchitektur. - In: Arch+: Ztschr. f. Architektur, 114/115, S. 111-113

Jerde Partnership (1992): City Walk. - In: Arch+: Ztschr. f. Architektur, 114/115, S. 66-68

Jerde Partnership (1992a): Mall of America. - In: Arch+: Ztschr. f. Architektur, 114/115, S. 60-65

JOHNSON, D. B. (1987): The West Edmonton Mall - from Super Regional to Mega-Regional Shopping Centre. - In: Int. J. of Retailing, 2/2, S. 53-69

JOHNSON, D. B. (1991): Structural features of West Edmonton Mall. - In: The Canadian Geographer, 35/3, S. 249-261

JONES, K. (1991): Mega-chaining, corporate concentration, and the mega-malls. - In: The Canadian Geographer, 35/3, S. 241-249

JORGENSEN, A. (2003): Power, knowledge and tourguiding: The construction of Irish identity on Board County Wicklow tour buses. - In: CRONIN/O'CONNOR, S. 141-157

JUNHOLD, J./OBERWEMMER, F. (2002): Ganzheitliches Lernen im „Zoo der Zukunft". - In: NAHRSTEDT u. a., S. 186-193

JURCZEK, P. (2007): Geographie der Freizeit und des Tourismus: Disziplingeschichte und Perspektiven. - In: BECKER/HOPFINGER/STEINECKE, S. 25-34

K

KAGELMANN, H. J. (1993): Themenparks. - In: HAHN/KAGELMANN, S. 407-415

KAGELMANN, H. J. (1998): Erlebniswelten. Grundlegende Bemerkungen zum organisierten Vergnügen. - In: RIEDER/BACHLEITNER/KAGELMANN, S. 58-94

KAGELMANN, H. J. (2004): Themenparks. - In: KAGELMANN/BACHLEITNER/RIEDER, S. 160-180

KAGELMANN, H. J. (2007): Erlebnisse, Erlebnisgesellschaft, Erlebniswelten - zum unbefriedigenden Stand einer folgenreichen Diskussion. - In: GÜNTHER, S. 133-148

KAGELMANN, H. J./BACHLEITNER, R./RIEDER, M. (Hrsg.; 2004): ErlebnisWelten. Zum Erlebnisboom in der Postmoderne, München/Wien (Tourismuswiss. Manuskr.; 12)

KAGELMANN, H. J./FRIEDRICHS-SCHMIDT, S./SAUER, R. (2004): Erlebnisgastronomie. - In: KAGELMANN/BACHLEITNER/RIEDER, S. 193-210

KAGELMANN, H. J./RÖSCH, S. (2002): Der 11. September und die Folgen für die US-amerikanischen Freizeitparks. - In: Tourismus J., 6/4, S. 451-469

KAGELMANN, H. J./RÖSCH, S. (2007): Der 11. September 2001 und die unmittelbaren Folgen für die US-amerikanischen Freizeitparks. - In: GÜNTHER, S. 149-155

KAGERMEIER, A. (2001): Auswirkungen des Urban Entertainment Center CentrO in Oberhausen auf das Freizeitverhalten. - In: POPP, S. 187-197

KAGERMEIER, A. (2002): Folgen konsumorientierter Freizeiteinrichtungen für Freizeitmobilität und Freizeitverhalten. - In: GATHER, M./KAGERMEIER, A. (Hrsg.): Freizeitverkehr. Hintergründe, Probleme, Perspektiven, Mannheim, S. 119-140 (Stud. z. Mobilitäts- u. Verkehrsforsch.; 1)

KAGERMEIER, A. (2007): Freizeit- und Urlaubsverkehr: Strukturen - Probleme - Lösungsansätze. - In: BECKER/HOPFINGER/STEINECKE, S. 259-272

KAGERMEIER, A. /STEINECKE, A. (2003): Tourismus- und Freizeitmärkte im Wandel. Fallstudien - Analysen - Prognosen, Paderborn (Paderborner Geogr. Stud. z. Tourismusforsch. u. Destinationsmanagement; 16)

KALTENBRUNNER, R. (2007): Stadt und Shopping. Von Einkaufscentern, Flagship-Stores und Discount-Städtebau. - In: archithese, 6, S. 18-23

KAMMERHOFER-AGGERMANN, U./KEUL, A. G. (1998): Erlebniswelten - Die Kommerzialisierung der Alpenträume: Touristensommer

und Bauernherbst. - In: RIEDER/
BACHLEITNER/KAGELMANN,
S. 95-101

KAPLAN, M. (1997): Theme restaurants, Glen Cove (New York)

KATZ, H (1999): Third Street Promenade, Santa Monica. - In:
MASSKS, S. 80-89

KEELING, C. H. (2001): Zoological
Gardens of Great Britain. - In:
KISLING Jr., S. 49-74

KELLEHER, M. (2004): Images of the
past: Historical authenticity and
inauthenticity from Disney to
Times Square. - In: CRM - The
Journal of Heritage Stewardship,
1/2, S. 6-19

KELLNER, K. (2007): Legoland
Deutschland: Impulsgeber für die
„Familien- und Kinderregion -
Landkreis Günzburg". Ein neues
Verfahren zur Profilierung von
Kommunen und Regionen. - In:
Geographica   Helvetica,   62/2,
S. 104-112

KERSTING, R. (2002): Schöne, neue
Stadt. Die Kunststadt Celebration
in Florida. - In: Geogr. heute,
23/198, S. 28-32

KEUL, A. G. (1998): Quo vadis,
schöne neue Alpenwelt? - In: RIE-
DER/BACHLEITNER/KAGELMANN,
S. 102-107

KEUL, A. G. (2004): Reisezeit =
Erlebniszeit? - In: KAGELMANN/
BACHLEITNER/RIEDER, S. 21-28

KIENAST, D. (1997): Madagaskar in
Zürich. - In: anthos, 36/4, S. 30-34

KILIAN, D./DODSON, B. (1996): Between the devil and the deep blue
sea: Functional conflicts in Cape
Town's Victoria and Alfred Waterfront. - In: Geoforum, 27/4,
S. 495-507

KILIAN, K. (2007): Erlebnismarke-
ting und Markenerlebnisse. - In:
FLORACK, A./SCARABIS, M./PRI-
MOSCH, E. (Hrsg.): Psychologie
der Markenführung, München,
S. 357-391

KIPP, O. (2001): Erlebniswelten - ein
Marktüberblick. - In: Deutscher
Tourismusverband (Hrsg.): Doku-
mentation der Tagung des DTV-
Städte- und Kulturforums 2001,
Bonn (Foliensatz)

KIPP, O. (2004): Erlebniswelten als
Instrument   der   Unternehmens-
kommunikation. - In: IfMo,
S. 183-198

KIRCHBERG, V. (2000): Die McDo-
naldisierung deutscher Museen -
Zur Diskussion einer Kultur und
Freizeitwelt in der Postmoderne. -
In: Tourismus J., 4/1, S. 117-144

KIRCHBERG, V. (2001): Die McDonaldisierung von Stadtwelten und
Stadtimage. - In: Die alte Stadt,
28/1, S. 58-71

KIRCHSHOFER, R. (1997): Zur Geschichte des bürgerlichen Zoos. -
In: anthos, 36/4, S. 4-11

KIRCHSHOFER, R. (2001): Die Bedeutung Zoologischer Gärten für
den Schulunterricht. - In: DITT-
RICH/ENGELHARDT/RIEKE-
MÜLLER, S. 189-214

KISLING Jr., V. N. (Hrsg.; 2000): Zoo
and aquarium history: Ancient
animal collections to zoological
gardens, Boca Raton u. a.

KISLING Jr., V. N. (2000a): Ancient
Collections and Menageries. - In:
KISLING Jr., S. 1-47

KLEINEFENN, A. (2003): Neue Kon-
sum- und Erlebnislandschaften in
Spanien. - In: Geogr. Rdsch., 55/5,
S. 38-43

KLINGMANN, A. (2007): Brandscapes. Architecture in the experience economy, Cambridge (MA)

KLOSE, A. (2001): Musikfestivals als Mittel der Regionalentwicklung - untersucht am Beispiel des Rheingau Musikfestivals, Paderborn (Univ. Paderborn, unveröffentl. Magisterarb.)

KNACK, R. E. (1996): One upon a town. - In: Planning, 62/3, S. 10-14

KNIGHT, C. K. (2002): Beyond the neon billboard: Sidewalk spectacle and public arts in Las Vegas. - In: J. of American and Comparative Cultures, 25/1-2, S. 9-13

KNORR, S. (2000): Los, Vegas! Oder Die Wüste lebt. Entertainment Capital of the World. - In: Centrum. Jb. Architektur u. Stadt, S. 122-125

KNOWLES, J. (2003): Zoos and a century of change. - In: Int. Zoo Yb., 38, S. 28-34

KOCH, M. (1993): Die touristische Nutzung kultureller Großveranstaltungen - Das Beispiel „Luxemburg - Europäische Kulturhauptstadt 1995". - In: BECKER/STEINECKE (1993a), S. 31-41

KÖCK, Chr. (2004): Kult und Metatourismus: die Erlebnisse der Erlebnisgesellschaft. - In: KAGELMANN/BACHLEITNER/RIEDER, S. 88-101

KÖHLER, S. (2007): Künstliche Erlebniswelten: Eine kommentierte Bibliographie, Frankfurt a. M. u. a.

KOINEKE, S./WENZEL, C.-O. (2003): Leuchttürme der Neuzeit. - In: TMA, S. 104-105

KOLLER, M. (2005): Erlebniswelten als innovatives Instrument des Kulturmarketing. - In: HOLZMÜLLER, H./SCHUH, A. (Hrsg.): Innovationen im sektoralen Marketing. Festschrift zum 60. Geburtstag von Fritz Scheuch, Heidelberg, S. 365-381

KONRATH, A. (2000): Freizeitparks in Deutschland: Aktuelle Situation, Trends und Potenziale. - In: HAAS, H.-D./MEYER, A. (Hrsg.): Jb. f. Fremdenverkehr 1999, München, S. 91-128

KOOLHAAS, R. (2006): Delirious New York. Ein retroaktives Manifest für Manhattan, 3. Aufl. Aachen

KÖRNER, Chr./KRÜCKEBERG, L./PUTZ, W. (1999): Storyboard Las Vegas. - In: Bauwelt, 36, S. 1970-1973

KÖSTER-HETZENDORF, M. (2002): Kinder(t)räume in Günzburg. - In: FVW Special, 12. April, S. 56-58

KOZLOFF, H. (2002): Time Square's time - In: Urban Land, 61/2, S. 98-99, 106-108

KRAJEWSKI, Chr. (2006): Städtetourismus im ‚Neuen Berlin' zwischen Authentizität und Inszenierung. - In: REUBER/SCHNELL, S. 203-216

KRANZ, U. (1997): Kulturtourismus im Münsterland. - In: Institut für Geographie der Westfälischen Wilhelms-Universität Münster u. a. (Hrsg.): Neue Angebotssegmente für den Münsterland-Tourismus - Chancen und Perspektiven, Steinfurt, S. 37-44 (Regionales Tourismus Marketing; 1)

KRAUSS, H. (2006): Freizeit- und Erlebnisparks. - In: Anthos, 4, S. 4-9

KREFT, M. (2000): Europa-Park - von der Unternehmervision zum

Marktführer. - In: STEINECKE, S. 133-144

KREFT, M. (2002): Europa-Park, Rust (Präsentation vor Studierenden der Univ. Paderborn am 30. September 2002)

KREILKAMP, E./PECHLANER, H./ STEINECKE, A. (Hrsg.; 2001): Gemachter oder gelebter Tourismus? Destinationsmanagement und Tourismuspolitik, Wien (Management u. Unternehmenskultur; 3)

KREISEL, B. (2002): Tiere ganz nah - Erlebniskonzept Wildpark Gangelt. - In: NAHRSTEDT u. a., S. 194-197

KREISEL, W. (2007): Trends in der Entwicklung von Freizeit und Tourismus. - In: BECKER/HOPFINGER/STEINECKE, S. 74-85

KRÖNIGER, M. (1997): Die Nutzung von Jubiläen im Tourismus-Marketing am Beispiel des König-Ludwig-Jahres in Oberbayern. - In: Deutsches Seminar für Fremdenverkehr, S. 129-134

KROLOFF, R. (1997): Disney builds a town. - In: Architecture, 86/8, S. 114-119

KRÜGER, R. (1995): Moderation als Verfahren regionaler Fremdenverkehrsentwicklung. Erfahrungen aus dem Emsland und Ostfriesland - In: Geogr. Rdsch., 47/10, S. 572-578

KRUPA, F. (1993): Mall of America: The new town center, Paris (www.translucency.com/frede/moa.html vom 05. Dezember 2007)

KÜBLBÖCK, S. (2006): Jenseits der Fremde - Auf der Suche nach dem erfolg künstlicher Ferienwelten. - In: REUBER/SCHNELL, S. 259-266

KÜDDELSMANN, A. (2001): Brand Parks und Corporate Lands als Mittel der Unternehmenskommunikation: Konzeption, regionalwirtschaftliche Auswirkungen und Kommunikationseffekte, Aachen (RWTH Aachen, unveröffentl. Magisterarb.)

Kultur im Kofferraum (2006). - In: Monumente, 7/8, S. 8-14

Kulturzentrum Schlachthof (Hrsg.; 1999): Parks in space. Künstlerische und theoretische Beiträge zum freizeit- und konsumgerechten Umbau der Städte, Bremen/ Boston

KUNZMANN, K. R. (Hrsg.; 2002): Entertaining cities, Berlin (www.berlinstudie.de/ec/Zwischenbericht 2002.pdf vom 05. September 2008)

KWAN, F. V. Ch. (2004): Gambling attitudes and gambling behavior of residents of Macao: The Monte Carlo of the Orient. - In: J. of Travel Research, 43/2, S. 217-278

L

LANFER, F./KAGELMANN, H. J. (2004): Achterbahnen als Erlebniswelten. - In: KAGELMANN/ BACHLEITNER/RIEDER, S. 76-87

LAUTERBACH, B. (2004): Beatles, Sportclubs, Landschaftsparks. Britisch-deutscher Kulturtransfer, Würzburg (Kulturtransfer; 1)

LEDER, S. (2007): Neue Muße im Tourismus - eine Untersuchung von Angeboten mit den Schwerpunkten Selbstfindung und Entschleunigung, Paderborn (Paderborner Geogr. Stud. z. Tourismusforsch. u. Destinationsmanagement; 21)

LEDUNE, P. (2000): Wirtschaftliche Auswirkungen eines Ferienparks:

„Gran Dorado Hochsauerland" - Segen oder Fluch für den Standort. - In: STEINECKE, S. 157-171

LEHRER, U. (2003): The spectacularization of the building process: Berlin, Potsdamer Platz - In: Genre: Forms of discourse and culture, XXXVI, S. 383-404

LINDSTÄDT, B. (1994): Kulturtourismus als Vermarktungschance für ländliche Fremdenverkehrsregionen: Ein Marketingkonzept am Fallbeispiel Ostbayern, Trier (Mat. z. Fremdenverkehrsgeogr.; 29)

LIEB, M. G. (2000): Festivalmanagement - am Beispiel der Passionsspiele in Oberammergau. - In: DREYER, S. 267-286

LINGE, J. H. van (1992): How to outzoo the zoo. - In: Tourism Management, 13/1, S. 115-117

LITH, P. van (2001): Besucherschlangen. Es gibt durchaus Lösungen! - In: Amusement Technologie & Management, 5+6, S. 65-67

LLOYD, R./CLARK, T. N. (2001): The city an an entertainment machine. - In: GOTHAM, K. F. (Hrsg.): Critical perspectives on urban redevelopment, Amsterdam u. a., S. 357-378 (Research in Urban Sociology; 6)

LOCKWOOD, C. (1997): Onward and upward in downtown Santa Monica. - In: Planning, 63/9, S. 14-16

LUCAS, R. (2005): Der öffentliche Raum als Bühne. Events im Stadt- und Regionalmarketing, Wuppertal (Wuppertal Papers; 154)

LUEBKE, J. F. (2004): Tracking and understanding the elements of a satisfying zoo experience. - In: AZA (Hrsg.): Annual Conference Proceedings (www.aza.org/AZA Publications/2004Proceedings/Documents/2004ConfProc13.pdf vom 03. Januar 2008)

LUGER, K. (1994): Salzburg als Bühne und Kulisse. Die Stadt als Schauplatz der internationalen Unterhaltungsindustrie. - In: HAAS, H./HOFFMANN, R./LUGER, K. (Hrsg.): Weltbühne und Naturkulisse. Zwei Jahrhunderte Salzburg-Tourismus, Salzburg, S. 176-187

LUMMEL, P. (2004): Erlebnisgastronomie um 1900. Das „Haus Vaterland" in Berlin. - In: MAY, H./ SCHILZ, A. (Hrsg.): Gasthäuser. Geschichte und Kultur, Petersberg, S. 193-206 (Arbeit u. Leben auf dem Lande; 9)

Lunapark (Hrsg.; 1929): Der Lunapark 1904-1925 seinen Freunden aus Anlaß des 25-jährigen Bestehens, Berlin

LUX, D./SCHMID, Chr. (2001): Ravensburger Spieleland - Das größte Spielzimmer der Welt. - In: HINTERHUBER/PECHLANER/MATZLER, S. 197-209

LVCVA (Las Vegas Convention and Visitors Authority) (Hrsg.; 2007): Las Vegas visitor profile. Calendar year 2007, San Francisco/Las Vegas (www.lvcva.com vom 07. April 2008)

M

MAAS, K. (2002): Keepertalk. - In: GANSLOßER, S. 203-206

MACDONALD, J. (2007): The incorporation question. - In: Planning, Juli, S. 44-45

MACHENS, K.-M. (2000): Zoo Hannover - auf Erfolgskurs mit kundenorientierten Konzepten. - In: STEINECKE, S. 289-307

MACHENS, K.-M. (2001): Der Erlebnis-Zoo Hannover als touristische Destination. - In: Deutscher Tourismusverband (Hrsg.): Dokumentation der Tagung des DTV-Städte- und Kulturforums 2001, Bonn (Foliensatz)

MACHENS, K.-M. (2002): Erlebnis-Zoo Hannover. - In: NAHRSTEDT u. a., S. 166-181

MACLAURIN, D. J./MACLAURIN, T. L. (2000): Customer Perceptions of Singapore's Theme Restaurants. - In: Cornell Hotel and Restaurant Administration Quarterly, 41/3, S. 75-85

MAIER, J. (Hrsg.; 1994): Touristische Straßen - Beispiele und Bewertung, Bayreuth (Arbeitsmat. z. Raumordnung u. Raumpl.; H. 137)

MAIER, J./GÖTZ, B. (2001): Erlebniswelten als neuer Trend städtischer Freizeitnutzung. - In: POPP, S. 177-186

MAKROPOULOS, M. (2002): Pars Pro Toto der Moderne. - In: Ästhetik u. Kommnikation, 33/116, S. 115-119

MALONE, P. (Hrsg.; 1996): City, capital and water, London/New York

MANGALASSEY, S. (2006): Wasservergnügungsparks in Indien. - In: Tourism Watch, 45, S. 6-8

MARGREITER, J. (2001): Die Marke Tirol: Ziele - Strategien - Maßnahmen. - In: BIEGER/PECHLANER/STEINECKE, S. 29-34

MARGREITER, J. (2002): Der Neue Tiroler Weg. - In: SCHMUDE, S. 42-53

MARLING, K. A. (Hrsg.; 1997): Designing Disney's theme parks. The architecture of reassurance, Paris/New York

MARLING, K. A. (1997a): Imageneering the Disney theme parks. - In: MARLING, S. 29-177

MARQUARDT, T. A. (1993): Marne-la-Vallée und Euro Disney, verbaut eine Ville Nouvelle ihre Zukunft? - In: Praxis Geogr., 4, S. 16-20

MARSHALL, A. (2003): A tale of two towns tells a lot about this thing called New Urbanism. - In: Built Environment, 29/3, S. 227-237

MARTIN, V. (1999): Städtebauliche Daten zu Las Vegas. - In: Bauwelt, 36, S. 1978-1979

MASCHKE, J. (2003): Ein Überblick über den Markt der Freizeitgroßprojekte in Deutschland. - In: JOB, H./SCHWAIGER, M. (Hrsg.): Jahrbuch für Fremdenverkehr, 45, München, S. 7-28

MASON, P. (2000): Zoo tourism: The need for more research. - In: J. of Sustainable Tourism, 8/4, S. 333-339

MASSKS (Ministerium für Arbeit, Soziales und Stadtentwicklung, Kultur und Sport) (Hrsg.; 1999): Stadtplanung als Deal? Urban Entertainment Center und private Stadtplanung, Düsseldorf

MATTHIEU, K./RÖTTGER, H. (2002): Lernspiele im Zoo. - In: GANSLOßER, S. 145-154

MAZZONI, I. D. (2005): Gärten & Parks. Gartenkunst von der Antike bis heute, Hildesheim (50 Klassiker; o. Bd.)

MCMANUS, R. (2005): Identity crisis? Heritage construction, tourism and place marketing in Ireland. - In: MCCARTHY, M. (Hrsg.): Ireland's Heritages. Critical perspectives on memory and identity, Aldershot/Burlington, S. 235-250

MEIER, K. (2003): Perspektiven von Shopping Centern zwischen Basisversorgung und Erlebniskonsum - untersucht am Beispiel des „Werre-Park" in Bad Oeynhausen. - In: KAGERMEIER/STEINECKE, S. 65-90

MEIGHÖRNER, W. (2000): Zeppelin Museum Friedrichshafen - ein traditionelles Museum auf neuen Wegen. - In: STEINECKE, S. 251-263

MEINICKE, B. (2000): Audi-Unternehmensauftritt am Standort Ingolstadt. - In: STEINECKE, S. 200-210

MEINICKE, B. (2003): Erlebniswelten als Instrumente der Kundenbindung. Neue Wege in der deutschen Automobilindustrie, Augsburg (Angew. Sozialgeogr.; 48)

MESSEDAT, J. (2007): Corporate Architecture. - In: archithese, 6, S. 38-39

Meteorit im RWE-Park. Eine Verwirklichung von André Heller, Wien/ München 1998

MEYER-CECH, K. (2003): Themenstraßen als regionale Kooperationen und Mittel zur touristischen Entwicklung - fünf österreichische Beispiele, Wien

MIELKE, B./SANDER, H. /KOCH, H. (1993): Großflächige Ferienzentren. - In: ILS, S. 9-72

MIKUNDA, CHR. (1992): Die Drehbücher im Kopf. - In: Psychologie heute, März, S. 64-71

MIKUNDA, Chr. (2002): Marketing spüren. Willkommen am Dritten Ort, Frankfurt a. M./Wien

MIKUNDA, Chr. (2005): Der verbotene Ort oder Die inszenierte Verführung. Unwiderstehliches Marketing durch strategische Drama-turgie, 2., aktual. u. erw. Aufl. Frankfurt a. M.

MITRAŠINOVIĆ, M. (2006): Total landscape, theme parks, public space, Aldershot (GB)/Burlington (USA)

MONHEIM, R. (2001): Die Innenstadt als Urban Entertainment Center? - In: POPP, S. 129-152

MONHEIM, R. (2007): Die Bedeutung von Freizeit und Tourismus für die Entwicklung von Innenstädten. - In: BECKER/HOPFINGER/ STEINECKE, S. 815-826

MONTGOMERY, J. (1995): The story of Temple Bar: creating Dublin's cultural quarter - In: Planning Practice and Research, 10/2, S. 135-172

MORASCH, L. (2000): PlayCastle: Europas erstes Infotainment Center - eine entgrenzte Freizeitwelt. - In: STEINECKE, S. 224-238

MORGAN, J. M./HODGKINSON, M. (1999): The motivation and social orientation of visitors attending a contemporary zoological park. - In: Environment and Behavior, 31/2, S. 227-239

MÜLLER, S. (1998): Parks von Center Parcs. Designer-Landschaft für die schönsten Tage des Jahres. - In: HENNINGS/MÜLLER, S. 176-192

MÜLLER, S./HENNINGS, G. (1998): Künstliche Erlebniswelten - Die Kräfte hinter dem Trend. - In: HENNINGS/MÜLLER, S. 10-31

MUNDT, J. W. (1999): Die Authentizität des Geldes. Zur ökonomischen Entwicklung künstlicher Destinationen. - In: Künstliche Ferien, S. 13-32

MUÑOZ, C. L./WOOD, N. T./SOLOMON, M. R. (2006): Real or blarney? A cross-cultural investigation of the perceived authenticity of Irish pubs. - In: J. of Consumer Behaviour, 5, S. 222-234

MUNSEY, C. (2003): Bottles in mimetic architecture. - In: Bottles and Extras, Summer, S. 2-4 (www.fohbc.com/PDF_Files/BottleArchitecture_July2003.pdf vom 23. August 2007)

MURET, D. (1996): June premiere for UnderWater World at Mall of America. - In: Amusement Business, 108/8, S. 25-28

MURPHY, P. E. (1997): Attraction land use management in Disney theme parks: Balancing business and environment. - In: MURPHY, P. E. (Hrsg.): Quality management in urban tourism, Chichester u. a., S. 221-233 (Int. Western Geogr. Series; o. Bd.)

MUTO, S. (1997): Las Vegas. 16 Hotels & Casinos, 5 Theme Restaurants, Tokio (Shop Design Series; o. Bd.)

MWA (Ministerium für Wirtschaft und Arbeit des Landes Sachsen-Anhalt) (Hrsg.; 2002): Handbuch Straße der Romanik in Sachsen-Anhalt, Magdeburg/Wernigerode (Tourismus-Stud. Sachsen-Anhalt; 12)

MYCEK, S. (1995): A clean slate: Disney's celebration of a healthy community. - In: Trustee, 48/8, S. 6-11

N

NAHRSTEDT, W. u. a. (Hrsg.; 2002): Lernen in Erlebniswelten. Perspektiven für Politik, Management und Wissenschaft, Bielefeld (IFKA-Dok.; 22)

NELSON, E. (1998): Mall of America. Reflections of a virtual community, Lakeville (Minnesota)

NIEDEN, P. zur (Hrsg.; 1999): Besucherbefragung der 1. Trierer Antikenfestspiele. Endbericht, Trier

NOGGE, G. (1993): Arche Zoo: Vom Tierfang zum Erhaltungszuchtprogramm. - In: POLEY, S. 79-118

NOGGE, G. (2001): Zoo und die Erhaltung bedrohter Arten. - In: DITTRICH/ENGELHARDT/RIEKE-MÜLLER, S. 183-188

NORMAN, C. (1999): Making a meal of it. - In: Leisure Management, 16/6, S. 46-48

O

O'CONNOR, B. (2003): ,Come and daunce with me in Irlande': Tourism, dance and globalisation. - In: CRONIN/O'CONNOR, S. 122-138

ODENTHAL, J. (2002): Musical statt Schmiedehämmer. Urban Entertainment Center in der neuen Essener Weststadt. - In: DISP, 150, S. 11-14

O'DOUGHERTY, M. (2006): Public relations, private security: Managing youth and race at the Mall of America. - In: Environment and Planning. D: Society and Space, 24/1, S. 131-154

OGDEN, J. J./LINDBURG, D. G./ MAPLE, T. L. (1993): The effects of ecologically-relevant sounds on zoo visitors. - In: Curator, 36/2, S. 147–156

OPASCHOWSKI, H. W. (1995): Freizeitökonomie. Marketing von Erlebniswelten, Opladen (Freizeit- und Tourismusstud.; 5)

OPASCHOWSKI, H. W. (1997): Deutschland 2010: Wie wir morgen leben - Voraussagen der Wissenschaft zur Zukunft unserer Gesellschaft, Hamburg

OPASCHOWSKI, H. W. (1998): Kathedralen des 21. Jahrhunderts. Die Zukunft von Freizeitparks und Erlebniswelten, Hamburg

OPASCHOWSKI (2000): Kathedralen und Ikonen des 21. Jahrhunderts: Zur Faszination von Erlebniswelten. - In: STEINECKE, S. 44-54

OPASCHOWSKI, H. W. (2001): Das gekaufte Paradies. Tourismus im 21. Jahrhundert, Hamburg

OPASCHOWSKI, H. W. (2002): Tourismus. Eine systematische Einführung. Analysen und Prognosen, 3., aktual. u. erw. Auflage, Opladen (Freizeit- und Tourismusstud.; 3)

OPASCHOWSKI, H. W./PRIES, M./ REINHARDT, U. (2006): Freizeitwirtschaft. Die Leitökonomie der Zukunft, Münster (Zukunft. Bildung. Lebensqualität; 2)

OPPITZ, S. (1998): Kundenorientierung und Personalentwicklung à la Disney - Erfolgsrezepten für Freizeitparks auf der Spur. - In: Amusement Technologie & Management, 2, S. 58-61

ORMROD, S. (1994): The modern zoo - ark or showboat? - In: Internat. Zoo News, 41/7, S. 5-11

OTTENSTRÖER, V. (2005): Großaquarien in Deutschland. - In: Euro Amusement Professional, 2, S. 40-43

P

PAPE, D. (2003): Wo Mao zu Hause ist. Polittourismus in Shaoshan, Paderborn

PAUST, B. (2001): „... nach der zu Versailles für eine der schönsten

in Europa ...“ Zwei Wiener Barockmenagerien. - In: DITTRICH/ ENGELHARDT/RIEKE-MÜLLER, S. 31-46

PÉCHENART, J. (2003): Tongue-tied: Language, culture and the changing trends in Irish tourism employment. - In: CRONIN/O'CONNOR, S. 241-262

PECHLANER, H. (1993): Zoo der Zukunft. - In: POLEY, S. 169-180

PECHLANER, H./BIEGER, T./WEIERMAIR, K. (Hrsg.; 2006): Attraktions-Management. Führung und Steuerung von Attraktionspunkten, Wien (Management u. Unternehmenskultur; 13)

PECHLANER, H./HAMMANN, E.-M./ FISCHER, E. (Hrsg.; 2008): Industrie und Tourismus. Innovatives Standortmanagement für Produkte und Dienstleistungen, Berlin

PENZ, O./RÖSCH, S. (2004): Misserfolge und Scheitern von Erlebniswelten. - In: KAGELMANN/BACHLEITNER/RIEDER, S. 39-46

PETERS, D. (2001): Traumlandschaften visuellen Konsums? Städtetourismus im 21. Jahrhundert. - In: RaumPlanung, 98, S. 242-245

PHILIPS, D. (2002): Consuming the West: Main Street, USA. - In: Space and Culture, 5/1, S. 29- 41

PHILLIPS, A. (1997): The Disney dream. - In: Maclean's, 110/29, S. 24-26

PIKKEMAAT, B./PETERS, M./SCHOPPITSCH, K. (2006): Erfolgsfaktoren von Erlebniswelten. - In: REUBER/ SCHNELL, S. 159-180

PILS, M. (o. J.): Mega-Tourismus cool betrachtet. Leitfaden zur Beurteilung von Mega-Tourismusprojekten aus der Sicht einer nachhaltigen Regionalentwicklung, Wien

PINE, B. J. II/GILMORE, J. H. (1999): The experience economy. Work is theatre & every business a stage, Boston

PLATTHAUS, A. (2001): Die Welt des Walt Disney. Von Mann & Maus, Berlin

POLEY, D. (Hrsg.; 1993): Berichte aus der Arche, Stuttgart

POLEY, D. (1993a): Wie der Mensch zum Zoo kam: Eine kurze Geschichte der Wildtierhaltung. - In: POLEY, S. 9-23

POPP, H. (Hrsg.; 2001): Neuere Trends in Tourismus und Freizeit, Passau (Bayreuther Kontaktstudium Geogr.; 1)

POPP, K. (1995): Themenparks: Dienstleistungswelten der Zukunft? - In: Praxis Geogr., 12, S. 30-33

POTT, A. (2007): Orte des Tourismus. Eine raum- und gesellschaftstheoretische Untersuchung, Bielefeld

PRAHL, H.-W./STEINECKE, A. (1979): Der Millionen-Urlaub - von der Bildungsreise zur totalen Freizeit, Darmstadt/Neuwied (IFKA-Faksimile-Ausgabe Bielefeld 1989)

PRIEBS, A. (1994): Nutzungswandel in innenstadtnahen Hafenbereichen. Das Beispiel Oslo. - In: Die Alte Stadt, 21/4, S. 300-317

PRIEBS, A. (1998): Hafen und Stadt - Nutzungswandel und Revitalisierung alter Häfen als Herausforderung für Stadtentwicklung und Stadtgeographie. - In: Geogr. Ztschr., 86/1, S. 16-30

Project on Disney (Hrsg.; 1995): Inside the mouse. Work and play at Disney World, Durham/London

PROBST, P. (2000): Freizeit- und Erlebniswelten: Entwicklung - Trends - Perspektiven. - In: STEINECKE, S. 104-118

PUNTER, J. (2005): Urban design in central Sydney 1945-2002: Laissez-Faire and discretionary traditions in the accidental city. - In: Progress in Planning, 63, S. 11-160

Q

QUACK, H.-D. (2000): Die Inszenierung der Innenstadt: Das CentrO in der Neuen Mitte Oberhausen. - In: STEINECKE, S. 186-200

QUACK, H.-D. (2001): Freizeit und Konsum im inszenierten Raum. Eine Untersuchung räumlicher Implikationen neuer Orte des Konsums, dargestelllt am Beispiel des CentrO Oberhausen, Paderborn (Paderborner Geogr. Schr.; 14)

QUACK, H.-D. (2002): Konsum im inszenierten Raum. Strukturelle Wettbewerbsvorteile von Kunstwelten und Herausforderungen für das Innenstadtmanagement. - In: STEINECKE, S. 106-125

QUACK, H.-D./STEINECKE, A. (2003): Konzeption und Marketing kulturtouristischer Routen - dargestellt am Beispiel der „Route der Historischen Stadtkerne". - In: SCHMUDE, J. (Hrsg.): Tegernseer Tourismus Tage 2002 - Proceedings, Regensburg, S. 77-90 (Beitr. z. Wirtschaftsgeogr. Regensburg; 6)

QUACK, H.-D./WACHOWIAK, H. (Hrsg.; 1999): Die Neue Mitte Oberhausen/CentrO. Auswirkungen eines Urban Entertainment Centers auf städtische Versorgungs- und Freizeitstrukturen, Trier (Mat. z. Fremdenverkehrsgeogr.; 53)

QUINN, M. S./SCOTT, J. R. (1997): Of mega-malls and soft-shelled Turtles: Deep ecological education to counter homogeneity. - In: The Trumpeter, 14/2, S. 1-12

R

RABB, G. B./SAUNDERS, C. D. (2005): The future of zoos and aquariums: conservation and caring. - In: Int. Zoo Yb., 39, S. 1-26

RADDER, J. (1997): Blijdorp - vom Tierpark zum Biotoppark. - In: anthos, 36/4, S. 40-45

RANDLER, Chr./HÖLLWARTH, A./ SCHAAL, S. (2007): Urban park visitors and their knowledge of animal species. - In: Anthrozoös, 20/1, S. 65-74

RAUTERBERG, H. (2000): Das Ich-Mobil. Der Volkswagen-Konzern oder Die Auto-Stadt als Metapher für ein besseres Leben. - In: Centrum - Jb. Architektur u. Stadt, S. 136-141

REED, N. B. (2001): The classical heritage in neon lights: Las Vegas, Nevada. - In: J. of American and Comparative Cultures, 24/1+2, S. 147-152

REEVE, A. (1996): The private realm of the managed town centre. - In: Urban Design, 1/1, S. 61-80

REHBERG, K.-S. (2002): Der Potsdamer Platz als gesellschaftsdiagnostisches Artefakt? Einleitende Bemerkungen. - In: Ästhetik u. Kommunikation, 33/116, S. 84-87

REIFF, F. (1998): Amerikanische Urban Entertainment Center-Konzepte und deren Übertragbarkeit auf den deutschen Markt, Freiberg (Freiberger Arbeitspapiere; 98/16)

REINHARDT, U. (2007): Edutainment. Bildung macht Spaß, 2. Aufl. Hamburg (Zukunft. Bildung. Lebensqualität; 1)

RESCH, Chr./STEINERT, H. (2002): Die Widersprüche von Herrschaftsdarstellung. Bescheidenes Großtun als Kompromiß. - In: Ästhetik u. Kommunikation, 33/116, S. 103-107

REUBER, P./SCHNELL, P. (Hrsg.; 2006): Postmoderne Freizeitstile und Freizeiträume. Neue Angebote im Tourismus, Berlin (Schr. z. Tourismus u. Freizeit; 5)

REUBER, P./WOLKERSDORFER, G. (2006): Freizeitstile und Freizeiträume im Ruhrgebiet. - In: REUBER/SCHNELL, S. 233-245

RHEES, S. S. (1993): Mall wonder. - In: Planning, 59/10, S. 18-24

RICHARDS, G. (1996): The scope and significance of cultural tourism. - In: RICHARDS, G. (Hrsg.): Cultural tourism in Europe, Wallingford (GB), S. 19-45

RIEDER, M. (1998): Erlebniswelten: Jenseits der Realität - inmitten der Utopie. - In: RIEDER, M./BACHLEITNER, R./KAGELMANN, S. 20-34

RIEDER, M. (2004): Erlebniswelten: Jenseits der Utopie - inmitten der Realität. - In: KAGELMANN/BACHLEITNER/RIEDER, S. 102-110

RIEDER, M./BACHLEITNER, R./KAGELMANN, H. J. (Hrsg.; 1998): ErlebnisWelten. Zur Kommerzialisierung der Emotionen in touristischen Räumen und Landschaften, München/Wien (Tourismuswiss. Manuskr.; 4)

RIEKE-MÜLLER, A. (2001): Die Gründung Zoologischer Gärten um die Mitte des 19. Jahrhunderts im deutschsprachigen Raum. - In: DITTRICH/ENGELHARDT/RIEKE-MÜLLER, S. 83-95

RIEWOLD, O. (Hrsg.; 2002): Brandscaping. Worlds of experience in retail design - Erlebnisdesign für Einkaufswelten, Basel u. a.

RIKLIN, Th. (2007): Gambling in Macao - Gambling als Industrie - Lehren aus Macao. - In: IDT-Blickpunkt, 17, S. 9-10

RITZER, G. (1999): Enchanting a disenchanted world. Revolutionizing the means of consumption, Thousand Oaks/London/New Delhi

RITZER, G. (2003): Islands of the living dead. The social geography of McDonaldization. - In: American Behavioral Scientist, 47/2, S. 119-136

RITZER, G. (2006): Die McDonaldisierung der Gesellschaft, 4., völlig neue Aufl. Konstanz

RÖCK, S. (1996): Erlebniswelten und ihre regionale Einbettung. - In: Inform. z. Raumentwickl., 6, S. 377-383

RÖCK, S. (1998): Freizeitgroßeinrichtungen im Zentrum der Stadt - Potential und Gefahr. - In: Inform. z. Raumentwickl., 2+3, S. 123-132

ROHRER, J./OBERRAUCH, H. (2001): Loden-Erlebniswelt Vintl - eine Bauchentscheidung. - In: HINTERHUBER/PECHLANER/MATZLER, S. 211-221

ROMEIß-STRACKE, F. (1996): Vom Urlaubs-Traum zum Traum-

Urlaub: die Traumfabrik Tourismus. - In: STEINECKE, S. 43-56

ROMEIß-STRACKE, F. (1999): Freizeit-Großprojekte und Urban Entertainment Center. Eine Bedrohung für die europäische Stadt? - In: TMA, S. 139-149

ROMEIß-STRACKE, F. (2000): Erlebnis- und Konsumwelten: Herausforderungen für die Innenstädte. - In: STEINECKE, S. 76-83

ROMEIß-STRACKE, F. (2003): Abschied von der Spaßgesellschaft. Freizeit und Tourismus im 21. Jahrhundert, Amberg

ROMEIß-STRACKE, F. (2004): Freizeit- und Erlebniswelten: Die europäischen Erfahrungen. - In: IfMo, S. 167-181

ROMEIß-STRACKE, F. (Hrsg.; 2008): TourismusArchitektur. Baukultur als Erfolgsfaktor, Berlin

RONNEBERGER, K. (1999): Die Stadt als Themenpark? - In: Kulturzentrum Schlachthof, S. 55-65

ROOST, F. (1998): Recreating the city as entertainment center: The media industry's role in transforming Potsdamer Platz and Times Square. - In: J. of Urban Technology, 5/3, S. 1-21

ROOST, F. (1998a): Walt Disneys „Celebration". Die amerikanische Stadt der Zukunft im Gewand der Vergangenheit. - In: Die alte Stadt, 25/4, S. 318-334

ROOST, F. (2000): Die Disneyfizierung der Städte. Großprojekte der Entertainmentindustrie am Beispiel des New Yorker Times Square und der Siedlung Celebration in Florida, Opladen (Stadt, Raum u. Gesellschaft; 13)

ROOST, F. (2000a): Der neue Times Square: Null Toleranz. - In:

Arch+: Ztschr. f. Architektur, 152/153, S. 104-108

ROOST, F. (2005): Autostadt Wolfsburg - von der Arbeitsstadt zum Themenpark. - In: Architekturzentrum Wien, S. 45-73

ROOST, F. (2008): Branding Center. Der Einfluss globaler Markenkonzerne auf die Innenstädte am Beispiel von Projekten des Sony-Konzerns, Wiesbaden

RÖSCH, S. (2003): Zerplatzte Träume, zerstörte Illusionen: Das Scheitern von Freizeitgroßprojekten. Eine Analyse von möglichen Fehlerquellen in der Projektentwicklung und im Betrieb von Freizeitgroßprojekten am Beispiel des PlayCastle in Seefeld/Tirol. - In: SCHMUDE, J. (Hrsg.; 2003): Tegernseer Tourismus Tage 2002. Proceedings, Regensburg, S. 125-133 (Beitr. z. Wirtschaftsgeogr. Regensburg; 6)

ROSENFELD, M. (1999): 42nd Street Development, New York. - In: MASSKS, S. 50-72

ROSSI, R. (1998): Times Square and Potsdamer Platz: Packaging development as tourism. - In: The Drama Review, 42/1, S. 43-48

ROTHFELS, N. (2002): Savages and beasts. The birth of the modern zoo, Baltimore/London (Animals, History, Culture; o. Bd.)

ROUSE, J. (2000): Reinventing Bethlehem - The star that shines (hopefully) over Brand Lands. Paper presented at the Experimental Branding Conference, Orlando (www. jackrouse.com/NEWS/1-13speaker.htm vom 03. Juni 2003)

ROWE, P. G. (1992): Die Geschichte der Shopping Mall. - In: Arch+:

Ztschr. f. Architektur, 114/115, S. 81-90

RUBY, A. (2000): Die Verglasung des Stadtraums. Volkswagens Gläserne Manufaktur in Dresden. - In: HENN, S. 78-96

RÜBEL, A. (1997): Neue Ziele und Aufgaben. - In: anthos, 36/4, S. 12-15

RUPPERTI, T. (1995): Die Bauerndörfer in Kärnten. - In: TMA, S. 69-72

RYAN, Chr./SAWARD, J. (2004): The zoo as ecotourism attraction - visitor reactions, perceptions and management implications: The case of Hamilton Zoo, New Zealand. - In: J. of Sustainable Tourism, 12/3, S. 245-266

S

SAAB, A. J. (2007): Historical amnesia: New Urbanism and the city of tomorrow. - In: J. of Planning History, 6/3, S. 191-213

SALZERT, W. (2004): Attraktive Zoogestaltung - gibt es ein Patentrezept? - In: ZooLex (www.zoolex.org/publication/salzert/10regeln/salzert1_04.html vom 02. Oktober 2007)

SARGENT, S. (1990): The Ahwahnee Hotel, Santa Barbara

SCHEGK, I./SIMA, J. (2007): Die Entwicklung künstlicher Felselemente im Landschaftsbau. - In: Neue Landschaft, 2, S. 38-42

SCHELLHORN, M. (2006): Erneuerbare senken Betriebskosten. - In: TAG Fachplaner, 12, S. 36-39

SCHEMM, V./UNGER, K. (1997): Die Inszenierung von ländlichen Tourismusregionen: Erfahrungen aus touristischen Kampagnen in Ostbayern. - In: STEINECKE/TREINEN, S. 30-46

SCHERREIKS, S. (2005): Grüne Hölle oder schillerndes Paradies? Zur Geschichte und kulturellen Bedeutung von Erlebnisparks in Deutschland, Münster u. a. (Kieler Stud. z. Volkskunde u. Kunstgeschichte; 4)

SCHERRIEB, H. R. (1998): Freizeitparks und Freizeitzentren - Ziele und Aufgaben für touristische Leistungsträger. - In: HAEDRICH u. a., S. 679-698

SCHERRIEB, H. R. (1998a): Freizeit- und Erlebnisparks in Deutschland. Geschichte - Betriebsarten - Rahmendaten, 4. Aufl. Würzburg

SCHERRIEB, H. R. (1998-2003): Definitionen und Fachbegriffe: Brandpark, Berlin (www.themata. com vom 22. November 2005)

SCHERRIEB, H. R. (1999): Wenn das Drehbuch fehlt. - In: Amusement Technologie & Management, 1, S. 72-73

SCHERRIEB, H. R. (2000): Perspektiven und Herausforderungen von Attraktionspunkten und Freizeit- und Themenparks an der Schwelle zum 21. Jahrhundert. - In: Jb. d. Schweizerischen Tourismuswirtschaft 1999/2000, S. 31-49

SCHERRIEB, H. R. (2008): Von der industriellen Kernkompetenz zum touristischen Attraktionspunkt. Erscheinungsformen, Erfahrungen und Erfolgskriterien von Firmenerlebniswelten. - In: PECHLANER/ HAMMANN/FISCHER, S. 93-109

SCHEURER, R. (2003): Erlebnis-Setting. Touristische Angebotsgestaltung in der Erlebnisökonomie, Bern 2003 (Berner Stud. z. Freizeit u. Tourismus; 43)

SCHILSON, A. (1999): Musicals als Kult. Neue Verpackung religiöser Symbolik? - In: TMA, S. 25-54

SCHILSON, A. (2000): Säkulare Rituale. Theologische Entdeckungen in der Konsumwelt. - In: ISENBERG/SELLMANN, S. 75-80

SCHMID, H. (2006): Economy of fascination: Dubai and Las Vegas as examples of themed urban landscapes. - In: Erdkunde, 60/4, S. 346-361

SCHMIDT, C. R. (2001): Entstehung und Bedeutung der Tiergartenbiologie. - In: DITTRICH/ENGELHARDT/RIEKE-MÜLLER, S. 117-128

SCHMITT, M. (1982): Palast-Hotels. Architektur und Anspruch eines Bautyps 1870-1920, Berlin

SCHMUDE, J. (Hrsg.; 2002): Tegernseer Tourismus Tage 2000. Proceedings, Regensburg (Beitr. z. Wirtschaftsgeogr. Regensburg; 2)

SCHMUDE, J./TRONO, A. (Hrsg.; 2003): Routes for tourism and culture. Some examples for creating thematic routes from Italy, Greece, Portugal and Germany, Regensburg (Beitr. z. Wirtschaftsgeogr. Regensburg; 5)

SCHNACKERS, B. (2002): Ski heil in Bottrop! Wenn die Berge zu den Menschen kommen. - In: Geogr. heute, 23/198, S. 12-15

SCHNEIDER, M. (2001): Destination Corporate Land/Brand Land - Nachfrageanalyse am Beispiel der Autostadt Wolfsburg, Paderborn (Univ. Paderborn, unveröffentl. Magisterarb.)

SCHNEIDER, M. (2006): Erlebnisarchitektur im Tourismus. - In: WEIERMAIR/BRUNNER-SPERDIN, S. 97-106

SCHNETZLER, H. (2008): Industrie und Tourismus - Eine Untersuchung an Industrieerlebniswelten aus kundenorientierter Sicht. - In: PECHLANER/HAMMANN/FISCHER, S. 129-137

SCHOCH, M. (1998): Tokyo Disney-Sea - zweiter Disney-Themenpark in Japan. - In: Amusement Technologie & Management, 4, S. 68-71

SCHOCH, M. (1999): Im Zeichen der Sonne. Disneys kalifornisches Abenteuer. - In: Amusement Technologie & Management, 2, S. 68-71

SCHÖMMEL, A. (1999): Brand Lands. Themenwelten zur Marken- und Unternehmenskommunikation. - In: Amusement Technologie & Management, 2, S. 39-40

SCHRÖDER, A. (2007): Industrietourismus. - In: BECKER/HOPFINGER/STEINECKE, S. 213-224

SCHRÖDER, I. (2006): Die Thematisierung der Stadt - untersucht am Beispiel von Sydneys Darling Harbour, Paderborn (Univ. Paderborn, unveröffentl. Magisterarb.)

SCHULZE, G. (1999): Kulissen des Glücks. Streifzüge durch die Eventkultur, Frankfurt a. M./New York

SCHULZE, G. (2000): Die Erlebnis-Gesellschaft: Kultursoziologie der Gegenwart, 8. Aufl. Frankfurt a. M.

SCHWARK, J. (2000): Thementourismus - am Beispiel des Lutherjahres. - In: DREYER, S. 117-136

SCHWEDE, D. (1994): Einkaufspassagen unter Glas. Passagen als innerstädtische Erlebnisräume. - In: Geogr. heute, 15/120, S. 34-37

SCOVIAK LERNER, M. (1999): Variations on a theme. - In: Hotels, 2, S. 64-68

SEIDL, Chr. (2003): Eastern Bavaria - Germany. - In: SCHMUDE/TRONO, S. 135-153

SELLMANN, M. (1999): Die Wiederverzauberung der Welt: Konsum und Kult. - In: KSA Informationsdienst Konsum und Sucht; 4, S. 2-3

SHEARMUR, J. (2002): Living with a marsupial Mouse. - In: Policy, 18/2, S. 19-22

SHIU HING, L. (2005): Casino politics, organized crime and the postcolonial state in Macau. - In: J. of Contemporary China, 14/43, S. 207-224

Singapore Zoological Gardens (Hrsg.; o. J.): The world's first night safari, Singapore

SMERAL, E. (2003): Die Zukunft des internationalen Tourismus. Entwicklungsperspektiven für das 21. Jahrhundert, Wien

SMITH, P. J. (1991): Coping with mega-mall development: An urban planning perspective on West Edmonton Mall. - In: The Canadian Geographer, 35/3, S. 295-305

SORKIN, M. (1992): Wir seh'n uns in Disneyland. - In: Arch+: Ztschr. f. Architektur, 114/115, S. 100-110

SORKIN, M. (Hrsg.; 2000): Variations on a theme park. The new American city and the end of public space, 10. Aufl. New York

SORKIN, M. (2000a): Introduction: Variations on a theme park. - In: SORKIN, S. XI-XV

SOUTHWORTH, M. (2005): Reinventing Main Street: From mall to townscape mall. - In: J. of Urban Design, 10/2, S. 151-170

SOYEZ, D. (1986) Industrietourismus im Saar-Lor-Lux-Raum - Eine Chance für Industriegemeinden. - In: Deutscher Verband für Angewandte Geographie (Hrsg.): Fremdenverkehr und Freizeit: Entwicklung ohne Expansion, Bochum, S. 71-88 (Mat. z. Angew. Geogr.; 13)

SPITTLER, R./REINDERS, S. (2001): Ferien- und freizeittouristischer Anlagenmarkt des Kurzurlaubssegments. Untersuchung zur Planungspraxis, Bielefeld

SPRIGINGS, N./ALLEN, C. (2005): The communities we are regaining but need to lose: A critical commentary on community building in beyond-place societies - In: Community, Work and Family, 8/4, S. 389-411

STADLER, G. (1975): Von der Kavalierstour zum Sozialtourismus. Kulturgeschichte des Salzburger Fremdenverkehrs, Salzburg

STEINECKE, A. (Hrsg.; 1996): Der Tourismusmarkt von morgen - zwischen Preispolitik und Kultkonsum, Trier (ETI-Texte; 10)

STEINECKE, A. (1997): Inszenierung im Tourismus: Motor der künftigen touristischen Entwicklung. - In: STEINECKE/TREINEN, S. 7-17

STEINECKE, A. (Hrsg.; 2000): Erlebnis- und Konsumwelten, München/Wien

STEINECKE, A. (2000a): Tourismus und neue Konsumkultur: Orientierungen - Schauplätze - Werthaltungen. - In: STEINECKE, S. 11-27

STEINECKE, A. (2000b): Erlebniswelten und Inszenierungen im Tourismus. - In: Geogr. Rdsch., 52/2, S. 42-45

STEINECKE, A. (2000c): Auf dem Weg zum Hyperkonsumenten: Orientierungen und Schauplätze. - In: ISENBERG/SELLMANN, S. 85-94

STEINECKE, A. (2001): Industrieerlebniswelten zwischen Heritage und Markt: Konzepte - Modelle - Trends. - In: HINTERHUBER/PECHLANER/MATZLER, S. 85-101

STEINECKE, A. (2001a): Markenbildung von Destinationen: Erfahrungen - Herausforderungen - Perspektiven. - In: BIEGER/PECHLANER/STEINECKE, S. 9-27

STEINECKE, A. (Hrsg.; 2002): Tourismusforschung in Nordrhein-Westfalen. Ergebnisse - Projekte - Perspektiven, Paderborn (Paderborner Geogr. Stud. z. Tourismusforsch. u. Destinationsmanagement; 15)

STEINECKE, A. (2002a): Kulturtourismus in der Erlebnisgesellschaft. Trends - Strategien - Erfolgsfaktoren. - In: Geogr. u. Schule, 24/135, S. 10-14

STEINECKE, A. (2002b): Kunstwelten in Freizeit und Konsum: Merkmale - Entwicklungen - Perspektiven - In: Geogr. heute, 23/198, S. 2-7

STEINECKE, A. (2003): Erlebnis- und Konsumwelten - eine Strategie auch für den ländlichen Raum? - In: IfE, S. 2-11

STEINECKE, A. (2004): Zur Phänomenologie von Marken-Erlebniswelten. - In: BRITTNER-WIDMANN/QUACK/WACHOWIAK, S. 201-219

STEINECKE, A. (2006): Tourismus - eine geographische Einführung, Braunschweig (Geograph. Seminar; o. Bd.)

STEINECKE, A. (2007): Kulturtourismus. Marktstrukturen - Fallstudien - Trends, München/Wien

STEINECKE, A. (2007a): Kunstwelten in Freizeit und Konsum: Merkmale - Entwicklungen - Perspektiven - In: BECKER/HOPFINGER/STEINECKE, S. 125-137

STEINECKE, A. (2008): Kathedralen, Patrizierhäuser, Wolkenkratzer - architektonische Denkmäler als städtetouristische Attraktionen. - In: ROMEIß-STRACKE, S. 190-198

STEINECKE, A. (2008a): Märchenschlösser und Autotürme. Architektur als Instrument der Inszenierung von Themenwelten. - In: ROMEIß-STRACKE, S. 158-170

STEINECKE, A./MAIER, P. (1998): Freizeit - ein Risiko? Ausprägungen und Folgeabschätzungen im Tourismus. - In: Thomas-Morus-Akademie (Hrsg.): Fernweh - Seelenheil - Erlebnislust. Von Reisemotiven und Freizeitfolgen, Bensberg, S. 151-168 (Bensberger Protokolle; 92)

STEINECKE, A./TREINEN, M. (Hrsg., 1997): Inszenierung im Tourismus. Trends - Modelle - Prognosen, Trier (ETI-Stud.; 3)

STEINECKE, A./WACHOWIAK, H. (1994): Kulturstraßen als innovative touristische Produkte - das Beispiel der grenzübergreifenden Kulturstraße „Straße der Römer" an der Mosel. - In: MAIER, S. 5-33

STEINER, D. (1987): Überall ist Mega-Mall. Das Reisen ist der Zweck, die Orte sind herstellbar. - In: Stadtbauwelt, 96/48, S. 1780-1783

STEINER, G. (2003): Erfahrungen mit der touristischen Vermarktung von Kulturevents im ländlichen Raum Oberbayerns. - In: IfE, S. 24-31

STEINER, J. (1997): Die Nutzung historischer und kultureller Potentiale für den Tourismus im Münsterland - In: STEINECKE/TREINEN, S. 47-61

STEINER, O. J. (2001): Die Besucher sind das Kapital der Glasi Hergiswil. - In: HINTERHUBER/PECHLANER/MATZLER, S. 235-239

STEINHAUSER, M. (1974): Das europäische Modebad des 19. Jahrhunderts. - In: GROTE, L. (Hrsg.): Die deutsche Stadt im 19. Jahrhundert, München, S. 95-128 (Stud. z. Kunst d. neunzehnten Jahrhunderts; 24)

STEMSHORN, M. (Hrsg.; 2000): Die Inszenierung der Freizeit. Die künstliche Welt der Freizeitparks und Ferienparadiese, Ulm

STEMSHORN, M. (2000a): Hohenheim, Prater, Tivoli. Über Vorläufer der Freizeitparks. - In: STEMSHORN, S. 8-25

STERNE, J. (1997): Sounds like the Mall of America: Programmed music and the architectonics of commercial space. - In: Ethnomusicology, 41/1, S. 22-50

STORP, F. (1999): The smell of cyberspace - oder wie riecht die Zukunft? - In: Integra, 4, S. 27-29

STRATHEN, H.-D. (1998): CentrO. Das „Urban Entertainment Center" in der „Neuen Mitte Oberhausen" - In: Geogr. heute, 19/165, S. 30-33

STREHLOW, H. (2001): Zoological Gardens of Western Europe. - In: KISLING Jr., S. 75-116

Swarovski-Kristallwelten (1996): Ein Projekt von André Heller, Wien

SWARBROOKE, J. (2007): The development and management of visitor attractions, 2. Aufl. Amsterdam u. a.

SZASZ, C. (2001): The architectural monolith of Edmonton (www.arch. mgill.ca/prof/sijpkes/arch304/winter2001/cszasz/u1/wem.htm vom 18. Mai 2008)

T

TAPPE, U. (1999): Das Beispiel Weststadt - Urban Entertainment Center als offenes Konzept. - In: MASSKS, S. 73-79

TAYLOR, W. R. (Hrsg.; 1996): Inventing Times Square: Commerce and culture at the Crossroads of the World, Baltimore/London

TEA (Themed Entertainment Association)/ERA (Economics Research Associates) (Hrsg.; 2007): Theme Park Attendance Report 2006, Burbank (www.themeit. com/attendance_report2006.pdf vom 15. September 2007)

TEMMEN, B./HATZFELD, U./EBERT, R. (1993): Märchenwelt und Achterbahn. Freizeitparks in Nordrhein-Westfalen. - In: ILS, S. 73-117

TESCHLER, C. (1998): Paris 1899. Das Revolutionsjubiläum und die Monarchien. - In: 150 Jahre Faszination Weltausstellung, S. 32-34

TESCHLER, C. (1998a): Paris 1900. Schlussfeier des 19. Jahrhunderts. - In: 150 Jahre Faszination Weltausstellung, S. 36-38

TEUNIS, E. (2004): Auf Achterbahnkurs: Freizeitparks in Spanien. - In: Freizeit Leisure Professional, 4, S. 33-37

THEIßEN, U. (1993): Eurodisneyland. Ein Projekt im Rahmen der Entwicklung von Marne-la-Vallée und der Ile-de-France. - In: Geogr. u. Schule, 86, S. 2-11

Themata (Hrsg.; 2003): Freizeit in Deutschland, München/Wien

TMA (Thomas-Morus-Akademie) (Hrsg.; 1995): Kathedralen der Freizeitgesellschaft. Kurzurlaub in Erlebniswelten. Trends, Hintergründe, Auswirkungen, Bergisch Gladbach (Bensberger Protokolle; 83)

TMA (Thomas-Morus-Akademie) (Hrsg.; 1999): Musicals und urbane Entertainmentkonzepte. Markt, Erfolg und Zukunft. Zur Bedeutung multifunktionaler Freizeit- und Erlebniskomplexe, Bergisch Gladbach (Bensberger Protokolle; 90)

TMA (Thomas-Morus-Akademie) (Hrsg.; 2003): ZeitFenster. 50 Jahre Thomas-Morus-Akademie, Bensberg

TONNELAT, S. (2007): Keeping space public: Times Square (New York) and the Senegalese peddlers. - In: Cybergeo - Review européenne de géographie, 367, S. 1-18

TRAUZETTEL, L. (2001): Wörlitzer Anlagen. - In: WEISS, Th. (Hrsg.; 2001): Das Gartenreich Dessau-Wörlitz. Kulturlandschaft Dessau-Wörlitz, 3., aktual. u. erw. Aufl. Hamburg, S. 23-63

TROESTL, T. O. (1997): Viel Spaß dabei. - In: Immobilien Manager, 6, S. 22-28

TROESTL, T. O. (1996): Weltweit im Trend. - In: Immobilien Manager, 7+8, S. 44-55

TROMMER, S. (1996): Der Erlebniswert Bonns: ein zentrales Pla-
nungskriterium? - In: Inform. z.
Raumentwickl., 6, S. 331-343

TUMA, Th. (2007): Die Kraft der
Kleinen. - In: Der Spiegel, 21,
S. 84-85

TURLEY, S. K. (1999): Exploring the
future of the traditional UK zoo. -
In: J. of Vacation Marketing, 5/4,
S. 340-355

TURLEY, S. K. (2001): Children and
the demand for recreational ex-
periences: the case of zoos. - In:
Leisure Stud., 20, S. 1-18

TURNER, J. (1994): Sony Wonder
brings action to education. - In:
American Cinematographer, 75/8,
S. 48-54

U

ULBERT, H.-J. (2000): Multiplexkinos - moderne Freizeitgroßeinrichtungen. - In: IfL, S. 78-79

UNGER, K. (1993): Festivals und
Veranstaltungen als kulturtouristi-
sche Angebote. - In: BECKER/
STEINECKE, S. 112-121

V

VENTURI, R./BROWN, D. S./IZE-
NOUR, S. (1979): Lernen von Las
Vegas. Zur Ikonographie und
Architektursymbolik der Ge-
schäftsstadt, Braunschweig/Wies-
baden (Bauwelt-Fundamente; 53)

VESTER, H.-G. (1993): Authentizität. - In: HAHN/KAGELMANN,
S. 122-124

VESTER, H.-G. (1996): Die Shopping Mall - eine touristische Destination der Postmoderne. - In:
Gruppendynamik, 27/1, S. 57-66

VESTER, H.-G. (1997): Tourismus
im Licht soziologischer Theorien.
- In: Voyage - Jb. f. Reise- u. Tourismusforschung, S. 67-85

VESTER, H.-G. (2004): Das Erlebnis
begreifen - Überlegungen zum Er-
lebnisbegriff. - In: KAGELMANN/
BACHLEITNER/RIEDER, S. 9-15

VESTER, H.-G. (2004a): Shopping
Malls - Orte des Erlebens? - In:
KAGELMANN/BACHLEITNER/RIE-
DER, S. 211-219

VETSCH, W. (1997): Gehege für
Brillen- und Nasenbären. - In:
anthos, 36/4, S. 21-25

VETSCH, W. (1997a): Weitblick für
den Zürcher Zoo. - In: anthos,
36/4, S. 16-20

VOLLMAR, R. (1998): Anaheim -
Utopia Americana. Vom Weinland
zum Walt Disney-Land. Eine
Stadtbiographie, Stuttgart (Er-
dkundl. Wissen; 126)

VOßEBÜRGER, P./WEBER, A. (1998):
Planerischer Umgang mit Freizeit-
großprojekten. Bausteine zum
Konfliktmanagement am Beispiel
eines „Center Parcs"-Projektes,
Dortmund (Dortmunder Beitr. z.
Raumpl.; 86)

VOßEBÜRGER, P./WEBER, A. (2000):
Vom Umgang mit Konflikten bei
der Planung von Erlebnis- und
Konsumwelten - ein Plädoyer für
Kooperation statt Konfrontation -
In: STEINECKE, S. 84-103

VOSSEN, J. (2001): Hollywood in
Bottrop. Warner Bros. Movie
World hinterfragt. - In: Praxis
Geogr., 31/6, S. 16-20

VOSSEN, J. (2004): Konsumtempel
und Erlebniswelten - Aktuelle Entwicklung der städtischen Landschaft als neue Leitbilder von Urbanität? - In: FAUST, H./REEH, T./

GEE, K. (Hrsg.): Freizeit und Tourismus. Konzeptionelle und regionale Studien aus kulturgeographischer Perspektive, Göttingen, S. 65-76 (ZELTForum - Göttinger Schr. z. Landschaftsinterpretation u. Tourismus; 2)

W

WAGNER, M. (1999): Sakrales Design für Fiktionen vom öffentlichen Raum. - In: Kulturzentrum Schlachthof, S. 66-75

WALVIN, J. (1978): Beside the seaside: A social history of the popular seaside holiday, London

WATKINS-MILLER, E. (1997): Shopping for fun. - In: Buildings, 91, S. 46-51

WATSON, H. (2006): Berlin's empty heart. - In: Architectural Design, 76/3, S. 100-103

WEBER, K. K. (1972): Historische Parke. - In: Architekten- und Ingenieur-Verein zu Berlin (Hrsg.): Berlin und seine Bauten. Teil XI: Gartenwesen, Berlin/München/ Düsseldorf, S. 51-69

WEINZIERL, K. (1997): Volksfeste und Brauchtumspflege als Wirtschaftsfaktor und Touristenattraktion am Beispiel der Landshuter Hochzeit 1475. - In: Deutsches Seminar für Fremdenverkehr, S. 149-160

WEIERMAIR, K./BRUNNER-SPERDIN, A. (Hrsg.; 2006): Erlebnisinszenierung im Tourismus. Erfolgreich mit emotionalen Produkten und Dienstleistungen, Berlin

WEISER, M. (2002): Schilder. - In: GANSLOßER, S. 137-144

WENZEL, C.-O./Franck, J. (1995): Euro-Disney und Mall of America.

Erlebnis- und Themenwelten für den (Kurz-)Urlaub. Konzepte, Angebote, Zielgruppen. - In: TMA, S. 73-111

WEST, B. (2006): Consuming national themed environments abroad. Australian working holidaymakers and symbolic national identity in „Aussie" theme pubs. - In: Tourist Stud., 6/2, S. 139-155

WIESNER, H. (2001): Modernes Zoomanagement. - In: DITTRICH/ ENGELHARDT/RIEKE-MÜLLER, S. 171-181

WILLENBROCK, H. (2003): Allgemein-Plätze. - In: Brand Eins, 1 (www.brand1.de vom 30. April 2008)

WILLIAMS, A. (1998) The postmodern consumer and hyperreal pubs. - In: Int. J. of Hospitality Management, 17, S. 221-232

WINTER, C. (2002): Grundschul-Zoo-Safari: Zoounterricht für Anfänger im „Affenland" des Serengeti-Safariparks Hodenhagen. - In: GANSLOßER, S. 17-40

WIRTH, K./HÖDL, M. (2002): Stadtmarketing - Stand und Perspektiven in Österreichs Städten, Wien 2002 (www.kdz.or.at/kdz/grundlagen/sttg2002/thesenpapier_stadtm arketing_staedtetag2002.pdf vom 22. November 2006)

WIRTZ, P. H. (1997): Zoo city: Bourgeois values and scientific culture in the industrial landscape. - In: J. of Urban Design, 2/1, S. 61-82

WITTERSHEIM, N. (2004): Erlebnisgastronomie in Deutschland, Trier (Mat. z. Fremdenverkehrsgeogr.; 61)

WÖHLER, K. (2000): Konstruierte Raumbindungen. Kulturangebote zwischen Authentizität und Inszenierung. - In Tourismus J., 4/1, S. 103-117

WÖHLER, K. (2003): Virtualisierung von touristischen Räumen. - In: Tourismus J., 7/2, S. 237-250

WÖHLER, K. (2004): Was soll die Diagnose: Überall Erlebnis? - In: KAGELMANN/BACHLEITNER/RIEDER, S. 220-226

WÖHLER, K. (Hrsg.; 2005): Erlebniswelten. Herstellung und Nutzung touristischer Welten, Münster (Tourismus. Beitr. z. Wiss. u. Praxis; 5)

WOLF, A. (2005): Erfolgsfaktoren industrietouristischer Einrichtungen, Paderborn (Paderborner Geogr. Stud. z. Tourismusforsch. u. Destinationsmanagement; 18)

WOLF-KALTENHÄUSER, K. (2002): Kindergeburtstag im Tiergarten. - In: GANSLOßER, S. 11-16

WOLFF, J. (1997): Die kulturelle Inszenierung eines Urlaubslandes: das „Lutherjahr 1996". - In: STEINECKE/TREINEN, S. 18-29

WOODS, B. (2002): Good zoo/bad zoo: Visitor experience in captive settings. - In: Anthrozoös, 15/4, S. 343-346

WORDEN, N. (1996): Contested heritage at the Cape Town waterfront. - In: Int. J. of Heritage Stud., 2/1, S. 59-75

WORDEN, N./HEYNINGEN, E. van (1996): Signs of the times. Tourism and public history at Cape Town's Victoria and Alfred Waterfront. - In: Cahiers d'Études africaines, XXXXVI-1-2/141-142, S. 215-236

WYLSON, A./WYLSON, P. (1994): Theme parks, leisure centres, zoos

and aquariums, Burnt Hill (GB) (Longman Building Stud.; o. Bd.)

Z

Die Zaubergärten des André Heller, Wien 1998

ZAW (Zentralverband der Deutschen Werbewirtschaft) (Hrsg.; 2007): Werbung in Deutschland 2007, Berlin

ZEHNER, K. (2001): Stadtgeographie, Gotha/Stuttgart (Perthes Geographie-Kolleg; o. Bd.)

ZEINER, M. (2006): Die Entwicklung des Freizeitverhaltens in Deutschland, München (www.dtg.info.de/upload_objekte/Vortrag_Tierparks_in_Marlow_280906.pdf vom 15. September 2007)

ZEPP Jr., I. G. (1986): The new religious image of urban America. The shopping mall as ceremonial center, Westminster (Maryland)

ZIEMANN, A. (2002): Die (Re)konstruktion des Potsdamer Platzes. Systemtheoretische Beobachtungen. - In: Ästhetik u. Kommunikation, 33/116, S. 97-101

ZIMMERMANN, A. u. a. (Hrsg.; 2007): Zoos in the 21st century. Catalysts for conservation? Cambridge u. a.

ZINGANEL, M. (2005): Alpine Erlebnislandschaften. Von der Tourismusindustrie in den Tiroler Dienstleistungsalltag. - In: Architekturzentrum Wien, S. 89-96, 113-134

Personen-, Orts- und Einrichtungsverzeichnis

Sachverzeichnis

Hotels erfolgreich führen

U. Karla Henschel
Hotelmanagement

3., überarbeitete und aktualisierte Auflage 2008
468 S. | gebunden
€ 34,80 | ISBN 978-3-486-58464-6
Edition Dienstleistungsmanagement

Ausgehend von der Einordnung der Hotellerie in die Tourismuswirtschaft werden in diesem Buch ausgewählte Strukturmerkmale der Hotellerie und Entwicklungen auf dem Hotelmarkt betrachtet. In Abgrenzung von anderen Betriebsarten der Beherbergung werden der Hotelbetrieb charakterisiert und seine Leistungen dargestellt. Dem schließt sich die Organisation des Hotelbetriebes als Managementaufgabe an.

In Anbetracht der Bedeutung der Qualität der Hotelleistung und der Mitarbeiter für den Erfolg von Hotelunternehmungen nehmen Fragen des Qualitätsmanagements sowie des Personalmanagements einen wichtigen Platz ein.

Wenn sich in einem Lehrbuch auch keine Patentlösungen vermitteln lassen, so soll aber der systematische Aufbau das Verständnis für das Ineinandergreifen sehr unterschiedlicher, aber komplexer Managemententscheidungen fördern. Deshalb wird zur Darstellung von Zusammenhängen oft mit Verweisen oder Wiederholungen gearbeitet.

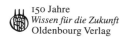

150 Jahre
Wissen für die Zukunft
Oldenbourg Verlag

Oldenbourg

Bestellen Sie in Ihrer Fachbuchhandlung oder direkt bei uns: Tel: 089/45051-248, Fax: 089/45051-333
verkauf@oldenbourg.de

Das Standardwerk der Hotellerie

Karl Heinz Hänssler
Management in der Hotellerie und Gastronomie
Betriebswirtschaftliche Grundlagen
7., überarb. und akt. Aufl. 2008. X, 496 S., gb.
€ 34,80
ISBN 978-3-486-58420-2

Sie wünschen sich zufriedene Gäste und wirtschaftlichen Erfolg? Als Hotelier oder Gastwirt haben Sie täglich eine Vielzahl von einzelnen Entscheidungen zu treffen, die erst in der Summe den Erfolg oder Misserfolg ausmachen. Mit betriebswirtschaftlichem Hintergrundwissen verschaffen Sie sich einen Background, der es Ihnen ermöglicht, Einzelentscheidungen im Zusammenhang zu bewerten und damit Ihren Erfolg zu planen. Namhafte Experten aus Theorie und Praxis geben in dem jetzt bereits in der 7. Auflage erschienenen Standardwerk von Karl Heinz Hänssler den notwendigen Überblick und bieten konkrete Hilfe für viele Fragen der täglichen Arbeit.

Das Buch richtet sich an Studierende, Hoteliers und Gastwirte mittelständischer Betriebe sowie an Mitarbeiter in Verkehrsämtern.

Aus dem Inhalt:
Konstitutive Entscheidungen.
Leistungen und Leistungserstellung in der
Hotellerie. Personalwesen in der Hotellerie.
Hotel-Marketing.
Hotelrechnungswesen.
Wirtschaftliche Regelungen.

Prof. Karl Heinz Hänssler ist seit 2006 Direktor der Berufsakademie Ravensburg.

Oldenbourg

Grundlagen und Probleme
der Tourismuswirtschaft

Harald Dettmer, Thomas Hausmann
Julia Maria Schulz
Tourismus-Management
2008 | 297 S. | Broschur | € 29,80
ISBN 978-3-486-58539-1

Dieses Buch bietet die Möglichkeit einer aktiven Auseinandersetzung mit den Grundlagen und Problemen
der Tourismuswirtschaft. Es werden wichtige volks-
und betriebswirtschaftliche Inhalte des Tourismus in
ihren gegenseitigen Abhängigkeiten dargestellt, gleichzeitig aber auch die funktionalen Zusammenhänge
aufgezeigt. Dabei spielt das moderne Informations-
management eine wichtige Rolle.

**Das Buch eignet sich als studienbegleitende Litera-
tur, zum Selbststudium sowie zur selbstkritischen
Lernkontrolle und Prüfungsvorbereitung, da sich an
jedes Kapitel themenbezogene Aufgaben anschließen.
Lösungsvorschläge dazu befinden sich im letzten Teil
des Buches.**

Über die Autoren:
Prof. Dr. Harald Dettmer hat als Forschungsschwer-
punkt die Tourismuswirtschaft.

Dipl.-Betriebsw. Thomas Hausmann, MBA. ist akade-
mischer Angestellter am Fachbereich Wirtschaft der
University of Applied Sciences Stralsund.

Julia Maria Schulz, Magistra Artium ist Lehrbeauftrag-
te im Hochschulbereich für moderne Kommunikation.

Oldenbourg

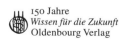

150 Jahre
Wissen für die Zukunft
Oldenbourg Verlag

Bestellen Sie in Ihrer Fachbuchhandlung oder
direkt bei uns: Tel: 089/45051-248, Fax: 089/45051-333
verkauf@oldenbourg.de

Chinesen sind keine Japaner

Wolfgang-Georg Arlt
und Walter Freyer (Hrsg.)
**Deutschland als Reiseziel
chinesischer Touristen –**
Chancen für den deutschen Reisemarkt

2008 | 212 Seiten | gebunden
€ 32,80 | ISBN 978-3-486-58359-5

China hat sich im ersten Jahrzehnt des 21. Jahrhunderts nicht nur zu einer führenden Wirtschaftsmacht entwickelt, sondern ist inzwischen auch ein bedeutender Quellmarkt für internationale Touristen. Europareisen dienen der chinesischen Oberschicht als Statussymbol, Einkaufsmöglichkeit und zum Vergleich des Fortschritts im eigenen Land mit der Situation in den besuchten Ländern. Für die deutsche Tourismusindustrie stellen die Gäste aus dem Reich der Mitte mit ihren besonderen Bedürfnissen und Verhaltensweisen eine Chance, aber auch eine Herausforderung dar.

Die Herausgeber des vorliegenden Bandes beschäftigen sich seit vielen Jahren mit der Tourismusentwicklung in China. Es ist ihnen zudem gelungen, eine große Zahl von Wissenschaftlern und Praktikern aus Deutschland, aber auch aus China für Beiträge zu gewinnen. Auf dieser Grundlage kann der chinesische Tourismus nach Deutschland aus ganz unterschiedlichen Perspektiven beleuchtet werden.

Oldenbourg

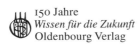

150 Jahre
Wissen für die Zukunft
Oldenbourg Verlag

Bestellen Sie in Ihrer Fachbuchhandlung oder direkt bei uns: Tel: 089/45051-248, Fax: 089/45051-333
verkauf@oldenbourg.de

Professionelle Managementmethoden

Walter Freyer, Wilhelm Pompl (Hrsg.)
Reisebüro-Management
Gestaltung der Vertriebsstrukturen im Tourismus

2., vollständig überarbeitete Auflage 2008
442 S. | gebunden
€ 39,80 | ISBN 978-3-486-58618-3

Die Reisebürobranche steht zahlreichen Veränderungen am Reisemarkt gegenüber, die eine verstärkte professionelle Anwendung von Managementmethoden erfordern. So gibt das Lehrwerk dem Leser einen umfassenden Einblick in das Management eines Reisebüros und einen Überblick über die Branchenentwicklung.

Aus dem Inhalt:
• Die Reisebürobranche: Entwicklung und Funktionen
• Management im Reisebüro
• Rahmenbedingungen des Reisebüro-Managements
• Zukunftsperspektiven

Das Buch richtet sich vorrangig an heutige und morgige Führungskräfte in Reisebüros und ist fokussiert auf die leitenden Aufgaben.

Prof. Dr. Walter Freyer ist Inhaber des Lehrstuhls für Tourismuswirtschaft an der TU Dresden.

Prof. Dr. Wilhelm Pompl lehrt Touristik und Luftverkehr an der Hochschule Heilbronn.

150 Jahre
Wissen für die Zukunft
Oldenbourg Verlag

Bestellen Sie in Ihrer Fachbuchhandlung oder direkt bei uns: Tel: 089/45051-248, Fax: 089/45051-333
verkauf@oldenbourg.de

Oldenbourg

Impulsgeber für die Wirtschaft

Bernd O. Weitz
Bedeutende Ökonomen
2008. VIII, 205 S., gb.
€ 19,80
ISBN 978-3-486-58222-2

Das Werk porträtiert herausragende Ökonomen vom 17. Jahrhundert bis heute. Die Autoren wollen neben dem wissenschaftlichen Vermächtnis der ausgewählten Wirtschaftswissenschaftler Eindrücke von deren historisch-sozialem Umfeld vermitteln, Querverbindungen zu anderen Ökonomen aufzeigen und verdeutlichen, welche Impulse für die weitere wirtschaftswissenschaftliche und gesellschaftliche Entwicklung erfolgten. Der Leser wird auf eine ökonomiehistorische Entdeckungsreise geschickt. In diesem Buch werden auch Werkauszüge, weitergehende Literaturanregungen sowie Hinweise auf vertiefende Quellen im Internet gegeben.

Behandelte Ökonomen: Adam Smith, Francois Quesnay, Johann Peter Becher, Jean-Babtiste Say, Johann Heinrich von Thünen, Thomas Robert Malthus, David Ricardo, Karl Marx, Leon Walras, Vilfredo Pareto, Max Weber, Joseph Alois Schumpeter, Walter Eucken, John Maynard Keynes, Friedrich von Hayek, Wassily Leontief, John Kenneth Galbraith, Ronald H. Coase, Milton Friedman, Ludwig Erhard, Alfred Müller-Armack.

Prof. Dr. Bernd O. Weitz lehrt an der Universität zu Köln Wirtschaftswissenschaft und ihre Didaktik.

Oldenbourg